"十三五"国家重点出版物出版规划项目
智慧物流：现代物流与供应链管理丛书

逆向物流管理

田　源　编著

机械工业出版社

本书从企业角度出发，立足物流的创新发展，对现阶段逆向物流管理的理论与实践进行阐述。全书共八章，首先阐述逆向物流的内涵、理论基础等基本问题，其次对逆向物流的网络规划、流程管理和运作管理展开介绍，再次对典型行业与领域的逆向物流管理进行介绍并对当前逆向物流的发展进行总结，最后选择两个大案例以供总结、复习和讨论。

本书注重理论与实践相结合，并且紧随逆向物流的最新发展，编入了多个体现最新发展的案例与知识链接。

本书既可作为物流与供应链相关专业本科生、研究生的教材，也可作为各类成人教育、企业人员的培训教材，也是相关工作人员的参考读物。

图书在版编目（CIP）数据

逆向物流管理/田源编著. —北京：机械工业出版社，2020.4
（智慧物流：现代物流与供应链管理丛书）
"十三五"国家重点出版物出版规划项目
ISBN 978-7-111-64868-0

Ⅰ.①逆⋯ Ⅱ.①田⋯ Ⅲ.①物流管理 Ⅳ.①F252

中国版本图书馆 CIP 数据核字（2020）第 033024 号

机械工业出版社（北京市百万庄大街22号 邮政编码100037）
策划编辑：易 敏 责任编辑：易 敏 刘琴琴
责任校对：肖 琳 封面设计：鞠 杨
责任印制：李 昂
北京机工印刷厂印刷
2020年5月第1版第1次印刷
185mm×260mm·17.75 印张·418 千字
标准书号：ISBN 978-7-111-64868-0
定价：46.50元

电话服务 网络服务
客服电话：010-88361066 机 工 官 网：www.cmpbook.com
　　　　　010-88379833 机 工 官 博：weibo.com/cmp1952
　　　　　010-68326294 金 书 网：www.golden-book.com
封底无防伪标均为盗版 机工教育服务网：www.cmpedu.com

前　　言

说起逆向物流，其实所有人都会接触到，退货就是最普遍的一种逆向物流。但是，现代逆向物流的起源却不是退货这种商业社会的产物，而是来自原料回收及产品或者零部件的再利用活动。西方国家从20世纪70年代开始关注可持续发展问题，我国在经历了几十年的高速发展之后，也同样开始关注环境问题。近些年，政府密集出台相关政策法规，对资源回收、再利用、再制造等的规范与促进力度越来越大。

对企业而言，除了环境责任方面的考虑以及竞争、营销或者战略上的需要，也不得不处理大量退货或者考虑再循环、再利用、再制造问题。除此之外，由于企业之间横向联合以及业务外包的普遍化，企业需要在供应链管理的背景下考虑物流管理。这种物品从供应链下游向上游的运动所引发的物流活动，就是本书要讨论的逆向物流。

物流管理的本质要求就是追求效率与效益最大化，即最合理的投入产出比，以更少的消耗实现更优的服务、达到最佳的经济效益。同样，逆向物流管理也需要考虑成本与效益之间的权衡，而且由于逆向物流的诸多特殊之处，使得做好逆向物流管理更为困难。当今时代，由于科学技术的迅猛发展，物流管理呈现出了很多新特点，我国已成为全球最大的物流市场，物流水平也迅速提升，国家政策持续引导物流业发展，物流法规不断完善，高质量发展、降本增效、技术创新等理念正在迅速转化为实践，"互联网+""智能+""智慧物流"等理念已深入人心，物流实践呈现出了爆发式的突飞猛进态势。在这种背景下，基于"互联网+""智能共享"等理念的逆向物流模式也层出不穷，让我们看到了这个领域即将发生的翻天覆地的变化。由于技术的快速发展，想必不久的将来，逆向物流管理领域将出现更多的新模式和新方法。

基于以上考虑，本书从企业角度出发，立足不断变化的时代背景下逆向物流管理的理论与实践，对逆向物流管理的基本问题进行阐述。全书共八章，分别从逆向物流的基本概念、相关理论、网络规划、流程管理、运作管理、典型行业与领域的逆向物流管理、逆向物流管理等发展的角度进行介绍，最后选取两个大案例供总结、复习和参考使用。

本书的特色有以下几点：

1. 考虑物流类专业的人才培养体系和课程设置，本书并未介绍关于物流与供应链管理的基础知识，也未包含所有和逆向物流管理相关的问题，而是逻辑紧凑地描绘出现阶段逆向物流管理理论与实践发展的概貌。例如，本书未讲解广义逆向物流范围内的废弃物处理等知识，也未详细介绍网络规划、库存管理等相关的具体模型与方法，但是推荐了相关资料以作参考。

2. 全书通篇立足逆向物流管理的理论与实践的最新发展，在每章开始、中间和结尾处插入了七十多个大大小小的企业实践案例、相关知识拓展等，希望能够帮助读者对逆向物流管理的现阶段发展有更清晰的认识。

逆向物流管理

北京交通大学物流管理专业研究生杨莹、唐昊、张炜奇、欧阳珍珍、杜星锐等帮忙搜集了部分资料并进行了实践调研活动，感谢他们的辛勤付出。

在本书写作过程中，作者参考了大量的国内外文献，争取都在书后的参考文献中列出或者在文中标注，但难免存在疏漏，对未能注明出处的文献资料，在此对其作者深表谢意和歉意，并请来信指正，以备后补。同时，作者虽然曾经指导过多位研究生进行相关研究，但是仍旧感觉这个领域的知识浩瀚如大海，甚至超出了物流和供应链的范围，所以经历了漫长而痛苦的写作过程，其中难免会有差错和遗漏，恳请各位读者批评指正、不吝赐教！

本书作者制作了电子课件，并提供部分补充资料，使用本书授课的教师可登录机械工业出版社教育服务网（cmpedu.com）注册下载，或联系本书编辑索取（cmp9721@163.com）。

作　者
于红果园

目 录

前言
第一章 绪论 1
  本章概要 1
  引例 1
  第一节 逆向物流的内涵界定 1
  第二节 逆向物流的分类 9
  第三节 逆向物流与正向物流 15
  第四节 逆向物流管理的影响因素 23
  本章案例 28
  思考题 31
第二章 逆向物流相关理论 32
  本章概要 32
  引例 32
  第一节 逆向物流管理的理论基础 33
  第二节 逆向供应链 45
  第三节 闭环供应链 54
  第四节 逆向物流系统 59
  本章案例 67
  思考题 70
第三章 逆向物流网络规划 71
  本章概要 71
  引例 71
  第一节 概述 71
  第二节 逆向物流网络的分类 79
  第三节 逆向物流网络规划方法 86
  本章案例 93
  思考题 95
第四章 逆向物流流程管理 96
  本章概要 96
  引例 96
  第一节 逆向物流的一般流程 96

逆向物流管理

　　第二节　制造企业逆向物流流程 …………………………………………… 103
　　第三节　商业领域逆向物流流程 …………………………………………… 114
　　第四节　包装物回收物流流程 ……………………………………………… 119
　　本章案例 ……………………………………………………………………… 125
　　思考题 ………………………………………………………………………… 128

第五章　逆向物流运作管理 ……………………………………………………… 129
　　本章概要 ……………………………………………………………………… 129
　　引例 …………………………………………………………………………… 129
　　第一节　逆向物流战略制定 ………………………………………………… 129
　　第二节　逆向物流运作模式分析与选择 …………………………………… 133
　　第三节　逆向物流预测与计划 ……………………………………………… 149
　　第四节　逆向物流中的库存管理 …………………………………………… 155
　　第五节　逆向物流的经济管理 ……………………………………………… 160
　　本章案例 ……………………………………………………………………… 167
　　思考题 ………………………………………………………………………… 174

第六章　典型行业与领域的逆向物流管理 ……………………………………… 175
　　本章概要 ……………………………………………………………………… 175
　　引例 …………………………………………………………………………… 175
　　第一节　电子产品逆向物流 ………………………………………………… 175
　　第二节　汽车逆向物流 ……………………………………………………… 189
　　第三节　医药行业逆向物流 ………………………………………………… 202
　　第四节　零售业逆向物流 …………………………………………………… 211
　　本章案例 ……………………………………………………………………… 219
　　思考题 ………………………………………………………………………… 224

第七章　逆向物流管理的发展 …………………………………………………… 225
　　本章概要 ……………………………………………………………………… 225
　　引例 …………………………………………………………………………… 225
　　第一节　逆向物流服务市场 ………………………………………………… 225
　　第二节　逆向物流管理的技术与理念发展 ………………………………… 232
　　第三节　再制造产业的发展 ………………………………………………… 240
　　本章案例 ……………………………………………………………………… 245
　　思考题 ………………………………………………………………………… 251

第八章　综合案例 ………………………………………………………………… 252
　　本章概要 ……………………………………………………………………… 252
　　第一节　电子电气设备企业退货物流网络优化 …………………………… 252
　　第二节　智能分类回收时代的智能化解决方案 …………………………… 261

参考文献 …………………………………………………………………………… 271

第一章 绪 论

本章概要

本章对逆向物流的内涵进行了分析、界定，从不同角度介绍了逆向物流的分类问题，并对逆向物流与正向物流的关系、逆向物流的特点、逆向物流管理的影响因素等基本问题进行了阐述。

引例

> 在我国，从退换货品、缺陷召回到废旧物品回收等，由客户端回到企业端的逆向物流尚处于起步阶段，很多企业的逆向物流成本占总成本20%以上，远高于发达国家企业4%的平均水平。据2018年数据，无论是"6·18"还是"双11"，某一大型电商平台单日就会产生数亿张物流订单，而退货率达到6%左右，同时，还产生了巨量的快递包装物。事实上，不仅是网购促销、O2O大战等会造成巨量包装物和高退货率问题，全国每年至少还有500万t废钢铁、20多万吨废有色金属、1400万t废纸，以及不计其数的废塑料、废玻璃，还没有得到很好的回收利用。对于习惯"淘宝式"采购的国人，会不会从中反向"淘宝"，在关注正向物流的同时做好逆向物流？

在经济社会中，物流活动无处不在。物流管理的本质要求就是追求效率与效益最大化，即最合理的产出投入比，以更少的消耗实现更优的服务、达到最佳的经济效益。而现在企业之间横向联合、业务外包的普遍化，使得物流管理需要在供应链管理的背景下进行考虑。物品从供应链下游向上游的运动所引发的物流活动，就是本书要讨论的逆向物流。

第一节 逆向物流的内涵界定

说起逆向物流，其实所有人都会接触到。退货，就是最为普遍的一种逆向物流。但是，现代逆向物流的起源却不是退货这种商业社会的产物，而是来自于原料回收及产品或者零部件的再利用活动。以前，回收的主要动因在于资源的匮乏，然而技术的进步使得更多廉价原料出现，同时也使西方社会进入了一种大量消费、大量抛弃的时代。

20世纪70年代以来，欧美科学家相继发表研究报告，从不同的角度将人类对于生存环境的认识推向了一个新境界——可持续发展的境界。到了20世纪80年代，发达国家越来越重视废旧物品的重新利用，甚至欧洲的一些国家通过立法来对产品和原料进行正确的回收。美国利用税收工具增加企业乱扔垃圾及垃圾填埋的成本，跨州运输废旧物的费用也成倍增长。到了近几年，许多实例证明：回收活动不仅具有环境方面的价值，还能创造巨大的经济利益和价值增值，如废旧手机可以提炼黄金。

逆向物流管理

我国在经历了几十年的高速发展之后，也同样开始关注环境问题。这些年，环境问题已成为学者、政治家、媒体等社会各界关注的话题，越来越多的普通民众也开始意识到这个问题，再循环（recycling）、再利用（reuse）、资源缩减（resource reduction）、环保制造（environmental manufacturing）、绿色产品（green production）等名词术语开始为越来越多的人所熟悉。

对于企业而言，除了环境责任方面的考虑，竞争、营销或者战略上的需要也迫使企业接受被消费者退掉的货物并且再次利用。因此，在目前的社会中，越来越多的企业和组织承担起了原料和产品的回收及价值恢复的活动。不难发现，在以上重新利用废旧物的过程中产生了一种从消费者回到生产商和销售商的新型物流，这种与供应链传统物流方向相反的物流就是所谓的逆向物流。

一、逆向物流的概念

（一）国际定义

对逆向物流的概念做准确的追溯十分困难。类似的术语如"逆向渠道"（reverse channel）、"逆向流"（reverse flow）等，早在20世纪70年代就已出现在学术文献中，当时主要关注的是与废弃物回收有关的问题。

1981年，美国学者Douglas Lambert和James Stock最早提出了逆向物流的概念。他们将逆向物流描述为"与大多数货物正常流动方向相反的流动"。1989年，Murphy和Poist将逆向物流定义为"货物从消费者到生产商的流动"。可以说，20世纪80年代，逆向物流的定义偏重于货物从消费者向生产商的流动，流向与正向物流相反。

1992年，James Stock在给当时的美国物流管理协会[1]的报告中首次正式提出了"逆向物流"这一术语，认为逆向物流是一种包括了产品退回、物料替代、物品再利用、产品废弃处置、再处理、维修与再制造等流程的物流活动，其涉及循环利用、废弃物处置以及危险品管理等方面，更广义的还包括废弃物的源头控制、替代利用、循环利用以及重新利用等各种与物流相关的活动。同年，美国物流管理协会采纳了Stock的观点，首次给出了逆向物流的定义："逆向物流指的是物流在产品回收、废物处置、危险原料管理过程中的角色；广义上，包括与资源缩减、再循环、物料替代、再使用以及废物处置过程相关的所有物流活动。"[2]这一年，Pohlen和Farris从市场营销的角度将逆向物流定义为"物品沿分销渠道从消费者向生产商的移动[3]"。1995年，Thierry等提出了产品回收管理（product recovery management, PRM）的概念，在PRM活动中有五种不同的选择：修理、翻新、拆卸、再制造及再循环，目标是尽可能合理地恢复经济价值，以减少废弃物的最终数量。这些定义偏重于从回收再利用的角度来阐述逆向物流，即从资源环境角度考虑得较多。

---

[1] 美国物流管理协会（Council of Logistics Management, CLM）已于2005年更名为美国供应链管理专业协会（Council of Supply Chain Management Professionals, CSCMP）。

[2] ... the term often used to refer to the role of logistics in recycling, waste disposal, and management of hazardous materials; and a broader perspective includes all relating to logistics activities carried out in source reduction, recycling, substitution, reuse of materials and disposal.

[3] ... the movement of goods from a consumer towards a producer in a channel of distribution.

第一章 绪 论

1998 年,逆向物流方面的权威组织、非营利专业组织美国逆向物流执行委员会(The reverse logistics executive council,RLEC)主席 Rogers 博士和 Tibben-Lembke 博士出版了逆向物流经典著作《Going backwards:Reverse Logistics Trends and Practices》,认为逆向物流同样包括一般物流定义涉及的所有活动,区别在于这些活动发生的方向相反,且逆向物流的目标不同,因此将逆向物流定义为:"对原材料、在制品库存、产成品及相关信息从消费地到起始地的高效率、低成本的流动而进行规划、实施和控制的过程,其目的是恢复物品价值或使其得到正确处置。"[1]他们认为逆向物流应基于成本效益原则,以有效处理各种废旧物品并重新获得价值为目的,更多地强调了逆向物流的经济效益。他们指出,逆向物流的定义中也可能包括再制造和翻新活动,逆向物流不仅仅是重复使用容器和回收包装材料。而减量化的包装设计、运输中的能耗降低和污染削减行动等更适合归于绿色物流的领域。如果没有物品或原料的回流,则该活动可能不是逆向物流活动。具体来讲,逆向物流的内容应涵盖以下六个方面:①由于损坏、季节性库存、补货、残次品、召回或者库存过剩等原因而处理的回流物品;②再循环使用的包装原料和容器;③需要进行修复、改制或翻新的产品;④陈旧机器或设备的处理;⑤危险物料的处理;⑥物品价值的恢复处理。

欧洲各国历来非常重视环境问题,从包装容器的回收再利用,到电子产品、机械产品的回收再利用,都通过立法强制规定了企业的责任,因此欧洲的逆向物流发展具有与美国不同的特点。

Moritz Fleishmann 于 1997 年提出,逆向物流是指市场中,从用户不能再使用的产品到可再用产品的整个物流活动。他指出,逆向物流不但需要包含物品的逆向运输,而且还需要有生产者将回收的物品转化为可使用产品的过程。2001 年,他重新将逆向物流定义为:"有效地规划、实施和控制二手产品的流入和存储以及相关信息的过程。"该定义用了一个更宽泛的概念——二手产品。

1998 年,欧洲逆向物流工作委员会(European Working Group on Reverse Logistics)提出了逆向物流的定义,认为"逆向物流是规划、实施和控制原材料、过程库存和最终产品从制造、分销或使用点到回收点或处置点的过程。"[2]该定义的范围更广,认为逆向物流的起点并非仅是消费地,还包括供应链上没有被消费的剩余库存,因为过多的存货是不会被消费的;也没提到终点是生产点,物品不一定是被送回到它们的来源地,因为可能被送回任何适当的产品处置点。例如,被回收的计算机芯片或集成电路板就不一定被返回到原来的供应链中,而是进入其他产品链。

随着互联网在美国及其他国家家庭的使用更为普遍和多渠道零售的崛起,2000 年后电子商务(如美国的 Amazon 和 eBay、中国的 Alibaba)迅猛发展,逆向物流也同步在发展。而近十年来,逆向物流在越来越多的售后服务行业特别是汽车售后服务产业,

---

[1] The process of planning, implementing and controlling the efficient, cost effective follow of raw materials, in process inventory, finished goods, and related information from the point of consumption to the point of origin for the purpose of recapturing value or proper disposal.

[2] The process of planning, implementing and controlling flows of raw materials, in process inventory, and finished goods, from a manufacturing, distribution or use point to a point of recovery or point of proper disposal.

逆向物流管理

也得到了极大的应用发展。逆向物流已成为电子商务的刚需，而且成为产业供应链的不可缺少的一部分，逆向物流是管理资产的过程，并且是企业新的利润源泉，同时它也在改善环境和节约资源方面发挥着重要作用。随着逆向物流的应用发展，人们对逆向物流的认识有了一个飞跃，逆向物流的概念也得到了进一步的发展。成立于 2002 年的美国逆向物流协会（RLA）2009 年（参见 RLA 网站 https：//rla.org/site/about）将逆向物流定义为"逆向物流是指在销售点后与产品/服务相关的所有活动，其最终目标是优化或提高售后活动的效率，从而节约资金和环境资源，保护企业品牌。"⊖2013 年 RLA 发布了产品生命周期管理图来描述逆向物流的定义，如图 1-1 所示。

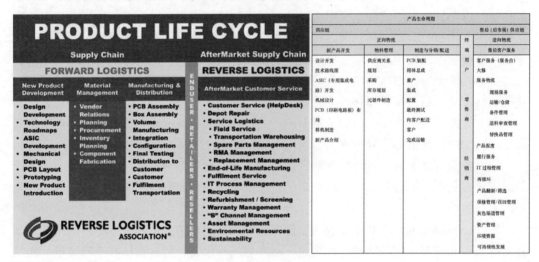

图 1-1　RLA 的产品生命周期管理图⊜

图 1-1 将供应链分为供应链（正向供应链 – 含正向物流）和售后供应链（逆向供应链-含逆向物流），它从供应链的高度，认为逆向物流不是单纯的物流活动，而是和售后供应链及售后客服紧密相连。和逆向物流相似的术语有售后物流（Aftermarket Logistics）、后向物流（Retrogistics）等。

2014 年，RLA 根据行业细分，发布了各产业逆向物流术语，如图 1-2 所示。

美国供应链管理专业协会在 2013 年发布的术语中，对逆向物流的解释是：物流的专业细分领域，专注于出售和送达客户后的产品和资源的移动和管理，包括产品维修退换货和/或信用退换货⊜。

⊖ We refer to the term "reverse logistics" as all activity associated with a product/service after the point of sale, the ultimate goal to optimize or make more efficient aftermarket activity, thus saving money and environmental resources and protecting your brand.

⊜ 为了方便读者，右图提供了中文翻译参考。

⊜ Reverse Logistics：A specialized segment of logistics focusing on the movement and management of products and resources after the sale and after delivery to the customer. Includes product returns for repair and/or credit. (CSCMP Glossary)

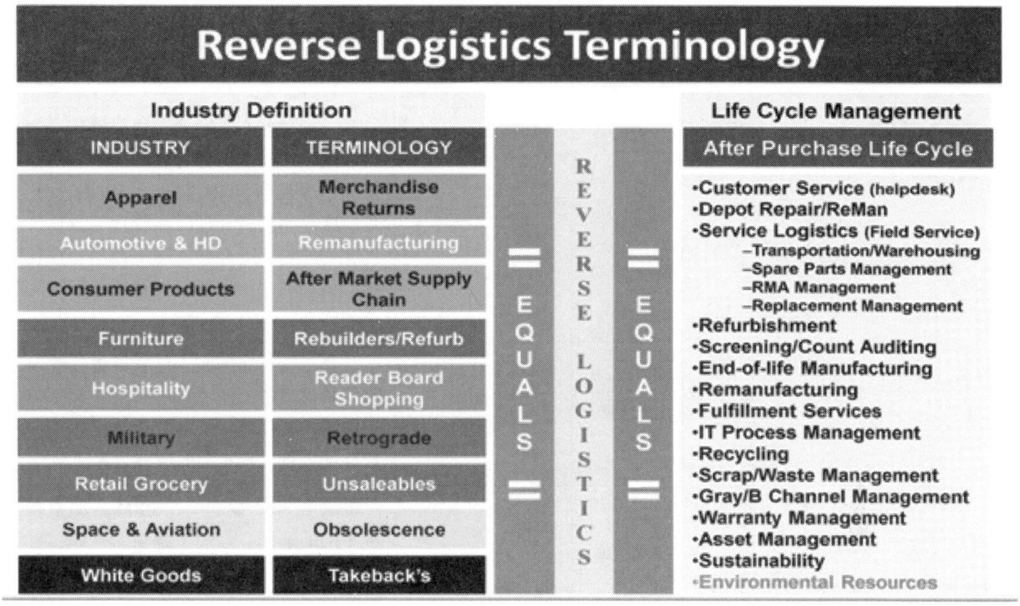

第一章 绪 论

图 1-2 RLA 的各产业逆向物流术语

注：为了突出原文的含义，图中术语此处不翻译。

（二）国内定义

我国于 2001 年颁布的国家标准《物流术语》（GB/T 18354—2001）中并没有"逆向物流"的定义，与之相关的两个术语是"回收物流"和"废弃物物流"。2006 年修订版的《物流术语》（GB/T 18354—2006）去掉了"回收物流"词条，加入了"逆向物流"词条，其解释是："物品从供应链下游向上游的运动所引发的物流活动。"对于"废弃物物流"的解释是："将经济活动或人民生活中失去原有使用价值的物品，根据实际需要进行收集、分类、加工、包装、搬运、储存等，并分送到专门处理场所的物流活动。"从中可以看出，逆向物流与废弃物物流不同，是不包含废弃物物流的。

学术界、产业界对于逆向物流的认识也不统一，但是并没有创新性的解释。

表 1-1 对逆向物流概念的主要发展进行了汇总。

表 1-1 逆向物流概念的发展

阶段	逆向物流定义的特点	代表性概念		
		时间	提出者	内容
20 世纪 70 年代	类似的术语如逆向渠道、逆向流等出现在学术文献中，主要关注与废弃物回收有关的问题	无		
20 世纪 80 年代	逆向物流的定义偏重于货物从消费者向生产商的流动，流向与正向物流相反	1981 年	Douglas Lambert, James Stock	与大多数货物正常流动方向相反的流动
		1989 年	Murphy 和 Poist	货物从消费者到生产商的流动

逆向物流管理

(续)

阶段	逆向物流定义的特点	代表性概念			
		时间	提出者	内容
20世纪90年代	偏重于从回收再利用的角度阐述逆向物流,即较多从资源环境的角度考虑	1992年	James Stock	是一种包括产品退回、物料替代、物品再利用、产品废弃处置、再处理、维修与再制造等流程的物流活动,涉及循环利用、废弃物处置及危险品管理等方面,更广义的还包括废弃物的源头控制、替代利用、循环利用及重新利用等各种与物流相关的活动
		1992年	美国物流管理协会	是物流在产品回收、废物处置、危险原料管理过程中的角色;广义上,包括与资源缩减、再循环、物料替代、再使用以及废弃物处置过程相关的所有物流活动
		1995年	Thierry	提出了PRM概念,在PRM活动中有五种不同的选择:修理、翻新、拆卸、再制造及再循环,目标是尽可能合理地恢复经济价值,以减少废弃物的最终数量
		1998年	Rogers, Tibben-Lembke	是对原材料、在制品库存、产成品及相关信息从消费地到起始地高效率、低成本的流动而进行规划、实施和控制的过程,其目的是恢复物品价值或使其得到正确处置
		1997年	Moritz Fleishmann	是指市场中,从用户不能再使用的产品到可再用产品的整个物流活动。2001年,他重新将逆向物流定义为有效地规划、实施和控制二手产品的流入和存储以及相关信息的过程。该定义用了一个更宽泛的概念——二手产品
		1998年	欧洲逆向物流工作委员会	逆向物流是规划、实施和控制原材料、过程库存和最终产品从制造、分销或使用点到回收点或处置点的过程
21世纪	逆向物流不仅仅是一系列的物流活动,它是一个管理资产的过程,也就是商流、物流、信息流和资金流四流合一的逆向供应链过程,走向数字化、信息化、智能化	2013年	美国供应链管理专业协会(CSCMP)	是物流的专业细分领域,专注于出售和送达客户后的产品和资源的移动和管理,包括产品维修退换货和/或信用退换货
		2009年	美国逆向物流协会(RLA)	是指在销售点后与产品/服务相关的所有活动,最终目标是优化或提高售后活动的效率,从而节约资金和环境资源,保护企业品牌
		2006年	我国《物流术语》(GB/T18354—2006)	物品从供应链下游向上游的运动所引发的物流活动

二、概念界定

随着逆向物流实践及认识的发展,对逆向物流的理解还将会继续发展。我们可以将其分成广义和狭义两种定义。

从狭义角度看，采用我国国家标准的定义，逆向物流是通过分销网络将所销售的产品进行回收、处理的过程，是物品从供应链下游向上游的运动所引发的物流活动。狭义情况下的逆向物流有经济利益目标和环保目标的差异，也有从宏观管理角度和企业管理角度来看的差异。其更偏重于回收和再利用的逆向物流活动，不涉及废弃物处理等问题，图1-3用一般的供应链概念模型显示了此含义。当然，逆向物流可能发生于供应链的任何一个环节，也可能只发生于其中的一项活动，如无缺陷产品只是从顾客处退回了零售商，零售商再将其进行信息处理，重新进入销售系统，所以这种从顾客处发生退货并涉及前面各类供应链环节的只是其中一类。

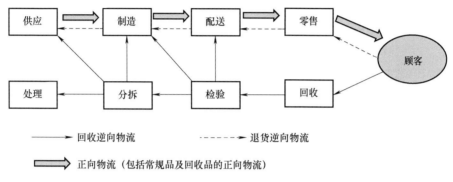

图1-3 狭义逆向物流示意图

从广义角度看，逆向物流包括与物料重新利用、节约资源及保护环境相关的一切活动，还包括减少物流过程中的物料消耗的活动，如生产过程中的原料节约、边角余料的重新利用、包装物的重新利用、次品的改造等，以便有更少的物料回流，使正向物流量和逆向物流量同时缩减。同时，也包括对废弃物的处理。广义逆向物流概念模型如图1-4所示。

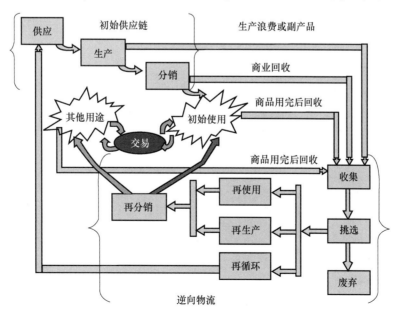

图1-4 广义逆向物流概念模型

逆向物流管理

本书立足于从企业角度来阐述逆向物流的管理问题，除了第八章描述一个关于垃圾分类回收的案例之外，基本不涉及废弃物物流管理和相关的绿色物流问题。

三、逆向物流的内涵

基于逆向物流狭义角度的概念界定，本书对逆向物流的内涵进行如下阐述：

（1）逆向物流的处理对象包括由于任何原因而造成由供应链下游向供应链上游回流的原材料、半成品、在制品、产成品及包装器材等。

（2）逆向物流的起点可以是消费地或供应链各个环节、经济活动中的各个场所，终点可以是起始地（即物流对象的供应场所）或供应链各环节的专门处理场所。

（3）逆向物流管理的主要目标是在保证满足环保法规约束条件的情况下，合理设计和运行逆向物流，从而满足物流管理的基本目标——以尽可能少的投入获取尽可能大的产出，即实现高效率、高效益的逆向物流管理。

（4）逆向物流的具体活动包括上述处理对象从供应链下游向上游的回流过程中的运输、储存、包装、库存等物流活动，以及在相关处理节点上的检测、拆卸、维修、翻新、再制造、再循环等过程。

四、逆向物流管理的基本内容

本书偏重于从微观角度来看企业的逆向物流管理，即对逆向物流系统各种要素和运行过程进行科学合理的规划、管控，最终实现低成本、高效率和高效益的物流管理目标。综合起来，逆向物流管理包括逆向物流网络的构建、逆向物流流程管理、逆向物流运作管理等基本内容，并基于不同种类逆向物流的特点对其管理中的特殊性予以特别考虑。

（一）逆向物流网络的构建

基于逆向物流网络的类型、处理的对象、行业特点等，选择逆向物流网络的构成模式，对进入逆向物流的物品的整个流通渠道进行规划。其内容：包括规划逆向物流节点的类型、数量与选址，明确物流节点设施所服务的顾客群体与产品类别，明确产品在设施之间的运输方式与路径，并对逆向物流网络进行优化。

（二）逆向物流流程管理

逆向物流流程管理涉及逆向物流的基本流程，对流程中的各个环节流程进行科学管理，包括逆向物流的触发、物品收集、检测分类、运输、储存、库存管理、再制造和翻新、重新进入正向物流系统等。

（三）逆向物流运作管理

制定企业逆向物流战略，对企业逆向物流运作模式进行决策，进行逆向物流预测并制订计划，管理逆向物流中的库存，对逆向物流服务进行成本与效益核算。

（四）不同产品与行业的逆向物流管理

针对不同产品、行业的特点，分别对其进行研究，如可以分为制造业领域和商业流通领域的逆向物流管理，还可以具体分为高科技产品的逆向物流管理（数据处理、自动化办公、电子产品、医药、通信等）、零售业的逆向物流管理、汽车制造业的逆向物流管理、图书出版业的逆向物流管理、物流设备租赁业的设备回收物流管理等。本书选取电子产品、汽车、医药行业及零售业的逆向物流管理进行重点介绍，另外在各章案例中涉及了多种产品、多种行业。

除此之外，逆向物流管理还会涉及物流管理组织的设置、人力资源管理、设施设备管理、物流服务管理等系统要素的管理，以及物流质量管理、物流技术管理等基本职能管理，这些和正向、一般的物流系统基本相同，本书不再阐述。

> **案例：大学毕业季的"垃圾"**
>
> 每当到了毕业季，各大学里的垃圾就会堆成山，是平时的两倍还多，学校需要调用大量资源进行处理，费时费力还要多花钱。在美国也是如此，每学年末，各大学的学生们都会在学生宿舍留下各种各样的衣服、电器、运动设备、电视机、计算机和相关设施，以及其他废品，学校需要雇用临时工清理宿舍，并向当地的垃圾站支付运输费及倾倒费来处理这些"垃圾"。尽管学校用尽各种努力解决这一问题，但被丢弃物品的数目仍然有增无减。逆向物流管理专家 Chris 于是在某大学做了一项调查，对垃圾掩埋费用、平均运送数量、人工成本和运输费用等进行了解，发现某大学大约需要花费 15 000 美元。而据保守估计，某大学"垃圾"廉价转售的价值就能达到 65 000 ~ 70 000 美元。于是，当地垃圾站与大学谈好了合作，所赚的钱悉数捐助给大学作为奖学金，招募学生当志愿者来工作。这个方法解决了垃圾处理问题，一举多得。

第二节　逆向物流的分类

一、基本分类及其具体含义

（一）基本分类

逆向物流涉及的业务运作（作业）范围非常广泛，本书基本参照 Rogers 和 Tibben-Lembke 的分法，将其按照以下两个因素进行分类：①按逆向物流中的回流物品来源分类，即回流的物品是来自最终用户还是供应链渠道上的其他成员，如零售商或分销中心，或来自企业内部；②按逆向物流中的回流物品类型分类，即回流的物品是产品还是包装物。

根据产品或包装进入逆向物流系统（即回流）的原因、途径及回流产品的处置方式不同，可以将各种产业形态下的逆向物流归纳为五类：商业回流、终端回流、维修回流、包装回流和生产回流。综合上面两个维度的分类，可将逆向物流做如表 1-2 所示的划分。

表 1-2　逆向物流的分类

类　　型	来自企业内部/供应链伙伴	来自最终用户
产品	零售商停售产品 零售商库存过量 销售退货 运输损毁 季节性商品过季	有缺陷退回 无理由退货 担保期退货 召回 废弃品（危险品、寿终品）
包装	重用 多次运输用包装 废弃包装处理需求	重用 再生 废弃包装处理限制

逆向物流管理

其中来自供应链伙伴的产品回流为商业回流；除了维修逆向物流产品回流这类特殊的终端回流外，来自最终用户的其他产品回流也属于终端回流；所有包装产品的回流，无论来自供应链伙伴，还是来自最终用户，都属于包装回流。

(二) 具体含义

1. 商业回流

商业回流是指季节性产品过季、产品过期或者物流过程中损坏等原因造成的产品退回，如零售商积压库存、时装、化妆品等。具体包括以下几种情况：

（1）零售商停售产品　产品在质量、规格上完全没有缺陷，只是零售商由于某种原因（如季节性商品过季）决定停止销售某种产品。零售商如果决定不再销售某一特定产品，可能会根据合同直接将这些产品退回给供应商。

（2）零售商库存过量　由于零售商过高估计某一产品的市场需求而产生过量的订购数，而这类产品质量、规格完好，仍然可以继续出售，但是销售进度非常慢，将会占用库存和流动资金，使机会成本增加。这种情况下零售商有可能将产品退回给供应商。

（3）销售退货　零售商销售出去的产品，在一定的售后期限内被顾客退回，且影响二次销售，此时零售商可能自己处理这些退货的产品，或者返回给上级供应商。

（4）运输损毁　产品在运输过程中，由于碰撞、挤压等影响了产品正常销售，此时就需要把有问题的产品退回给上一级供应商处理。

2. 终端回流

终端回流是指所有从终端用户处回流处理的产品，如电子设备的再生产、地毯循环、轮胎修复、黑色和白色家用电器、计算机和打印机元件等也是常见的这类回流产品。终端回流的原因很多，包括产品过期造成的退货、客户无理由退货、产品有危害导致客户不满意的退货、产品有缺陷或被损坏导致的退货、使用寿命结束的报废产品的回收等。这里重点介绍以下三种情况：

（1）缺陷品退回　消费者发现产品在质量或规格上有残次，将商品退回零售商，零售商将残次品的情况告知生产商或供应商。生产商或供应商用替换新产品或退款的方式来补偿消费者，而零售商将残次品送回生产商或供应商处。

（2）担保期退货　顾客为了退货声称产品有残次，而有时候实际上根本就没有缺陷。这类退货通常回流到拆卸中心被发现是完好的，但回流已经发生了。这类回流产品经常发生在以下情况，如顾客买回产品后，没有读懂说明书就开始使用，产品自然无法正常发挥功能，于是顾客认为产品有缺陷，将其退回零售商处。而零售商员工由于没有接受专门的培训，对产品了解甚少，在逆向物流入口处无法做好把关工作，让无缺陷产品流入。

（3）产品使用寿命结束　使用寿命结束后的产品仍然具有使用价值，对于回收者来说具有经济利益。这类产品可以通过重新制造、加工和再循环等方式加以回收。这对原始设备制造商（original equipment manufacturer, OEM）和专门的回收商很有吸引力，如计算机的翻新加工、复印机的再制造加工。这类回流的原因除了产品本身老旧、功能退化以外，还有迫于环保法规的要求，以及生产商出于保护资产、防止敏感技术、信息外泄的考虑。

3. 维修回流

维修回流是指有缺陷或损坏了的产品的退回。具体有以下两种情况：

（1）缺陷品维修　产品有缺陷或被损坏，就会被要求退货、换货，但更多情况下是包退、包换期后的维修。生产系统不可能保证100%的产品合格率，大规模生产会带来次品数量的增加，所以因产品不合格导致的回流不可避免。

（2）产品召回　市场成熟时，买方市场的发展导致产品竞争激烈，消费者的影响力逐步增大，迫使企业对产品的责任一直扩展到产品的使用甚至使用后阶段。企业自身行为（包括设计、生产、包装、储运、销售）造成产品质量缺陷而导致的消费者权益受损，均由企业负责。当这种损害因某些特定产品在一定区域内对消费者造成大面积损害时，企业就不得不在政府部门的监督下对有缺陷产品进行集中回收处理，这种情况就是产品召回。在现今的科技时代，产品创新是许多企业追求的目标，但创新产品生产体系和生产工艺的不成熟性，增加了产品缺陷的风险。许多大型企业如英特尔、福特等都有过产品召回的历史。随着产品召回制度的形成，产品召回的次数和数量呈增长趋势。产品召回的过程也是逆向物流产生形成的过程。

4. 包装回流

产品的包装一般可以分为物流包装和销售包装，前者如包装计算机的纸箱和泡沫塑料，后者如牙膏盒。随着环保意识的增强和社会资源再利用意识的提升，产品包装回收成为企业将要面对的问题。这方面的问题在欧洲比较突出。由于环保的要求，欧洲一些国家要求在本国销售他国生产的产品后，其包装不得留在本国，必须回收。因此，包装材料的回收对在欧洲开展业务的企业是比较重要的问题。

包装的回流是逆向物流中重要的一个类别，包括箱、瓶、托盘和集装箱等，这些包装不需要再处理加工就可以直接再次利用；对于运输包装，由于回流的周期短，回收的价值更大。由于现代物流的需要，出现了可重复多次利用的包装，它们通常由专门的物流服务提供商提供并负责回收。

5. 生产回流

生产回流是指生产过程中产生的报废零部件、边角余料和副品回收，如发生在医药和钢铁行业的回流。它属于来自企业本身内部的回流，其操作相对于源于供应链终端客户和其他成员的回流更易达成。因此，应鼓励企业建立内部回收机制，以节约资源、减少成本。

综上所述，无论是退货还是产品召回，或是包装材料的回收，都是在市场成熟时，企业责任扩大到整个产品生命周期后必须面临的问题。在这种市场条件下，企业逆向物流的控制水平越来越成为企业生存的一个重要能力。也正因其重要性越来越突出，逆向物流渐渐由单纯的销售、物流或者生产某一部门的问题，转变为各个部门都必须参与的、甚至不得不从整个企业供应链角度去重新思考的问题，逆向物流的价值正在逐渐体现出来。市场的发展推动着企业发展，也推动着现代企业积极地、主动地寻求对逆向物流的解决方法，培养对逆向物流的处理能力。

二、从回流物品性质及处理方式角度出发的分类

物品回流后到底怎么处理是个复杂的问题，有些专家会从这个角度出发对逆向物流

逆向物流管理

进行分类。本书偏重于阐述逆向物流本身的管理问题，在此对物品回流后如何处理的角度的分类只进行简单介绍。

(一) 按回流物品特征和回流流程不同分类

1. 低价值产品的物料

低价值产品的物料如金属边角料及副品、原材料等，其回收市场和再使用市场通常是分离的，也就是说这种物料的回收并不一定进入原来的生产环节，而是作为另外一种产品的原材料投入到另一个供应链环节中。从整个逆向物流过程来看，它是一个开环的结构。在此类逆向物流管理中，物料供应商通常扮演着重要角色，他们负责对物料进行回收、采用特殊设备再加工，而除了管理上的要求外，特殊设备要求的二次性投资也比较庞大。这些要求决定了物料回收环节一般是集中在一个组织中。

高的固定资产投入一般都会强调规模经济的重要性，在这里也不例外。此类逆向物流对供应源数量的敏感性非常强，另外，所供应物料的质量如纯度等对成本的影响也比较大，因此保证供应源的数量和质量将是逆向物流管理的重心。

2. 高价值产品的零部件

出于降低成本和获取利润等经济因素的考虑，电子电路板、手机等这些价值增加空间较大的物品回收通常由制造商发起。此类逆向物流与传统的正向物流结合得最为紧密，可以利用原有的物流网络进行物品回收，并通过再加工过程进入原来的产品制造环节。严格意义上，这才是真正的逆向物流。但是，如果回收市场的进入门槛较低，第三方物流也可以介入其中。

3. 可直接再利用的产品

最明显的例子便是包装材料的回收，包括玻璃瓶、塑料包装、托盘等，它们通过检测和清洗处理环节便可以重新利用。此类逆向物流由于包装材料的专用性属于闭环结构，供应时间是造成供应源质量不确定性的重要因素，因而管理的重点将会放在供应物品的时点控制上，如制定合理的激励措施进行控制，通过标准化产品识别标志简化物品检测流程。不仅如此，由于此类逆向物流的物品回收阶段对管理水平和设备的要求不高，所以可以形成多个回收商分散管理的格局，由原产品制造商对这些回收商统一管理，在这种情况下，也可以应用供应链伙伴关系的合作机制进行研究。

(二) 按回流物品的处理方式不同分类

收到返回的物资和产品之后，企业可以按照下面六种方式对其进行处理。

1. 再制造

与再生相比，再制造则保持产品的原有特性，通过拆卸、检修、替换等工序使回收物品恢复到"新产品"的状态，如飞机发动机的再制造、复印机的再制造等，其流程为回收——检验——分拆——再加工。对产品进行重新整修和再次制造已经不是一个新的概念，但是却越来越引起人们的关注。缺乏最新功能，但是仍处于可用状态并且可以实现功能恢复的设备，可以重新制造或放到仓库中以备再次使用。设备功能再生的生产制造成本低于制造新品的制造成本。

企业运用有效的整修过程，可以最大限度地降低整修成本，并且将整修后的成品返回仓库。在诸如航空、铁路等资产密集型的行业中，这种方法正在被广泛地使用。由于再生制造成本远远低于重建成本，越来越多的公司开始应用这种方法。这些公司拥有大量机械设备而且频繁使用,这些设备包括自动售货机和复印机等。例如,施乐公司按照严格的性能标准制造再生设备,据该公司估计,每年可由此节省 2 亿美元,这些利益最终将带给客户,施乐公司把它视为领先于对手的关键优势。

2. 维修

通过维修将已坏产品恢复到可工作状态,但可能质量有所下降,如家用电器、工厂机器等,其流程为回收——检验——再加工。如果产品无法按照设计要求工作,企业就需要回收它。返回维修的物品有保修和非保修两种类型,客户需要自行付费解决非保修产品的维修问题,所以对企业来说,真正的问题在于保修期物品的回收。维修的目标是减少维修成本、节约产品维修时间和延长产品使用寿命。企业需要认真考虑和平衡维修成本和新制成本。布莱克和戴克公司(Black and Decker)是一家电动工具制造商,该公司的保修期产品决策就是在此基础上做出的。如果某产品制造成本低于 12.5 美元,公司就会直接收回和分解保修期内损坏的产品,其他保修期产品则被送回仓库维修。

3. 再利用

产品的再利用主要针对零部件。到达使用寿命期限的设备可以分解为部件和最终的零件,其中部分零部件状态良好,无须重新制造和维修就可以再次使用,它们会被放置在零件仓库中供维修使用。

4. 回收再循环

无法进行整修、修理或者再销售的返还商品将被分解成零件,然后再进行回收。直到现在,人们仍把回收认为是一件费时费力、不值得做的事情。然而当企业面对越来越多的废品管理账单时,他们就开始重新研究替代废品处理的方法。仍以布莱克和戴克公司为例,他们通过回收活动减少了 50 万美元的垃圾掩埋处理费用,并且从回收物资销售中获得了 46.3 万美元的收益。该公司宣布,他们的最终目标是实现零垃圾掩埋,对所有产品进行回收。

为了从回收活动中获得最大效益,企业必须对逆向物流系统进行良好的管理,其中包括减少运输、流程和处理成本,使废弃物价值最大化。

5. 直接再利用

有的回收的物品不经过任何修理可直接再利用,如集装箱、瓶子等包装容器,其流程为回收——检验——应用。

6. 再生

再生是指为了物料资源的循环再利用而不再保留回收物品的任何结构,如从边角料中再生金属、纸品再生等,其流程为回收——检验——分拆——处理。

以上六种回收方式在实践中均有广泛应用:2000 年,惠普从其废旧计算机中回收了价值 500 万美元的黄金、铜、银、钢和铝等金属;根据美国汽车零部件制造商协会估计,最先制造出来的启动器中将有 50% 在回收制造中得以更新整修,这可能会节省数百万加仑的原油、钢铁和其他金属;美国的机器零部件的再制造也是典型的例子,检修后的废旧产品可当成备件或卖给二手市场,而检修费用只是原有产品制造成本的一小部分;美国 NASA 的航天飞机也是由经过整修的工具制造的,NASA 的一个下属部门利用经过整修的工具来生产航天器的主体部件,从节约成本的角度来考虑,整修要优于购买新产品设备。

三、其他分类方法

除上述分类方法，不同专家也提出了其他各种逆向物流的分类方法，均可作为参考。

（一）按回收物品的渠道分类

按照回收物品的渠道不同，逆向物流可分为退货逆向物流和回收逆向物流。退货逆向物流是指下游顾客将不符合订单要求的产品退回给上游供应商，其流程与常规产品流向正好相反；回收逆向物流是指将最终顾客所持有的废旧物品回收到供应链上各节点企业。

（二）按逆向物流材料的物理属性分类

按照逆向物流材料的物理属性，逆向物流可分为钢铁和有色金属制品逆向物流、橡胶制品逆向物流、木制品逆向物流、玻璃制品逆向物流等。

（三）按成因、途径和处置方式分类

按成因、途径和处置方式的不同，逆向物流可分为投诉退货、终端使用退回、商业退回、维修退回、生产报废与副品退回，以及包装回收等六大类别。

（四）按逆向物流涉及的产业或产品类型分类

各产业、各产品的逆向物流过程、目标、管理方式、技术处置等都不相同，可以说有多少类别的产业，就有多少类别的逆向物流，典型的如零售业、电子设备制造业、图书出版业、汽车制造业等。零售业中，电子商务零售业与一般零售业又有所不同。

> **案例：是一次性餐具，还是……？**
>
> 外卖行业的兴起，着实解决了不少人的吃饭问题。据相关统计数据显示，2018年，中国在线餐饮外卖用户规模达3.55亿人，美团外卖、饿了么、百度外卖三大外卖平台日订单总量超过2000万单。然而，在享受便利的同时，外卖产生的大量包装垃圾也越来越成为令人头疼的环保难题。有媒体就外卖包装对100名不同年龄段的消费者发起问卷调查，结果显示：66%的受调查者在外卖中收到的是透明的一次性塑料餐盒；21%的受调查者收到的是泡沫餐盒；可降解餐盒和其他包装各占6%，纸盒仅占1%。点一份简单的外卖，哪怕只是一碗面条，也至少要产生以下垃圾：塑料碗、塑料汤匙、一次性筷子、牙签、纸巾、塑料袋、订单条……不难发现，其中大多数是难降解的塑料制品。曾有环保组织研究分析了100个外卖订单，发现平均每单外卖消耗3.27个一次性塑料餐盒/杯。这意味着，目前中国互联网订餐平台上，每天使用的塑料餐盒超过6000万个。可见，小小外卖所带来的垃圾危害不可小觑。当前，外卖送餐使用的塑料餐盒和餐具的主要成分是聚丙烯，塑料袋的主要成分是聚乙烯，均是自然环境下很难降解的普通塑料。这些塑料制品的去向，一般都是和各类生活垃圾混杂在一起被送进填埋场或焚烧场。而未经专业处理的填埋和焚烧无疑会给城市垃圾处理场附近的土壤、水和空气带来严重污染，给自然环境造成巨大压力。
>
> 我们可以借鉴国外的先进经验。例如，日本最大的外卖公司玉子屋，平均每天提供的便当数量达到7万份。由于订单量大，玉子屋每天都会在用户用餐后派人统一回收餐盒，并返还给用户一定的补贴。回收后的餐盒会通过自动消毒机进行统一清洗消毒并再次使用。

这种做法听起来不可思议，且看似会造成成本增加。在这里需要指出的是，玉子屋不接受数量过少的订单，且每天只为顾客送去一种便当，某种程度上类似团购，因此其规模化效益降低了成本。而回收便当盒的做法目的之一是节约成本，二是反馈信息。

据业内人士分析，玉子屋使用非一次性餐具并重复利用，除了使客户有堂食一般的体验外，还能够使餐具相关的成本降到最低。因为一次性餐具的成本是随规模线性增长的，而使用成本相对高的餐具并人工回收清洗餐具的成本是随着规模增加而相对下降的。

此外，玉子屋的送货员在返回送货地址取餐盒时，一定会打开餐盒确认吃剩的情况，记录哪些菜剩了多少，将信息反馈给公司。这些信息实际不正是类似互联网行业的"大数据"？这种做法不仅能掌握用户喜好，还可以预估次日的订单量。不仅如此，在这个环节中，送餐员其实还扮演了客服的角色，他可以听到顾客的赞美声，当然还有不满和抱怨，增加了和消费者面对面的互动。

第三节 逆向物流与正向物流

一、逆向物流与正向物流的关系

逆向物流和正向物流是一个完整物流系统的两个子系统，两者相互联结、相互作用、相互制约、相互补充，共同组成了物流的全部范畴。本书第二章将介绍闭环供应链的概念，在传统供应链的基础上考虑进去逆向物流管理活动，就形成了闭环供应链，强调正向、逆向物流之间的协调。

逆向物流是在正向物流运作过程中产生和形成的，没有正向物流就没有逆向物流；逆向物流流量、流向、流速等特性是由正向物流属性决定的。如果正向物流利用效率高、损耗小，则逆向物流必然流量小、成本低；反之，则流量大、成本高。另外，在一定条件下，正向物流与逆向物流可以互相转化，正向物流管理不善、技术不完备，就会转化成逆向物流；逆向物流经过再处理、再加工、改善管理方法制度，又会转化成正向物流。

逆向物流和正向物流都具有基本的物流功能要素，都是由运输、储存、包装、装卸搬运、流通加工、配送和物流信息等基本活动构成的，其管理目标都是追求成本与服务水平之间的平衡、追求高效率和高效益。从这个意义上说，对逆向物流的管理符合传统正向物流的供应链管理的思维模式，提倡各个环节之间的协调运作，而不是分开单独考虑，二者可以相互集成从而达到物流管理的总体目标。

同时，逆向物流常常发生在正向物流之后并且复杂得多。它可能发生在任何一个逆向供应链循环中，产品也不一定被送回来源地，即逆向物流的终点可以是资源恢复链上的任何节点。因此二者在很多方面存在很大差异，将在下面分析逆向物流自身的特点。

案例：创意拯救废品

美国的 TerraCycle 公司把从卡夫、星巴克、沃尔格林等大公司回收的垃圾中的果汁盒变成铅笔盒子；将牙刷弯成手镯、钱包带或牙刷架；将糖纸制作成美丽的风筝。TerraCycle 公司收集人们邮寄给他们的废弃卷烟，把过滤嘴加工为工业产品，如运输托盘和塑料木材（不同的产业链）。

二、逆向物流与正向物流的差异

逆向物流和正向物流存在很大差异。首先，逆向物流与正向物流运作的起始点完全相反，逆向物流更加趋向于反应性的行动与活动，其中实物与信息的流动基本都是由供应链末端的成员或最终消费者引起的。其次，由于退货物品有各种不同的原因，逆向物流产生的地点、时间和数量是难以预见的；正向物流则不然，按量、准时和指定发货点是其基本要求。再次，发生逆向物流的地点较为分散、无序。最后，逆向物流的处理方式复杂多样，不同处理手段对恢复资源价值的贡献差异显著。正向物流与逆向物流的差异见表 1-3。

表 1-3　正向物流与逆向物流的差异

比较项目	比较对象	
	正向物流	逆向物流
预测难度	比较简易	比较困难
分销和运输方式	一对多	多对一
产品质量	统一	不统一，差异较大
产品包装	统一	不统一，多损坏
运输目的地/路径	明确	不明确
产品处理方式	明确	不明确，依产品而定
价格	相对一致	不一致，取决于多种因素
运送速度/时效的重要性	广泛重视	常常不受重视
成本	相对透明，可由财务系统监控	多为隐性
库存管理	统一	统一
产品生命周期	可控	比较复杂
供应链上的各方协商	比较直接和容易	比较困难
营销方式	有现成模式	没有现成模式，受多种因素影响
运营流程	较透明，便于控制	透明度低，不便于控制
运营网络设计	复杂，但明确	更复杂，多不明确因素影响
体量	大	小
跟踪物品	自动信息系统	自动和手动信息系统
循环时间	短	较长
产品价值	高	中低

原始资料来源：R. S. Tibben-Lembke and D. S. Rogers, Differences Between Forward and Reverse Logistics in a Retail Environment, 2002。

第一章 绪　　论

表 1-3 显示，正向物流与逆向物流有很大的差别。它们的区别不是仅体现在物流方向上，而是涉及几乎所有方面，包括运营、信息系统、商业模式等。下面我们就八个主要差异加以说明。

（一）分销和运输方式

逆向物流与正向物流的最大差别之一在于，正向物流是把产品从生产商（一个起点）分销到多个客户，运输方式是一对多；逆向物流正好相反，产品（废旧品、返件）是从多个起点向一个中心目的地移动（如返品处理中心），运输方式是多对一。这个差异直接影响了物流的运营管理。

汽车零部件的循环供应链如图 1-5 所示。正向物流为组装好的汽车从车厂分销（配送）到各个 4S 店；逆向物流是把返件从 4S 店运回（收集）到总厂进行检验和处理。

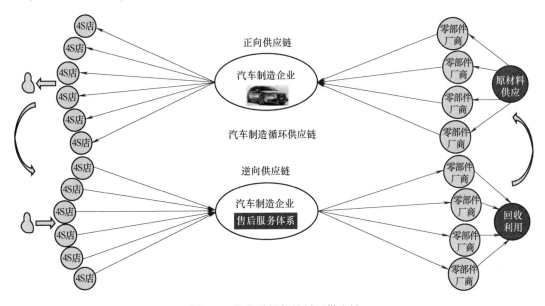

图 1-5　汽车零部件的循环供应链

在运营管理上，有两种方式：

方式一，退货处理中心（centralized return center，CRC）和配送中心（distribution center，DC）合二为一。这样可共享仓储、运输及人力资源，最终将逆向物流与正向物流结合起来。但由于逆向物流的复杂性和特殊性，这种结合不易实现。

方式二，CRC 独立于 DC。很多企业都采用这种分离的方法，即使使用同一设施，也采用相对独立的运营及管理系统，这样有利于逆向物流的独立运行且不会影响正向物流。

一般情况下，如果企业的逆向物流体量小，企业可以选择方式一，即使采用这种方式，CRC 也必须安排在不同的仓库区。如果企业的逆向物流体量较大并且逆向物流对企业很重要，方式二要优于方式一。

（二）成本的可视性

正向物流有比较统一的成本核算方法，并且一般由会计系统监控，因此相对透明。反之，逆向物流的成本多为隐性的，有些产品必须经过处理后才能二次销售，因此增加

逆向物流管理

了附加的成本。正向物流成本与逆向物流成本的比较见表1-4。

表1-4 正向物流与逆向物流成本的比较

成本比较项目	比较对象	
	正向物流	逆向物流
运输	较高	较高
库存持有	较高	较低
价格缩水	下降	大幅下降
过期损失	较低	较高,取决于过期时长等因素
收集	增加	大幅增加
分拣、质量诊断	增加	大幅增加(非标准的产品或部件)
处理	增加	大幅增加
翻新/重新包装	少见	增加
账面价值的改变	少见	增加
信息过程管理	增加	大幅增加

原始资料来源:R. S. Tibben-Lembke and D. S. Rogers. Differences Between Forward and Reverse Logistics in a Retail Environment [J]. Supply Chain Management:An International Journal,Vol. 7,No. 5,2002:278.

二者在成本上的区别还表现在各项费用占总成本的比重不一样。正向物流中,产品折扣占成本的比重较大,产品折扣根据订货量和频度不同而异;而逆向物流中,一般最大的成本是收集和运输成本,退货的分散性、多变性无形中增加了运输成本。

某些逆向物流,如电池回收,其包装和运输必须按照危险品运输标准,而回收电池的处理工艺非常复杂,这些都增加了它的成本。

(三) 预测难度

典型的正向物流中,企业只需预测未来的市场需求,每一个环节的作业都是基于对市场的预测进行的,整个过程具有较强的可预测性。相比之下,逆向物流则是基于被动反应的,它通常不是公司计划或决策的结果,而是对消费者行为或下游成员的产品退回行为的反应。因此,逆向物流具有更大的不确定性,预测难度也更大。

对于回流产品的再加工过程,企业不仅要考虑消费者对这些产品的需求,还要分析是否可以获得回流源,因为逆向物流由最终个体消费者启动,而个人决定是否退货会受很多因素的影响,因此企业无法知道他们会回收多少产品以及回收时产品的状态。

然而,对逆向物流的预测有时候可以借助于正向物流,因为通常情况下,逆向物流与正向物流相比总有一个落后的时滞。产品促销可以提高销售量,同时也会增加退货量。例如,近两年电商"双11"促销的退货率高达约25%。在制订促销计划时,营销部门同时也会安排好相关的物流工作以确保销售畅通。对逆向物流而言,良好的计划同样可以使其收益,因此在促销的同时,退货管理中心也应该同时做好相应的退货处置准备。

逆向物流中预测的难度还在于不同类的产品通常具有不同的退货率。客户或下游节点退回产品是受多种因素影响的,如产品的操作性、相关说明书的清晰度和顾客对产品的期望(同类同质产品,顾客对该产品的期望越大,其退货的可能性就越大;对同一生产商的不同产品，顾客对它们的期望也是不一样的）。

（四）库存管理

一般来说，好的货物被存放在货物良品库或良品库区，正向物流处理良品库存，如采购、配送；相反，退货/旧货存放在非良品库（退货处理中心）或非良品库区，逆向物流处理非良品库存，如收集、储存、回收、翻新。它们的库存管理是不同的。

此外，正向物流中关于库存管理的理论并不完全适用于逆向物流。比如，库存管理中最常用的经济批量和再订货点法要求供给是确定的，不确定性主要来自需求方面，而且假定价格是已知的；而逆向物流中，供给具有很大的随意性，退货产品的销售价格也因处理方法不同具有较大差别。

（五）运送速度和时效

正向物流中，迅速、准确地满足客户要求是至关重要的，因为客户极有可能因不满意所提供的服务而减少订货或干脆取消以后的所有订货；而逆向物流中，通常不存在事先订货，运送速度和时间往往都是由生产商决定，没有人会对这些事抱怨，这也是为何大多数厂商并未给予退货处理足够重视的原因之一。

然而，在电子商务发达的今天，退货运送和处理速度及时效已成为重要的客户体验。特别需要指出的是，退货的价值通常会低于新货，如果处理及时，同样可以获得较高利润，但如果不重视，使其长时间滞留于处理中心，就有可能真正地使其贬值。

这是因为除了外观或者货物本身容易受损外（没有好的包装），也有可能是使用价值的"缩水"。比如一些季节性或节日商品，如果错过了最佳销售时期，产品就很难卖到理想的价格。

（六）运营网络设计

运营网络设计的复杂度取决于产品分销/收集网络的复杂度和产品交付网络的复杂度。

正向物流服务的产品分销网络一般是一对多，并且网络的网点是确定的，产品在网络中的运输数量是根据计划而来的；而逆向物流服务的产品收集网络一般是多对一，并且网络的网点常常是不确定的、动态的，同时产品在网络中的运输数量常常是没有计划的。

因此逆向物流服务的产品收集网络的设计比正向物流服务的产品分销网络设计更复杂。产品交付网络的复杂度与产品分销/收集后的去向有关。被退还的产品被运达退货中心后，其进一步去向并不明确，这一点与正向物流并无区别，因为运抵配送中心的产品在没有接到订单之前也是处于暂时储存状态，直到接到订单再进行送货。二者的不同之处在于送往目的地的决策方式不一样：正向产品几乎不需要运送地的决策，只是根据订单按客户要求来安排运送时间和地点即可，甚至在某种情况下（定做或者对接运送），在货物运抵配送中心的同时就已经知道了其即将运达的目的地；与正向物流不同，逆向物流中的管理人员需要花费相当长的时间来决定各种退货的去向——再制造、再生、再售或报废等，还要考虑生产商处理退还商品的特殊规定，如对在二手市场转卖的商品去除标志、适当处理、重新包装等，这些都使得在逆向物流中对于商品的处理选择众多、方向不明。

因此逆向物流服务的产品交付网络的设计也比正向物流服务的产品交付网络设计

复杂。

(七) 信息系统的应用

与正向物流不同，几乎没有企业会对逆向物流进行物流过程的全程跟踪。由于企业通常对逆向物流不够重视，所以信息系统的应用并没有普及到这一流程中。研究表明，缺乏信息系统和对逆向物流的不重视，已经成为逆向物流管理中最大的两个障碍。

实际上，由于不能对逆向物流进行全程跟踪，退货中心制订处理计划和处置决策的难度有所增加。因此，退货处理中心同样应该配有相应的信息系统，对退回商品进行必要的跟踪，包括存放在各零售店即将运往处理中心的那些商品。这样，中心的管理人员就可以知道有多少品种和数量的产品即将被退回，并可以提前做出处置意见。

(八) 供应链各方的协调性

逆向物流可能发生在任何一个逆向供应链循环中，产品也不一定是被送回来源地，即逆向物流的终点可以是资源恢复链上的任何节点。在逆向物流中，代理商的服务项目不同，需要协调的对象就完全不同，有的代理商帮助销售商处理过季的积压产品，有的代理商则负责产品的顾客退换货服务并对退回的产品进行处理。一方面，因为退货产品的质量不一致，在代理商同意代理退货之前，往往需要先检查退货产品的质量；另一方面，代理商在销售退货产品时，生产商要求代理商必须明确这是退货产品，而且要明确退货产品售出后的售后服务事宜。因此，生产商在选择代理商时，往往根据与代理商的交易情况，选择信誉度比较好的代理商处理退货产品，这样可以要求代理商按照生产商的规范处理退货产品。

在正向物流中，所涉及的供应链各方需要协调的仅是原材料或零部件的采购、加工和产品的仓储及运输方式等。此外，生产商选择销售商时，仅需考虑销售商是否愿意下订单订购产品即可。同时，正向物流中也不存在新产品的售后服务协调问题，一般情况下都是生产商或代理商（第三方）负责售后服务。

而售后服务本身就是逆向物流的一部分，它需要协调生产商、经销商及客户，还要协调售后服务的供应商。因此，逆向物流对供应链各方协调性的要求更高且执行难度更大。

三、逆向物流的特点

综上所述，与正向物流相比，逆向物流有如下一些特点。

(一) 高度不确定性

逆向物流产生的地点、时间及回收品的质量和数量难以预测，这导致了逆向物流供给的高度不确定性。再加上已恢复或再使用产品市场的高度不确定性，使得对回流产品的需求更是难以预测，因而供需平衡难以掌握，很多科学管理方法如物流量预测、网络规划等使用起来非常困难。

一方面，逆向物流的产生地可能是供应链上的任一环节，具有高度不确定性。逆向物流的产生地可能是消费领域极度分散的终端消费者，可能是流通领域的零售商、分销商或者生产领域的各类制造商，还可能是企业内部。现阶段，消费者需求的多样化和高度个性化趋势，也使得企业产品销售困难，容易积压库存或者产生较高的退换货率，而以电商促销为代表的各种促销活动也进一步提高了退货率，增加了逆向物流。

第一章 绪　论

另一方面，回流产品的数量也具有不确定性，由产品的质量、寿命、使用时间、使用环境等多种因素决定。而对于回流物品的质量确定也很困难，回流物品的损坏程度有轻有重、损坏方式各不相同，难以判断是初始损坏还是物流过程中的损坏，需要通过各种检测手段才能确定。

（二）管理的复杂性

逆向物流普遍存在于企业的各项经营活动中，从采购、配送、仓储、生产、营销到财务，需要大量的协调和管理工作。尽管在一些行业，逆向物流已经成为获得竞争优势甚至独树一帜的关键因素，但是许多管理者仍然认为逆向物流在成本、资产价值和潜在收益方面没有正向物流那么重要，因此分配给逆向物流的各种资源往往不足。另外，相关领域专业技术和管理人员的匮乏，缺少相应逆向物流网络和强大的信息及运营管理系统的支持，都成为逆向物流有效实施的障碍。有学者指出，一个公司的逆向物流实施至少有四种环境影响因素，即消费者、供应商、竞争对手及政府机构。因此，逆向物流比正向物流有更多的不确定性和复杂性，运作管理更为困难。

逆向物流的高度不确定性也使得逆向物流网络很难规划，与正向物流网络的关系也需要仔细研究。物流网络是保证物流过程高效运行的必要保障，物流网络规划设计是对产品物流渠道所做的规划，包括物流节点（设施）的类型、数量、能力与位置，设施所服务的顾客群体与产品类别，以及产品在设施之间的运输方式与线路等。物流网络规划需要大量数据，包括物流量数据和长期预测，这对于逆向物流而言均很难实现。

（三）缓慢性

产品开始销售的时候，逆向物流数量少、种类也少。随着产品销售数量的增加以及时间的延长，就会逐渐形成较大的流动规模。回流产品回收后，往往不能立即满足人们的某种需要，需要经过分类、再处理和维修等环节，甚至只能作为零部件或者原料进行回收使用，这一系列过程的时间是较长的。同时，回流物品的收集和整理也是一个复杂的过程，即便是没有质量问题的退货产品，想重新进入正向销售渠道，也很不容易。这一切都决定了逆向物流缓慢性这一特点。

（四）逆向物流对某些行业具有强制性

由于消费者权益立法中对消费者的保护日益加强，以及全球环境保护意识的日益提升，许多政府都颁布了强制企业从事逆向物流作业的法律和法规，例如，美国法律规定禁止填埋阴极射线管（CRT）显示器，因为它含有多种对环境造成长期危害的物质，如汞、铅等，要求制造商必须回收处理。德国以《循环经济法》为核心，强制规定产品生产者和经营者承担回收责任。我国也越来越重视这个问题，开始研究制定相关法规。

（五）逆向物流发生的规模、频度反映了企业运作中存在的问题

不论是出于环保的考虑还是质量上的原因，或是竞争压力的驱使，逆向物流的产生往往是因为企业在产品质量管理上存在问题，或者销售的产品与消费者需求不能完全符合，逆向物流的发生实际上是在解决这些问题，而这往往是许多企业所不愿面对的。无论是消费者无理由退货、换货，还是由于质量问题发生的退货、召回等，逆向物流都反映了企业在某一方面管理的缺失，及早解决是面对问题的唯一正确选择。

总的来说，逆向物流最大的挑战在于企业和社会对它缺乏足够的认识和重视。通过逆向物流和正向物流的比较分析，我们可以发现逆向物流的管理和技术难度远大于正向

逆向物流管理

物流，因此逆向物流业务对企业的生产能力、物流技术、信息技术、人员素质等都提出了更高的要求，且需要企业投入大量的资源（人力、物力和财力）。企业实施逆向物流业务战略时必须运用更多的智慧，做到科学决策、周密计划、精心组织，并创新或采用逆向物流的信息技术，才能降低逆向物流的风险并有可能实现其预期的战略目标。

近年来，专业从事逆向物流业务的第三方企业（如Optoro、GENCO、Narvar、LTG等）不断涌现，它们大多是科技型企业，有强大的信息系统。许多企业，如eBay、Amazon、WalMart，采用外包的战略，将逆向物流外包给专业从事逆向物流的第三方企业。这种方式不仅可以将逆向物流的风险转移给第三方，而且可以实现双赢，从而创造最大价值。

案例：快递包装的逆向物流

一边是智慧零售的不断迭代升级，一边是快递物流保持高速的规模增长，由此带来的社会生态问题尤为显著。2017年，全国400亿件快递包裹产生近40亿个包裹箱、80亿个塑料包装袋、40亿个封套、400亿张快递运单，以及数量可观的胶带。2018年"双11"，当日包裹突破10亿件，随之而来的5万t包装垃圾一夜间充斥社区街道、公共空间。物流、电商行业都在积极行动，从"共享快递盒"理念的风行到绿色包装产品的逐步普及，"让每一个城市都绿起来"渐成社会共识，其中两个典型的代表是苏宁和京东。

2018年11月1日，苏宁物流发布绿色物流共享行动"青城计划"，"椰城"海口成为第一站。苏宁物流携手海口市政府、小米集团、灰度环保，齐力协同、绿色共生，致力于将海口打造成为全球领先的全链路绿色物流快递城市。苏宁物流一直是绿色物流行动的坚定践行者，通过发展绿色仓储、绿色包装、绿色配送、绿色末端，不断减少快递包装浪费，推进减量化、绿色化、可循环发展。目前，苏宁物流在全国拥有九大顶级"中国绿色仓库"；以"共享快递盒"为基础的超过100万个绿色包装产品累计使用达到1亿次；轻简绿色的新能源物流车在苏宁全国的城市配送网络中已经开始普及推广。未来，"青城计划"将从四个维度推进"绿色海口"模式优化并在全国落地：绿色仓储升级，在保障基础设施建设节能环保的基础上，到2020年，苏宁物流全国上线20座以大数据、物联网、人工智能等科技武装的智慧型绿仓；绿色包装规模化应用，到2020年，全国范围内总计将投放超过20亿个绿色循环包装产品；绿色运输升级，苏宁物流将启动"线上线下智能物流系统+新能源物流车"，提升门店就近发货占比，用智能算法重塑物流效能，未来三年投放10 000辆新能源车，逐步取代燃油车；末端网络上，全国100%区域的苏宁门店开通"服务专区""回收专区"，同时将绿色回收站纳入社区服务。

2017年6月5日，京东物流联合九大品牌商共同发起"青流计划"，旨在未来三年内减少供应链中一次性包装纸箱的使用量。京东物流与供应链上下游合作，推动品牌商到零售商、零售商到用户的绿色化、环保化。该计划初期重点是通过减少包装物的使用、绿色物流技术的创新和应用、物流耗材标准的统一，促进品牌商、物流企业、包装耗材企业及消费者之间的高效协同，在从商品生产打包、入仓到出库、运输、配送的整个链条中提升资源利用率，减少资源浪费，从而实现节能降耗、低碳环保的目的。同年 11 月，京东整合社会资源成立"京东物流绿色基金"，首期投入 10 亿元加速物流行业的绿色升级。2018 年 5 月，"青流计划"全面升级，称为"青流计划 2.0"。它是在绿色物流的基础上，进一步上升到可持续发展的层面，不只是关注环保，还有"人文社会（people）"和"经济（profits）"两个新的维度，与此同时，"青流计划"的主体也从京东物流上升到京东集团层面。京东物流目前已在北京、上海、成都等多个城市建成规模化的新能源车队，在上海亚洲一号实现了仓储屋顶分布式光伏发电系统应用，研发了新型两层物流标签，每年可减少 700t 纸张使用，研发的生物降解快递袋等包装新材料已大规模应用，每年淘汰近百亿个传统塑料袋，同时还投放了 10 万个青流循环箱。下一步围绕环保要求，"青流计划"将通过补贴等激励措施将所有合作伙伴车辆替换为新能源汽车，未来所有京东物流的汽车都将零污染。2030 年，京东物流将搭建全球屋顶光伏发电产能最大的生态体系，联合合作伙伴建设光伏发电面积达 2 亿 m^2。京东物流还将继续研发更多新材料避免快递包装产生污染。京东倡议合作伙伴低耗制造、降低浪费、使用清洁能源，到 2030 年累计实现减少碳排放 10 亿 t。

第四节　逆向物流管理的影响因素

一、逆向物流的驱动因素

（一）政府立法

在工业化世界中，政府的环境立法有效地推动了企业对产品的整个生命周期负责。顾客对全球气候变暖、温室效应和环境污染的关注加强了这种趋势。

在美国，议会在过去的几年中引入了超过 2000 个固体废品的处理法案。在欧洲，为了减少垃圾掩埋法的废品处理方式，欧盟制定了包装和包装废品的指导性意见，并在欧盟成员中形成法律，意见规定了减少、再利用和回收包装材料的方法，并根据供应链环节中不同成员的地位和相应的年营业额，提出了企业每年进行垃圾回收和产品再生的数量要求，法规的目的是使生产者共同承担产品责任。

积极的立法工作仅仅处于开始阶段，后续政府将强令企业改变从产品生产到最终废品处理的方法。

（二）日益缩短的产品生命周期

产品生命周期正在变得越来越短，这种现象在许多行业都非常明显，尤其是计算机行业。新品和升级换代产品以前所未有的速度推向市场，推动消费者更加频繁地购买。当消费者从更多的选择和功能中受益时，这种趋势也不可避免地导致了消费者使用更多不被需要的产品，同时也带来了更多的包装、退货和浪费问题。日益缩短的产品生命周期增加了进入逆向物流的浪费物资及管理成本。

（三）新的分销渠道

消费者可以更加便捷地通过新的分销渠道来购买商品，电视购物和互联网的出现使

逆向物流管理

商品直销成为可能。但是直销产品也增加了退货的可能性，要么是因为产品在运输过程中被损坏，要么是由于实际物品与在电视或网上看到的商品不同，从而给逆向物流带来了更大压力。一般零售商的退货率是 5%~10%，而直销则高达 35%。由于直销渠道面对的顾客是全国甚至全球范围的，退货物品管理的复杂性就会增加，管理成本也将上升。

（四）供应链中的力量转移

竞争的加剧和产品供应量的增加意味着买家在供应链中的地位提升，零售商可以而且的确在拒绝承担未售出商品和过度包装品的处理责任。大多数返还给最上层供应商的商品（要么来源于消费者，要么是因为未售出）都被最初的供应商收回，由它们对这些产品进行再加工和处理。这种趋势在所有行业都有所发生。

（五）经济效益

经济效益是企业开展逆向物流最主要的驱动力，表现为以下几个方面：

1. 提高顾客满意度

在当今顾客驱动的经济环境下，顾客价值是决定企业生存和发展的关键因素。企业通过逆向物流可以提高顾客对产品或服务的满意度，赢得顾客的信任，从而提升竞争优势。对于最终顾客来说，逆向物流能够确保不符合要求的产品及时退货，有利于消除顾客的后顾之忧，增加其对企业的信任感及回头率，从而扩大企业的市场份额。一个公司想要赢得顾客，就必须保证顾客在整个交易过程中心情舒畅，而逆向物流战略是达到这一目标的有效手段。目前，国际知名的大卖场、超市、零售店和电商等都有各种退货政策，甚至用无理由和自由退货方式来吸引和留住顾客，以此来保持客户的满意度，使竞争优势得以巩固和提升。客户满意度和满足个性化的需求已经成为各大企业维持竞争优势地位的最重要的策略。然而也正是厂商采取的自由退货、无理由退货政策导致了退货大量堆积。这是企业施行逆向物流管理的原因之一。

> **案例："双11"大促后的退货**
>
> 近几年，"双11"恐怕是很多人十分期待的购物狂欢节。2018年的"双11"，天猫销售额再创新高，当天交易总额超过了2135亿元，首次跨过2000亿元大关，相比上一年的1682亿增长了26.9%。面对琳琅满目的商品，绝大多数人都会"剁手购物"，只不过在"双11"过后，不少"剁手族"却有些反悔了，纷纷要求退货。
>
> 根据欧特欧网络零售大数据系统显示，截至2018年11月13日，2018年天猫"双11"退货额为92.7亿元，退货率为5.7%。从价格来看，天猫"双11"退货量较高的产品多为低价商品，大部分商品价格在200元以下，其中0~10元价格区间的商品退货率最高，达9.2%。从行业来看，计算机和办公用品退货率最高，达8.1%；个护化妆退货率最低，仅4.0%。从品牌来看，天猫"双11"零售额TOP20品牌低于全网平均退货率。中华老字号方面，天猫"双11"退货率仅为4.3%，远低于整体退货率的5.7%。从跨境来看，退货率为4%，其中个护化妆行业退货率最低，仅3.1%；其次是家用电器。
>
> 退货的原因各种各样，总结起来大致有以下几种：
>
> （1）退货运费险的推广　参加"双11"的商家基本都会给消费者提供退货运费

第一章 绪　论

险，消费者购买后任何理由都可以退货，退货后商家确认收到，退货运费险自动打入账户，消费者相当于没有任何损失。业内分析，这是导致退货率增多的最直接原因。

(2) 消费者维权意识提升　各地工商部门加大宣传，七天无理由退货深入人心，网购维权难度变小。消费者网购的维权意识不断提升，一旦发现问题就会及时退货。

(3) 冲动消费　"双11"购物狂欢的气氛，消费者很容易冲动消费，而购买之后经常后悔，在一定程度上提高了退货率。

(4) 实物与描述存在偏差　一些商家采用不实的描述导致产品与图片存在偏差，误导了消费者，提高了退货率。

(5) 商家发货出错　对于进入主会场的商家来说，"双11"日销售额是平时的50倍，暴增的订单极易导致发错货，从而提高了退货率。

(6) 物流延迟　有些消费者购物后很长时间才收到货物，错过了使用期，因此退货。

今年"双11"，你买了吗？退货了吗？退货原因是什么呢？

2. 增强企业的竞争优势

如今企业都处在一定的供应链之中，每个企业都不是独立存在的，需要用供应链的思想来运作企业。对于供应链的下游企业来说，如果上游企业采取较为宽松的退货政策，则下游企业的经营风险减少，这有助于企业间的相互信任和合作，促进企业间战略联盟的形成，从而增强企业的竞争优势。

另一方面，针对终端客户，为了建立和维护信誉，一些企业主动回收产品，从而形成逆向物流。这在召回事件中得到了集中体现，如世界上最大的芯片制造公司英特尔公司在奔腾Ⅱ时代，曾经将新发售的存在浮点计算错误的所有芯片回收，为此公司蒙受了上亿美元的损失，这是公司出于维护信誉而采取的行动。

案例：产品召回的正面作用

越来越频繁的汽车召回和笔记本电脑、电池的召回体现了逆向物流管理水准。此时，企业的真正目的在于传播其价值观念。

美国强生公司的际遇是个很好的例证。20世纪80年代强生公司的旗舰产品泰诺曾经两次遭遇投毒事件，第一次意外使之措手不及，但是强生公司从中吸取教训，建立了高效的产品回收管理渠道。当类似的事件第二次发生时，在不到三天的时间里，强生公司回收了渠道里和消费者购买的所有可疑产品。强生公司的表现给公众留下了深刻的印象，并为它带来了出人意料的销售成绩。

3. 降低企业的生产成本

减少物料消耗、提高物料利用率是企业成本管理的重点，也是企业增效的重要手段。由于废旧产品的回购价格低、来源充足，企业回收后直接进行再加工或者将其分拆成零部件后投入再生产，可以大幅降低生产成本。此外，广义的逆向物流还强调，为了减少回收的物料量及使产品能够更方便地进行再使用，要减少正向物流中的物料使用量。

逆向物流管理

案例：废钢铁的利用

目前，我国是全球最大的钢铁生产和消费国，钢铁消费量约占全球的47%。随着我国钢铁业的扩张，废钢消耗量每年上涨14%，2015年，废钢消耗量约占全球总量的27%。这一数量的大部分来自家庭和边角料废钢，随着钢铁生产和制造而增加。预计到2020年前后，我国钢铁积蓄量将达到100多亿吨，废钢资源产量可达到2亿t。

不过，长期以来，我国废钢铁循环利用情况并不理想。据有关数据显示，我国废钢利用率仅为19.9%，远远低于世界平均水平的48.3%。究其根源，一方面，大部分废钢铁资源被中频炉"地条钢"占用，主流钢铁企业在采购社会废钢铁资源上竞争不过"地条钢"企业；另一方面，则是废钢价格相较低价进口铁矿石并没有优势，在退税政策补贴难以到位的情况下，企业使用废钢的积极性有限。

此外，我国钢铁工艺流程的结构性矛盾也是废钢循环利用的一大阻碍。作为废钢消化主力的短流程电炉，其钢产量在我国占比仅为7.3%，远远低于世界平均水平；而高炉-转炉长流程（从铁矿石和焦炭到生铁再到钢材）则长期占据主导地位。这一结构使我国进口了全球65%的铁矿石，却对更绿色的大量废钢利用不足。

业内专家认为，除了国家层面要鼓励钢铁企业多用废钢外，废钢企业自身要提高设备、技术水平，加强加工能力。随着环保力度的不断加大，碳排放交易系统的建立，国家对再生资源综合利用产业发展、循环经济发展、节能减排等一系列政策的发布和实施，都为废钢铁产业发展创造了有利条件，未来3~5年或将是废钢铁应用的攀升期，废钢铁加工配送行业大有可为。

4. 改进质量管理体系

逆向物流在促使企业不断改进质量管理体系上具有重要的地位。ISO9001：2000版将企业的质量管理活动概括为一个闭环式活动——计划、实施、检查、改进，逆向物流恰好处于检查和改进两个环节上，承上启下，作用于两端。企业在退货中暴露出的质量问题，将通过逆向物流信息系统不断传递到管理层，管理者可以在事前不断改进质量管理，以消除产品的不良隐患。

5. 全球经济一体化的推动

全球经济一体化的发展，使得很多跨国公司和国际性大企业必须考虑按所涉及国家的政策法规进行经营。例如，海尔公司要进入德国市场，就必须遵守德国的包装回收法规，遵守欧盟的WEEE法令，因此海尔公司必须对售货进行及时跟踪和对回收产品进行有效管理。又如，日本的7-11连锁店进驻我国台湾地区后，带来了环保的企业文化和与之相配套的先进物资回收系统，此举影响了台湾本地的便利店竞争者，这些竞争者也开始纷纷效仿，进行资源再生和回收利用。由此，逆向物流管理跨出了国界，使每一个有野心的企业将其纳入它们的经营决策管理体系。

（六）生态效益

随着人们生活水平和文化素质的提高及环保意识的日渐增强，人们的消费观念发生了巨大变化，消费者对环境的期望越来越高。另外，由于不可再生资源的稀缺，以及环境污染日益加重，各国制定的环保法规为企业的环境行为规定了一个约束性标准，企业的环境业绩已经成为评价企业运营绩效的重要指标。为了改善环境，提高企业在公众中的形象，许多企业纷纷采取逆向物流战略，以减少产品对环境的污染及对资源的消耗。

（七）社会效益

生产企业回收利用所生产的产品，符合社会发展的"绿色"思路，从而有利于企业在社会中树立良好的公众形象，产生巨大的社会效益。

以上几种驱动因素在实际生产实践中往往是互相交织在一起的。例如，若增加废物的处理成本，则会使得废物减少更多，从而产生生态效益和社会效益；而消费者环保意识的增强又出现另一种新的市场机会，导致经济效益提高。

二、逆向物流发展的阻碍因素

由于很多人对逆向物流的认识比较有限，对逆向物流实施过程中可能遇到的问题还缺乏了解，因此，逆向物流在发展过程中遇到很多阻碍因素，除了上面分析过的逆向物流供应和需求的高度不确定性之外，还体现在以下几个方面：

（一）企业管理层对逆向物流的认识误区

企业管理层有可能存在对逆向物流认识上的误区，存在的问题包括：生产企业的回收责任意识淡薄；企业认为逆向物流不能带来经济效益，并且还会造成资源和时间的浪费；没有认识到逆向物流活动的复杂性，投入的时间和精力远远不够，甚至在业务繁忙时将逆向物流活动长期搁置，这不仅延长了产品的退货处理时间，也会增加企业的仓储成本、处置成本等。

（二）缺乏逆向物流信息系统

企业通过逆向物流信息系统可以收集有用的信息，对退货的产品进行逐一管理并反馈退货原因，还可以提供产品质量评价、产品生命周期分析等各类营销信息，帮助提高物流效率和效益。但目前逆向物流信息系统还比较缺乏，一方面，因为逆向物流活动非常复杂，对信息系统的柔性化要求高，难以在传统物流信息系统的基础上进行扩展；另一方面，企业经营理念也需跟上，很多企业不愿意在开发逆向物流信息系统上投入资金，影响了其研发。

（三）资金和人员的匮乏

逆向物流设施、信息系统等的建设和实施需要大量的资金和专业人员，而且资本回收周期一般会很长。对企业尤其是中小企业而言，这种高投资带来的高风险是影响其逆向物流有效实施的一个方面。另外，逆向物流方面的人才需要在一般物流知识和运作经验之外掌握更多不同行业之间复杂的退货处理等，很多企业缺乏这种专业技术人员和管理人员。因此，资金和人员的匮乏将会在很长时间内制约着逆向物流的发展。

三、从利益相关者角度的分析

在实践中，一个公司永远不能满足所有利益相关者的主张。因此，管理者应该关注更重要的利益相关者。逆向物流涉及的可能的利益相关者见表1-5。

逆向物流管理

表1-5　逆向物流的利益相关者

利益相关者	描述
政府	政府，立法机构
顾客	客户和消费者
社会非政府组织	代表社会利益的非政府组织
市场竞争对手	市场和竞争对手
供应商	供应链的上游
组织	代表股东利益的企业
雇员	来自企业组织的人力资源
媒体	包括传统媒体和社交媒体

这八种类型的利益相关者对逆向物流活动都有可能产生驱动和障碍，限于篇幅，这里不再进行详细分析。

综合以上三个方面，可以看出，与正向物流相比，逆向物流复杂得多，其涉及的众多利益相关者和面临的各种内外部障碍，都使得对其高效管理难上加难。但是，在当今世界的发展背景下，对逆向物流的管理又是企业不得不面临的问题，同时也有很多因素激励和督促着企业不断前行。

本章案例

案例1　逆向物流重要吗？[①]

当物流市场发展到一定程度的时候，我们会思考一个问题：逆向物流重要吗？它能给企业、消费者和社会带来什么影响？我们来看看下面这几家企业的逆向物流案例分析。这些企业都特别注意提升逆向物流活动，已经很清楚地认识到并通过实践证明做好逆向物流对公司战略和财务的重要性。

1. A公司（计算机行业）

A公司是一家做办公室计算机产品的企业，其许多产品都供别人租赁使用。由于专注于租赁终端资产，A公司参与了逆向物流的所有活动。因为它所租赁的资产都是要回收的，所以公司非常强调快速估计产品价值的重要性，并决定整个产品再出售的潜力，这和产品的独立模块、组成元素和原材料的潜在价值有着极大的不同。由于这个行业的产品生命周期都非常短，所以A公司集中精力减少返品评估和重新配置的时间。

那些能够重新利用和再制造的产品很快会被识别出来，并转化为可出售的产品。公司开拓了一系列的二手市场，所以再加工的产品就不会和公司新产品形成竞争。A公司将再加工的产品尽快投入二手市场后，保持了低的存货率并最大化了公司收入，更加意识到租赁产品所带来的巨大收入。简而言之，A公司已经充分认识到返品在收入、成本和资产利用上，在整个生命周期中对公司的价值。

对那些不能再利用的产品，A公司先将产品进行分解，然后回收可再利用的元件和贵重金属，最后将塑料等垃圾扔进指定的再循环垃圾桶里。通过回收旧元件，公司所需

[①] 根据以下原始资料改编：https://www.50yc.com/information/guanli-jiqiao/4134。

购买的元件数量大大减少（在电子部门，许多用过的零部件的价值其实和新更换的零部件并无差别）。另外，A公司的一些元件事前就被服务部门设计成可重用的，通过回收再利用增加了稳定的零部件供应来源，公司就可以最少的新零部件存货投资来满足顾客的需求。

最后，由于只有不到2%的返品被送往垃圾站，所以A公司能够提高其环境响应能力。公司管理层相信高效的返品管理极大地提高了公司的品牌价值，而且还通过增加未来的收入产生了极大的远期利益。现在，A公司的返品部门甚至变成了盈利部门。

2. B公司（重型设备制造公司）

B公司有很强劲的逆向物流能力，建立起了成熟的机车引擎和设备的替代零部件再制造体系。由于重型设备产品的生命周期可达数年甚至数十年，B公司在销售产品之后的很长时间里，还必须为顾客提供备品备件服务。为了做到这一点，B公司与一家再制造商成立了一家合资企业，以管理返品、再制造零部件和引擎。再制造零部件相对于新购品来说，采购和存货成本都能削减一大半，这种方法还可以保证连续多年的高水平顾客服务，从而构筑坚实的顾客忠诚度。这样，B公司就以盈利的方式管理了其返品。

虽然机车引擎和零部件再造在汽车、农用机械或者重型机械部门不是一个新事物，但还是有很多经验教训可用于耐用消费品行业。例如，随着电子耐用品的模块化，有越来越多的再加工和再销售机会，这使得对高效物流的需求也越来越大。

3. C公司（电子商务零售行业）

与A和B两家公司相比，C公司生存在一个截然不同的环境里，其经营的商品在价值上远远低于A和B公司，因此其逆向物流的渠道也极为不同。C公司销售的产品以消费品居多，因此在产品生命周期末期对产品回收的需求就很有限。然而，当顾客收到商品后如果不满意时需要退货，所以它也面临着大量的返品回收问题，成本很高。

C公司后来意识到，并不应该对所有的产品都进行回收，并基于详细的成本分析制定了细致的回收政策和奖惩措施，比较了产品回收、再处理的成本和重新制造的成本。当顾客进行投诉或申请退货时，客服就在详细的指导方针之下，决定哪些产品统一回收，哪些不应该回收。满足预先确定的成本标准的产品是不会被回收的，消费者被告知可以保留这个产品，然后会得到公司一定的返利，如果是大批量订货，公司还会延长客户的付款期限。为了保证这个计划的成功实施，公司建立了一个回收机制认证（RMA）的流程，顾客必须同公司联系才能拿到回收认证。

顾客的很多退货意愿都通过这种处理方式而被打消，大部分客户都会比较满意地接受公司的保留条款，选择不再退货。C公司通过这种做法，大大削减了处理退货的劳动力成本和运输费用，从而提高了利润。而采取这种政策后，由于返品数量急剧下降以及RMA创造的高可见度，退回的产品能够更迅速地处理。返品处理时间的缩短，又可以让公司以更快的速度将产品投入到前向供应链中。

案例2　5G来了！手机回收怎么办？[⊖]

在互联网狂飙突进的20年里，诞生了无数的风口和蓝海，但从未像今天这样，很

⊖　根据以下原始资料改编：https://new.qq.com/omn/20181116/20181116A1D2SE00。

逆向物流管理

多的风口从资本"宠儿"沦为资本"弃子",无人货架、P2P、共享单车快速衰退甚至湮灭,留下唏嘘声不断。然而,二手手机回收是个例外,这个古老生意从诞生到现在仍处于"黎明前的黑暗",用业内某人士的话说,"就像在蓝海里面游泳,既碰不到对手,也碰不到岸边。"

工信部数据显示,2014年以来,我国的废旧手机存量累积约18.3亿台,2018年、2019年的手机淘汰量分别达到4.61亿台和4.99亿台。二手手机回收不仅有闲鱼、转转等综合性平台,还有爱回收、回收宝、估吗等垂直玩家挤进赛道。与此同时,各大手机品牌也在"以旧换新"业务上不断加码,现在,还有5G的到来助推"战事升级"。工信部数据显示,随着2020年5G逐步商用,我国的手机淘汰量将达5.24亿台。据IDC预测,2019年5G手机出货量超过600万部,占智能手机总数的0.5%,而到2023年,这一占比将达到26%。这就意味着,关于手机的又一个跨时代来临,5G手机将在4年内完成迭代。一场全民换5G手机的浪潮正在酝酿中,而整个手机回收行业都在蓄势待发。

手机回收方面,最开始是线下黄牛或小B商家主导市场,直到C2C交易网站的崛起才让价格信息透明起来,但依然没有解决"柠檬市场"的问题,直到专业回收平台和具有验机能力的C2C平台的出现。从那时起,手机回收这个原本低调而略带灰色的行业,开始以互联网的方式转向专业化、透明化,并开始重建市场规则。入局的企业也愈发密集,阿里巴巴把闲鱼开放给了更多的手机回收平台,如今,仅仅是支付宝的信用生活入口,便排着十余家二手手机回收平台。用户不信任、数据不安全、回收价格不透明、回收服务不专业、转化低频场景等痛点也慢慢被找到了答案。

二手手机回收的第一次热潮发生在2015年,那是中国移动正式拿到4G牌照的第2年,中国用户开始抛弃2G、3G手机,拥抱4G。当年,爱回收一下子拿到6000万美元的融资,天眼查资料显示,此轮融资是之前两轮融资加起来的6倍,并开始得到京东的青睐;而刚刚成立一年的回收宝,在3个月内拿到了两轮融资,总额超过数千万人民币。2018年,资本市场一片寒寂,但手机回收行业未受影响。公开数据显示:2018年7月,爱回收完成1.5亿美元新一轮融资;9月,回收宝完成C1轮战略融资,由阿里巴巴投资;闪回收也拿到了近亿元人民币的融资,投资方包括小米科技。阿里和京东的加入,直接将手机回收行业拉进下半场。

下半场怎么打?各企业提及最多的依然是抢占线下市场。我国手机市场上,新机销售的场景仍然更多地发生在线下,三线城市以下尤为明显,这也就伴随着线下的手机回收场景。今天,手机在线上的渗透率也只有20%,线下依然有80%。线下模式的高效是得到了印证的,二手手机回收是低频行为,在人流密集的商超,面对面地进行检测和成交,不仅节约了信任成本,而且增加了品牌曝光,变相地实现了消费者的培养和教育。没有一家回收商会把自己仅仅定位为回收,它们强调的都是"打造二手手机流通市场的生态闭环",这一闭环包括对二手手机的回收、售卖、出租及维修。

随着手机产品迭代,回收市场也在慢慢由量变到质变。价格信息变得相对透明,用户拥有更多选择权,而4G的翻页、5G序幕的拉开,驱动着手机回收企业的新一轮竞争。

第一章 绪　　论

案例 3　UPS 为 MBS 提供图书退货逆向物流服务

MBS 是一家规模庞大的教材交易公司，其下有一家经营网上虚拟书店的分公司，该书店向附近地区的培训机构、高校及中学提供教材及课辅资料。为支持其日益增长的业务，该公司利用 UPS 的专业服务以增强客户服务管理和退货管理。

1. 客户的要求

MBS 直销在线书店允许学生购买所需某门功课的新书、旧书或学习资料，一旦该课程学习结束，学生们还可以将这些书再卖给 MBS 直销书店。因此，其退货业务与销售业务同样频繁。

该公司成立于 1992 年，现已发展壮大成为一家经营范围涉及 250 000 门课程、服务对象超过 1 300 000 名学生，遍布美国、加拿大、波多黎各的大型企业。面对仍在继续发展的业务，MBS 面临着更大的挑战，即如何进行图书跟踪、退货管理和资产管理，如何处理跨国图书资料的双向物流。为此，MBS 将整个物流服务活动外包给 UPS，利用 UPS 的专业化服务来提高客户服务水平，降低退货处理成本，从而更有效地进行资产管理。

2. UPS 逆向物流解决方案

为提高图书退货处理的效率，UPS 开发了一套基于网络的 UPS 回收管理系统，为准备退书的学生提供一个网络入口。在课程即将结束的前几周，MBS 直销给那些购买书的学生发电子邮件，将 UPS 服务入口的链接提供给这些学生。学生们可以点击链接，浏览 MBS 的退书报价，如果决定接受报价，只需再点击就可以创建一个 UPS 退货标签，学生们可将该标签贴在他们的退书包裹上。另外，学生还可根据网络上的说明，安排 UPS 的收货计划。

贴有标签的包裹可以送交 UPS 任何一个司机或 UPS 的任一服务网点，这使得学生的退货非常方便。打印的标签含有 MBS 的条码，其中包含报价信息、一套客户服务信息、国内账号、目录清单等信息。MBS 一旦收到 UPS 送来的退货，通过扫描标签，系统将自动通知 MBS 的会计部门处理支票兑付问题，学生也会很快收到通知，告之退书已经收到、书款已经付出等。

3. 成效

UPS 的专业服务帮助 MBS 直销书店大大提高了客户服务满意度和退货管理水平。项目实施 4 个月，新的系统就处理了 110 000 个退货标签，比上一年同期水平增加了 300%。另外，MBS 直销书店预测，新的系统将帮助企业取得年 15% 的业务增长率。

思考题

1. 试举出生活中常见的逆向物流实例，并初步评价其运行与管理效率及环境影响。
2. 总结说明逆向物流的特点及其与正向物流的主要差别。
3. 你认为逆向物流重要吗？其对企业的影响如何？试举例说明。
4. 你认为在企业的逆向物流管理中，最重要的问题是什么？为什么？
5. 你的手机更新后，旧手机会如何处理？试对手机逆向物流进行初步调查，了解旧手机的去向和各种处理方式。

第二章 逆向物流相关理论

本章概要

本章介绍了逆向物流管理涉及的一些基础理论,包括可持续发展、循环经济、生态经济学、生态伦理学、交易成本和网络组织、产品生命周期等。同时,逆向物流是逆向供应链的一个重要组成部分,而逆向供应链与正向供应链又组成了闭环供应链,因此逆向物流管理离不开这两个概念,本章对于逆向供应链和闭环供应链也进行了简要介绍。最后,本章对逆向物流系统的模式、构成、分类与构建要求等进行了阐述。

引例

想必大家都听说过因其简约的北欧风格和独具性价比的产品而闻名的宜家公司。宜家公司将循环供应链和逆向物流作为公司可持续发展战略的一部分,将宜家产品的回收和再利用作为它们挖掘利润的"新矿脉"。纵观宜家在逆向物流方面的举措,其中有一项是鼓励消费者将坏掉或准备丢弃的塑料、电池、家具、荧光灯、床垫和纺织品等带回来给宜家商店的计划。宜家根据这些产品的使用情况和材料的属性向消费者支付一定的费用。这些回收的产品将会通过再制造和无害化及资源化的方式进行处理。这项方案已经被证明是成功的。宜家正在考虑使用更多的方式来向客户提供端到端的供应链解决方案。再制造也是将"垃圾"资源化的手段,他们的项目已经开始将旧家具等通过再制造变成新的产品,例如变成一扇坚固的门,或者一个漂亮的书架,与其他新产品看不出任何差别。虽然这并不是一场革命,但是真正做到这点却需要企业从供应链上做出根本性的改变。宜家已经意识到,那些会被用户扔掉的破旧产品将会为自己创造另一个商业机会,而且这个过程缔造了逆向物流。这种可持续的产品循环不仅降低了宜家对环境的破坏,也使越来越多的消费者愿意参与进来和宜家一起完成循环供应链的闭环。

逆向物流管理实践与理论最早在美国、荷兰、日本等主要发达国家兴起,正如正向物流管理有其理论支撑一样,逆向物流管理也有其特定的理论基础。广义的逆向物流活动基于可持续发展理论、循环经济理论、全生命周期理论、交易成本理论和网络组织理论等得到了进一步发展。而从供应链视角出发,与逆向物流管理最密切的是逆向供应链与闭环供应链理论,其考虑了正向与逆向物流的整合问题,对企业实践考虑得更周密。

第二章 逆向物流相关理论

第一节 逆向物流管理的理论基础

一、可持续发展理论

(一) 内涵

可持续发展理论强调既满足当代人的需要，又不对后代人满足其需要的能力构成危害。工业革命以后，由于科学技术的迅速发展，人类大大加快了对自然资源的开采和使用速度。而实施逆向物流可实现产品从消费者至供给者的逆向流动，使自然资源能得到多次重复利用，实现自然资源的可持续发展。

(二) 基本原则

1. 共同发展

地球是一个复杂的巨系统，每个国家或地区都是这个巨系统不可分割的子系统。系统的最根本特征是其整体性，每个子系统都与其他子系统相互联系并发生作用，只要一个系统发生问题，就会直接或间接影响到其他系统，甚至会诱发系统的整体突变，这在地球生态系统中表现最为突出。因此，可持续发展追求的是整体发展和协调发展，即共同发展。

2. 协调发展

协调发展包括经济、社会、环境三大系统的整体协调，也包括世界、国家和地区三个空间层面的协调，还包括一个国家或地区经济、人口、资源、环境、社会以及内部各个阶层的协调。持续发展源于协调发展。

3. 公平发展

世界经济的发展呈现出因水平差异而表现出来的层次性，这是发展过程中始终存在的问题。但是这种发展水平的层次性若因不公平、不平等而引发或加剧，就会由局部上升到整体，并最终影响到整个世界的可持续发展。当代人的发展不能以损害后代人的发展能力为代价，一个国家或地区的发展不能以损害其他国家或地区的发展能力为代价。

4. 高效发展

公平和效率是可持续发展的两个轮子。可持续发展的效率不同于经济学的效率，可持续发展的效率既包括经济意义上的效率，也包含自然资源和环境的损益的成分。因此，可持续发展理论的高效发展是指经济、社会、资源、环境、人口等协调下的高效率发展。

5. 多维发展

人类社会的发展表现出全球化的趋势，但是不同国家和地区的发展水平是不同的，而且不同国家和地区又有异质性的文化、体制、地理环境、国际环境等发展背景。可持续发展又是一个综合性、全球性的概念，要考虑到不同地域实体的可接受性。因此，可持续发展本身包含了多样性、多模式、多维度选择的内涵。在可持续发展这个全球性目标的约束和指导下，各国与各地区在实施可持续发展战略时，应该从国情或区情出发，走符合本国或本区实际的、多样性的、多模式的可持续发展道路。

(三) 主要内容

在具体内容方面，可持续发展涉及可持续经济、可持续生态和可持续社会三方面的协调统一，要求人类在发展中讲究经济效率、关注生态和谐和追求社会公平，最终达到全面发展。这表明，可持续发展虽然缘起于环境保护问题，但作为一个指导人类走进21世纪的发展理论，它已经超越了单纯的环境保护。它将环境问题与发展问题有机地结合起来，已经成为一个有关社会经济发展的全面性战略。具体包括以下内容：

1. 在经济可持续发展方面

可持续发展鼓励经济增长，而不是以环境保护为名取消经济增长，因为经济发展是国家实力和社会财富的基础。但可持续发展不仅重视经济增长的数量，更追求经济发展的质量。可持续发展要求改变传统的以"高投入、高消耗、高污染"为特征的生产模式和消费模式，实施清洁生产和文明消费，以提高经济活动中的效益、节约资源和减少废物。在某种角度上，可以说集约型的经济增长方式就是可持续发展在经济方面的体现。

2. 在生态可持续发展方面

可持续发展要求经济建设和社会发展与自然承载能力相协调。发展经济的同时必须保护和改善地球生态环境，保证以可持续的方式使用自然资源和环境成本，使人类的发展控制在地球承载能力之内。因此，可持续发展强调了发展是有限制的，没有限制就没有发展的持续。生态可持续发展同样强调环境保护，但不同于以往将环境保护与社会发展对立的做法，它要求通过转变发展模式，从人类发展的源头、从根本上解决环境问题。

3. 在社会可持续发展方面

可持续发展强调社会公平是环境保护得以实现的机制和目标。可持续发展理论认为，世界各国的发展阶段可以不同，发展的具体目标也各不相同，但发展的本质应包括改善人类生活质量，提高人类健康水平，创造一个保障人们平等、自由，免受暴力的社会环境。这也就是说，在人类可持续发展系统中，经济可持续是基础，生态可持续是条件，社会可持续才是目的。新世纪人类，应该共同追求的是以人为本的自然-经济-社会复合系统的持续、稳定、健康发展。

作为一个具有强大综合性和交叉性的研究领域，可持续发展涉及众多学科，可以从不同的重点展开。例如，生态学家着重从自然方面把握可持续发展，认为可持续发展是不超越环境系统更新能力的人类社会的发展；经济学家着重从经济方面把握可持续发展，认为可持续发展是在保持自然资源质量和其持久供应能力的前提下，使经济增长的净利益增加到最大限度；社会学家从社会角度把握可持续发展，认为可持续发展是在不超出维持生态系统涵容能力的情况下，尽可能地改善人类的生活品质；科技工作者则更多地从技术角度把握可持续发展，把可持续发展理解为建立极少产生废料和污染物的绿色工艺或技术系统。

(四) 可持续发展与逆向物流的关系

逆向物流要求以环境友好的方式利用自然资源和环境资源，实现经济活动的生态化转向。逆向物流模式以实现资源利用最大化、废物排放最小化和经济活动生态化为根本目标，强调在物质循环利用的基础上发展经济，实现经济与资源、环境的协调发展。逆向物流既是可持续发展的内在动力，也是加快经济增长方式转化的外在动力，实施逆向物流是一项明智的举措。

二、循环经济理论

(一) 内涵

发展经济和保护环境似乎是矛盾对立的两个方面。长期以来，人类为了加快经济的发展，改善自身的生活质量，甘愿以牺牲环境为代价，盲目地发展经济，使地球很多资源出现枯竭，导致环境恶化。这些结果反过来开始制约经济的发展，损害了生产水平和生活质量。20世纪90年代以来，随着对资源环境问题的深刻认识，提出了以物质闭环流动为特征的循环经济（circular economy）的理念。循环经济是物资闭环流动型经济的简称，它以可持续发展原则为基础，是一种关于社会经济与资源环境协调发展的新经济概念。

所谓循环经济，是指以资源的高效利用为目标，以"减量化、再利用、资源化"为原则，以物质闭路循环和能源梯次使用为特征，按照自然生态物质循环和能源流动方式运行的经济模式。它要求人们在社会经济中自觉遵守和应用生态规律，通过资源的高效和循环利用，实现污染的低排放甚至零排放，实现经济发展和环境保护的"双赢"。循环经济把清洁生产和废弃物的综合利用结合起来，既要求物质在经济系统内多次重复利用，使进入系统的所有物质和能源在不断进行循环的过程中得到合理和持续的利用，尽量减少对物质特别是自然资源的消耗，又要求经济系统排放到环境中的废物可以被大自然吸收精华。循环经济要求企业不仅提供产品本身，而且保证产品利用最大化。循环经济的运行模式为"资源—产品—再生资源—再生样品"的循环过程，这是一个首尾相接、物质流封闭的循环，最终目标是实现"最佳的生产、最适当的消费、最少的废弃"。总之，循环经济是对物质闭环流动型经济的简称，本质上是一种生态经济，是一种新型的、与环境和谐发展的经济发展模式。传统经济与循环经济的比较见表2-1。

表2-1　传统经济与循环经济的比较

比较项目	传统经济	循环经济
模式	资源→产品→污染排放	资源→产品→再生资源
特点	高开采、低利用、多排放的单向物流经济	低开采、高利用、少排放，包含逆向物流的循环物流经济

自20世纪90年代以来，德国、日本、美国等国家把发展循环型经济、建设循环型社会看作是实施可持续发展战略的重要途径和实现形式。许多国家加大了立法力度，要求生产商对产品的整个生命周期负责，包括产品废旧后的回收处理，如对各类电子、包装、汽车等产品采取相应的强制回收措施。通过提升物料循环利用的理念，达到资源再生、物料增值和成本节约的目的。我国政府也及时提出了"大力发展循环经济，建设资源节约型社会"的战略。党的十九大报告更是提出加快生态文明体制改革、建设美丽中国，推进绿色发展，建立健全绿色低碳循环发展的经济体系。

(二) 特征

(1) 提高资源利用效率，减少生产过程的资源和能源消耗。这是提高经济效益的重要基础，也是污染排放减量化的前提。

(2) 延长和拓宽生产技术链，将污染尽可能地在生产企业内进行处理，减少生产过程的污染排放。

(3) 对生产和生活消费后的废弃物进行全面回收，对可以重复利用的废弃物通过技术处理进行无限次的循环利用，以便最大限度地减少对原始资源的开采，最大限度地利用不可再生资源，最大限度地减少污染物的排放。

(4) 集中回收、处理生产企业无法处理的废弃物，扩大环保产业和资源再生产业的规模，扩大社会就业。

（三）基本原则

一般认为，循环经济的基本原则是"3R"原则。2004年10月，在上海"世界工程师大会"上，时任中国工程院院长的徐匡迪院士结合中国国情，创造性地提出了关于建设我国循环经济的四个基本原则，即"4R"原则，在上述的"3R"的基础上增加了一个再制造（remanufacture）。

1. 减量化（reduce）原则

减量化原则是指从输入端出发，减少进入生产和消费过程的物的数量，从源头节约资源使用和减少废弃物排放，用最少的原料和能源投入来达到既定的生产目的或消费目的。

2. 再利用（reuse）原则

再利用原则也称重复利用原则，属于过程性控制方法，其目的是延长产品或服务的生命周期，提高产品和服务的利用率，使产品或包装能以初始形式多次重复使用，防止物品过早成为废弃物，减少一次性用品的污染。具体来说，就是通过一定的技术对产品进行维护、修复、更换零部件等，恢复产品的使用功能，直接被客户重复使用，延长产品使用寿命。

3. 再循环（recycle）原则

再循环原则要求将一道工序或一次使用后产生的废物作为下一道工序或下一次使用的原料，物品在完成使用功能后能够重新变成再生资源，构成资源循环的"生态链"。

4. 再制造（remanufacture）原则

再制造原则是指在基本不改变零部件的材质和形状的情况下，运用高科技对其再次加工，充分挖掘废旧产品中蕴含的原材料、能源、劳动付出等附加值，再制造后的质量须达到或超过新品，且对环境的污染明显减少。

（四）循环经济与逆向物流的关系

循环经济主要包括企业内循环、产业园区循环、城市（区域）循环和全球（国际）循环四个层次，由小到大依次递进，前者是后者的基础，后者是前者的平台。不管在哪个层次，逆向物流均是循环经济的支撑。循环经济的流程是一个封闭的系统，其中包括回收、回收物的处理、可再利用资源再投入到生产的逆向物流，使得在正向物流中产生的残次品、包装物等经过回收利用、变废为宝，形成可再利用的能源，部分完全失去使用价值的废物经过焚烧和填埋回到自然生态系统中。可见逆向物流是实现循环经济的必要手段，只有构建起顺畅的逆向物流，才能形成封闭的循环流程，物质才能高效、低成本循环，否则循环链将断裂，循环经济将不能实现。

循环经济要求资源在组织或区域之间良性流动，将一个企业的废弃物转变为另一个企业的生产原料，实现资源的最大化利用，同时减少对环境的污染。这就要求企业变革原有的组织间的供应链结构，建立更合理的资源流转模式。在诸多组织创新活动中，对组织间供应链的创新成为企业发展循环经济的主要难点，企业可以通过逆向物流解决在循环经济环境下的这个组织创新的难题。

> **知识拓展：3D 打印与循环经济新模式**⊖
>
> 有专家认为，如果说电子表格是为个人计算机设计的，电子邮件是为互联网设计的，那么 3D 打印就是为循环经济设计的，因为它符合原材料简约、能量自供应和价值可循环的经济原则。首先，3D 打印可通过单一的塑料聚合物创建几乎无限多形式的物质，以实现材料的简约原则；其次，太阳能 3D 打印的最新研究实现了能量自给，使打印机可以完全由当地的可再生能源驱动；最后，价值循环也得以实现，集成循环工艺可以把一个旧操作对象磨碎，再将它作为原材料循环利用。
>
> 想象一下你的车库配有自己的 3D 打印机，或者你在当地的购物中心使用 3D 打印机的情景。你家里的大部分物品，如餐具、家具、装饰物、门等，都是打印出来的，当你厌倦了你的茶几，把它扔上车带给打印商，打印商就将旧茶几扔到料斗里磨碎制成原料，然后你从打印终端选择自己想要的新茶几的设计款式，按"打印"即可。当你购物回来，崭新的茶几已经制作完成，等待与你相见。
>
> 虽然并非所有产品都能这样，但仍有很大比例的产品可通过 3D 打印来完成，此项技术可以使大量产品进入循环经济领域。小说家威廉·吉普森说，"未来已经在这里，它并非均匀分布的。"的确，3D 打印可以帮助创造"从摇篮到摇篮"的 C2C 经济，它也可能为"开采-制造-废弃"模式的一次性社会敲响丧钟。

三、生态经济学理论

（一）内涵

生态经济学是一个跨学科的研究领域，是研究社会生产和再生产过程中经济系统与生态系统之间的物流循环、能量转化和价值增值规律及其应用的科学。生态经济学所关心的问题是当前世界面临的一系列最紧迫的问题，如可持续性、酸雨、全球变暖、物种灭绝和财富分配等，其研究对象为生态经济系统，同时研究生态系统和经济系统的相互作用、相互渗透的规律，以谋求人口、经济和环境的协调发展。

（二）研究内容

生态经济学的主要原理和观点是生态文明制度建设的理论基础，在解决生态经济的重大热点问题上提供了方法和路径。尽管我国生态环境保护历程从 20 世纪 70 年代初就已启动，近年来生态环境治理力度也在不断加大，但传统的生态环境保护体系发挥更大作用的难度不断提高，生态环境管理绩效进一步提升的潜力有限。在当前新形势下，必须通过研究自然生态和经济活动的相互作用，探索生态经济社会复合系统协调和可持续发展的规律性，为资源保护、生态环境管理提供理论依据和分析方法。

⊖ 根据以下原始资料改编：微信公众号"逆向物流界"。

逆向物流管理

生态经济学的研究内容除了经济发展与环境保护之间的关系外，还有环境污染、生态退化、资源浪费的产生原因和控制方法，环境治理的经济评价，经济活动的环境效应等。另外，它还以人类经济活动为中心，研究生态系统和经济系统相互作用而形成的复合系统及其矛盾运动过程中发生的种种问题，从而揭示生态经济发展和运动的规律，寻求人类经济发展和自然生态发展相互适应、保持平衡的对策和途径。生态经济学的研究结果还应当成为解决环境资源问题、制定正确的发展战略和经济政策的科学依据。总之，生态经济学与传统经济学的不同之处在于，前者将生态和经济作为一个不可分割的有机整体，改变了传统经济学的研究思路，促进了社会经济发展新观念的产生。

（三）生态经济学与循环经济的关系

许多学者指出，循环经济与生态经济在本质上是一致的，循环经济是生态经济的具体形式，生态经济学为循环经济提供理论基础，循环经济在本质上就是生态经济，后者对前者形成包含关系。

用生态经济学理论建立循环经济模式，就是把生态经济学的理论应用到企业和社会系统，核心是使企业和社会循环经济系统模仿自然生态系统的运行规则和循环利用模式，强调用生态规律来指导人们的经济活动，使经济系统和谐地纳入到自然生态系统的物质循环过程中，实现经济活动生态化，减少自然资源消耗，从而保护生态环境。

（四）生态经济学与可持续发展经济学的关系

一般认为，可持续发展经济学是在"生态-经济-社会"三维复合系统的总体背景下研究可持续发展的实现机制与途径的一门新兴学科，其与生态经济学存在学科派生关系。从研究对象看，生态经济学的研究对象是生态经济系统，而可持续发展经济学的研究对象则是"生态-经济-社会"三维复合系统，从中能明显看出可持续发展经济学对生态经济学研究对象的扩展；从理论的历史沿革看，可持续发展经济学是在生态经济学产生并有了一定发展的基础上产生和发展起来的，生态经济协调发展理论为可持续发展经济理论奠定了科学基础。二者的关系可以概括为生态经济学是关于可持续发展的科学，可持续发展要通过生态经济学得以实现。

（五）生态经济学与逆向物流的关系

经济学家认为，在现代经济社会条件下，现代企业是一个由生态系统与经济系统复合组成的生态经济系统。因此，现代企业管理的对象、目标、任务、职能、原则等都具有经济与生态的两重性，必须通过有效的管理来实现经济与生态两个方面的有机统一和协调发展。

物流是社会再生产过程中的重要一环，物流过程不仅有物质循环利用、能量转化，而且有价值的转移和价值的实现。逆向物流以经济学的一般原理为指导，以生态学等学科为基础，对物流中的经济行为、经济关系和规律与生态系统之间的相互关系进行研究，以谋求在生态平衡、经济合理、技术先进条件下的生态与经济的最佳组合以及协调发展。目前，我国绝大多数物流企业遵循的仍然是一种不完全的经营管理，还没有完全克服企业经济管理与生态环境管理相脱离的缺陷，还没有实现由单纯经济管理向生态经济绿色物流管理的根本转变。所以，发展现代市场经济，建立现代企业制度，探索一条有中国特色的经济与生态相协调的现代企业逆向物流管理之路，是我国物流企业微观生态管理面临的一项紧迫任务。

四、生态伦理学理论

生态伦理学是一门以"生态伦理"或"生态道德"为研究对象的应用伦理学，它是从伦理学的视角审视和研究人与自然的关系。生态伦理学不仅要求人类将其道德关怀从社会延伸到非人的自然存在物或自然环境，而且呼吁人类把人与自然的关系确立为一种道德关系。根据生态伦理学的要求，人类应放弃盘剥和掠夺自然的传统价值观，转而追求与自然同生共荣、协同进步的可持续发展价值观。生态伦理学对伦理学理论建设的贡献主要在于它打破了仅仅关注如何协调人际利益关系的人类道德文化传统，对人与自然的关系赋予了道德意义和道德价值。

人类作为道德活动的主体，在人与自然的关系上，应自觉地肩负起保护自然的道德责任，将人类的道德关怀给予周围的生态环境系统，这是实现人与自然协调发展的必要保证。基本要求包括：在开发利用自然时，始终不渝地坚持开发利用与保护自然相结合的准则；从可持续发展的高度，促成生态环境和经济社会的同步发展；在全球建立平等合作的伙伴关系；积极发扬维护生态平衡的献身精神。

生态伦理迫使人们对物流中的环境问题进行深刻反思，从而产生一种强烈的责任感。逆向物流是为了实现顾客满意和保障可持续发展的经济活动过程。在全球及我国物流产业蓬勃发展的情形下，物流活动所产生的环境污染问题日益受到普遍关注。我们应肩负起相关责任，在发展物流的同时，将经济发展与生态保护有机结合起来，以谋求经济效益与环境效益的统一，实现可持续发展。逆向物流建设将在保护生态环境和可持续发展的基础上对传统的物流体系加以改进，以形成一个环境共生型的可持续发展的现代物流体系，它必将成为21世纪物流发展的新趋势。

五、交易成本和网络组织理论

根据威廉姆森的交易成本理论，资产专用性越高，交易双方的依赖性越大，市场交易成本也越高。当资产专用性很高时，应将其交易成本尽量内部化，消除市场机制下的机会主义行为，降低交易成本。实施逆向物流，须根据回收产品的不同设专业的回收处置设备，因此其资产专用性较高，必须避免市场交易而采用其他交易形式，如网络结构和企业结构形式。

根据网络组织理论，一个企业与其他企业所建立的合作关系是企业最有价值的资源，企业从其他企业获取补充的投资或能力是增强企业竞争力的有效途径。逆向物流正是通过与正向物流的闭环结合，形成了"供应商-制造商-分销商-顾客-回收商-制造商-供应商"的上下游企业间的集成网络组织结构，从而实现了整体效益的最优化。

六、产品生命周期理论

管理学者在探讨有关组织演变或发展过程的主题时，生命周期理论（lifecycle theory）是最常用的基础理论之一。生命周期理论来自对生命体从出生到死亡这一循环的观察与描述，基于生命体的出生、成长、成熟、衰退、死亡的过程变化以及不同阶段所呈现的特质，来模拟人类社会中有关组织、产品、市场、产业的相关变化。虽然这样的模拟仍有许多争论和限制，但是生命周期理论仍然因为具有较好的解释效果而被广泛采用。目

逆向物流管理

前,国内外比较成熟的生命周期理论主要包括产品生命周期理论、组织生命周期理论、产业生命周期理论以及技术生命周期理论。其中,产品生命周期理论是最重要的理论,并在实践中得到了广泛的应用。

(一) 内涵

产品生命周期理论认为,产品的生命周期过程一般划分为四个阶段,即导入期、成长期、成熟期和衰退期,其过程如图 2-1 所示。

良好的逆向物流管理可以看作是产品生命周期管理的一部分。产品生命周期管理主要是指根据产品在其生命周期的不同阶段,企业提供不同的物流和营销支持。这体现了现代企业在产品设计中"从摇篮到坟墓"的生命周期全过程管理的理念。

产品生命周期管理的核心在于意识到所有产品的生命都是有限的。不同产品的生命周期也是不同的,并且产品处于生命周期的不同阶段对逆向物流管理

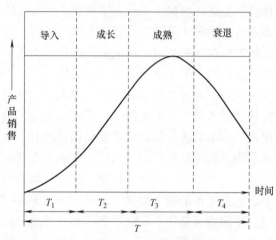

图 2-1 产品生命周期曲线

和支持的需要也是不同的。此外,为了能够更好地进行产品整个生命周期阶段的管理工作和产品的回收处理,管理者除了要考虑通常意义上的产品生命周期的四个阶段之外,还需要将产品的研发阶段和产品生命周期的末期——废弃物处理也纳入规划当中,而且不同阶段逆向物流的任务也是不同的。

(二) 产品全生命周期

在制造业广泛开展 DFE (design for environment) 和 DFD (design for disassembly) 的同时,许多企业按照产品生命周期理论对产品的各个阶段进行划分。学者 L. Alting 提出将产品的生命周期划分为六个阶段,即需求识别、设计开发、生产制造、运输配送、用户使用及回收处理,其流程如图 2-2 所示。

随着科学技术的进步,产品越来越复杂,品种也越来越多,更新换代日益加速,生命周期不断缩短。产品的概念发生了根本变化,产品不仅有物质形态,还有知识形态,大多数产品实质上已经同时包括物质和知识两种形态。产品的生产不仅是对物料的加工,还有知识的融入。产品不仅是市场上销售的货品,而且是解决问题的方案。此外,从环境保护、资源利用和可持续发展的角度考虑,产品的报废、回收和循环再造也

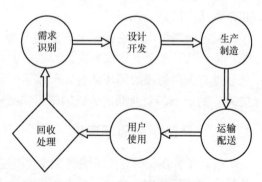

图 2-2 产品生命周期流程

是产品生命周期应该包括的重要内涵。因此,产品的生命周期得以大大地延伸,从而得出产品"全生命周期"理论,即从概念设计到生产制造、流通使用乃至废弃后的回收、

第二章 逆向物流相关理论

重用及处理处置的生命周期全过程，是从"摇篮到再生（cradle to regeneration）"的闭环过程，有人称之为"生命圈"，如图2-3所示。

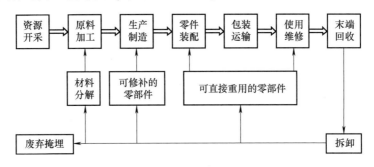

图2-3 产品全生命周期流程

可以说，产品生命周期流程的每个环节都离不开物质的流动，产品是生命周期的载体，生命周期是以物质的流动为研究对象。换句话说，产品生命周期的每个环节都伴随着物流活动。在世界能源严重稀缺的今天，对产品生命周期的研究正是源于如何更加有效地利用资源的探索，产品生命周期的闭环结构恰好满足人类对资源利用的终极目标，所以国内外许多学者纷纷将注意力集中在此项研究上。对于产品生命周期的前半部分，我们称之为正向物流，学者们已经进行了几十年的研究，从提高生产效率到降低原料成本，已经最大限度地挖掘了其中所蕴含的利润空间，对正向物流的研究已经进入了成熟阶段；然而，对产品生命周期后半部分即逆向物流的研究还处于探索阶段，可以说我们挖掘到的仅仅是"冰山"一角。为了有效地利用产品生命周期理论，在研究过程中须对产品生命周期流程进行更加细致的划分，重点突出逆向物流部分，如图2-4所示。

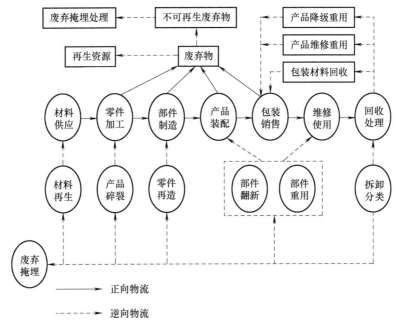

图2-4 突出逆向物流的产品生命周期流程

逆向物流管理

(三) 产品生命周期与逆向物流的关系

逆向物流要求对产品进行回收处理，产品的回收处理在产品生命周期中占有重要的地位。正是通过各种回收策略，产品的生命周期才形成了一个闭合的回路，寿命终了的产品最终通过回收又进入下一个产品生命周期之中。基于以上理论，产品全生命周期与逆向物流相关的主要活动包括研发、生产、销售、消费、废旧处理五个阶段。

1. 研发阶段

研发阶段是产品孕育的开始，须对产品的各个方面进行设计。为便于以后逆向物流管理，在该阶段就要贯彻逆向物流管理思想，主要包括以下几点：

(1) 注重选取再生材料　做好构成产品所需要的资源准备，包括原材料选取、包装等。为了实现未来回收产品的再利用和再循环，应在设计阶段就重视选取可回收再利用的材料。

(2) 方便逆向物流管理的设计，如模块化设计　在产品维修过程中，很多时候需要对不能正常工作的零部件进行更换；在再制造过程中，则需要对产品拆卸。模块化设计可以方便零部件更换、简化拆卸过程。

(3) 新旧产品主要部件的兼容性　新型号产品如果和老型号产品的主要部件兼容，那么回收回来的主要部件就能通过再制造进行利用，且利用价值高；相反，如果不兼容，大量的旧型号产品的部件就只能作为废旧品处理了。

2. 生产阶段

生产阶段是按照研发阶段的设计结果进行生产的过程，该阶段贯彻逆向物流管理思想包括以下几点：

(1) 注意产品导入市场的时间　应该慎重考虑新产品导入市场的时间，对某些行业的短生命周期产品来说，新产品会影响到旧型号产品的销售，零售商会将大量的未销售出去的旧型号产品退给制造商，如计算机和手机。所以，要考虑和评价新型号产品对旧型号产品的销售影响，选择合适的新产品导入时间，以避免不必要返品的出现。

(2) 对生产方式进行合理选择，注重生产过程中的逆向物流的再利用　生产过程中的逆向物流主要是指产品制造过程中产生的边角余料、废水、废料等的物流。优先选择工艺专业化的生产方式，把相同种类的生产工艺安排在同一车间，便于同类废旧产品边角料的回收、再循环、再生产。生产过程中出现的废次产品重新进入生产制造环节得以再利用，可以节约原料，降低生产成本，还可以减少对自然环境的污染。

(3) 质量的改进　逆向物流的成功实施有利于生产企业对产品质量加以改进。ISO9001：2000 版企业质量管理体系标准将企业的质量管理活动概括为一个闭环的 PDCA 活动，即计划 (plan)、执行 (do)、检查 (check)、处理 (act)。ISO9001 的要求是对不合格品进行控制，采取有效的纠正措施持续改进，同时制定预防方案防止不合格品的再次发生。逆向物流在这个闭环活动中贯穿于每一环节。生产企业在回收退货产品的同时也获得了大量的信息，比如产品实际使用寿命的统计信息、产品质量反馈信息及顾客满意度信息等。某些经常导致退货状况发生的损坏零件或部位，通过逆向物流信息系统将退货中产生的产品质量问题和服务质量问题不断传递到企业管理层，增加了潜在事故的透明度。管理者可以根据这些信息不断改进产品的设计和质量，以避免在以后的生产中出现类似的缺陷产品，从根本上消除隐患，并最终达到提高产品质量的目的。

3. 销售阶段

销售阶段包括产品运输、销售和客户服务过程,该阶段贯彻逆向物流管理思想包括以下几点:

(1) 合理设计分销商政策　Philips 公司在 2001 年联合分销商面向客户调查退货原因,调查结果显示退货的一大原因是销售商向消费者提供了错误信息,原因在于公司没有充分培训分销商。另外,公司的分销商不使用检测、修理设备,大部分消费者退回的商品不经过任何检测就作为缺陷商品退给了公司。对此,公司加强了对分销商的培训,并重新设计了分销商退货政策,结果在提高了客户满意度的同时,还减少了公司的返品。

(2) 提供多种形式的产品使用帮助,减少消费者不必要的退货　Philips 公司在 2001 年的调查结果还显示,退货的另一大原因是消费者使用和操作产品困难。消费者退货在很大程度上不是因为产品的质量问题,而是因为产品说明书没有提供清晰的产品介绍和使用方法说明。对此,Philips 公司完善了产品说明,使其更加清晰,以便于产品使用和操作。

(3) 销售渠道扁平化　越来越多的渠道管理者认识到逆向物流的重要性和价值,企业在大力拓展店铺规模的同时,投入大量的人力、物力和财力用于构建和完善自己的供应链队伍。企业之间的竞争,在相当大的程度上是供应链之间的竞争,这已成为大家的共识。尽管如此,产品由市场反向流回企业的现象还是不可避免的。在企业经济规模不断扩大的同时,其资源的绝对值也会同步增长,这也增加了供应链管理的难度。基于供应链管理的思想,选择合理的销售渠道可以更好地避免无理由逆向物流的产生。企业希望增加销售渠道的广度,即增加销售网点的数量,但同时要降低销售渠道的深度,即减少中间环节,从而实现销售渠道的扁平化。销售渠道中间环节的减少,可以降低企业为了应对逆向物流发生的准备成本,如建立中央配送中心可以降低应对退换货的库存储备;也可提高逆向物流发生后的流通效率,便于返品快速回收、再加工或再销售,从而形成产品价格上的竞争优势。

(4) 企业品牌形象的塑造　对于一些知名品牌或需要严格管理的特殊产品如茅台酒或药品等,加强对外包装的回收管理,严肃市场乱象,能提高产品的品牌效益及品牌形象,从而提振消费者的购买信心。若市场上同类产品假货泛滥,会直接影响该品牌形象,降低客户对产品的信任度和购买热情。

4. 消费阶段

该阶段的工作主要是对消费者进行逆向物流管理和资源再利用的宣传和教育。

5. 废旧处理阶段

废旧处理是企业对从供应链下游渠道返回的产品进行回收、检测、分类以及资源化的过程。下游渠道返品包括错发产品、有缺陷产品、未售出和滞销产品,还包括大量的无理由退货。在当今竞争激烈的买方市场经济环境下,为提高顾客的满意程度、提升企业形象,生产企业在销售中普遍采用相对宽松的退货政策。退货率高了,意味着企业的损失提高了,成本也相应地增加了,而企业利润则显著地减少了,这也促使生产企业逐渐重视逆向物流的重要性。

该阶段贯彻逆向物流管理思想的重点是设计逆向物流网络结构和逆向物流管理政

逆向物流管理

策。例如，重型设备的生命周期可达数年甚至数十年，某公司在销售产品后的很长时间里，还必须为客户提供备品备件服务。为做到这一点，公司设计了新的逆向物流网络结构，与另一家再制造商成立了一家合资企业，以管理其返品及再制造零部件和引擎。再制造的元件对于新生产的元件来说，成本大大降低，公司的采购和存货数额削减了一大半。通过多年的高水平服务，公司构筑了坚实的客户忠诚度，并以盈利的方式管理了其返品。虽然机车引擎和元件再造在汽车、农用机械或者重型机械部门不是一个新事物，但还是有很多经验教训可用于耐用品消费行业。随着电子耐用品的模块化，有越来越多的再加工和再销售机会。另外，产品的退回可以分为"可控制的退回"和"不可控制的退回"两种形式，前者表现为错误发送、产品质量不合格、产品过时或产品在正向物流过程中损害等，这是不合理的现象，应当尽可能避免或降低，属于可控制的范围。通过闭环供应链管理，可以实现"可控制退回"产品逐步减少，最终实现使逆向物流仅涵盖"不可控制的退回"的部分，从而提高企业的运营水平与服务水平。

关于逆向物流管理政策，大致分为被动管理政策和主动管理政策。被动管理政策一般采用垃圾回收方式，是立法限制和鼓励的结果，企业被动地从废物流中接受返品，对废弃的产品回收进行再使用，获得的返品往往是生命周期终结产品。在这种情况下，企业倾向于开发低成本逆向物流网络。主动管理政策一般采用市场驱动方式，一般是经济、利益刺激的结果，企业基于市场驱动主动回收返品，如采用以旧换新、以租代卖等方式。获得的返品往往是最低质量要求以上的产品，企业主要关注高价值工业产品，越来越多的企业对电子产品感兴趣。许多学者探讨了积极管理方式带来的收益，认为在产品生命周期结束之前，企业应当采取诸如以旧换新、高价回收等方式来积极影响返品。逆向物流管理可以使产品生命周期曲线发生变化，延长产品的生命周期，使产品的价值得以重新实现或实现其他增值效用。

产品生命周期理论尤其是全生命周期理论，是下面将要阐述的逆向供应链、闭环供应链的基础，为逆向物流管理提供理论支撑。

知识拓展：新能源汽车动力蓄电池的回收利用

2019年，大众集团在年会上宣布，未来十年，集团将推出约70款全新的电动车型，届时，基于集团电动化平台生产的电动汽车将达2200万辆。据报道，大众集团计划在其德国萨尔茨吉特工厂启动电池回收项目试点，自2020年起，该厂每年将接收约1200 t废旧车用锂电池。大众集团计划对回收的废旧电池进行分析及分类：还有一定使用寿命的电池将会被二次利用，如用于移动式电动汽车充电站，类似于手机充电宝；至于已经耗尽寿命的废旧电池，将被粉碎并磨成细粉，从中提取并分离出锂、钴、锰、镍等贵金属和稀有金属原材料，用于生产新电池。根据大众集团预估，目前电池组的原材料回收利用率为53%，而上述试点项目可将其提升到72%。大众集团相信，未来十年内，自己能将电池组原材料的回收利用率提升到97%。

而在我国，随着新能源汽车产业的发展，未来几年，新能源汽车动力电池将会迎来"报废潮"，动力电池报废渐成规模。预计到2020年，动力电池退役量将超过24GWh。这些以锂离子电池为主的动力电池退役后，如果不加以处理而直接进入环境，会对人体健康、水体和土壤造成负面影响。为建立和完善动力电池回收利用体系，国家陆续出台了一系列关于动力电池回收利用的政策，各地也在不断地进行探索，出台了一些地方的强制性和经济激励性政策，但是动力电池回收利用并未形成完善的、系统的政策体系。深圳作为我国推广新能源汽车动力电池重点城市，未来几年，也将会面临动力电池大规模报废带来的处理处置的巨大压力。

电池回收利用采用"先梯级利用后再生利用"的原则，对于轻度报废电池（电池性能下降到原性能的50%~80%），经过筛分、拆解、重组后贴上梯级利用标签，可再用于储能系统、路灯、UPS电源、低速电动车等领域。重度报废电池（电池性能下降到原性能的50%以下）通过拆解再生，回收其中的电极材料，尤其是钴、镍、锂等贵金属。

在动力电池退役潮来临之前，未雨绸缪成为当务之急。业内人士认为，一个产业的发展需要天时地利人和，针对动力电池回收及梯次利用产业，需要有产业政策的大力扶持、足够的市场空间、清晰的盈利模式、可行的技术方案和良性的市场竞争环境。目前，相关政府部门正着力推动行业发展。据工信部介绍，现阶段新能源汽车动力蓄电池回收体系建设有两种模式：一种是以汽车生产企业为主导，由其利用销售渠道建设退役电池回收体系，回收退役电池移交综合利用企业处理或与其合作共同利用电池剩余价值；另一种是以第三方为主体，由梯次、再生利用企业与汽车、电池生产企业合作，共建共用回收服务网点，集中回收合作企业的退役动力电池。

第二节 逆向供应链

一、逆向供应链的兴起

近年来，随着市场竞争的日益激烈以及国家对环境保护的法律强制要求，国外许多企业开始把有效管理顾客退货和废旧产品回收作为一种新的竞争方式和降低成本的途径。同时，由于社会分工的细化，产品或商品交换的渠道、方式复杂多样，供应商、制造商、消费者等的外部环境变得越来越不可预测，有效管理与控制供应者与需求者之间的物流、信息流、资金流，降低库存，加速物流及相关资金流的周转，提高企业生产及商品流通的效率，成为迫切需要解决的问题。学者们把这种物品逆向流动的供应链称为逆向供应链，以与传统的正向供应链相区别。

逆向供应链近年来不断发展的原因，主要有以下五点：

（1）产品的返回率高 有些行业的回流率高达50%以上，原因包括产品的生命周期缩短，零售商及其他客户不愿持有样式过时的积货，运输途中的损坏和错误的出货、产品召回、需求调整及废旧产品的回收等。

（2）企业能从回收和再利用中盈利 回收产品经过拆卸、维修、翻新、改制等活动，重新获得使用价值后可直接进入生产过程或在二级市场销售，获取利润。不断发展的二手市场和全球市场为再加工产品提供了较大需求，逆向供应链盈利增加。随着资源供求矛盾的突出，逆向供应链的优越性越来越显著。

（3）环保法规力度增大 近十年来，很多工业化国家或地区都制定了环境法规，

逆向物流管理

为企业的环境行为规定了约束标准，环境业绩已成为评价企业经营绩效的重要指标。例如，从 2003 年开始，欧盟相关法律要求在欧洲运营的轮胎制造商在每销售一只新轮胎的同时必须回收一只废旧轮胎。

（4）帮助企业塑造形象，提高企业竞争力和产品的市场占有率　公众更信赖和支持为自身产品整个生命周期负责的企业品牌。正如 Jame Stock 所言："现在多数企业都有高品质的产品和服务，以及其他一些特征。不久以后，所有这些特征都将成为这个游戏的必备入场券。到那个时候，你就不得不在其他地方让自己与众不同——高效率的逆向供应链管理可以成为这种差异化因素。"这方面的一个典型例子是耐克。作为著名的鞋类制造商，耐克鼓励顾客将他们用过的鞋送回购买这些鞋的商店，然后这些旧鞋被送至耐克的工厂，并被再制造成篮球场和塑胶跑道。通过捐赠和维护这些公用体育设施，耐克提升了其自身品牌的价值。

（5）企业用于回收处理的费用逐年增加　各国的垃圾填埋能力越来越低，成本日渐上升，重新包装、再制造、循环再生等逆向物流战略能减少最终废弃物的排放，降低处理费用。

案例：苹果公司扩大全球回收计划

2019 年 4 月 19 日，苹果公司宣布，将对其回收项目和相关的电子垃圾项目进行进一步投资，其中包括扩大面向消费者的旧 iPhone 回收项目，以及在德克萨斯州的奥斯汀新建一个材料回收实验室。

该回收项目的扩大将使苹果回收机器人黛西拆解旧 iPhone 的数量增加三倍。这款机器人由苹果公司的工程师自行研发，能够以每小时 200 部的速度拆卸 15 种型号的 iPhone，将不同组件拆卸并分类，使得苹果公司可以回收那些用传统回收手段无法回收的物料，其中还包括 iPhone 的电池。

2018 年，苹果公司通过该技术翻新了 780 多万台苹果设备用于转售，减少了 4.8 万 t 电子垃圾。今年，通过苹果的"换铝"计划，这些 100% 可回收铝将被重熔到 MacBook Air 的铝合金外壳中。

苹果公司表示，在奥斯汀开设的新材料回收实验室，将与苹果的工程师和学术界合作，为回收行业的发展提供更多的解决方案。苹果负责环境、政策和社会倡议的副总裁在一份声明中表示，高级回收必须成为电子产品供应链的重要组成部分，苹果正在开辟一条新的道路，来助推电子行业向前发展。

二、逆向供应链的内涵

（一）概念

逆向供应链是由逆向物流发展而来的，研究历史短，国内外学术界对于它的概念以及内涵体系尚未达成统一的意见。根据文献来看，对于逆向供应链的概念认同率比较高的就是 V. Daniel R. Guider Jr（2002）在哈佛商业评论上提出的定义：逆向供应链是为了从客户手中回收使用过的产品所必需的一系列活动，其目的是对回收品进行处置或者再利用。国内学者夏绪辉（2003）认为，逆向供应链是从用户手中回收产品，对回收产品进行分类/检测，直到最终处置或者再利用的一些企业或企业部门构成的网络。这些

第二章 逆向物流相关理论

概念概括了逆向供应链的基本运作内容,基本上形成了逆向供应链五个运作流程的共识,即产品回收、逆向物流、检测和分类、再制造或处置、再分销或再销售。

从逆向供应链的构成来看,参与逆向供应链的基本实体主要有用户、回收商、集中退货及回收中心、原始制造商（OEM）、供应商、服务商、销售商等,集中退货及回收中心可以是制造商的一个部门或者是一个独立的企业。逆向供应链的内容主要涉及参与逆向供应链的相关实体之间的逆向物流、信息流、资金流的同步协调问题。逆向供应链的概念如图 2-5 所示。

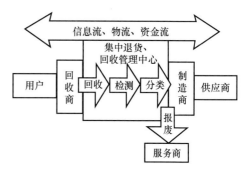

图 2-5　逆向供应链的概念

逆向供应链有四条路径：第一条路径是沿供应链原路返回,有时货品可能会跳过中间的参与者而直接返回供应链的上游。第二条路径是通过二级市场或其他渠道重新加入流通,二级市场通常是指由融资人、经纪人、批发商、进出口商等组成的专门处理正常渠道无法进行再销售的商品的市场群体;二级市场目前主要处理高科技仪器（医疗仪器）、运输工具（飞机和船）、大宗废旧原材料（旧钢铁）等商品,并且趋向国际化;往往有经纪人或批发商将手中的存货以低价转让给这些零售机构,然后由它们再进行销售。第三条路径是将产品或其包装材料经过收集、分类和再制造加工,使得其全部或部分可以重新进入供应链的循环;在收集、分类和加工的过程中,可能会有专业的第三方公司加入。第四条路径是垃圾填埋。

逆向供应链主要涉及三个问题领域：①制造领域,主要涉及动态联盟、绿色制造、再制造工程等问题；②流通领域,主要包括连锁回收、电子商务等；③信息领域,主要包括 Intranet/Internet 与分布式对象技术等。具体情况如图 2-6 所示。

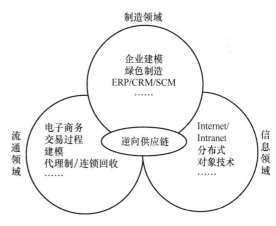

图 2-6　逆向供应链涉及的问题领域

（二）逆向供应链与正向供应链的比较

正向供应链包括从订单的发送和获取、原材料的获得、产品制造到产品分配发放给用户的整个过程,涉及原材料供应者、零部件加工者及标准件供应者、最终产品制造者、产品批发分销商和最终用户,并将它们看作是企业经营的合作伙伴;它应用系统工程统筹规划企业的各种信息流、物流、资金流和工作流,克服各种损失,从而降低整个供应链的成本,以求整体活动的最优化。逆向供应链实际上是现有正向供应链的逆向反馈过程,两者共同构成一个完整的闭环供应链系统。逆向供应链还包括由于运输损伤及质量问题等原因造成的退货处理、维修和服务等。

逆向供应链在信息流程、物流流程和资金流程方面都不同于正向供应链。管理逆向

逆向物流管理

供应链需要精密复杂的信息系统。逆向供应链涉及的有些技术与传统供应链相似，但在某些方面又有所不同。逆向供应链复杂的回收产品流程，需要一个独特的系统从回收产品处理过程中获取特殊的有效信息。运用在正向供应链中的技术，如实时库存跟踪系统（代码和传感器），也可运用于逆向供应链中，但是保证跟踪和产品分解制造等行为却是不同的。最优化的库存转移和逆向物流等方面都是与正向供应链不同的。正向供应链将产品"推"向用户，逆向供应链直接面对用户对产品进行回收及提供使用支持，正向供应链和逆向供应链对用户的作用如图2-7所示。

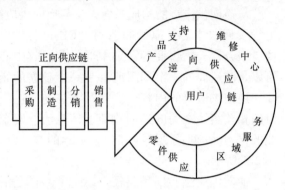

图 2-7　正向供应链和逆向供应链对用户的作用

总之，逆向供应链并不是正向供应链的简单逆向过程，其逆向流动过程远比正向供应链过程要复杂得多。正向供应链与逆向供应链的比较见表2-2。

表 2-2　正向供应链与逆向供应链的比较

比 较 项 目	正向供应链	逆向供应链
市场预测	相对容易	较为困难
供应链环节关系	一对多的发散关系	多对一的收集关系
产品品质	一致性好	存在较大差异
包装	一致性好	多已破损或丢失
配送路径/目的地	较明确	多变
产品价格	相对统一	取决于多种因素，变化较大
物品处理方法	明确	不确定
配送速度	要求较高	取决于多种因素
库存管理	规律性强	随机性大
交易地点/过程/方法	明确	复杂多变
物流成本	较为清晰	存在较大变数
过程协调/管理	较为容易	较为困难

（三）逆向供应链与绿色供应链的关系

绿色供应链是一种在整个供应链中综合考虑环境影响和资源效率的现代管理模式，它以绿色制造理论和供应链管理技术为基础，涉及供应商、生产商、销售商和用户，其目的是使产品从物料获取、加工、包装、仓储、运输、使用到报废处理的整个过程中对环境的负面影响最小，资源效率最高。逆向供应链是通过对产品的回收直到最终处理或再利用的过程，达到获取回收产品的价值并捕捉回收产品中所隐含的使用信息的目的。

绿色供应链中对使用后产品的报废处理与逆向供应链中有些内容是交叉的，具体如包装容器的再使用等。不过，两者之间有很大的区别，如在运输过程中减少能量消耗、在设计包装容器时减少资源消耗等都不属于逆向供应链的研究范畴。但是，设计一个可再次使用的包装容器就属于逆向供应链的研究内容。

三、逆向供应链的作用

逆向供应链是企业赢得竞争的一把利器：企业通过实施逆向供应链可以获取回收产品的价值，减少资源消耗；可以降低环境污染，赢得政府支持；可以体现以顾客为中心的战略思想，赢得顾客的信赖。逆向供应链的实施，具有如下作用：

（1）逆向供应链的实施，一方面，可以使产品及时回收和处理或再利用，能够节约资源，保护环境；另一方面，可以促进绿色设计及制造和产品多生命周期工程的发展。产品回收后要进行分类和拆卸，产品使用后的拆卸问题在拆卸过程中就会暴露出来，这些信息对于绿色设计及制造的研究至关重要。

（2）逆向供应链与客户关系管理（CRM）、企业资源规划（ERP）应用系统的集成尤其是与供应链的集成可以形成"闭环式"（closed-loop）体系，可以实现对产品整个生命周期的有效管理。

（3）产品及时回收和处置，解除了用户的后顾之忧，使企业具有更好的社会形象，为企业增加了无形资产。另一方面，ISO9001：2000版将企业的质量管理活动概括为一个闭环式活动——计划、执行、检查、处理。逆向供应链中的逆向物流恰好处于检查和处理两个环节上，承上启下、作用于两端，企业在退货中暴露出的质量问题将通过逆向物流信息系统不断传送到管理层。于是，企业潜在事故的透明度得到提高，管理者可以在事前不断改进质量管理体系，以消除产品隐患。

（4）产品的回收过程实际上也是一种信息的捕捉过程。由于面对用户回收产品，信息的交流比较直接，产品需求量、产品实际寿命、质量、实际库存量等信息都是实时（real time）的。根据产品的回收量、实际寿命、实际库存量等信息可以准确地预测市场需求，从而避免在供应链管理中遇到的信息失真与放大形成的牛鞭效应（bull-whipeffect）。

（5）如果说供应链是"推"动用户消费的话，那么逆向供应链就有"拉"动用户消费的含义，因为回收商对产品的积极回收增加了用户淘汰旧产品的决心。另外，逆向供应链可以促进产品租用制的发展，即用户只购买产品的使用权，这与如今的"共享"经济理念也十分契合。

四、逆向供应链的构建模式

逆向供应链的主要任务是收集和运送废旧物品。目前，关于逆向供应链的结构形式有两种看法：一种是建立在原有正向供应链的基础上，另一种是另外单独重建。

正向供应链的主要任务是运送原材料和产品，采购、生产、包装、配送、产品销售和顾客服务是其重点工作。因此，建立在正向供应链基础上的逆向供应链主要运送由于瑕疵而被退货的产品、返修产品。而废旧物品的运送应当另建通道，也就是要采取逆向供应链，原因在于任何供应链都有一个最大流量，若这类逆向供应链也建立在原有正向供应链的基础上，则势必加重原有供应链的负荷，大大减弱其敏捷性。另外，从网络结构的形式来看，逆向供应链的结构可分为开环和闭环两种。

（一）开环型网络结构

如图2-8所示，开环型网络结构主要是指回收的物品不回到初始的供应商（生产

逆向物流管理

商），而是由专业化的回收企业进行集中收集之后进行再销售和再制造，此时，由于逆向供应链与正向供应链有很大不同，整合这两种供应链的可能性很小，故一般构建一个独立的回收系统。若把回收物品当成正向供应链的原材料投入，则只要稍加修改传统供应链就可以为逆向供应链所用，此时的逆向供应链实质是一条新的供应链。

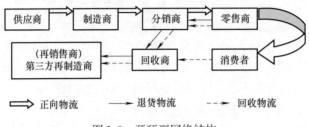

图 2-8 开环型网络结构

（二）闭环型网络结构

如图 2-9 所示，闭环型网络结构主要是指从末端消费者回收的产品或包装材料，不管中间经过怎样的环节，最终都将回到初始供应商（生产商）的情况。此时，利用传统供应链中现有成员，在原有供应链上或通过专业物流服务商构建逆向供应链。尽管此时逆向供应链与正向供应链可能拥有相同的成员，但由于逆向供应链中废旧物品的收集和运输需要不同的操作处理，从而产生不同的生产运作程序，故不可能将逆向供应链完全并入正向供应链。此时，整合正向供应链与逆向供应链，就构成了闭环型网络结构。关于闭环供应链，将在下一节继续说明。

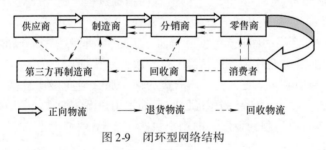

图 2-9 闭环型网络结构

五、逆向供应链价值的主要实现形式

作为一种新的市场赢利策略，逆向供应链价值的主要实现形式有三种：逆向物流、营销和生产。

（一）逆向物流

逆向物流是逆向供应链价值的主要实现形式，并且逆向供应链价值的其他实现形式都以此为基础。逆向物流主要有两种形式——退货逆向物流和回收逆向物流。退货逆向物流是指下游客户将不符合订单要求的产品、根据销售协议规定将接近有效期限的产品或者有瑕疵的产品退回给上游供应商，其流程与常规产品流向正好相反。在此流程运行过程中，客户处于主动地位，企业须对客户的需要及时响应。

（二）营销

逆向供应链的价值在营销活动中得到了较广泛的实现，而且在全生命周期支持与延

第二章　逆向物流相关理论

长有效客户的价值周期两方面得到了充分的体现。

1. 全生命周期支持

目前，产品生命周期呈现两大特点：一是产品生命周期越来越短，许多产品在生命周期结束之前被遗弃，因此回收与处理不仅成为企业的相关责任，也是新的利润来源；二是在产品生命周期内企业须承担客户使用的相应责任。因此，企业为了避免风险，往往会在特定的情况下予以警告，并召回产品进行维修、保养，保证产品生命周期内客户消费的安全性和适用性。对于供应链的终端客户来说，确保不合格订单要求的产品及时退货有利于消除客户的后顾之忧，增加其对企业的信任及回头率，从而扩大企业的市场份额。对于供应链上的销售商来说，上游企业采取宽松的退货策略能够减少下游经销商的经营风险，改善供需关系，促进企业间战略合作，强化整个供应链的竞争优势。特别对于生命周期短、更新换代快、过时风险比较大的产品，退货策略所带来的竞争优势更加明显。

2. 延长有效客户的价值周期

延长有效客户的价值周期的主要策略是以旧换新，它是企业应用逆向供应链策略开展营销的一种方式。任何一种产品都有一定的价值周期，任何一个客户也都有一定的价值周期，企业营销的一个重要策略就是将产品价值周期和客户价值周期调整到一致，以较低的营销成本获得较高的销售回报。当产品价值周期出现衰退迹象时，企业应主动采取措施将老客户的消费需求重新调整，使他们继续购买企业的产品，有效地延长他们的价值周期，实质上就是增加了企业的价值。研究表明，发展一个新客户的成本比维持一个老客户的成本要高 5 倍，并且老客户还可以为企业创造良好的口碑效应。

（三）生产

现代企业生产的不仅有产品还有服务，企业为顾客提供的是一种令其满意的解决方案。从总体上看，生产制造过程遵循供应链的顺向流程，即产品设计-采购/供应-生产装配-销售，但在某些环节，逆向供应链策略的应用对于降低成本、提高产品质量和生产效率、提高客户价值有着独特的效果。其在生产领域的实现形式主要体现在以下三个方面：

1. 召回

召回是逆向供应链的高级实现形式。在产品召回过程中，一般会同时发生逆向物流和客户服务改善。

2. 返修或技术升级

当某些产品如大型设备、大型耐用品、高价值产品在一定的使用期后往往需要技术升级、保养或维护，这时就需要按照逆向供应链流程将产品返回到原生产商或专业服务机构。从形式上看，返修或技术升级是逆向物流；从实质上看，它是产品全生命周期支持形式；从功能上看，它又是逆向供应链在生产领域的实现形式。

3. 基于生产资源外部管理的客户定制化

传统生产企业为了保持自己的竞争优势或者避免优势技术外泄，一般会采取两种策略：

（1）以最低的成本生产出高质量的产品，通常会大批量采购原材料和零部件以降低生产物料成本，大批量生产以降低产品成本。企业为了让客户能够迅速购买，往往会在消费地附近设立许多仓库，增加安全库存，结果导致成本上升。

（2）进行技术封锁，严防信息泄露，结果导致供应链运行在采购、生产、销售等环节衔接不好甚至中断，形成缺货、生产浪费、库存积压。为了克服弊端，一些有远见的企业开始对供应链进行完善，采取逆向供应链策略，即通过资源外部管理实现客户化定制。推行逆向供应链不是为了标新立异，而是要以供应链信息设施为基础，融入逆向思维，实现物流、信息流和资金流的可逆性，从而使居于产业链各个环节的成员在信息供给和享用的过程中处于更平等的地位。这将比单向的供应链在库存优化、柔性制造、资源合理配置和充分利用等方面具有更明显的优势。

企业在建设逆向供应链时，不必生搬硬套既成模式，应该综合考虑企业所处产业链的基础信息设施、行业特性、相应的正向供应链的运行规律等因素，在借鉴的基础上加以突破，形成最适合于自身产业链的逆向供应链模式。

六、逆向供应链的过程

逆向供应链与动态联盟具有一些相似的过程，如合作伙伴选择、合作伙伴性能监测、合作伙伴关系协调、利益分析与分配、重构/解散、善后处理等。逆向供应链的过程同时又是回收中心和成员企业相互联系的过程的集合，如图2-10所示。逆向供应链的过程具有主导性、可重构性、分布性、临时性等特点。

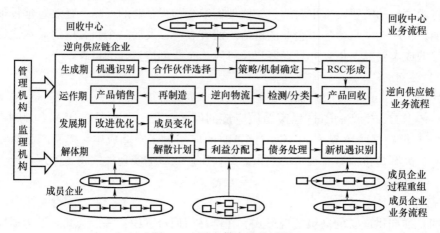

图2-10 逆向供应链的过程

逆向供应链的过程可以分为三部分：第一部分是逆向供应链独有的过程，主要包括合作伙伴选择、合作伙伴性能监测、合作伙伴关系协调、利益分析与分配、重构/解散、善后处理等；第二部分是回收中心的过程，回收中心可以是市场主导的，也可以是生产主导的，还可以是其他类型的回收中心，不同性质的回收中心其业务过程和核心竞争力也是不一样的；第三部分是成员企业原有的部分过程，成员企业在加入逆向供应链时需按逆向供应链的要求对自己的业务过程进行相应的重组，因为逆向供应链吸收的是各成员竞争力最强的那部分或回收中心自己所缺的那部分。

逆向供应链的过程是对上述三部分过程的重组和整合。重组后的过程实际上还是分散在各个成员企业之中，如有可能是不同的成员企业分别负责产品回收、检测/分类、运输、储存、再制造和销售等环节，这些成员企业还可能分布在不同的城市、不同的地区甚至不同的国家。逆向供应链要把这些过程有机地整合到一起,在供应链网络中的不同节点都能实现各环节运作,如异地回收、异地销售等。

七、逆向物流与逆向供应链的关系

首先,要明确的是逆向物流不是逆向供应链,逆向物流也不等于逆向供应链。但是两者是相互关联的,逆向物流是逆向供应链的有机组成部分。逆向供应链的概念源于逆向物流,逆向供应链是一种新的市场盈利策略,它所涉及的领域是供应链产品的回收与处理。而逆向物流为供应链的产品回收与处理提供全程的物流活动。逆向供应链的概念大于逆向物流,逆向物流处于逆向供应链的领域中。

其次,逆向物流是逆向供应链价值的主要实现形式,逆向供应链价值的其他实现形式都以此为基础。逆向供应链有三种价值实现形式,即逆向物流、生产和营销。而要实现生产和营销,必然要以逆向物流为基础。没有逆向物流活动,逆向供应链上的营销和生产将无法实现。

再次,逆向物流管理是逆向供应链管理的一个重要组成部分,其显著特点就是整体性。一般环境下的逆向物流管理缺乏整体规划的观念,链上的每个节点企业只关心自己的资源,相互之间缺乏沟通与合作。在逆向供应链管理体系下,各环节之间是战略合作关系,利益一致,各方信息共享,避免了信息失真。

> **案例:通信终端设备再利用,构建逆向供应链**[一]
>
> 对于通信企业而言,在市场竞争环境下,尽管终端设备是由通信企业向用户提供的,但面对竞争者的种种诱惑,用户还是会舍弃原来的通信企业和终端设备,而投向另一个通信企业及其新的终端设备,造成大量被拆下的终端设备闲置和积压,成为通信企业难以处理的问题。中国网通集团黑龙江省通信公司(以下简称"公司")通过对ADSL终端设备翻新、再利用的实践,为同业单位和人员提供了可行的思路和途径。
>
> 2005年7月,公司采购与物流中心在组织省内各地市分公司清仓查库的时候,发现有大量的折旧或故障的ADSL终端设备,约8万部。其中积压在仓库中的约3万部,在各分公司营业厅、业务部门、装机班组及个人手中的约5万部。这8万部ADSL终端设备,约有6万部是由于市场竞争的原因,即用户拆机积累下来的。对"躺在"仓库及散落各处的"废旧"终端设备,以往的处理方法是:①作为废物长期入库闲置;②被ADSL终端生产商、代理商低价收购(不知何用,不排除有翻新后再出售的可能);③由供应商或代理商提供翻新服务(翻新率较低,价格也较高,对翻新质量不能有效控制);④基层单位自行处理。显然,这些处理方法都是不妥当的,这个问题引起了省通信公司的关注,于是,公司请有关部门进行了测试。结果是,技术状况良好、基本具备使用功能的约占40%;经简单维修即可使用的约占45%;损坏严重、不具备维修价值的只占15%。因此,对这些设备进行回收再利用是一件必须要做

[一] 根据以下文献内容改编:孙明海,通信终端设备的再利用——一个意义深远的逆向供应链案例,载于《通信管理与技术》2006年第4期。

的事情。在提高认识的基础上,省通信公司理顺了企业的正向供应链,并开展了逆向供应链的建设。

对于通信企业而言,逆向供应链的再利用环节与正向供应链的采购环节、拆旧与报废环节紧密地衔接起来,形成了闭环管理系统。采购环节的采购量是根据拆旧数量及可修复的数量确定的。逆向供应链的建设会涉及资源重新组合、价值再分配,与供应商的关系等各方面,因此,必须借助省公司的"行政"能力来推动,其中包括:①从政策、资金上予以扶持,要求各地市分公司委托外界办理的 ADSL 相关业务全部停止,对"废旧"的 ADSL 终端全部回收。同时,在项目启动阶段,省通信公司出本金购置 ADSL 终端检测专用设备,搭建 ADSL 终端仿真测试环境等。这样,公司不仅建立起了逆向供应链,而且正常地运转起来。员工们通过实践,维修水平有了较大的提高,不仅能维修硬件,还能进行版本升级,维修的品种也从最初的两三种发展到数十种。②制定流程。公司制定了 ADSL 终端设备回收的流程、终端翻新与维修的流程、运输与验收及维修的流程,以及翻新包装价格和付款方式的规定等。③完善相关制度。公司在相关文件中明确了基层回收"废旧"ADSL 终端设备的责任单位,提出了回收标准,建立了用户拆机-回收入库-维修翻新等一整套管理制度,研究制定了翻新业务差异定价的办法,即对回收完整、技术状态完好的终端设备实行较低价格,而对回收不完整、需要维修的终端予以提高价格等。通过此举鼓励各企业对拆旧物资加强管理,不断降低运行成本。最终,这项工作取得了很好的成效,对"废旧"终端的回收进展顺利,并且取得了较好的经济效益和社会效益。

第三节 闭环供应链

上一节已经提出了闭环供应链的概念。一般而言,凡是在逆向供应链上取得巨大成功的公司,都把逆向供应链和正向供应链紧密配合,创造出我们所说的"闭环式"(closed-loop)体系的公司。由于对产品回收和再制造了然于胸,这些公司在进行相应的产品设计和制造决策方面显得更加游刃有余。博世公司(Bosch)是一个很好的典范。该公司通过将感应器植入发动机的动力装备,从而能够通过感应器得知该发动机是否值得检修和回收。该项技术极大地降低了检测和处置成本,使得该公司在此项目上获利丰厚。

一、闭环供应链的内涵

(一)含义

国内外闭环供应链(closed-loop supply chain)的研究与逆向物流的发展有着很大的关系,最早有关闭环供应链的研究也是从逆向物流的研究开始的,闭环供应链基本上是逆向物流管理的延伸。Inderfurth&Teunter(2001)指出:"闭环供应链的一个显著特点就是产品回收、再制造,这个回收的废旧产品可能来自客户,也可能来自供应链的其他环节,如生产缺陷、副产品、分销过程中的缺损等。"Michael Souza&Guide Jr(2003)认为:"闭环供应链是这样一种供应链,除了传统供应链,它要考虑产品的获取、回收、再制造/再利用以及回收再制造后的分销处理。"从这一点来说，闭环供应链与逆向物流有很多相似之处，都考虑产品的回收、利用、再制造、再分销等环节。

可以看出，闭环供应链不仅包含传统的正向供应链，同时还包含废弃品回收再利用的逆向供应链，而最重要的是两条链上的物流并非相互独立而是呈现出"从源到汇、再由汇到源"的闭环特征。因此，从物流角度看，闭环供应链实质上是通过产品的正向交付与逆向回收再利用，使"资源-生产-消费-废弃"的开环过程变成了"资源-生产-消费-再生资源"的闭环反馈式循环过程。其实质是基于正向/逆向供应链整合而成的网状链。

我们一般谈到供应链，指的是正向供应链，一般包括供应、制造、销售等环节，通过物流、信息流、资金流紧密结合实现运行。正向供应链从供应、制造、配送到零售，使最终产品到达客户的手中；而逆向供应链从回收、检验、分拆、处理等入手，每个节点都有可能再次进入正向供应链，进而形成一种封闭的供应链。逆向供应链运行一般由退货和回收两种活动引发。从退货逆向供应链来说，用户对产品不满意，产品可能是无缺陷产品，或者用户觉得产品有缺陷从而选择退货，产品根据类别将返回到零售、物流、制造或供应等各环节，而且每一步都有可能停留到正向供应链的节点上，然后再次进入正向供应链的产品流通。从回收逆向供应链来说，它由回收、检验、分拆、处理等过程组成，一般需要上游组织先从下游客户手中回收产品、进行检验，如果检验没有问题，一般会通过供应链网络重新配送到销售节点进行销售，从而再次送到有需要的顾客手中；如果检验有问题，则处理比较复杂，不同问题、不同类别的物品处理方式不同，有的可以进行修理后重新进入销售环节，有的直接报废，有的可以进行分拆处理，分拆后有用的部件通过再制造或者再供应进入正向供应链制造、供应环节，无用的部件根据部件类别进行相应的处理，完成整个闭环供应链活动。

因此，可以将闭环供应链定义为"商品从生产地流通到消费者，又将消费者退回的商品运送到生产地，从而形成一个封闭的产品供应链。"不同类别产品的闭环供应链结构并不完全相同，具有代表意义的闭环供应链结构已在图2-9中进行了描述。

(二) 闭环供应链的结构特点

一个闭环供应链系统不但涉及制造、流通领域，而且涉及销售领域。建立一个完整的闭环供应链系统不是一家企业能够承担的，需要整个产品的产业联盟来实现产品的闭环供应链系统。对图2-9进行分析，可以归纳出闭环供应链的如下特点：

(1) 封闭性　产品从正向供应链供应、制造等环节开始，直到通过逆向供应链返回到起始点，完成一个封闭的流程。

(2) 多层循环　产品并不仅仅按一个流程循环，而是通过正向供应链和逆向供应链组成的闭环供应链上的每一个节点组成多个流程进行循环。

(3) 循环多样性　单一产品在闭环供应链中可以进行一个流程循环，也可以根据产品特性分拆进入多个封闭循环。

(4) 开放性　每一个环节节点都是开放性的并可接入任一个节点的链接，从而组成一个封闭的产品循环。根据由正向供应链和逆向供应链组成闭环供应链的特点，可以最大限度地统一产品回收标准，降低生产成本和物流成本，并且改善环境。实施闭环供应链的主要目的也是为了提高产品回收的经济效益。

逆向物流管理

二、闭环供应链的实施

(一) 实施难点

闭环供应链的实施，主要依赖正向和逆向供应链的整合。在两者的整合过程中，其难点主要体现在生产运作和物流管理等方面：

(1) 逆向物流的高度不确定性、多种再处理方式，以及不同的修复过程，均使生产运作变得极其复杂。

(2) 废旧产品的返回，使生产商面临双源库存补充方式，即向供应商外购还是利用再处理的产品，外部订单和再处理产品之间如何协调，以及再处理产品对库存水平的影响，导致库存决策复杂化。

(3) 合作伙伴的确定、相关设施的选址、产品全生命周期的考虑、双向的运输及仓储等问题，均增加了供应链网络规划与运行的难度。

这些难点使得闭环供应链的实施比单纯的正向供应链更加困难。

(二) 实施方法

1. 确定回收渠道的参与者

由于废旧产品的返回具有高度不确定性，其回收成本十分高昂，而合理的回收渠道设计可以显著降低生产商的回收成本，有助于实现闭环供应链的高效运作。生产商确定回收渠道有三种可行策略：①生产商直接从客户处回收废弃产品；②生产商可以与零售商达成协议，由零售商帮助完成废弃产品的回收工作，生产商给予零售商一定的经济补偿；③生产商将回收任务外包给第三方服务商，这种方式的最大好处是可以实现回收系统的共享。不同的选择方式决定了闭环供应链的复杂程度，也影响着整个环链的路径长短，因此是整合中的一个关键问题。

一般认为，数量较少、部件可重复利用率较高、分类与检测技术要求较高的废旧物品的回收，比较适合前两种方式；反之，较适合第三种方式。

2. 对关键节点进行有效控制

在整个闭环供应链中，生产商与回收产品再处理中心是两个关键节点，如何对两者进行有效控制，充分发挥其潜力，是成功整合的另一关键问题。

(1) 对生产商进行控制　在闭环供应链中，生产商面临双源库存补充方式，供应源不仅有来自供应商的零部件，还有来自客户端的废旧产品；再加上回收产品的数量、质量及回收时间等信息存在高度不确定性，这些都使得生产商对客户端缺乏有效控制。因此，这一节点的控制任务就是生产商如何尽量减少回收产品相关信息的不确定性，如何在外部订单和再处理产品之间协调，如何评估再处理产品对库存水平的影响。这也是现阶段的研究热点之一。

(2) 对回收产品再处理中心的控制　闭环供应链的正向供应链与逆向供应链的显著区别之一，就是正向供应链中产品的流向是事先已知的，而逆向供应链中回收产品必须经过测试/分类才能确定进一步流向，这也是逆向供应链较正向供应链复杂的原因之一。正因如此，闭环供应链的复杂性大大增加，有两种可行方式可用来确定供应链中哪个成员负责再处理中心的筹建和运作：第一种，可外包给第三方服务商，此时废旧产品的回收、测试与分类均由第三方服务商来完成，实质就是将回收、测试与分类环节整合，此种方式适用于技术含量较低、销量较大的废旧产品回收；第二种，由生产商建立自己的再处理中心，负责废旧产品的测试、分类和修复，这一方式对技术含量较高的废旧产品回收较为适用。

(3) 对双向流的协调　在闭环供应链中，由于双向的运输增加了闭环供应链网络规划的困难，所以如何在产品和废旧产品之间合理分配运输能力是一个颇有挑战性的问题。最终客户在地域上的分散性以及拥有产品的少量性，使企业需要对大量低货流量的废旧产品进行运输，这常常导致高昂的回收成本。一般认为，如果生产商直接从客户那里回收废弃产品，为避免过度运输导致的高昂成本，可采用邮递服务，从而将回收任务的一部分转移给消费者，顾客只需将不要的物品包装好通过邮递服务将它邮寄到指定的回收中心即可；如果生产商将回收工作委托给零售商，则可以利用送货的部分车辆完成废旧产品的运输；如果回收工作外包给了第三方服务商，则废旧产品的运输由第三方服务商来统筹安排。

(4) 建立基于闭环体系链的快速反应系统　利用网络技术、电子数据传输技术、电子支付系统技术等建立基于整个闭环体系链的快速反应系统，实现整个闭环体系链上的信息共享，是改善和加强供应链管理的有效办法。它能使企业快速捕捉市场、产品质量、库存、废旧产品等信息，并在整个供应链范围内进行信息反馈，从而消除信息失真、减少闭环供应链中的不确定性因素，使成员企业的运作同步和一致。

(三) 实施效果

有效的闭环供应链整合，可以达到如下效果：

1. 决策属性完整化

闭环供应链将环境（E）纳入决策属性范畴中，完整包括了响应时间（T）、质量（Q）、成本（C）、服务（S）、环境（E）全部决策属性，使企业的生产管理决策更加科学完善，同时也起到了节约资源、保护环境的作用。

2. 提高市场响应的敏捷度

将逆向供应链纳入统筹、形成闭环供应链后，同步、并行化策略可大大提高闭环供应链的运作效率，生产运作进一步同步化，进而提高了市场响应的敏捷度。同时，闭环中的渠道设计更符合服务多样化的需求，有利于提升顾客满意度、提高顾客价值。

3. 实现信息交流网络化，增强产品信息搜集功能

整个闭环供应链上的信息共享可以改善与加强供应链的管理效率。由于闭环实现了从计划、执行、检查到处理的全部环节，可以广泛收集诸如产品质量、服务质量、实际使用与期望使用寿命等信息，从而不断改进质量管理体系，为企业经营决策提供支撑。

4. 实现时间与空间上的延伸

在时间范畴中，闭环供应链将产品生命周期从产品寿命终结延伸到了产品报废后其零部件在多代产品中的循环使用，引出了产品全生命周期与产品多生命周期的概念。在空间范畴中，闭环供应链将逆向行为活动纳入管控中，其与外部的物料、信息、能量交换将大大拓展并促进绿色设计与绿色制造等相关技术的发展。

三、闭环供应链的管理

(一) 闭环供应链管理与传统供应链管理的不同

到目前为止,业界并未对闭环供应链管理给出统一的明确定义。有一种观点认为,闭环供应链管理有助于实现产品全生命周期管理,该观点强调通过链上各实体的协同运作来实现整个系统的最大效益。闭环供应链管理与传统供应链管理的不同,首先是闭环供应链管理所面向的系统,无论广度还是深度都大大超越了传统供应链管理:从广度上讲,闭环供应链管理所要优化的系统不仅包含了正向系统,还包含了逆向系统;从深度上讲,整个系统不是简单的"正向+逆向",而是涉及从战略层到运作层的一系列变化,其管理的复杂程度和难度都远超正向供应链管理。另外,闭环供应链管理的目的是为了实现经济与环境的综合效益,在构筑"强环境绩效"的优势方面也远远超过了正向供应链。

(二) 闭环供应链管理的策略性原则

基于以上分析,建立与实施有效的闭环供应链管理可以遵循以下几个策略性原则:

1. 服务需求多样化

在目前激烈的市场竞争中满足客户的需求已经成为企业生存和发展的重要保证。通过逆向供应链管理可以进行市场调查和用户服务需求分析,进而根据不同的用户需求提供多样化的服务。

2. 渠道设计顾客化

企业可以通过逆向供应链随时跟踪和监控顾客的需求变化,使供应链反映顾客需求的不确定性,增加供应链的柔性和敏捷性;另外,还可以根据顾客的需求特征和利益偏好进行渠道的定位分析,确定顾客最满意的渠道并与顾客建立有效沟通,让顾客参与渠道的活动和监督,从而体现"以顾客为中心"的理念。

3. 市场响应敏捷化

产品的设计和生产要尽量拉近与顾客的距离,贴近顾客需求,这样可以降低库存,使闭环供应链更快速地响应市场。

4. 生产运作同步化

市场的不断变化增加了供应链的不确定性,企业要从供应链的整体角度来考虑以获得整体优化的效果。同步、并行化策略可以提高闭环供应链的运作效率。

5. 信息交流网络化

利用现代化的通信技术共享信息可以提高整个供应链的运作效率,使各成员企业实现同步化和一致性。

6. 企业协作精益化

合作伙伴的选择是闭环供应链管理中的一项重要内容,选择合适的合作伙伴并与之建立战略联盟关系,可以达到降低整体运营成本、化解风险、建立快速市场反应机制和及时回收机制的目的。

实施闭环供应链管理,对企业而言,机遇与挑战并存。闭环供应链管理涉及的产品信息量更大、废旧产品回收成本高且回流具有不确定性、正向与逆向物流协调整合困难等,均是企业面临的难题。但同时,它也为企业发展提供了机遇。例如,施乐公司从

20 世纪 90 年代初开始进行废旧复印机的再生利用实践，实现了较大收益。

案例：卡特彼勒的再制造

重型机械制造商卡特彼勒不仅生产重型机械，而且通过开发再制造过程来创造更大的价值。相比于在生产过程中使用更少的材料，研发一种可以多次重新制造的产品显然更为经济，而该公司已经能够在保持生产最高质量组件的同时实现盈利。卡特彼勒的再制造活动始于 1973 年，现已发展到全球九个地区，有 3600 多名员工，该项业务的重点是零部件回收。卡特彼勒被视为开发新技术的领先者，这些新技术可以在再制造过程中产生更大的价值。在过去的 40 年里，卡特彼勒的再制造活动得到了改进和扩展，通过在产品使用寿命结束之前更换产品，同时使用新旧零件进行再制造，该公司不但能够提高利润率，而且仍然能够生产出高质量的零部件。

卡特彼勒估计其产品 35% 的成本是管理费用，而大多数成本（65%）是材料成本。因此，与竞争对手相比，回收材料为公司带来了更大的商业优势，因为竞争对手的目标往往是降低管理成本。

为了在产品报废之前收回产品，必须对关键组件的状况有一定的了解。通常情况下，这是通过经销商和客户之间的定期和简化维护流程进行监控来实现的，但卡特彼勒现在开始利用数字技术为现场设备添加"产品链接"服务。这使制造商能够监控许多标准，如燃料水平和潜在风险等，创造更有效的逆循环。

除了回收率外，再制造实践的一个主要障碍是客户对过程和术语的理解和感知，误认为再制造存在质量或性能不佳甚至有安全风险，这些均会影响销售。卡特彼勒的品牌声誉和对产品的保修在一定程度上克服了这一问题，但仍存在广泛的误解和误用。

第四节 逆向物流系统

物流系统是社会经济大系统的一个子系统或组成部分。物流系统和一般系统一样，具有输入、转换及输出三大功能，通过输入和输出使系统与社会环境进行交换。逆向物流系统是物流系统的一类。

一、物流系统模式与逆向物流系统模式

物流系统的输入、输出、处理（转化）、限制（制约）、反馈等功能，其具体内容因物流系统的性质不同而有所区别。物流系统模式如图 2-11 所示。

对于逆向物流系统而言，同样如此。以下对逆向物流系统模式进行简要介绍。

1. 输入

通过提供原材料及设备、劳动力、能源等手段对逆向物流系统发生作用，统称为外部环境对物流系统的输入。

2. 处理（转化）

处理（转化）是指逆向物流本身的转化过程。从输入到输出之间所进行的退货、返回、处置、服务等活动中的物流活动称为逆向物流系统的处理或转化。具体内容有：

逆向物流管理

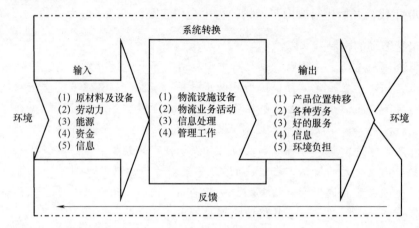

图 2-11　物流系统模式

物流网络、设施设备的建设；逆向物流业务活动，如运输、储存、包装、装卸、搬运等；信息处理及管理工作等。

3. 输出

逆向物流系统利用其本身所具有的各种手段和功能，对环境的输入进行各种处理后所提供的物流服务称为逆向物流系统的输出。逆向物流系统输出的具体内容有产品位置转移，各种劳务如合同的履行及其他服务等，相关信息，对环境的负面影响等。

4. 限制（制约）

外部环境对逆向物流系统施加一定的约束称之为对逆向物流系统的限制（制约），具体包括资源条件、能源限制、资金与生产能力的限制、价格影响、需求变化、仓库容量、装卸与运输的能力、政策法规影响等。

5. 反馈

逆向物流系统在将输入转化为输出的过程中，由于受系统各种因素的限制，不能按原计划实现，需要把输出结果返回给输入点进行调整，即使原计划可以实现，也要将信息返回，以对工作做出评价，这称为信息反馈。信息反馈包括物流活动分析报告、统计报告数据、典型调查、国内外市场信息与有关动态等。

二、逆向物流系统的构成

根据不同的研究目的，逆向物流系统的构成要素可以分为不同的类型。

（一）逆向物流系统的一般要素

逆向物流系统的一般基本要素由人、财和物三方面构成。

1. 人（劳动者）

人是逆向物流系统的主体，是保证逆向物流得以顺利进行、提高管理水平的最关键的因素。提高人的素质，是建立一个合理化的逆向物流系统并使其有效运转的根本。

2. 财（资金）

实现交换的物流过程，实际也是资金运动过程，同时物流服务本身也需要以货币为媒介。逆向物流系统建设是资本投入的一大领域，离开资金这一要素，逆向物流不可能实现。

第二章 逆向物流相关理论

3. 物

"物"是指逆向物流中的原材料、成品、半成品、能源、动力等物质条件,包括逆向物流系统的劳动对象(即各种实物),以及劳动工具、劳动手段如各种物流设施、工具、各种消耗材料(燃料、保护材料)等。没有"物",逆向物流系统便成了无本之木。

(二)逆向物流系统的功能要素

逆向物流系统的功能要素指的是逆向物流系统所具有的基本能力,这些基本能力有效地组合在一起,便形成了逆向物流系统的总功能。

一般物流系统的功能要素有运输、储存保管、包装、装卸搬运、流通加工、配送、物流信息等。单纯从真正的物流角度考虑,逆向物流系统也是如此。但是,现在对于逆向物流内涵的理解非常宽泛,除了物流过程外,往往把对回流物品的检测、筛选、维修、再制造和对废弃物的处置、再利用、再循环等也算作是逆向物流的活动。如何去理解,还是从实际需要出发更为合理。本书偏向于从单纯的物流活动角度去考虑。

上述功能要素中,运输及储存保管分别解决了供给者及需求者之间场所和时间的分离,分别是逆向物流创造"场所效用"及"时间效用"的主要功能,因而在逆向物流系统中处于主要功能要素的地位。

(三)逆向物流系统的支撑要素

和一般物流系统一样,逆向物流系统的建立需要有许多支撑手段,尤其是在复杂的社会经济系统中要确定逆向物流系统的地位,要协调与其他系统的关系,下面这些要素必不可少。

1. 体制和制度

体制和制度决定逆向物流系统的结构、组织、领导、管理方式,以及这个系统的地位、范畴。有了体制和制度这个支撑条件,才能确立逆向物流系统在国民经济中的地位。

2. 法律和规章

逆向物流系统的运行,不可避免地会涉及企业或人的权益问题。法律和规章一方面限制和规范逆向物流系统的活动,使之与其他系统协调;另一方面是给予保障,合同的执行、权益的划分、责任的确定都需要法律和规章来维系。

3. 行政和命令

物流系统关系到国家经济、军事命脉,逆向物流系统也是如此,所以,行政和命令等手段也常常是支持逆向物流系统正常运转的重要支撑要素。

4. 标准化系统

标准化系统是保证逆向物流环节协调运行及逆向物流系统与其他系统在技术上实现连接的重要支撑条件。

(四)逆向物流系统的物质基础要素

和正向物流系统一样,逆向物流系统的建立和运行需要有物质基础要素,主要包括以下几方面:

1. 逆向物流网络

与正向物流网络一样,在产品的逆向物流过程中,同样要经过一系列的节点和运输路线。由这些逆向物流的节点及节点之间的线路构成的拓扑结构就是逆向物流网络。其

逆向物流管理

中，从物流运行的角度而言，逆向物流节点一般表现为各种逆向物流设施，是组织逆向物流系统运行的基础物质条件，包括物流场站、物流中心、一般仓库、港口、机场、交通运输基础设施等。而将物流设施连接起来的是各种运输方式和线路，包括铁路、公路、水路、航空、管道等运输方式形成的路径。

2. 逆向物流装备

逆向物流装备是保证逆向物流系统开工的条件，包括仓库货架、进出库设备、加工设备、运输设备、装卸机械等。如果从广义理解，还包括各种再加工、再循环、废弃物处理等设备，以及包装工具、维护保养工具、办公设备等辅助性装备。

3. 信息技术及网络

信息技术及网络是掌握和传递物流信息的手段。与正向物流系统一样，根据所需信息水平不同，逆向物流系统涉及的这方面要素包括通信设备及线路、传真设备、计算机及网络设备等。

4. 组织及管理

组织及管理是逆向物流系统的"软件"，起着调运、协调、指挥各要素的作用，以保障逆向物流系统目的的实现。

（五）逆向物流系统的结构要素

逆向物流系统的结构要素是指逆向物流系统真正的参加者和运行者，主要是逆向物流系统中的各类企业，也可以说是构成逆向物流网络的各个节点企业，或者说是逆向物流过程所经过的供应链的各个节点企业。逆向物流系统的结构要素示意图如图2-12所示。不同类型的逆向物流系统，其构成也不同，本书后面的章节将进行更多阐述。

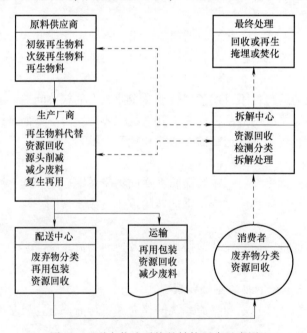

图2-12 逆向物流系统的结构要素示意图

1. 原料供应商

原料供应商是指原物料供应厂商。在原物料的生产中，除了制造过程中必须使用的原料外，还可以采用再生物料、初级或次级再生物料，如再生的纸浆、金属等。

2. 生产厂商

生产厂商是指生产或制造商品的厂商。生产原料可采用原物料、再生物料或物料替代的方式，以达到源头削减甚至减少废料的目的。制造过程中采用可再用的工具或器械，对生产过程剩余的废弃品或物料进行适当的资源回收，并在制造过程中就考虑资源再生的方式。

3. 配送中心

配送中心可进行二次包装和理货等作业，也可对退货进行处理分类，达到资源回收的目的。

4. 消费者

消费者在日常的生活中采用正确的废弃物分类甚至进行资源回收等活动，一方面可增加资源的再生效率，另一方面也可减少废弃物对环境的影响。

5. 拆解中心

拆解中心是指为处理逆向物流活动（退货处理、维修等）所设置的专业设施。它可进行废弃物分类，运用各种策略达到资源回收的效果。

拆解中心与配送中心分别在逆向物流网络系统和正向物流网络系统中处于节点位置，通过它们的位置和功能可看出，二者具有对应性和一定的相似性，但是两者也存在区别。两个中心对物品所进行的操作是不一样的，配送中心的主要操作包括搬运、仓储、包装等，而拆解中心的主要操作则是检测、处理决策、分拆、分类、销毁及将可直接销售的回收品进行包装。

6. 运输

运输在物流作业中主要发挥物品移动及储存功能。在移动及储存的过程中，可以采用再用包装、减少废料等策略并配合资源回收，以兼顾环保与经济效益。

7. 最终处理

在废弃物最终处理的方式上，某些废弃物可以通过回收或再生的方式来取得经济价值或效益，另外一些低价值的则可以采取适当掩埋或焚化的方式进行处理。

知识拓展：将 JIT 理念应用到逆向物流中

Chan 等人（2010）提出了一个将 JIT 理念应用在逆向物流系统中的框架[⊖]，如图 2-13 所示。其中，过程模型确定了与逆向物流活动直接相关的四个关键过程：收集、配送、库存和重新组装（或再制造）。"收集"主要集中在收集点和仓库的位置；"配送"包括运输规划和路线规划，在成本或效率方面优化配送网络，影响着客户满意度；"库存"是指库存水平的管理和控制；"再制造"的重点是质量控制和计划的材料申请，以恢复退回或使用过的产品的可用或转售的条件。由 MRP、EDI 和其他 ICT 技术组成的信息系统模型应主要捕获和处理所有与不确定性相关的数据，并支持决策

⊖ Hing Kai Chan, Shizhao Yin, Felix T S Chan. Implementing just-in-time philosophy to reverse logistics systems: a review [J]. International Journal of Production Research, 2010, (48): 6 293-6 313.

逆向物流管理

的可处理性和可视性。随着产品生命周期变得越来越短，考虑符合环境要求的适当设计（例如使用绿色组件和可重复使用的材料）已成为逆向物流的首要问题，产品生命周期管理模型应该解决这些问题。最后，逆向物流结构（RLS）应该是一个集成了JIT的精益系统，JIT绩效的目标是了解JIT如何帮助优化生产制造、产品生命周期和逆向物流系统。为了获得有用的管理见解，识别信息系统和JIT绩效之间的关系也很重要，这里设置了五个指标——成本、效率、灵活性、可靠性和质量。

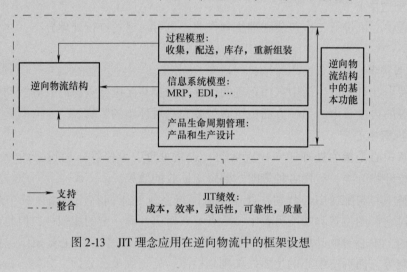

图 2-13　JIT 理念应用在逆向物流中的框架设想

三、逆向物流系统的分类

参照逆向物流的分类，可以将逆向物流系统分成多种类型。这里从另外一个角度，即从逆向物流结构的复杂程度，将其分为简单逆向物流系统和复杂逆向物流系统。

（一）简单逆向物流系统

简单逆向物流系统是指完全利用原有的物流系统来实现逆向物流功能的系统。其逆向物流的设施、运输线路相对正向物流系统没有变化，下游企业把回流物品直接递送给上一级供应商。简单逆向物流系统的结构如图 2-14 所示。

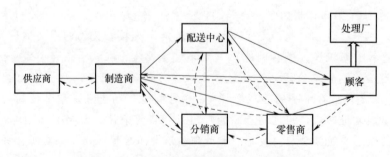

图 2-14　简单逆向物流系统的结构示意图

1. 简单逆向物流系统的优点

首先，该系统完全依附于正向物流，使用原有的设施和组织，不需要新的投资；其次,下游企业几乎没有任何责任和风险,风险全部由制造商承担,因此,下游企业青睐这种简单模式;再次,上下游之间的业务关系明确,因为所收回的物品是同一个商家售出的,责任关系不需要重新协调。

2. 简单逆向物流系统的缺点

(1) 系统反应时间长　由于每个节点都要进行返回品的分类操作,所以物品停留于每个节点处的时间较长。另外,物品完全沿着原有路线返回,没有对路线进行优化。这种情况下,逆向物流流量相对较小,返回品经常存储于某个节点直至达到经济批量才进行逆向装运。上述因素使得系统反应时间大大延长。

(2) 系统信息失真　一般来说,质量缺陷或不符合市场需求的产品返回制造商的周期较长,同时,由于信息层层传递,会造成信息的严重失真。逆向物流中包含的信息是极其珍贵的,因为从消费者行为考虑,他们购买到称心的产品并不会向零售商和制造商反映,而对于有缺陷的产品则比较容易抱怨。这些信息反映了产品的质量缺陷及客户的反应,因而对于制造商和零售商来说都是很重要的,但由于信息传递困难,企业并不能及时、有效地获取这些重要的信息。

(3) 运营成本高　尽管简单逆向物流系统不需要大量的固定投资,但是其日常运营成本较高。如果逆向物流系统流量较大,则每个环节在仓储和分类活动中都需要配备专门人员,人力成本较高;其次,在实际情况中,只有在制造商确认回流物品时,下游企业才可能获得相应的退还资金,而企业也只有退还物品累积到一定量才进行装运,因此资金占用成本也较高。

3. 适用范围

根据简单逆向物流系统的优缺点,适合使用这种逆向物流系统的企业或产品有以下几种特点:

① 回流物品比例较小,企业对逆向物流没有专业化和战略考虑。

② 回收商品寿命较短,可生物降解。此类商品价值消耗较快,当回流物品返回时,已经没有利用价值,没有必要进行再利用。另外,由于可以生物降解,也不会对环境产生太大的影响。

③ 垂直一体化企业。垂直一体化的企业其分销渠道属于内部结构,建立逆向系统的成本低,而且能够根据业务量较迅速地做出反应。一般来说,小型厂家或保鲜食品行业等比较适合采用简单逆向物流系统。

(二) 复杂逆向物流系统

从简单逆向物流系统的优缺点可以看出,该类系统适用范围较小。对于很多企业来说,逆向物流流量越来越大,必须构建较为复杂的逆向物流系统,配备和使用专业化的设施、人员和技术,这样才能适应企业发展的需要。在复杂逆向物流系统中,不再简单使用原有的物流系统网络来实现逆向物流功能,而是建立专业化的逆向物流网络。在这种逆向物流系统中,经常专门设立逆向物流回收拆解中心来处理回收物品,进行收集、分类和配送等。复杂逆向物流系统的输入与简单逆向物流系统相同,但是一般来说物品只有回收中心这个唯一的接收端,而不像简单逆向物流系统中每个正向物流设施都能成为接收点,因此,输入端得到简化。复杂逆向物流系统的结构如图2-15所示。

逆向物流管理

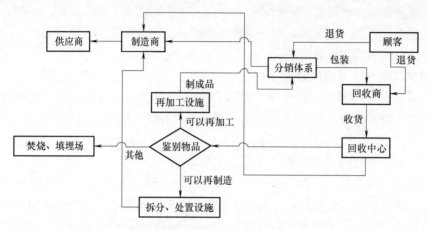

图 2-15 复杂逆向物流系统的结构示意图

四、建立逆向物流系统的要求

（一）综合考虑战略和战术要素

战略要素由战略成本、质量、客户服务、环保意识和环保法规构成。其中战略成本包括延长生命周期的成本，降低战略成本取决于当前资源、技术、设备的有效利用，这是成功实施逆向物流系统的必要条件。逆向物流系统的构建同样需以"合适的时间、合适的地点、合理的价格、良好的质量、准时的交货时间"为原则满足顾客要求。此外，应将环保意识渗透于逆向物流系统。

逆向物流系统构建还需要考虑成本收益分析、运输、仓储、供应管理、再生产、再循环和包装七个战术要素。这七个要素的重要程度因企业不同而不同。企业需开展成本收益分析，以客观评价回收物流的价值、再生产过程的成本、再生产和再循环产品的收益。运输方面，要安排合理的时间、选择合理的路线、拼装货物以整车运输，避免小批量、远距离的低效运输方式，以降低成本、提高效率；仓储方面，企业需考虑回收废弃物的仓储空间、物料搬运的流程和货物持有成本等问题，以及由此引发的库存、实物盘点和理货、计划和控制等管理活动的实施。在供应管理方面，企业需考虑废弃物的回收和利用、物料清单的重新制定、废弃物处理和产品的再设计。再生产和再循环是逆向物流系统的核心。企业再生产过程中零件的互换性、标准件的使用、产品的重新设计和重新安装是构建逆向物流系统的关键。包装需满足产品促销、提高公众形象等方面的要求。

企业在构建逆向物流系统时，应以战略目标为中心进行成本收益分析，利用企业已有的生产流程及人力资源、生产设备、物流设施等资源，构建以最适合的运输工具、最便利的联合运输、最短的运输距离、最合理的包装、最少的仓储、最短的时间、最快的信息、最佳的服务为基本原则的逆向物流体系。

（二）有机结合环境效益与经济利益

环境效益与经济利益的有机结合是企业实施逆向物流的总体目标，但是在具体运作时，经常会遇到经济利益与环境效益相矛盾、逆向物流与正向物流相冲突等问题，因此必须采取有效的管理策略。

第二章 逆向物流相关理论

1. 分层次的逆向物流

逆向物流追求不同层次的目标，即资源消耗减量化→重复利用→再生循环→废弃处置。首先，逆向物流强调产品生命周期的资源消耗减量化，即通过环境友好的产品设计，使原料消耗和废弃物排放量最小化，实现正向物流和逆向物流活动量最低化的目标。其次，应尽量使产品零部件以材料本身的形态重复利用，这就要求改变传统的单向物流方式，以便处理物品的双向流动。再次，由于再生循环是使废弃材料再资源化的过程，相对于重复利用，再生循环需要一定的投资和资源，如城市的再循环材料搜集网络和运输网络，其运行、维护的代价是很昂贵的。废弃处置是最后的选择，可焚烧或填埋，焚烧处置能使某些形态的能量得以恢复，应该优先采用，但对大气有污染。

2. 基于供应链的逆向物流

由前面的分析可知，逆向物流并不等于废品回收，它涉及企业的原材料供应、生产、销售和售后服务等各环节，因而不能作为一个孤立的过程来考虑。企业要实施逆向物流，还必须与供应链上的其他企业合作。为了实现风险共担、利益共享，企业必须与供应链上的其他企业共享信息，建立战略合作伙伴关系。也就是说，企业必须基于供应链来构建逆向物流系统。

3. 正向物流与逆向物流一体化

逆向物流也需要经过运输、加工、库存和配送等环节，这可能会与企业的正向物流环节冲突。大多数企业很关心正向物流，但对逆向物流的投入有限，当两者发生冲突时，常常会放弃逆向物流。为有效地建立起逆向物流系统，就必须统一规划正向物流与逆向物流，考虑物流的双向流动。通过建立一体化的信息系统，企业可以对退货进行跟踪、测定处理时间、评价业绩，以便与供应商更好地协作，以压缩处理时间。对返品处理得越快，给企业带来的利益就越多。

基于本章的理论，本书第三章至第五章将主要针对逆向物流的网络规划、流程管理和运作管理进行阐述，第六章则选取几个典型行业与领域阐述其逆向物流管理问题。

另外，由于本书重点在于说明总体的逆向物流管理思路，并考虑到定量模型的复杂度，后续不再对定量模型进行具体阐述，一般定量模型可以参考经典书籍与文献，如 Moritz Fleischmann 在《Quantitative Models for Reverse Logistics》[注]一书中就已经详细介绍了逆向物流相关的基础模型，后续多篇国内外研究论文也多有应用和创新。

本章案例

案例1 施乐公司的闭环供应链

施乐公司是文档技术和服务的领导者，而且在业务流程和文档管理方面处于世界领先地位。它还提供全球服务，如索赔报销、自动收费交易、客户服务中心和人力资源福利管理。施乐提出了实现产品零浪费的目标，力图实现在无废物工厂生产无废物产品，帮助客户实现无废物工作场所。施乐于1991年推出的环保计划通过在两个方面避免废物产生而实现了20亿英镑的价值：一方面是成像耗材的再利用和回收，另一方面是产

[注] Moritz Fleischmann. Quantitative Models for Reverse Logistics [M]. Berlin: Springer, 2001.

逆向物流管理

品回收和再循环，以及零件再利用。接下来，施乐开始了持续的能源挑战计划，致力于降低其全球运营中的温室气体排放量（GHG）。施乐的闭环供应链，如图2-16所示。

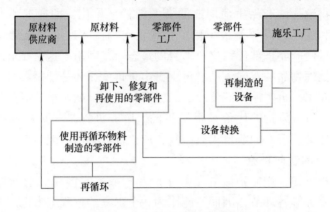

图2-16 施乐的闭环供应链

在产品设计过程中，施乐专注于尽可能少地使用有害物质和有效使用材料，重视零件和部件的再利用和再循环，通过延长部件使用寿命、采用易于拆卸的结构、提高部件可重复使用性和材料可回收性来降低产品生命周期成本。这些产品的设计使得一些主要部件（如框架）可以使用更长时间，并且可以修复或用于再制造另一种产品。为了有效实现这一目标，产品设计团队开发了产品生命周期成本模型、材料指南和处置编码。在产品设计过程中，必须在强制性审核中讨论每个零件和组件的产品生命周期成本、材料使用和再利用选项，并提供培训以确保所有相关工作人员都能够执行如此强大的产品设计流程。

制造过程也精心设计，重点是在生产过程中实现低排放和有效利用能源，并在产品设计阶段考虑使用低排放和低能耗生产工艺。施乐工厂的另一个独特之处在于，回收的废旧产品的零部件不仅用于制造新产品，还用于再制造二手产品，生产线可以通过使用从废旧产品中回收的一些主要部件来制造新产品。

更重要的是，施乐认识到客户使用过程中能源使用的重要性，公司致力于不断革新复印机的设计，除了节省纸张的功能外，还有许多设计可以帮助复印机减少能量消耗。根据施乐公司的说法，"待机"是一种浪费，当不使用复印机时，可以使用更好的节能选项，例如"低功率""睡眠"和"自动关闭"。复印需要热量，施乐进行了大量研究使印刷能在较低温度下进行。自1993年以来，施乐公司一直与环境保护署（EPA）和业界合作，为节能复印机设定标准。

另一个重点是改善客户退货流程。施乐通过网站www.xerox.com/gwa的改进改善回收工作。施乐有三种不同的退货方式：单件退货程序（single-item return programme）、托盘批量退货（bulk returns on a pallet）、生态盒（eco box）。单件退货是客户退回单个项目如墨盒，客户可以免费提交墨盒退货标签请求并获得用于装运墨盒的标签，根据退回产品的类型和客户的位置，施乐决定由哪个回收中心回收退回的产品。托盘批量退货适用于退货超过30件的客户，该流程允许客户下载客户端，其中包含有关时间和安排取件的说明。生态盒程序中，客户可以免费订购三个盒子的套件，将物品捆绑在盒子中，下载预付标签，并将其返还给退货合作伙伴。在欧洲，Close the Loop是一家像施乐

第二章 逆向物流相关理论

一样致力于垃圾填埋场零废物回收的公司,该公司将施乐不能再利用的墨盒作为原料或新产品,通过其专利回收工艺,将墨盒分为塑料、碳粉、金属和其他材料,然后进行清洁和加工,以返回市场。

由于复印机含有化学物质(如碳粉),清洁过程是危险的。施乐开发了先进的清洗技术和零件可靠性预测技术。施乐公司进一步将再制造概念扩展到产品转换,新建的再制造流程与转换流程相结合,例如,报废机器的可重复使用部件和机器框架用于制造新的(或称为"再制造")机器,如将 Document Centre 220 型号的机器变身成为 Document Centre 440 型号的机器。

施乐还将零部件供应商和原材料供应商纳入进来,进一步扩展了其上游的回收渠道。用于再制造和转换的机器被送回施乐工厂,可重复使用的零件送至零件厂进行剥离、修理和重复使用,不能重复使用但仍可再利用的零件送至零件厂作为原材料。

施乐的案例说明,危险品是某些产品逆向物流的主要问题之一。CRT(阴极射线管)和 LCD(液晶显示器)因含有铅玻璃和汞而被列为危险品;个人计算机含有重金属和可充电锂电池的印刷电路板;电子产品的其他主要废物还有塑料,当它们燃烧时可能有毒。复印机的一个问题是废物挥发性有机化合物(VOC)和其他有害物质的排放,因此有必要为产品开发相关信息手册,为员工、客户和废物管理者提供相关信息。

案例2 思科的逆向物流体系

思科公司是全球领先的互联网解决方案供应商,1990年上市以来,思科公司的年收入已从6 900万美元上升到2018财年的493亿美元。像每一家生产具体实物的公司一样,它也面临着如何安排和处理退货的问题。新技术日新月异,淘汰的产品比比皆是,如何从退货中最大限度地利用各种可用资源、如何最大限度地保护环境,是思科公司近年来关注的问题。思科通过开发全球闭环逆向供应链,使其能够再回收、再利用或再循环全球主要市场超过99%的回收电子设备。思科专门为接收不同来源的产品设计了多种流程,以最充分地利用所有回收的材料。

1. 对退货的重新思考——利润中心而非成本中心

思科将内部逆向物流的角色由过去的成本中心转型为利润中心。2005年,思科逆向物流运营的关注点在于如何确保退回的产品能够高效运作,同时以环保的方式再次循环利用,几乎不太关注如何获取剩余价值,只有不到5%的退货能够得到重新利用。退货带来的是成本的增加,并没有带来额外的利润。到了2008年,公司目标是让退货"达到最高和最佳利用",通过延伸退货产品的使用寿命,重新分配给内部客户使用。思科公司已经意识到,许多退货都是因为客户购买了新货品淘汰下来的,这些产品实际上只是需要升级或是小小的外观清洁工作,还可以继续使用许多年。

2. 价值重获——为退货创造需求

思科成立了专门的逆向物流团队,关注通过高效再利用来创造利润,同时降低支出和亏损。为此,公司又专门成立了一个"价值重获"团队,主要就是识别出内部客户并且为退货创造需求。该团队主动出击,通过思科内部已有的通信渠道(如内部新闻组、宣传稿、公告栏等)及公司内部举办的各种活动(比如地球日活动)向潜在内部客户进行产品营销。

3. 多渠道回收设备和材料

根据思科 2009 年社会责任报告，思科最大的材料回收渠道来自 CTMP（Cisco Technology Migration Program）计划。该计划通过为返回旧设备、购买新设备的客户提供折扣，以此鼓励客户返回产品。这些产品中，部分产品在翻新后再度销售，或供本公司的全球服务供应链团队或内部用户使用。部分设备通过"思科回收和再循环计划"返回本公司，该计划专为拥有过于陈旧的设备或破损设备而又不符合 CTMP 计划要求的客户而设计。如果回收的破损和陈旧产品无法再利用，而材料也不符合再利用的要求，思科就会将其交给回收商，由它们拆解、破碎，并将材料分选成包括钢、铝、铜、塑料、纸板、电线在内的各种材料，通过出售或交给下游回收商，供生产新产品使用。

4. 多样化废弃物流处理计划

思科在北美、欧洲、亚太的 21 个符合 ISO 14001 标准的基地组织了运营废弃物减少和再循环队伍，思科已在这些基地实施了电子废弃物和食品垃圾处理计划。首先，思科实施了 eScrap 计划，收集和再循环经营过程中产生的电子废弃物，通过 eScrap 计划，公司在实验室放置了绿色垃圾桶，以便收集和再循环研发过程中废弃的材料。思科每年都举办"IT 再循环"（Recycle IT）活动，让本公司的员工从自己的家里带来报废的电子产品，然后进行适当的再循环。思科回收含思科品牌在内的任何电子产品。其次，思科还尽量减少本公司餐厅的环境影响，与可持续食品服务的行业领先者——好胃口管理公司（Bon Appetit Management Company）合作，为北美地区的思科员工提供健康、可持续的、对社会负责任的食品。可持续食品采购计划可以追溯到 1999 年推出的"好胃口农场到餐桌计划"（Bon Appetit's Farm to Fork program），该计划的目的是通过在当地采购食品，推动当地农业的发展，并向可持续农业和可持续采摘技术提供支持。

思考题

1. 选择本章第一节中提到的一种理论进行学习，并进一步阐述其对于逆向物流管理起到了何种支撑作用。
2. 试分析闭环供应链、逆向供应链和逆向物流之间的关系。
3. 试详细分析逆向供应链和正向供应链的差异。
4. 什么是简单的逆向物流系统、复杂的逆向物流系统？试举例说明。

第三章 逆向物流网络规划

本章概要

规划与构建物流网络是形成物流系统的第一步，也是物流运作的基础。本章从逆向物流网络规划的内容出发，介绍逆向物流网络的一般功能、结构、分类及规划方法。

引例

> 日日顺物流强调全流程用户体验，将逆向物流也纳入整体物流体系中，具体表现在家电等大件货品退换货流程上。目前，用户网购家电等大件退换货主要有两种情况：一是到货时，用户直接当场退货，送货员直接将产品带走，启动退换货流程；二是用户使用产品一段时间不满意，提出申请退换货，收到用户申请信息后，送货员上门取货。流程繁琐、时效慢是用户在退换货过程中最大的痛点。为此，日日顺依托自身的物流体系，全面优化了退换货流程。与业内平均情况相比，日日顺"逆向物流"体现出两大优势：首先，退换货范围广，在全国2800个县有物流配送站，依托这些站点，日日顺可进村入户、上门取货，免除了用户退换货难的后顾之忧；其次，退换货时效性强，据悉，物流企业一般是在取货并入仓后才能开启退换货流程，而日日顺依托自身"最后一公里"的优势，退货产品送到当地网点后即可开启退换货流程，大大提升了时效。鉴于此，在和天猫电器城合作的过程中，日日顺物流敢于承诺"24小时退货"。可以看出，如果没有物流网络的支撑，日日顺是不可能做到的。

规划与构建逆向物流网络是形成逆向物流系统的第一步。逆向物流网络规划的目的就是考虑总成本与物流服务水平之间的权衡，以及与正向物流网络运行的整合与协调，从而形成总体效益最高的物流网络，以支撑逆向物流的运作。

第一节 概　　述

逆向物流网络是由参与逆向物流活动的各方共同构建的，无论采用什么样的运作模式，都需要适当的物流网络支撑，具体表现为适当位置及数量的设施主体、配置合理的物流量等。逆向物流网络结构的合理性直接影响到逆向物流管理的效率和效益。

一、逆向物流网络规划的内容

企业物流网络系统的功能是连接产品的生产地点与消费地点，以达到如下目的：①在恰当的时间，把恰当的货物以恰当的数量送达恰当的地方；②当需要的时候，通过存货控制、协调生产与需求。

逆向物流管理

典型的,对于制造企业来说,物流系统是被用来向顾客提供产品和服务的,其产生的物流效率直接依赖和受限于其网络结构,因此,物流网络规划是企业物流管理部门的一个最基本的职责。新建企业需要建立物流网络系统,老企业由于业务增长与变化,也需要不断地对原来的物流网络系统进行重新设计。企业的物流网络包括供应商、仓库、配送中心、零售商,以及在各机构之间流动的原材料、在制品库存和产成品及物品在这些节点之间的流动。图3-1是一个一般化的企业产品物流网络图,网络节点(供货点、物流配送中心、需求点)和运输路线构成了整个物流网络。

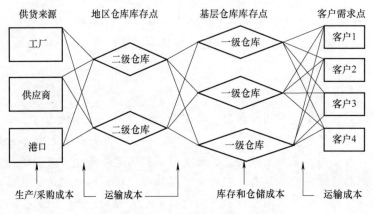

图 3-1 企业产品物流网络示意图

物流网络规划,就是对产品在物流网络中整个流通渠道所做的规划,包括物流设施的类型、数量与位置,设施所服务的顾客群体与产品类别,以及产品在设施之间的运输方式等。而逆向物流网络规划与正向物流网络规划具有相同的总目标,即都是要寻求总体最优,但是规划决策时的约束条件除了经济、成本、服务水平等方面外,还要考虑环境法律法规的限制。例如,有些国家禁止某些废弃物跨地区运输,那么进行决策时就应该考虑这一限制。所以,一般而言,逆向物流网络规划的主要内容,同样是网络中的点、线规划问题。

(一) 网络节点规划

网络节点规划包括网络中各种逆向物流设施,即逆向物流节点的选择与布置。

1. 逆向物流设施功能设计

进行逆向物流网络规划,首先要明确完成逆向物流运作所需的设施种类、功能,在每一设施内具体将进行哪些逆向物流作业流程。通过这种分析,可以将不必要的设施从计划中去掉,或者将有些功能相似、流程相似的设施进行合并,以减少固定投资。

2. 逆向物流设施布局

逆向物流设施布局即要确定逆向物流设施(包括回收中心、中转站、再处理设施等)的数量及其选址。这些固定设施的平面布局规划决定整个逆向物流系统(甚至整个供应链系统)的模式、结构和形状,对于回流产品的收运方式、储存模式及逆向物流作业过程控制都有影响。

3. 设施能力确定

设施能力确定即规划确定每一设施应配置多大的能力。例如,回收中心的仓储规模、处理速度,拆解中心的最大拆解能力、最大再加工能力等。在一定的区域范围内,如果设施规模定得太高,会导致设施的实际利用效率低于设计容量,造成资源浪费;反之,如果能力配置过低,又会导致设施对需求的反应能力过低,不能满足实际需要,还会导致逆向物流成本上升。

4. 市场和供给配置

要确定每个设施应服务于哪些市场、每个设施的供货来源由谁负责。逆向物流设施的供应源和市场与正向物流设施的供应源和市场是相反的,供应源分散,市场也不确定。市场和供给配置将会在很大程度上影响回流品收集、运输方式及运输成本。

(二)线路规划

逆向物流网络中的线路规划问题和正向物流网络中的线路规划问题相似,比较典型的、常见的问题包括运输方式选择、路径规划、车辆调度问题等。

总之,类似于其他逆向物流的规划内容,逆向物流网络的规划和设计是总体物流网络设计的一部分,其内容与正向物流网络规划一样,而且它所采用的规划和设计方法也来源于正向物流网络规划和设计方法。

二、逆向物流网络的一般功能

一个完整的逆向物流网络一般具有以下主要功能:产品收集、检测分类、仓储、再处理(含再利用、再制造、再循环)、废弃处理、再分销。在每一类具体的回收产品逆向物流中,这些物流活动或多或少会有差异。逆向物流网络连接了两个市场,即回收产品市场和销售市场。通过回收市场获得的使用过的产品、材料,经过逆向物流网络的转换,成为再使用的产品、材料后再度进入销售市场。

图 3-2 显示了一个基本的逆向物流网络,其中有两个主要部分:一个是收敛的子网络,它将最终消费者处的分散的、使用过的产品或者销售商处退回的产品通过正向网络逆流到制造商;另外一个是发散的子网络,它将消费者、各个功能单元及供应商联系起来。两个子网络都包含了回收处理的主体活动:收集/检验、恢复处理等。广义地说,从回收市场到再使用产品市场的物流过程都是逆向物流,这样考虑对于合理设计逆向物流是有益处的。依据不同的渠道成员角色,正向、逆向物流的范围可能会跨越不同组织的界限。在供应链管理中,应该从整体上对现有的物流网络进行考虑,从而正确理解逆向物流设计的相关问题。单单考虑一个阶段将会扭曲信息,导致不能做出最优决策。

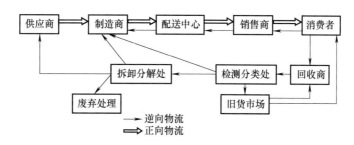

图 3-2 基本的逆向物流网络示意图

逆向物流网络不同阶段的功能包括以下几个方面,各环节均可能存在库存问题。

逆向物流管理

1. 收集（collection）

收集是指通过有偿或无偿的方式，将分散在各地的消费者使用过的废旧产品收集起来运往回收中心，一般包括收购、运输、储存等环节。这项活动会涉及大量的小批量运输，因而导致成本很高。对于收集方式，众多学者做了研究探讨。回收方式有多种，包括制造商回收、回收商（零售商）回收、第三方回收等。该过程中的运输也是引起环境污染的因素，应尽量采用合并运输策略，如利用正向物流系统中的回程运输，以尽量减少不必要的运输。目前，逆向物流实践中已经对如何降低收集成本总结了若干做法。首先，可以将较为昂贵的任务转嫁给消费者承担，企业设置一定数目的回收点以利于消费者返还回收产品。例如，设置回收玻璃、纸张、小型电子产品等物品的回收桶、收集点等，这样的策略减少了企业运输的成本，适合于小容积、低价值的消费产品。其次是将收集与其他的运输流进行联合。例如，在产品的"以旧换新"、可反复利用的饮料瓶回收等物流中，可以将正向物流与逆向物流联合起来，车辆满载货物分销，而后装载"旧货"返回。逆向渠道递送的时间压力不大时，这种整合非常有效。

2. 检验/分类（inspect/sorting）

检验/分类是指对废旧产品的质量进行检测，以确定合适的处理方案，并据此进行分类。该步骤可能包括拆卸、破碎、检测、分类和储存等环节。检验/分类操作在网络中对产品流的产生具有重要的影响。一方面，只有经过检验/分类后才能确定收集产品活动的开始，有些产品需要进行恢复处理活动后才能进入其他场所。早期的检验/分类可以及早识别没有回收价值的废品，节省对无用废弃物的运输成本。这个阶段的工作可以使运输成本和投资成本形成很好的平衡。另一方面，检验设备费用昂贵，需要熟练的劳动力，使得检验/分类操作一般在检验中心集中进行。但很多国家和地区对于废弃物的跨界运输有法律限制，比如在美国的各个州以及欧洲的各个国家之间，只允许可恢复的资源跨界运输而禁止废弃物跨界，因此，检验中心的选址要考虑法律因素。随着信息技术的发展，利用感应器、网上数据交换的遥感检验大大降低了现场检验的成本，这是一种信息流取代物流的方式。

3. 库存（inventory）

这里的库存不仅是指物品数量管理，还包括储存管理。逆向物流网络中的这个功能十分重要，而且其控制较为复杂。一方面，它涉及的链中成员较多，可以是消费者、回收商、处理商，也可以是生产者等。另一方面，其种类不单一，有回收品库存和成品库存，如果考虑再制造过程的中间过程，则还有可维修零件库存。逆向物流的库存控制过程的复杂性还表现在回收库存输入的不确定性、库存输出时间的不确定性、库存成品的多样性等。另外，除第三方物流外，一般逆向物流供应链，尤其是闭环供应链中的成员一般具有多种身份，如销售商同时可能是回收商，甚至还担负检验/分类任务，这样其仓库设施就具有了一定的运行能力限制。因而，逆向物流网络设计中涉及仓库的数量、选址及容量决策，确定物流网络中仓库的库存水平是需要研究的重要方面。

4. 再处理（reprocessing）

再处理方式主要有再使用、再制造和再循环。

再使用针对不需过多处理或只需清洗及少量维修工作即可直接再使用的包装、产品，如玻璃瓶、塑料瓶、箱、托盘等包装容器，复印机和打印机的墨盒，一次性相机，二手家具，服装和书等。对于回收的再使用产品有多种处理方式：如果产品可退回给上一级供应商并收回货款，则一般首选该法；如果产品还未被使用过，则可直接作为新产品再次销售、折价销售或通过专门销售过季产品和残次品的商店出售；如果产品因质量原因无法通过商店直接出售，则可以出售给一些中间商或销往二级市场。

再制造是指对回收产品或其零部件进行再制造，以重新获取再用价值。该步骤可能包括清洗、零部件替换和重新组装等环节，通常是指保留废旧零部件的结构和功能特性，通过必要的拆卸、检修和替换，使其恢复得同新的一样，如汽车发动机、计算机、复印机和打印机部件等。专业的再制造设备需要高昂的投资，因而在很大程度上决定着整个再制造物流系统的经济可行性。因此，一般要求可再制造的回收品数量较大且集中处理，以形成规模经济效应。

再循环是指循环利用废旧产品中的材料，如废旧金属、纸、玻璃、塑料等。

5. 废弃处理（disposal）

废弃处理是指对那些出于技术或经济上的原因无法再利用的废旧产品或零部件进行销毁。该步骤可能包括运输、填埋或焚毁等环节。

6. 再分销（redistribution）

再分销是指将恢复价值的产品再度分销到市场进行销售的分销活动，该步骤可能包括销售、运输和储存等环节。再分销设计与传统的分销网络设计非常类似。如何进行再分销整合增加了管理的复杂度，如为了提高运输装载率可以将收集与再分销整合在一起。另外，制造商还可以将原始成品的分销与恢复价值产品的再分销进行整合。

三、逆向物流网络的一般结构与特征

在产品的逆向物流过程中，从废旧产品（或缺陷产品）的收集，到回收处理中心、产品拆解中心，经价值恢复处理，直到再分销市场，同样要经过一系列的节点和运输路线。由这些逆向物流的设施点及设施点间的线路构成的拓扑结构就是逆向物流网络结构。图 3-3a 为 2003 年 Fleischmann 提出的逆向物流一般结构图，偏重于从供应链流程方面描述；图 3-3b 为包含了具体活动的逆向物流结构图[⊖]。而具体的逆向物流网络结构类型很多，不同研究者和实践者的表述也不同，可以借用 Fleischmann 提出的五个指标，来刻画不同逆向物流网络的主要区别。

1. 集中程度（degree of centralization）

集中程度是指逆向物流网络中完成同样处理任务的场所数量，即涉及完成同种操作活动的地点数目。如果相同的逆向物流处理活动只在少数几个场所进行，则说明网络的集中程度高；如果同样的操作可能要在几个不同的地方同时进行，则说明网络是分散的。集中度高的网络，更有利于资源的共享，容易通过规模化操作提高作业效率，降低成本。因此，同类型操作活动应尽量安排在同一地点完成，以形成规模经济，节约人力和物力。这是完成网络横向整合的有效措施。

⊖ 图 3-3b）与图 2-12 相同，为了方便描述，在此处再次显示。

逆向物流管理

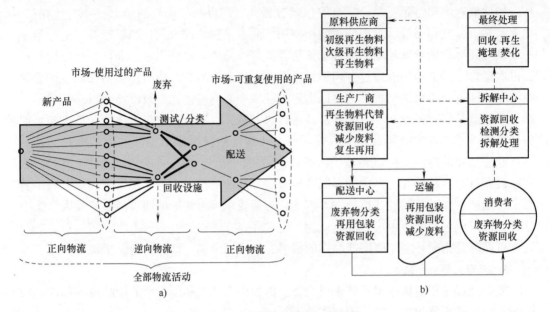

图 3-3 逆向物流网络的一般结构

2. 网络层数（number of levels）

网络层数是指逆向物流的物品顺次需要流经的设施数量，表示网络的纵向深度。在一个单层的逆向物流网络中，所有操作都在某一种设施中处理完成，例如，在某企业的回收处理中心，既要进行退回品接收，还要进行退货检验、分类、清洗、打磨甚至翻新等活动。而在一个多层的逆向物流网络中，不同的操作会分别在不同的地点完成。

3. 与其他网络的联系（links with other networks）

与其他网络的联系主要是指产品回收网络与现有的正向物流网络之间的相关程度。产品回收网络可能单独建立，也可能在原有的正向物流网络的基础上扩建。如果产品回收物流过程与正向物流过程的关联性较强，就更有可能将两种网络进行集成。这种网络的相关程度反映了两种网络潜在的可集成性。

4. 开闭环结构（open vs closed loop structure）

开放还是闭合反映网络的进入和流出两个流向之间的关系。对于一个闭合网络，"源"和"汇"是一致的，即回流品的来源和产品价值恢复后的去向是相同的，回收产品回到原制造商处经过加工后再回到市场，这样，正向物流网络与逆向物流网络构成的是闭循环的网络结构。例如，许多再制造产品的回收网络、包装容器的再利用网络等，就属于闭合网络。而在开放网络中，回收品的来源地与价值恢复后的市场流向是不一致的，回收品从一端流进，从另一端流出，两种流向不能形成闭合结构，如金属、塑料、废纸等回收再循环，其再利用的市场一般与原来的市场不一致。

5. 分支合作程度（degree of branch cooperation）

合作程度反映各部门对构建的逆向物流网络所负的责任，涉及网络建设中的各方。逆向物流的构建发起者也许是某企业，但不可避免地会通过合同或联合的方式与其他企业合作。企业利用第三方来开展逆向物流业务就是一种合作方式。

四、逆向物流网络要素

影响逆向物流网络构建的要素主要有产品、资源和市场。

1. 产品要素

在回收处理阶段,要建立更接近实际的逆向物流网络,就要考虑回收产品的物理特性和经济特性,它们直接影响着逆向物流网络构建的复杂程度以及物流网络的功用。物理特性一般是指产品的数量、组成、易损性、污染性等影响回收网络类别的特性;经济特性是指产品的经济价值、贬值速度、过时率、回收难度等影响产品可回收性的特性。

产品在物理及经济上的特殊性质会直接影响到回收产品的价值恢复方式。针对不同特性的回收产品,其恢复价值的途径不同,所形成的逆向物流网络节点也会有所不同。产品的物理和经济特性虽然是选择逆向物流网络节点的前提和基础,但还有一些其他的产品因素也会影响物流网络的建立,比如对整个产品的拆卸会释放出污染物,污染环境,危害人身安全和健康,使得部分有再利用价值的零部件得不到利用,不得不进行废弃处理。也有部分产品因为资源紧缺,在政府的参与下不得不进行回收,并有可能重点建立回收网络。

2. 市场要素

市场上的不同角色及相互之间的关系也会影响到逆向物流网络的建立。通常,制造商、供应商、回收商、消费者、政府和社会相关组织等都会对产品的回收决策产生一定影响。对于不同收购目的的回收商,其在逆向物流节点中的工作性质也不相同。目前,各地区建立的废品回收站多是以回收差价获得盈利为目的,而以对自身生命周期负责为主要目的的原始设备生产商(OEM)回收产品时,不仅要考虑回收产品的经济价值和对企业带来的效益,还要注意回收过程中的环保要求,这一要求可能就会导致回收产品流程的变更和回收处理作业方式的改变。

在市场中,逆向物流活动的主要决策者不同,所建立的物流网络的类型和结构也不相同。以物流活动的主体来区分,主要有以下四种网络结构:

① 制造商作为物流活动的主体,构建逆向物流网络并加以实施时通常会考虑正向、逆向网络的集成,一般会形成闭环物流网络,便于企业降低资源和运行成本。

② 由第三方物流服务商作为主体构建逆向物流网络时,根据企业和回收产品的特点构建独立的多产品的逆向物流网络是最常用的做法。第三方物流服务商有很多类型,相应的物流网络的类型也各有不同。第三方物流服务商提供专业化的物流服务,追求利润的最大化,在建立逆向物流网络时也多以利益最大化为终极目标。

③ 物流活动的主体为政府时,政府出于环境和立法的考虑,要求企业对产品的整个生命周期负责,由政府牵头建立逆向物流园区,整合回收资源,通常形成资源整合型、系统化、完备化的网络体系。

④ 物流活动的主体为产品回收商时,它们以盈利为主要目的,不会主动建立逆向物流网络,多是和制造商一起,利用制造商的某些现有设施建立以回收处理为主的逆向物流网络。

3. 资源要素

这里的资源不是指可回收的产品,而是指回收处理设施条件、运输条件和人力资源

逆向物流管理

等影响逆向物流网络作用发挥的要素。回收处理设施的条件主要是指回收中心、分类检测中心等对产品进行回收分类、翻新、再制造等一系列活动的场所的位置、容量、回收处理能力等的状况；运输条件主要包括运输工具的数量、容量、可利用程度等；人力资源则主要是指物流网络中参与人员的素质、工作能力等。逆向物流活动中这些资源要素在经济上直接影响着网络结构的建立，在物流活动中则制约着整个物流网络的作用发挥，主要体现在以下三点：

① 逆向物流网络的构建主要由消费群体的分散情况、回收中心的位置、处理设施的处理能力、位置分布等因素决定，而设施的运营能力和企业决策者的物流协调能力影响整个网络的运作效率；

② 网络中运输条件的强弱将制约整个网络的物流量配置，有时外包业务可以适当减轻企业逆向物流运输的压力；

③ 人力资源还有管理人员的素质则会影响逆向物流的实施，以及物流业务的外包程度。在逆向物流活动中，特别是第三方物流服务商为主体展开的逆向物流活动中不可避免地会利用外包服务，此时就需要人力资源发挥作用。

各要素对逆向物流网络结构的影响如图 3-4 所示。

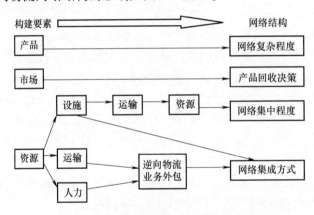

图 3-4　各要素对逆向物流网络结构的影响

> **知识拓展：快递包装回收逆向物流网络**
>
> 　　建立高效率、低成本的快递包装回收逆向物流网络是有效实现快递包装回收的重要举措，而快递包装逆向物流网络的构建有多种方式。其中一种方式，是在原有正向物流网络的基础上，从正向物流网络节点中选择合适的网点扩建为正逆向物流共用节点，从而实现快递包装回收的逆向物流网络优化。
>
> 　　关于此方面的相关研究很多，图 3-5 为快递包装回收处理流程的一种设计方案。商品从卖方出发经过快递中心送到顾客手中，当顾客收到快递包装后，可以立即将包装材料给快递人员，也可以将包装材料积累到一定的程度后交付给工作人员。当工作人员将包装回收后送至指定的包装初始收集点（快递网点），初始收集点可以留存一部分完整无缺的包装材料实现再利用，剩下的包装材料则运往集中回收中心（快递集散中心），经过简单的加工分类实现再利用。无法直接利用的包装材料则送至制造厂

或者包装厂实现再制造，从而又可以投放市场再次利用。最后，完全无法再制造利用的包装材料才考虑进行废弃处理。

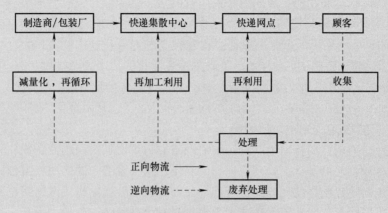

图 3-5　快递包装回收处理流程

据此，建立了如图 3-6 所示的快递包装回收逆向物流网络。在此基础上，可以继续建立数学模型，进行设施选址和网络优化。

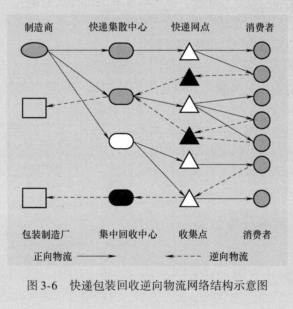

图 3-6　快递包装回收逆向物流网络结构示意图

第二节　逆向物流网络的分类

在现阶段的研究和实践中，依据不同的分类指标，对于逆向物流网络有多种分类方式。

一、按逆向物流网络特征分类

根据逆向物流网络的特征，可对逆向物流网络进行基本分类。由于制造与回收再利用之间的密切关系，以及新产品和再造品在销售市场的重合性，逆向物流网络和传统的

逆向物流管理

生产分销正向物流网络往往会共享设施和运输渠道。总的来讲，有三种常见的逆向物流网络结构：①独立的开环逆向物流网络；②在正向物流网络基础上扩建的逆向物流网络；③正向物流和逆向物流集成的闭环供应链网络。

1. 独立的开环逆向物流网络

专门从事回收再利用的企业一般都会构建独立的专业化逆向物流网络。在这种情况下，企业通常会建立专门的回收中心，并且采用专业化的技术、设施和人员，以有效提升逆向物流网络的运作效率和效益。近年来，国外的一些知名企业先后建立了较大规模的专业回收中心，如福特的汽车回收中心、耐克的欧洲回收中心等，从而为客户提供更好的服务。

2. 基于正向物流的逆向物流网络

如果企业已有成熟的正向生产分销物流网络，为了增加逆向物流功能，企业一般倾向于在正向物流网络的基础上构建逆向物流网络。这种系统中的逆向物流依附于正向物流，并沿着正向物流网络的反方向进行流动。因此，这种逆向物流网络系统不需要太多新的投资，可以降低逆向物流运作成本，也不会对已有网络产生较大影响。这种网络可以把原有正向物流系统中的配送中心或工厂扩建成回收中心或再制造工厂，也可以新建一批回收中心或再制造工厂。

基于正向物流的逆向物流系统也存在一些缺点，如反应时间长、运营费用较高、系统信息失真严重等。因此，这种网络结构比较适合于逆向物流量较小的企业，或者是能根据业务量大小迅速地做出反应的垂直一体化企业。

3. 闭环供应链网络

与上述两种逆向物流网络相比，闭环供应链网络的运输更加复杂、设施类型也更多。因此，闭环供应链是三种逆向物流网络结构中最复杂的一种。

如果是一个既从事制造又从事回收再利用的新企业，它可能既没有建立传统的生产分销物流网络，也没有自己的逆向物流网络。在这种情况下，该企业就可以考虑构建闭环供应链网络，以达到运输合并、设施共用的目的，从而可以有效地提高逆向物流的运作效率，降低逆向物流的运作成本。

二、按网络的闭合程度分类

1. 开环网络

开环网络指的是回流产品的来源与经过处理后的去向不一致，回流的产品在网络中的走向不能形成闭合回路。这类网络主要适用于那些经过再处理后变成原材料的废旧产品回收，如废旧金属的回收。

2. 闭环网络

闭环网络指的是回流产品的来源与经过处理后的去向一致，回流的产品在网络中的走向是一个闭合的回路。这类网络主要适用于那些经过简单再处理如清洗、消毒等就可以直接利用的回流产品，如各类包装物、啤酒瓶、托盘、集装箱等。

三、按网络中的各项因素是否确定分类

1. 确定性网络

由于逆向物流网络具有高度的不确定性，因此在实际情况中，上述各因素不可能是

完全确定的量。但是我们可以根据以往的数据对某一年的回收量、客户的需求量、某一设施的处理时间、回收时间以及产品的产量进行相关预测。这时，逆向物流网络是确定性网络。对于确定性逆向物流网络，由于上述各个因素是可预测的，所以对于这种网络的设计相对较为简单，其设施选址建模相对来讲也比较容易。

2. 随机性网络

随机性逆向物流网络又可称作不确定性逆向物流网络，这类网络尊重客观事实，是常见的网络类型。但是由于其不确定性程度较高，研究起来相对较为复杂，因此关于不确定性的研究并不太多。而且，由于上述不确定性因素的存在，在进行这类网络的构建时企业所承担的风险较大。在进行设施选址建模时，通常建立的是随机规划模型，对于模型的算法设计一般是较为困难的，需要研究人员具有较好的数学基础。

四、按回收产品种类的多少分类

1. 单产品逆向物流网络

单产品逆向物流网络是只有一种产品流动的网络。由于流动的产品只有一种，因此不必考虑多种产品的处理费用不一致的问题。该网络的好处之一就是在逆向物流网络设施选址建模的研究中，计算得到简化，缺点是在实际应用中的可操作性不强，由于单一产品的报废量有限，因此不容易形成规模效益。

2. 多产品逆向物流网络

多产品逆向物流网络是有多个品种在网络中流动的网络。这类网络是常见的网络，尤其多见于第三方逆向物流网络中。由于产品的品种众多，逆向物流企业可以获得规模效益。但是，由于回收产品种类的增加，在进行逆向物流网络设施选址时，模型的复杂性和求解的难度高，逆向物流管理变得复杂。同时，产品属于不同种类，或同一种类的不同型号，使得产品在没有进行再处理之前必须进行仔细分类，增加了逆向物流的操作难度。

五、按回收物品种类和处理方式分类

1. 再使用逆向物流网络（reuse network）

常见的再使用产品主要是广泛适用于饮料、食品、化工等行业的各类包装。再使用产品的回收工作比较简单，只要对回收物品经过简单的清洗和检测即可投入使用。由于产品反复回收使用的次数可能很多，且不需复杂的再处理过程，考虑的重点主要是运输成本，因此再使用逆向物流网络结构具有分散、闭环、单级的特点，多采用分散网络结构，回收点尽量靠近消费者以减少运输成本。以包装物为例的再使用逆向物流网络结构示意图如图3-7所示。

2. 再制造逆向物流网络（remanufacturing network）

专门从事再制造业的企业参与逆向物流已有很长时间，许多文献列举过很多这样的企业，这种类型的企业基于经济利益的驱动，利用供给、需求之间的差别进行贸易和再制造活动获取收益。再制造公司对现存的物流网络并不进行大的建设改动，而是致力于供给与需求的网络整合，追求价值最大化是其决策的标准。由于所获取的回收产品原材料是其再制造的资源，因此，专业公司特别重视回收产品的供给，检测/分级阶段活动对其具有重要意义。这类逆向物流网络具有很强的柔性和反应力，如图3-8所示。

逆向物流管理

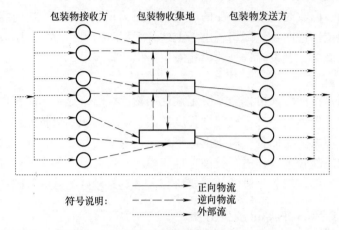

图 3-7 再使用逆向物流网络结构示意图

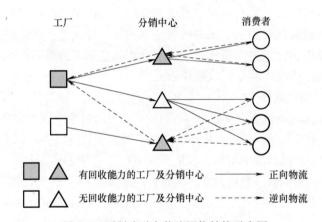

图 3-8 再制造逆向物流网络结构示意图

再制造的典型代表有汽车和飞机的贵重部件、计算机部件等,需要具备相关产品的专业知识才能对回收部件进行加工改造,因此此类回收通常由原始设备厂商来进行。由于新产品的加工和再制造产品的生产过程类似,且销售市场存在一定程度的重合,为节约成本,厂商可以综合考虑将一些设施和运输资源整合,供正逆向物流一起使用。再制造逆向物流系统结构的设计和优化与再制造实施的定位、规模等有密切的关系,系统较为复杂,一般具有分散、闭环、多级的特点。

3. 循环再利用逆向物流网络(recycling network)

这种网络也称为再循环逆向物流网络。废旧家电的回收是循环再利用的典型代表,该类回收的特点是回收产品本身已具备很高的价值,经过拆解将零部件再利用或出口转移或是对产品进行整体返修以后即成为价值较高的新产品。然而矛盾的是专门处理该类回收产品的设备一般都很昂贵,需要的处理技术也很先进,因而此类产品的回收处理场所比较集中,处理量大,以形成规模经济降低成本。在网络设计中,需要重点考虑回收处理厂的选址、处理能力及经济分析等方面。该类逆向物流网络结构比较简单,一般具有集中、开环、层次少的特点。循环再利用逆向物流网络结构如图 3-9 所示。

第三章　逆向物流网络规划

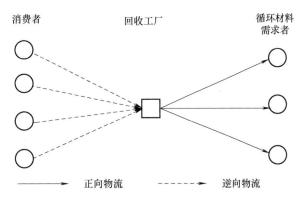

图 3-9　循环再利用逆向物流网络结构示意图

4. 商业退货逆向物流网络（returning purchase network）

商业退货主要源于商业回收或客户退货，发生在零售业的各个领域。如果利用传统处理方式，由商家自行向生产厂家退货，不但效率低下，而且返回品的处理费用也相当高。为了减少返回品的处理成本，降低库存和增加灵活性，可按照专门化和集约化的原则在较大范围内设置一个返回品中心，集中处理来自不同地区的退回商品。返回品中心可以对退回的商品进行甄别，无质量问题的送到正常的营业库存中，存在问题的瑕疵品则进行回收处理。商业返回品逆向物流网络具有集中、闭环、层次少的特点，如图 3-10 所示。

5. 废弃物逆向物流网络（waste network）

当产品无法回收再使用或再加工，材料也没有办法再循环利用时，产品将被当作无用的垃圾进行填埋或焚烧处理。由于焚烧时会产生大量的二氧化碳等污染环境的气体，因此对焚烧设备的要求较高。其价格较昂贵，因此应该建立集中的处理中心，进行大批量处理，形成规模经济。该类逆向物流系统结构比较简单，具有集中、开环、单层次的特点，如图 3-11 所示。

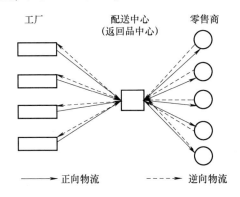

图 3-10　商业退货逆向物流网络结构示意图

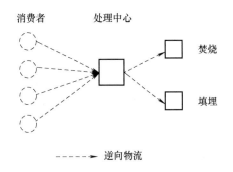

图 3-11　废弃物逆向物流网络结构示意图

六、按逆向物流驱动力分类

1. 法律强制型逆向物流网络

很多企业是在环保法律法规的强制下进行产品回收的逆向物流活动，比较有代表性的是欧洲各国，如德国、丹麦、法国等都是通过建立健全的法规体系来规定企业的责任和义务。在这种情况下，企业对处于产品生命周期末期的废旧产品负有回收处理责任。特别对于电子类产品来说，处于产品生命周期末期的产品残值一般很小，因此企业可能采取较为保守的方式，将精力集中在物流成本的最小化方面。企业虽然对产品回收负有法律责任，但其逆向物流操作职能基于各种原因可能多外包给物流服务供应商和专业材料循环处理公司进行，甚至也有可能形成逆向物流联盟。对材料进行循环利用是主要的价值恢复手段，可以通过直接向消费者收取回收费用或采取新产品价格转移的方式解决成本问题。

因而，此时逆向物流的网络设计的重点应该关注于低价值产品的回收收集方式、运输方式、材料循环过程等。这种网络中企业间的合作关系紧密，回收收集点可能与市政废品收集点相整合，收集的产品数量巨大，分离、检测处理工作在循环处理阶段进行。

2. 经济驱动型逆向物流网络

企业可能通过回收产品并再利用来获取直接收益（如输入材料、降低成本）和间接收益（如参与立法、保护市场、树立绿色形象、改善客户和供应商关系等）。钢铁行业中回收大量的废旧钢铁制品、铁屑废料，以及通信行业回收手机等，都是从产品重复利用直接获益的例子。另外，机器零件的再制造中，只需花费占新品制造费用一小部分的修理费便可翻新回收的废旧产品，经再制造的产品可作为备用零部件使用或在二手市场上出售，可以使企业获利。企业会站在市场、竞争、立法等战略角度考虑发展逆向物流。

经济驱动型逆向物流网络设计的重点是产品回收方式、收集/检测的选址、逆向物流成员的选择、供应链的整合等。就我国目前的逆向物流实施情况来看，大多数逆向物流都是由经济利益驱动的，因此它也是研究的重点。

七、按实施主体分类

1. 制造商为主体的逆向物流网络

制造商进行产品回收可能出于多种原因，如租期期末对产品的收回、以旧换新、满足顾客需要的产品召回、出于核心技术保护的返回修理或报废、高回收价值产品的收集垄断或加强客户关系等。制造商自身掌控逆向物流网络，多采取集中化的检测/分类手段来减少运输，利用规模经济效益抵消运输成本。很多大型的跨国公司都是这方面的代表，如IBM、SONY、CANON等。

2. 第三方物流（3PL）为主体的逆向物流网络

逆向物流非常棘手和复杂，许多资源有限的企业会选择将它们的逆向物流业务转包给第三方物流企业。第三方逆向物流服务提供商是提供部分或全部逆向物流功能的一个外部服务提供者，一般负责将退货、回收产品直接返还原制造商，或者完全或部分地承担旧产品的修理、原材料回收及再制造等活动，并承担对回收产品的环境责任。第三方逆向物流的发展有利于促进产品的设计革新，能够让生产商更集中于处理其核心业务，享受规模效益带来的更低的逆向物流成本和更完善的服务，并降低回收数量和时间的不确定性。在技术分工越来越明确的社会里，这种外包的逆向物流形式是可行而且有效的。

第三章 逆向物流网络规划

对于不同类别的逆向物流网络,其规划重点、特点均有所不同,但是基本规划方法并无明显区别。

案例:旧衣物回收再利用逆向物流网络

中国循环经济协会数据显示,我国每年大约有 2 600 万 t 旧衣服被扔进垃圾桶。如果这些旧衣通过焚烧处理,将造成浪费和污染;若进行填埋,会对土壤造成影响。一边是较为尴尬的现状,一边是低碳环保大势所趋和巨大的潜在市场。旧衣回收推进很难,却充满着创新和吸引力。相应的尝试已经开始:一键选定,上门取衣,在阿里巴巴闲置交易平台闲鱼上,服装经过分拣、运输、破碎、开棉等多个环节,开始了全新的旅程。闲鱼数据显示,自 2018 年 3 月推出相应业务以来,已有约 2 400 万件旧衣被回收。2019 年毕业季,来自近 400 所高校的约 38 万件衣物通过闲鱼被回收,改造成汽车隔音棉、大棚保温棉和再生布料等。

各家服装企业在回收旧衣物方面也在积极行动。作为全球首家推行旧衣回收计划的时装公司,2019 年 4 月 2 日,H&M 正式宣布与阿里巴巴旗下闲置交易平台闲鱼 APP 合作推出旧衣回收免费上门服务。自 2013 年在全球门店开展旧衣回收计划至今,H&M 已经回收了超过 78 000t 纺织品,以实现重新利用和循环使用,减少被填埋的纺织品数量。此次旧衣回收的范围很广,无论是衣裤还是家居纺织品都可以参与,只要总量在 5kg 以上,下单后就会有快递员在约定的时间内免费上门取货。在成功回收之后,消费者不但可以在订单页面直接领取一张 H&M "满 300 减 30" 的天猫优惠券,还能在蚂蚁森林得到 790g 的能量。

从逆向物流角度,可将居民旧衣物回收再利用分为以下环节:回收→运输→分拣→运输→二次使用(或再制造,或再生纤维加工)→作为原料纺纱织布→设计→服装制造→物流运输→零售→消费者,最终形成一个闭环的循环利用过程,如图 3-12 所示。

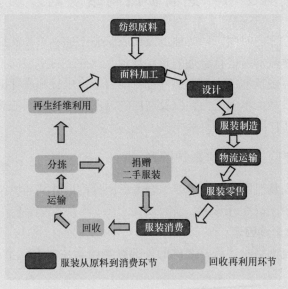

图 3-12 旧衣物回收再利用循环

逆向物流管理

基于网络，多家旧衣物回收服务企业开始出现。"收衣先生"是四川银谷智联环保科技有限公司旗下的旧衣物回收服务运营平台。该公司于2017年4月25日成立，同年8月注册了"Mr.R收衣先生"商标，以自主研发的SAAS软件服务系统提供旧衣物回收再生利用全产业链服务平台。为了降低回收环节的运输成本，"收衣先生"采取回收联盟方式，构建了旧衣物回收再利用逆向物流网络，如图3-13所示。它与线下实体网点合作，借助其已有的物流运输系统，降低物流成本。

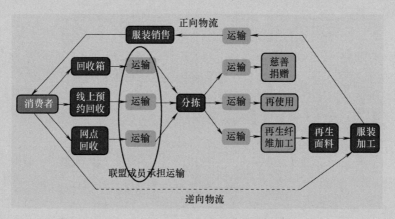

图3-13 旧衣物回收再利用逆向物流网络

"收衣先生"回收联盟是与线下超市、便利店、洗衣店、社区驿站等居民常去的消费网点进行合作，附带为居民提供旧衣物回收服务，也为消费网点带来客流，同时借力于回收联盟成员企业的物流运输资源，可以进行集中运输。

第三节 逆向物流网络规划方法

由于废旧产品在回收时间、回收地点及回收状态上的不可预测性，逆向物流网络设计人员很难对逆向物流网络进行合理的布局规划。此外，对于逆向物流网络中的供应商而言，由于再制造品或拆卸产生的零部件都可能会造成供货和库存的不确定性。正由于逆向物流网络内部参数的不确定性，以及逆向物流网络结构之间的相关性，逆向物流网络的规划比一般的正向物流网络复杂很多。

一、逆向物流网络规划的影响因素

在具体构建逆向物流网络时，需要综合考虑所处的内外部环境及逆向物流的独特特点，并在网络规划中予以充分考虑。

（一）外部环境影响因素

在规划逆向物流网络时，需要考虑的外部影响因素主要有三个方面：产品、市场、资源。

1. 产品因素

产品因素涉及回收产品的物理属性和经济属性，如重量、数量、脆性、腐坏程度、经济价值及过时率等。显然，每一方面都会对相应的物流网络布局有影响。此外，还应该注意回收方式，如直接再利用、再生产加工、材料回收等。回收方式决定了所需要的设施、设备及相关投资费用。由于产品特征的不同，会导致不同的最终产品、不同的回收程序以及不同的再利用市场。与此同时，产品的一些附加属性，如法律责任等，也会影响回收方式的选择。

2. 市场因素

市场因素涉及不同的市场角色和它们的相互关系。总的来说，有供应商、原始设备制造商、服务性供应商、独立的产品回收商、顾客以及政府等。不同角色之间的相互作用对最终的供应链结构和相应的物流解决方案有着主要的影响。每一方都在享受权利的同时，选择了应尽的责任。逆向物流网络在从产品回收市场到再利用市场的范围内建立，再利用市场可能与原始的产品市场一致也可能不一致，独立的产品回收商在再利用市场上的地位也是或弱或强。产品回收也可能由第三方外援来完成。

3. 资源因素

资源因素包括回收网络设计中的回收设施资源、人力资源、运输资源等。相关资源从经济角度直接影响网络结构的设计，一方面是投资成本，另一方面是网络集成程度产生的规模经济。

（二）逆向物流的特点

逆向物流本身独有的特点对于物流网络规划设计的影响也比较大，在构建模型时要考虑的因素更为复杂。逆向物流网络结构与传统供应链结构既有共性又有区别之处，最根本的特点表现为以下几个方面：

1. 逆向物流对象的不确定性

正向物流一般只涉及市场需求的不确定性，分销产品的数量、质量及目标市场都是确定的。在逆向物流中不仅要考虑市场对再制造产品需求的不确定性，还要考虑回收供给的不确定性，供应在很大程度上由外部决定。消费者不会像传统生产分销系统中的供应商那样在制造商有需求时就提供所需的物料，而是要等到他们不再使用该产品或者有退货、维修等需求的时候，才可能让产品进入逆向物流渠道。很多产品的回收状况也没有统计数据可以借鉴，因此很难对其进行预测。

同时，与新产品生产的零部件和原材料供应相比，废旧产品质量和时间的供应也是一种标准化程度很低的输入资源，其回收的时间、质量（如损耗程度、污染程度、材料的混合程度等）一般事先无法确定，因为这些参数不是由系统本身所决定的，而是受外界影响的，很难进行预测。回收物品的数量、质量和到达时间等不确定性因素将给逆向物流网络设计带来一系列后续问题，如回收率的不确定性将导致物料计划的不确定；回收产品检测前的质量不确定性将导致加工顺序和交货时间的不确定、生产任务安排的复杂性；回收产品质量和时间的不确定性将导致再制造车间物流路线复杂多变，再制造产品库存的位置和规模难以确定。

由于这些因素不易控制，要做到供应和需求的有效匹配就很困难。因而逆向物流网络设计的一个重要前提是要保证对废旧产品回收量和组成成分变化的鲁棒性，使当前所做的网络规划能够满足今后环境变化的需要，这是逆向物流网络规划必须考虑的因素。如果采用确定性规划方法而忽略上述的不确定性因素，会使得网络的适用性出现问题。

逆向物流管理

2. 检测和分类的集中程度

供应不确定性导致的直接后果之一就是要在逆向物流网络中设置检测/分类环节，而在传统的生产分销物流网络中却没有。在传统的供应链中，物流沿着制造商、批发零售商、消费者这样的路线流动，其分销物流网络中的产品物流路径一般事先已经确定；而逆向物流中有检测和分类功能，逆向物流网络中的产品回收处理路径取决于废旧产品的质量。因此，逆向物流网络的结构会更复杂，网络设计时需要确定检测和分类功能的位置，回收产品只有在检测之后才能确定其未来的目的地，检测和分类环节的集中程度对逆向物流网络中的检测费用、搬运费用及运输费用有重要影响。

3. "正向"与"逆向"的关系

正向物流网络的特点是"少对多"，呈发散状结构；逆向物流网络的特点是"多对少"，呈收敛状结构。

逆向物流可以通过三种渠道来进行：一种是传统的正向物流网络；一种是独立的逆向物流网络；还有一种是正向和逆向相结合的集成网络。以物料循环利用为目的的逆向物流通常被描述为一个开环系统，因为物流系统中的废弃物不是回到了它的原始制造商，而是被另外的厂商所利用。这种情况下由于正向和逆向物流渠道的操作者不同，对正向和逆向回收物流渠道进行整合的可能性很小。物料循环利用以外的逆向物流系统则可以是一个闭环系统。

正向物流与逆向物流的参与者可能相同也可能不同。回收物流渠道的操作者可以是正向渠道的参与者（如制造商、批发零售商、物流服务供应商等），也可以是其他一些专门的团体（如二手商家、专业再制造厂商等）。操作者不同将会对配送和回收物流整合的可能性产生重要的约束或影响。正、逆向产品流及参与者的相互协同、兼容问题是需要研究的问题。

二、逆向物流网络规划的一般方法

应基于逆向物流网络的类型、处理对象、行业特点等选择逆向物流网络的构成模式，对进入逆向物流的物品的整个流通渠道进行规划：逆向物流节点的类型、数量与选址，物流节点设施所服务的顾客群体与产品类别，以及产品在设施之间的运输方式与路径。

回收产品不同，逆向物流网络的组成结构也不相同，网络的复杂程度也不相同，其中以再制造物流网络最为复杂。此外，越复杂的网络，其降低成本的可能性越高，但优化的难度也越大。

目前，逆向物流网络规划方法大多是将各种随机情况进行确定性近似、再建立数学模型，然后优化求解。数学规划方法是解决逆向物流网络规划的主要方法，特别是在网络结构边界清楚、设计的节点相对较少的情况下，传统的数学规划方法配合专门的求解软件（如 LINGO、MATLAB 等），可以方便地得到网络规划的最优解。

逆向物流网络规划模型与一般传统的物流网络规划模型并无本质上的不同，实际系统和问题的多样化使得网络规划方法也有多种。按照系统建模方法的不同，常见的网络规划模型主要有五类，即图表模型、最优化模型、仿真模型、启发式模型、专家系统模型。其中，图表模型适合进行初级分析；最优化模型适合于问题比较清楚、明确，能用

第三章　逆向物流网络规划

数学式表达的系统；仿真模型以计算机仿真技术为基础，适合于带有随机不确定性的、离散事件的系统；启发式模型和专家系统模型适合于对主观经验和定性因素的分析。

1. 图表模型

图表模型泛指大量的直观方法，不需要深奥的数学分析，但能综合反映各种现实的约束条件，其分析结果并非是低质量的。支持这种分析的方法大量存在并得到广泛应用，如统计图表、加权评分法、电子表格等。借助这些方法，加上分析人员的经验、洞察力及对网络设计的良好理解，往往能得到满意的设计方案。

2. 最优化模型

最优化模型是依赖精确的数学方程式和严密的数学过程来分析和评价物流网络的各种可选方案，从数学上可以证明所得到的方案是针对该问题的最佳选择。

最优化模型可以通过精确的运筹学方法设计数学模型求出决策问题的最优解。在给定的假设前提和足够的数据后，最优化模型能够保证求出最优解。最优化模型主要包括各种数学规划模型，如线性规划、非线性规划、动态规划、混合整数规划、排队模型、枚举模型、微积分模型等。其中，物流网络规划最常见的是各种线性规划模型，按优化变量的不同又可以分为两类：一类是连续型线性规划问题；另一类是混合整数规划问题（mixed integer linear planning，MILP）。

连续型网络优化模型的典型应用就是单设施选址规划的重心法模型，该模型以运输总成本最小化为优化目标，优化过程采取多次迭代和逐渐逼近的数学方法。由于优化模型中进行了一系列的假设和简化，因此最后得出的最佳坐标点往往需要修正，或作为选择初始方案的参考依据。

混合整数规划模型常用于多设施选址、网络最佳路线设计等问题中。目前应用的主要求解方法有遗传算法、节约法、遗传模拟退火算法、分支定界法、逐次逼近法、SAD模拟法、最短路径法、模糊匈牙利法、排队论、非线性规划法等。

最优化模型也有其局限性。由于实际系统的复杂性，一个数学模型往往无法包含现实问题中所有的约束与影响条件，需要进行一系列的假设。如果建立的模型对现实系统的描述过于细致，即使利用了最大型的计算机，也无法在合理的计算时间内得到最优解（因为会出现"组合爆炸"的问题）。因此，需要在问题求解的时间与问题描述的现实性之间取得平衡，即需要在运算能力限制与假设条件个数之间进行权衡。

3. 仿真模型

能提供数学最优解的模型虽然看起来最好，但有时理论上的最优解对现实的系统却没有意义。例如，物流网络设施选址问题，按数学模型求出的最优点可能位于某条河道或桥梁上。物流网络规划中存在许多随机因素，需要经常运用仿真技术，建立系统仿真模型。

所谓仿真模型，就是以代数和逻辑语言做出的对系统的模拟。这种模拟通常要利用随机的数学关系，可以说，仿真的过程就是对系统模型进行抽样试验的过程。仿真模型能真实地模拟系统过程，可用于物流系统规划的很多方面，如物流设施选址、物流绩效影响因素分析、物流设备配置、物流成本分析等。大部分仿真模型要针对所分析的具体问题专门设计。尽管国外已有一些专门处理物流问题的仿真模型，但更多的仿真模型还是建立在通用仿真语言的基础上。

逆向物流管理

从逆向物流网络规划的问题来看，最优化模型与仿真模型的区别在于，最优化模型寻求的是最佳的仓库数量、最佳的位置、每个仓库的最佳规模，而仿真模型则是试图在给定的多个仓库、多个分配方案的条件下，反复使用模型，对多个布局方案进行评价，从而找出最优的网络布局方案。

系统仿真需要借助计算机的帮助，建立仿真模型需要大量的数据信息，要应用统计分析技术，同时还需要较长的计算机运行时间。尽管如此，由于物流系统中存在着大量的随机现象，物流仿真技术的应用越来越普遍。在逆向物流中，不确定性和随机性是最突出的特点，因此将仿真模型应用到逆向物流网络规划中，具有很强的针对性。

4. 启发式模型

最优化模型能够寻找最优解，仿真模型能够实现模型定义的真实性，启发式模型则是这两种形式的混合模型。启发式模型是以启发式规则为基础建立的系统模型。启发式规则指的是那些能指导问题求解的原理、概念和经验法则，对于一些无法求得最优解的问题，借助于这些启发式规则可以得到满意解，但无法保证获得最优解。

对物流系统中某些难以解决的问题，启发式模型是一种很实用的方法。物流系统规划人员对某个问题的求解经验有时可能胜过最复杂的数学公式，如果能将这样的知识或经验以规则形式融入现有模型，将能得到更高质量的解。

以下是物流系统规划中的一些启发式规则：①仓库的最佳选址往往在需求最为密集的中心点附近；②需求量大（超过正常运输批量）的客户，应从工厂直接供货，而不必通过中转仓库二次运输；③对需求量及需求提前期波动很小的产品，应当实行准时化管理，尽量减少库存；④在当前配送体系中增加新的设施（如仓库）的前提条件是新增加的设施能最大化地节约物流总成本；⑤从配送的角度看，那些订货量小而且位于产品配送网络末梢的顾客其代价最高；⑥所谓的经济运输批量，是将配送网络中从运输起点到最偏远的客户之间的运输线路上的小批量需求累加起来而实现的满载运量。

5. 专家系统模型

将启发式模型与专家系统技术结合，就可建立专家系统模型，它能帮助物流管理人员迅速提高决策能力。专家系统也称为人工智能系统，是将人们以往在解决问题中积累的经验、方法与专长转化为计算机程序，把专家的知识与解决问题的逻辑思维以程序的方式"传授"给计算机，借助其强大的计算能力来解决实际问题。近来，专家系统模型在解决物流管理一些困难的决策问题中也发挥着越来越重要的作用。

三、国内外相关研究进展

网络规划设计是逆向物流系统的战略层决策，网络一旦确定，将会在一段比较长的时期内影响着整个系统的运作，所以对于网络设计的研究是逆向物流研究的基础工作。自20世纪90年代Fleischmann的研究以来，逆向物流网络优化的研究得到了很多学者的关注。网络设计是当今逆向物流最重要的研究议题之一。逆向物流系统的高度复杂性、多样性、供需失衡性使系统的运作更依赖于物流网络，因而在逆向物流管理中首要任务是优化设计逆向物流网络。逆向物流区别于正向物流最主要的是逆向物流系统中的不确定性，逆向物流中产品的回收渠道比较复杂，回收产品的数量、质量及时间都不确定，这是逆向物流所固有的特性，所以逆向物流网络优化的研究很重要。逆向物流网络优化设计包括决策逆向物流网络结构、层次，各个层次设施的功能、位置、数量、设计容量，以及设施间的分派方案。

国外学者 Kannan Govindan（2015）等对逆向物流和闭环供应链的研究现状进行了回顾和综述，系统分析了近十年内相关领域发表的 382 篇论文，将逆向物流和闭环供应链的研究按主题进行分类，如图 3-14 所示。可以看出，物流规划与网络设计是物流系统很多学者研究逆向物流和闭环供应链的首要任务，在研究中，学者们或者同时考虑物流规划与网络设计两个决策变量，或者分开考虑。

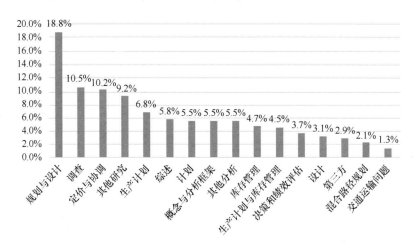

图 3-14　按主题分类的国外逆向物流与闭环供应链研究

具体到物流网络设计，根据冯晶晶等的研究⊖，对国内文献（2009—2018）按研究对象进行分类，统计结果如图 3-15 所示。国外学者 Trochu J. 等对 2007—2017 年间逆向物流领域的 103 篇论文进行回顾和综述，也依据研究对象对这些文献进行了统计。为了便于对国内外研究对象进行对比分析，将 Trochu J. 等的统计结果依据国内文献的统计结果进行了适当合并，结果如图 3-16 所示。

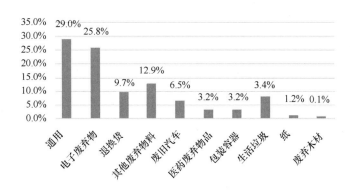

图 3-15　国内研究对象分布

⊖ 冯晶晶，孟利清. 逆向物流网络设计研究现状与展望 [J]. 物流工程与管理，2018（11）：13-16.

逆向物流管理

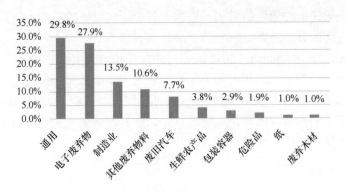

图 3-16　国外研究对象分布

可以看到，国内外当前的研究对象大体一致，通用类最多。除此之外，主要的研究对象还有电子废弃物、废旧汽车等。国内的研究主要集中在电子废弃物、生活垃圾、废旧汽车和退换货等方面。和国外相比，国内在生鲜农产品和危险品方面的研究比较欠缺。当前逆向物流网络设计仍集中在直接再利用、再制造上，对于再循环方面研究相对欠缺。

将所选文献的研究目标进行分类，如图 3-17 所示。可以看出，现有文献大多将成本或利润作为单一目标；此外，学者们考虑得相对较多的还有环境和服务水平；对社会影响、利用率和回收率等目标考虑得较少，有待进一步研究。现有多目标研究大多是将多目标转化为单目标进行研究，但现有多目标研究仍偏理想化，贴合实际的多目标模型亟待建立。

在最近的数学模型中，只有 17% 的数学模型考虑了可持续逆向物流网络设计中不确定性的控制问题。将所选文献按不确定性研究的组合形式进行分类，如图 3-18 所示。

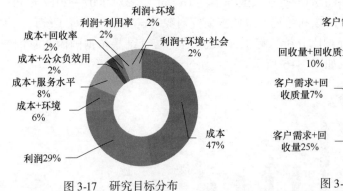

图 3-17　研究目标分布　　　　图 3-18　不确定性分布

目前关于不确定性的研究仍集中在客户需求和回收量上。较少文献对回收质量不确定的问题进行研究，同时考虑回收量和回收质量不确定的研究寥寥无几，综合考虑多种不确定性因素的研究更是屈指可数。但国外近几年同时考虑回收量和回收质量的研究逐渐增加。可以看出，不确定性研究多集中在客户需求和回收量上，还不全面。此外，目前针对逆向物流网络设计中的不确定性研究，采用的方法多为随机优化技术、模糊规划法等，解析法和仿真用得很少。

物流网络设计中最常用的数学规划模型为整数规划模型、混合整数规划模型、随机

第三章 逆向物流网络规划

整数规划模型。模型中静态模型居多,动态模型的研究不足。现有模型中考虑的因素主要有产品的种类数目、物流网络的层次、逆向网络是否与正向物流网络集成、动态性、不确定性以及模型的目标数目。根据现有的研究,学者们对于多产品、多层次以及与正向物流网络的集成优化模型研究成果比较丰富,对动态模型的研究还不足。对于逆向物流的研究,不确定性是重点但至今仍是研究中的弱点,大多数学者在最后研究的展望中都考虑将来建立不确定环境模型,但是目前真正在研究中对其进行集成研究的还很少,不确定的逆向物流网络设计仍然是未来逆向物流网络设计研究的发展方向。

逆向物流网络规划中使用 MILP 方法的研究成果有很多,其一般模型构建也是很普遍的应用。本书第八章介绍了一个应用案例供参考。

本章案例

案例 1 制造企业的生态物流网络⊖

为了减少企业的物流活动对生态系统造成的破坏,减少资源、能源消耗,维持社会的可持续发展,企业应当从原材料或者零部件的采购阶段开始制定相应的供应物流、生产物流、分销物流的生态化策略,以及回收物流和废弃物物流的生态化策略。构建企业的生态物流网络,既满足生产经营需要,又符合生态环保的要求。例如,考虑物流系统对生态系统的扰动过程和生态物流的内容,可以构建制造型企业的生态物流网络及运行模式,如图 3-19 所示。

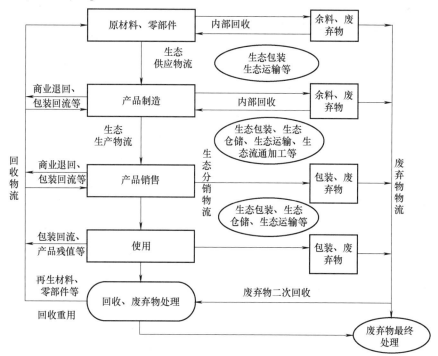

图 3-19 制造型企业的生态物流网络及运行模式示意图

⊖ 作者:彭良浩,田源。

逆向物流管理

图 3-19 描述的是基于产品全生命周期的制造型企业的生态物流网络及运行模式。在产品的整个生命周期中，制造型企业是主体。首先是制造型企业基于生态考虑选择相应的原材料供应商，并同供应商一起制定生态供应物流策略，采取生态包装、生态运输等；然后进入生产企业的生产活动，在这个过程中，制造型企业应制定生态生产物流策略，比如合理规划装卸搬运策略、实行生态仓储、生态包装、余料回收重用等；产品生产出来后，企业通过分销渠道将产品配送至经销商、零售商等处进行销售，在此过程中应联合经销商、零售商制定生态分销物流策略，比如生态运输、包装回流重用、产品残值的回收及废弃物处理等。

举例来说，某汽车公司（以下称 C 公司）是一家大型国有汽车制造企业，主要业务是开发、制造、销售全系列乘用车和商用车，其主要产品有全系列乘用车、小型商用车、轻型卡车、微型面包车和大中型客车，以及合资品牌汽车、全系列发动机等，集团年汽车生产能力达 100 万辆以上，年发动机生产能力为 110 万台以上。C 公司微型客车的生产工厂所在地的当地政府和环保部门十分重视生态环境的维护，特别重视加强对制造企业的监管，对污水排放水平、运输工具尾气都制定了严格的标准。2004 年以前，微型客车部门的物流业务都是外包给本地一家第三方物流公司，有很多环节常常达不到要求而受到环保部门的警示和处罚，对企业形象造成不利影响。2005 年初，为了谋求长远发展，响应政府节能减排要求，提高物流效率，集团公司决定自建物流系统，打造生态物流网络，维护生态环境。他们对从源头开始的零部件的供应到最终成品的销售整个过程的物流系统进行了生态化改造，构建了如图 3-20 所示的物流网络。

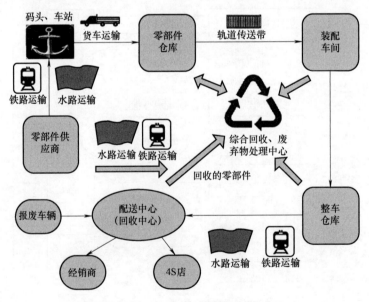

图 3-20　C 公司工厂物流网络

1. 零部件供应

该厂生产的微型客车的零部件主要来自山东潍坊、江西南昌和日本，运输是这一阶段的主要物流活动，95% 以上的运输都是经铁路和水路联运完成的，大大减少了公路运输里程数。日本的零部件主要是通过海运到青岛港，然后经铁路运输到武汉，再由武汉港经长江水运至重庆,只有部分急需零部件和突发需求才会用空运;山东潍坊的零部件也是先经铁路运输到武汉,然后由武汉经长江内陆水运到重庆港;江西南昌的零部件则首先由南昌经铁路运输到九江市,再由九江港经长江水运至重庆。零部件到港后再由货车运至工厂仓库。

2. 厂内物流

工厂制定了严格的生产计划和工艺流程,各个环节都有专门的信息系统进行管理,可以及时共享信息,减少生产周期、库存时间以及装卸搬运时间。工厂的仓库都建在厂房区,基本上实现了与装配车间的对接,绝大部分零部件都可以通过较短距离的传送带和轨道输送到车间,大大减少了零部件的装卸搬运环节,减少货损等。厂内建立了一个综合回收处理中心,可以对物流、生产过程中产生的废弃物、余料进行回收处理。

3. 产品销售和回收

C公司微型客车销往全国各地,因此在华北、华东、西北、西南、华南、华中分别建立了配送中心(同时也是回收中心)。客车主要通过水路和铁路运输至配送中心,然后再由配送中心配送到各个经销商、4S店等进行销售。对于因质量问题召回的车辆先运送到回收中心,然后返回工厂;对于报废车辆,由回收中心进行回收,首先进行一系列拆解装卸,然后将可重用的零部件等运回工厂再加工重新利用。不可重用的部件就地处理,以减少资源浪费,节约成本。

思考题

1. 试阐述逆向物流网络的一般结构与特征,并分析可回收再造的逆向物流网络有何特点。

2. 对于逆向物流网络的不同分类方法,进行总结与比较。

3. 查找文献资料,对于逆向物流网络规划的不同方法分别找出例子,并学习这种方法的基本原理与应用。

4. 选择一个企业进行实地调查,描述其逆向物流的运作情况、逆向物流网络的构成情况,并进行分析与评价。

第四章 逆向物流流程管理

本章概要

逆向物流流程需要进行精心设计，并对其中每个环节进行科学管理。本章首先对逆向物流基本流程与环节进行介绍，然后分别针对制造业、商业、包装物回收等几个典型领域进行介绍。

引例

> 合理的库存是实现利润的基础，但是由于渠道及市场变化等原因，都会导致产品沉淀在渠道的各个环节，如果回收则更增加了产品的单位成本，因此需要采取措施减少回流，这其中的基本问题是遵循何种流程来进行处理。首先要分清导致库存产生的不同原因，如果是经销商的原因，可以通过销售政策的调整来激励或处罚经销商；对于卖场原因产生的库存，则可通过加强与卖场的沟通，强化促销等加速销售，或者调整存货量和供货品种减少库存；而对于市场变化原因产生的库存，企业则应提升自己的市场预测能力。对于已经产生的库存，通常有几种办法处理：就地解决、当地或异地调配、退回厂方等。这几种办法其逆向物流环节依次增多，导致的产品成本也依次增加，且错漏和造成商品损坏等风险也逐渐增加。显然，解决这类产品逆向回流的原则是按照这种流程顺序进行。例如，在某汽车4S店，一辆宝石蓝色轿车由于颜色不讨好一直卖不出去。厂方市场部建议，首先由这家店通过折价、赠送礼品等方式加强促销；同时，告知同城的另一经销商，如果他们有客户需要这种颜色的车，允许调货；如果两周内仍然不能推销出去，告知相邻省份的经销商，并通知厂方销售部，查询全国其他经销商订货需求，如有订货计划，直接将这辆车调至该地；最后，在没有任何经销商需要这辆车的情况下，发送回厂重新改喷漆面。部分厂家不堪返品处理的烦恼，宁可在商品购销合同中预先约定扣除一定的返品比例，这也就是人们所熟知的"零返品"购销方式。

上面的例子中，既涉及了逆向物流整体业务流程，也提到了具体的处理流程。设计逆向物流的基本流程，对流程中的各个环节进行科学管理，是逆向物流网络规划完成后、进行运作之前所必需的工作，其包括逆向物流的触发、物品收集、检测分类、运输环节、储存环节、库存管理、再生产和翻新、重新进入正向物流系统等。

第一节 逆向物流的一般流程

一、逆向物流的基本流程与基本环节

（一）基本流程

逆向物流有多种分类、多种形式，如包装物的再利用、建筑废料在次级市场上流通

第四章 逆向物流流程管理

等。其各自的物流流程不尽相同，在本章后面几节将分别介绍。逆向物流流程主要取决于逆向物流的类型，包括客户退货、租赁产品退货、维修/服务退货、可重复使用的集装箱回收、报废产品回收等很多种形式，几乎在所有逆向物流中，都会包含收集、分类和检查等环节。对于不同产品产生的逆向物流，其具体流程如图 4-1 所示。

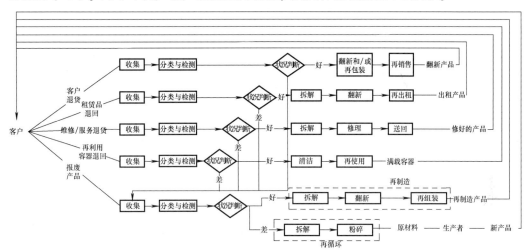

图 4-1　逆向物流流程

具体而言，各类逆向物流共同的基本流程，首先是产品的收集，包括废品、副产品、过期产品、不再使用产品等的收集；然后是把它们运输到固定的地方，并进行进一步的检查和处理，具体包括收集、分类、测试、再处理、再利用、废弃等，逆向物流的基本流程如图 4-2 所示。

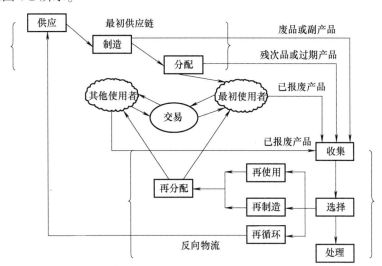

图 4-2　逆向物流的基本流程

下面以典型的可回收再利用物品为例，说明各环节的情况。

（二）基本环节

1. 收集或回收

此环节需要明确所需收集的废旧产品的准确地理位置、废旧产品的数量、产品目前的使用状况等。这些问题给计划和控制收集过程造成了很大的困难。回收是将顾客所持有的产品通过有偿或无偿的方式返回给销售方。这里的销售方可能是供应链上任何一个节点,如来自顾客的产品可能返回给上游的供应商、制造商,也可能返回给下游的配送商、零售商。

2. 预处理

此环节需要做分类、检验测试与处理决策。在收集的产品信息中,将根据产品的质量,对产品进行分类,以确定是再使用、再重新加工处理还是直接废弃等。对于那些质量比较好或不需做什么处理的产品,可再次投放到市场;对于需要再处理的产品,可做进一步的加工处理,以便投放市场再次使用。该环节是对回收品的功能进行测试分析,并根据产品结构特点以及产品和各零部件的性能确定可行的处理方案,包括直接再销售、再加工后销售、分拆后零部件再利用和产品或零部件报废处理等,然后对各方案进行成本效益分析,确定最优处理方案。

3. 再处理

此环节包括产品的清洁、分拆、再制造和再装配。分拆是按产品结构的特点将产品分拆成零部件。再制造是对回收产品或分拆后的零部件进行加工,恢复其价值。再处理的过程,也是一个提高产品技术含量的过程。例如,一个旧家具的修复,需要很高的工艺技术;一个设备或产品的修复,可能需要更高的先进技术,比如文物和古建筑的修复。

4. 再利用

此环节包括产品再循环、再分配等。产品再循环主要是指可直接用于其他企业加工的原材料,如废钢、废铁可直接作为炼钢厂的原材料直接使用。产品再分配是指把可再使用和再处理过的产品投放到市场中,并运输到使用者手中,该过程包括储存、销售和运输。

5. 废弃物的报废处理

此环节是对那些没有经济价值或严重危害环境的回收品或零部件,通过机械处理、地下掩埋或焚烧等方式进行销毁。各国对环保要求越来越高,而后两种方式会对环境带来一些不利影响,如占用土地、污染空气等。因此,目前西方国家主要采取卫生机械的处理方式。不过,随着资源再生利用技术的发展,许多人们原以为只能弃之不用的废弃物也会变废为宝,带来显著的社会效益和经济效益。

(三) 逆向物流基本技术流程

在上面提到的再处理、再利用环节中,会涉及不同的物品复用技术,一般可以概括为以下几个方面:

1. 原厂复用技术流程

原厂产生废旧物品→原厂回收→原厂分类→原厂复用,采用这一逆向流程的典型例子有钢铁厂的废钢铁回收再利用。

2. 通用回收复用技术流程

通用化、标准化的同类废旧物品→统一回收→按品种、规格、型号分类→达到复用标准后再进行通用化处理。

第四章 逆向物流流程管理

3. 外厂代用复用技术流程

本厂过时的、规格不符合标准的废旧物品→外厂统一回收→按降低规格、型号、等级分类或按代用品分类→外厂验收→外厂复用。

4. 加工改制复用技术流程

需改制的废旧物品→统一回收→按规格、尺寸、品种分类→拼接→验收→复用。

5. 综合利用技术流程

工业生产的边角余料、废旧纸、木制包装容器→统一回收→综合利用技术→验收→复用。

6. 回炉复用技术流程

需回炉加工的废旧物品→统一回收→由各专业生产厂家进行再生产性的工艺加工→重新制造原物品→验收→复用，废玻璃、废布料、废锡箔纸等采用这一类回收物流流程。

二、逆向物流中的基本物流功能要素

逆向物流活动同样由包装、装卸搬运、运输、储存保管、流通加工、配送、物流信息等基本功能要素组成。与正向物流相比，各功能要素具有其特色。

1. 包装

由于回收品的分散性、多变性、复杂性等特点，对回收物品的包装材料、强度、尺寸及包装方式等均难以实现标准化。因而对于回收品而言，除了一部分危险性强、需要特殊处理的物品需要专门的包装外，一般的回收品常常缺少包装，这与回收品的价格低廉、来源随机性强、难以实现包装的标准化有直接关系，但这也可能给社会带来许多意想不到的危害。

2. 装卸搬运

装卸搬运包括在运输、储存、包装、流通加工等物流活动中进行的衔接活动，以及在保管等活动中为检验、维护、保养所进行的装卸和短距离搬运活动。同正向物流一样，在逆向物流活动中，装卸搬运活动也是频繁发生的，因而是影响逆向物流效率的重要因素。对逆向物流过程中的装卸活动的管理，不但要确定最恰当的装卸方式，力求减少装卸次数，合理配置及使用装卸机具，以做到节能、省力、减少损失、加快速度，获得较好的经济效果，而且更要注意对于物品本身的防护、尽量减少损坏，因为进入逆向物流渠道的物品本身就存在质量难以判断、难以界定责任的问题，如果做不好装卸搬运将会加剧这个问题，导致逆向物流过程的处理困难与效率降低。

3. 运输

逆向物流中，运输根据不同的回流物品特点和要求也可以采用车、船、飞机、管道、传送带等不同方式。一般而言，采用车或传送带的可能性最大。此外，铁路运输带来的环境成本小、装载容量大，而公路运输则相对快速、灵活。因而，要根据不同逆向物流的要求选择技术经济效果与环境保护效果兼顾的运输方式及联运方式为宜，同时合理确定运输路线，以实现安全、迅速、准时、价廉的要求。和装卸搬运一样，需要注重对运输过程中的物品质量防护问题。

4. 储存保管

逆向物流流程中也涉及回收品的储存、保管、保养、维护等活动，对这些活动也需要加强管理。储存保管地点的选择，是逆向物流网络构建中的重要问题。在储存保管过程中，同样也要遵循严格的出入库、在库保管的流程、制度，对不准备废弃的物品做好物品质量养护，尽量减少质量损害，并做好相关信息的存储与利用。另外，对于废弃物品而言，难点不同。以垃圾处理为例，对于生活垃圾的分类收集和堆放已经引起我国高度重视，目前已经开始全面开展垃圾分类处理，上海等城市已经实施，北京已经立法，更多的城市也在跟进。这个进程越快，越能尽快改变现存的垃圾不能实现无害化处理、经常随意堆放形成垃圾"围城"的现象，腾出更多土地资源，治理垃圾所造成的大气、土壤和地下水资源的污染。

5. 流通加工

流通加工是指物品在从生产地到使用地过程中，根据需要施加包装、分割、计量、分拣、组装、贴标签、检验等简单作业的总称。流通加工具有较强的生产性，也是流通部门对环境保护可以大有作为的领域；而逆向物流则经常需要多样化的流通加工，主要包括分拣、分解、分类，压块和捆扎，切断和破碎三大类。例如，垃圾的回收处理和资源化利用就是建立在分类收集的基础上，物品的回收常常是人工操作，而分拣设施的自动化对提高流通加工的效率就显得格外重要。

6. 配送

配送是物流进入最终阶段、以送货形式最终完成社会物流并同时实现资源优化配置的活动。配送作为一种现代流通方式，集经营、服务、社会集中库存、分拣、装卸搬运于一身，并不单单是送货或者运输这么简单，而是一种特殊的综合性的物流活动。在逆向物流系统的设计中，也应考虑如何通过合理的配送过程降低回收物流成本。

7. 物流信息

这是指与上述各项活动有关的计划、预测、动态（运量、收、发、存数）的信息，以及相关费用、生产、市场等方面的信息传递活动。针对逆向物流的特点，要实现对逆向物流系统的有效管理，需要及时而可靠的关于系统运行状况和渠道是否通畅的信息。对逆向物流相关信息的收集、汇总、统计、分析、使用方式等同样不容忽视。

三、逆向物流流程的实施要点

在逆向物流实施中，需要特别注意考虑以下三个问题。

1. 逆向物流的触发

一般来说，产品被退回或被废弃的根本原因有两种情况：一是产品功能失效，不能正常发挥作用；二是产品不再被需要。产品在供应链中经过了三个主要阶段，即制造阶段、分销阶段和使用阶段。与该三个阶段相对应，产品回流的原因按照制造阶段的回流、分销阶段的回流和使用阶段的回流来进行分析。制造阶段的回流是在产品生产过程中，由于多种原因产生的回流，如多余的原材料、没有通过质量检验的零部件或产品、生产过程留下的下脚料和副产品等，需要回收这些零部件和产品；分销阶段的回流是产品在分销阶段，由于产品的质量缺陷、失效、搬运过程中的损坏，产品过期，产品换季，库存积压等原因需要退回产品，另外在配送过程中使用的托盘、包装容器等可再利

第四章 逆向物流流程管理

用的物品,也沿着供应链正向和逆向反复流动;消费者购买产品后,也会由于多种原因而将产品退回,如因消费者不满意退回的货物、"三包"范围内的免费维修或退货、售后服务引起的回流、到期的租赁产品、可回收的包装容器以及 EOL（End-of-life,完成寿命产品,也称为报废品）的报废等而引起的大量产品回流。以上所列出的原因基本按照产品生命周期来分析,企业可以采取收取押金的方式鼓励消费者退还某种产品,或通过环保宣传和慈善事业来鼓励消费者送还其不需要的产品。

许多企业主动回收本企业或其他企业的产品,积极从事逆向物流活动,一般出于下列几个原因:企业可以从回流品中获利,或者是企业不得不接收回流品,或者基于社会责任。因此,企业接收回流品的动力可归结为经济利益、环境立法和企业责任感三方面。

企业通过回流品的再利用,一方面,可以降低生产成本、挖掘废旧物品中残留的价值、减少废弃物的排放和处置费用,直接增加经济利益;另一方面,企业接收回流品,可以进行市场保护以维持企业竞争优势,提升企业的环保形象,改善企业与消费者的关系,提高客户服务价值,间接地获得经济利益。而许多国家强制立法,要求企业收回 EOL 产品,处理所生产的产品或包装物品等,如前文所提到的欧盟、德国、美国、日本等组织和国家颁布相应的法律法规,对产品回收、处理、废弃等活动做出严格限制。我国于 2003 年出台并开始实施的《电子垃圾回收利用法草案》中也明确规定制造商有义务对废旧产品进行回收再处理。通常,企业也会出于社会责任和伦理道德的考虑,积极主动从事产品减量化设计、清洁生产等,进行产品回收再利用,将节约资源、减少环境污染作为自己应尽的责任。

以上几种驱动因素在实际生产中往往是互相交织在一起的,有时很难明确区分。例如,国家规定消费者有权向销售商退货,这是法律规定,但也可以看成是企业为了吸引顾客、改善与客户的关系而给予消费者退货的机会。

2. 零退换货（zero returns,也称为零返品）**策略**

根据 Rogers 等的研究,所谓的零退换货,指的是制造商或分销商不允许产品通过退货渠道返回。相反,它们为零售商或其他下游实体提供退货补贴,并制定可接受的产品处置规则和指南。许多行业的退换货率往往会达到零售商销售额的 3.5% 至 4%,所以零退换货策略如果能够正确执行,确实可以大大降低成本。使用该策略的公司可以通过预先设定退回产品的最大金额来减少退货成本的可变性,有时能够使公司完全避免实际接受退换货,这在很多消费品公司、电子公司等是已经采用的策略。

零退换货策略的典型做法,是供应商和客户协商确定,一旦订购货品,将不接受任何产品的退还,相应地,供应商会向客户提供一定的折扣。根据供应商的不同,对于不合格货品,零售商要么销毁、要么以其他方式处理。

在这个策略的实施中,有一个值得注意的问题,Rogers 等将其称为 "2%/6%" 问题。由于大型零售商在渠道中拥有相当大的力量,因此制造商很难判定适当的退货补偿限额并坚持下去。例如,如果制造商向沃尔玛之类的大型零售商销售产品,并设定 6% 的退换货补偿上限（即制造商设定退换货率为 6% 并通过各种方式补偿零售商 6% 的额外商品,如多给零售商发一些货）,那么如果制造商产品的实际退换货率或者说货品的实际坏品率不超过 6%,零售商就会同意这个上限。事实上,假设零售商收到货品的实

逆向物流管理

际废品率只有 2%，而获得制造商 6% 退换货率的补偿额度，那么零售商自然会非常高兴，因为可以算是得到了高额的采购回扣了。与此相反的是，如果制造商设定 2% 的退换货补偿上限但实际坏品率达到 6%，零售商就不会同意，而是会坚持要求制造商承担全部 6% 的损失。由于大型零售商的力量，大多数制造商无法就这个退换货补偿率获得话语权。而且制造商一般无法真正控制损坏品的处置过程，因此在这种零退换货策略中零售商的风险低于制造商的风险。所以，有效的零退换货策略需要买方和卖方真正了解其实际成本，并以共赢为目的合作，才能长期有效实施。

3. 退货审查（Return/Reject Material Authorization，RMA）**模式**

在高科技制造等行业中，对于退货处理还会使用 RMA 模式，即零售商将所有需要退回的产品返回到一个开放式的 RMA 中心点。RMA 是处理用户不良产品退货、换货的主要流程，流程的所有方面和退回产品的处理均由第三方处理。也就是说，RMA 是出货产品经过用户使用后发现问题（软件硬件功能、外观等质量）而退回给生产商的流程，包括产品维修、产品的升级、产品的维修报告和记录，还有当前状态指示和整体流程。当用户提出产品出现品质问题需要退回时，公司对用户提供的资料进行分析，认为确属本公司责任而同意退货时，授权用户将不良品退回。通常，在最初的合约中，就会将 RMA 条款明文订立。需要进行授权的重点在于防止用户随意退货或不经同意就退货。比如，当手机出现问题，商家需要确认是否确属产品质量问题，而不是随便换货。

RMA 流程简图如图 4-3 所示。当用户所使用的某产品或部件不能正常工作时，将发起一个 RMA 流程：首先，用户必须填写 RMA 申请单；其次，RMA 的处理人员将对该 RMA 申请进行审查，如是否在保修期内等；再次，分配一个 RMA 号给该申请单。有三种处理方式，第一种是换货，通知用户寄回 RMA 件，确认收到后寄出新的产品或部件（有时也可能先寄出新货品），同时寄出发票（有金额或无金额，红字发票冲账，新开发票按再销售处理），新品发货走正常订单处理流程，退回的 RMA 件做入库处理；第二种方式是退货（return for credit），退回货物后付钱或增加信用余额，同时走红字发票冲

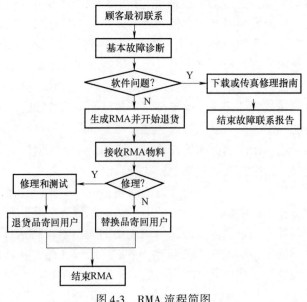

图 4-3　RMA 流程简图

第四章 逆向物流流程管理

账；第三种方式是维修（return for repair），收到 RMA 件入库后，开出维修通知单或服务通知单，在维修完成、服务确认后，发货或用户取货时再做收款和财务处理。

RMA 从财务的角度看，过程清晰、计算简单；从品质管理的角度看，处理速度快、客户满意度高。在企业中，有时还要走对供应商的 RMA 处理，只是过程刚好相反。

以下各节将分别从制造业、商业、包装物回收等几个领域展开论述。

> **案例：EOL 产品的处理**
>
> 很多类别的商品都会标定保质期如药品、食品，一些商品会由于本身特性有销售时限如报纸、杂志，另外，市场变化也会导致一些商品未销售出去就结束了寿命如季节性流行服饰。对于这类情况，除了回收再利用外，处理原则主要是加强市场预测，减少商品"寿终"的可能。对于无法避免，已经"死亡"了的商品，首先是尽可能减少进行逆向物流的可能，其次最重要的一点是加强其在逆向物流环节中的管理，防止这些商品"死而不僵"，重新流入销售渠道。比如对于过期食品，采取将外包装回收的方式防止二次销售，或者在终端加强管理，就地销毁，这样会避免产品回流过程中一些不可预见的危机发生。例如，某运动饮料厂方供货基本按照该区域市场销售量按比例供应，在该批次产品接近保质期时大幅削价，加快促销和收回部分残值；对于超过保质期的产品有些时候选择就地销毁，但要求经销商必须剪切下外包装上的特殊标识，以保证该商品被充分破坏和不可再次销售。

第二节　制造企业逆向物流流程

在制造企业中最常面对的就是产品退货问题，由于产品质量、在途损耗或其他原因造成的产品退货所产生的逆向物流成本是制造企业逆向物流成本中占比相当大的一部分。其次，法律对企业的约束加大，企业责任延伸之后所要面对的一个新问题就是由于产品设计缺陷或质量缺陷导致企业必须大批次召回产品。最后，越来越多的企业注重资源回收效益，从绿色经济的角度出发，回收废旧产品将最大限度地进行资源利用，对整个社会的长期健康发展都将是一个有力的保证，如何最大限度发挥回收效益又将是企业面对的一个新的挑战。基于这三个问题产生的原因，将制造企业逆向物流分为退货（return）、召回（recall）、回收再利用（recovery）与再制造（remanufacture）几个类别。制造企业在供应链中一般处于中游地位，衔接上游供应商与下游各类型企业及消费者，制造企业逆向物流供应链如图 4-4 所示，其业务过程复杂，逆向物流涉及主体多，面临着众多不确定因素，因此逆向物流难度较大。

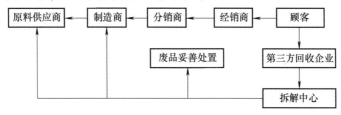

图 4-4　制造企业逆向物流供应链

逆向物流管理

一、生产者责任延伸制度

首先简要介绍一下生产者责任延伸（extended producer responsibility，EPR）制度。生产者责任延伸的概念，最早是1988年由瑞典隆德大学（Lund University）环境经济学家托马斯·林赫斯特（Thomas Lindhquist）在给瑞典环境署提交的一份报告中提出的。托马斯教授认为：生产者责任延伸是一种环境保护战略，旨在降低产品对环境的总影响。生产者责任延伸的中心思想是生产商应承担环境责任，不仅在产品的生产过程中而且还要延伸到产品的整个生命周期，特别是对产品的回收（take-back）、循环利用（recycling）和最终处置（disposal），目的是减轻政府所承担的处理废弃物的财政负担。托马斯教授设计了生产者须承担的五种责任，并建立了EPR模型，如图4-5所示。

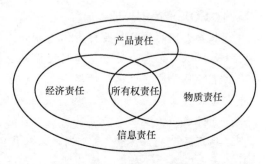

图4-5 EPR制度责任模型

当前，欧盟和美国对于EPR的概念理解不同。欧盟持其定义为生产者必须负责产品使用完毕后的回收、再生或废弃处置的责任。美国将其定义为"产品责任延伸"，即产品废弃处理的责任由产品链条的参与者分担，责任主体包括原材料供应者、产品设计者、生产者、分销商、零售商、消费者、回收者、再生者和处置者及政府。

生产者责任延伸制度是发展循环经济、建设生态文明的重要制度保障。发展循环经济，必须要建立生产者责任延伸制度。在当前环境问题日益凸显、资源紧缺压力逐渐增大的背景下，生产者责任延伸制度的重要性已经显现。为了应对日益严重的废弃物资源化和环境污染问题，许多国家和地区通过立法确立了基于生产者责任延伸原则的废旧产品回收管理制度体系，并取得了一定成效。发达国家实施生产者责任延伸制度，扩大生产者的责任，已经形成了一种不可逆转的潮流。德国、瑞典、日本等国通过立法的形式来实施生产者责任延伸制度，它们关于包装废弃物、报废汽车和废弃电子电气产品等废弃物的法律法规已经生效和实施。

生产者责任延伸制度的理念也早已在我国立法中被采纳，如1989年颁布的《旧水泥纸袋回收办法》中明确要求水泥厂对废旧水泥袋进行回收，并规定了生产者的回收比例，构建了押金—退款制度。该办法可以被视为我国最早的体现生产者责任延伸理念的立法，其所建立的生产者责任延伸制度是我国最早的适用于特定包装物的生产者责任延伸制度。2002年6月，我国颁布的《清洁生产促进法》第27条、39条都规定了生产者责任延伸制度，《清洁生产促进法》为形成我国生产者责任延伸制度的完整框架奠定了基础。之后，生产者责任延伸制度在我国多部法律法规及规章中得以体现，如2003年10月多部委联合发布的《废电池污染防治技术政策》、2005年1月起施行的《电子信息产品污染防治管理办法》、2005年4月施行的修改后的《固体废物污染环境防治法》，以及2007年3月由商务部等六部委联合颁布、2007年5月正式实施的《再生资源回收管理办法》等。2009年1月1日起，《中华人民共和国循环经济促进法》正式实施。

根据《循环经济促进法》的规定，我国生产者责任延伸制度包括以下几方面的内

第四章 逆向物流流程管理

容：第一，生产者的回收利用责任。生产列入强制回收名录的产品或者包装物的生产者必须对废弃的产品或者包装物进行回收，对其中可以利用的进行利用，对因不具备技术经济条件而不适合利用的进行无害化处置。第二，销售者、其他组织或废物利用处置企业的回收和利用责任。由于企业产品和生产情况的不同，对废弃产品或者包装物的回收利用方式也不同，生产者可以建立自己独立的专用产品回收利用体系，也可委托其他人或组织进行回收、利用和处置。第三，消费者的责任。按照谁污染谁治理的原则，虽然生产者应承担产品和包装物的回收、利用和处置的主要责任，但由于消费者是产品的使用者和受益者，也应当承担一定的责任。

二、退货

退货是逆向物流管理中最常见的部分。当消费者购买产品之后，消费者不满意、产品自身质量问题或产品在运输途中损坏等原因都会形成退货，这也是商家经常遇到的问题。通常情况下，客户服务部门会首先进行受理，确认退回原因并进行检查，最终处理的方法包括退换货、补货等。还有一种退货，并不是来自消费者，而是来自零售商或经销商，是指未售出商品的退货。这些商品通过再使用、再生产、再循环或者处理，以尽可能进行价值的回收。

退货逆向物流流程涉及的主体包括顾客（消费者）、负责退货业务的经销商、制造商、原料供应商。根据面向的资源对象不同，将退货逆向物流流程划分为两种退货流程：一类是面向顾客销售的产品退回流程，另一类是面向制造商采购与生产的原料退回流程。其中，第一类面向顾客销售的产品退回流程中又分为经销商处逆向物流流程和制造商处逆向物流流程。这三个流程详细表述了顾客向经销商退货，再由经销商向制造商退货，以及制造商将不合格的原料退回原料供应商的全过程，如图4-6所示。

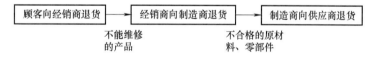

图 4-6 制造企业的产品退货全过程示意图

1. 顾客向经销商退货

这个过程是经销商将顾客退回的产品进行检验、维修，如果不能维修的，经过分类退回到制造商处。制造商对退回产品进行检验，确认产品问题及是否可以维修，对不能修理的产品进行分拆，将分拆后的可用零部件进行回用，不可用的零部件进行废品处理或退给原料供应商进行处理，如图4-7所示。也就是说，顾客退货先经过经销商判断、处理之后，部分产品继续进入向制造商的退货流程。

2. 经销商向制造商退货

顾客将产品退回给经销商处，经销商负责售后服务的相关人员或部门首先确认退回产品是否在保修（质）期内。确认之后，如果退回产品在保修期内，对退回产品进行检验，检验后将不存在质量问题的产品且不符合退货规定的产品再次返还给顾客并向顾客说明原因。存在质量问题且符合退货规定的产品，根据其退回原因进行分类，经销商能够自行维修的产品，维修之后，将修好的产品返还给顾客或进行二次销售；经销商不

逆向物流管理

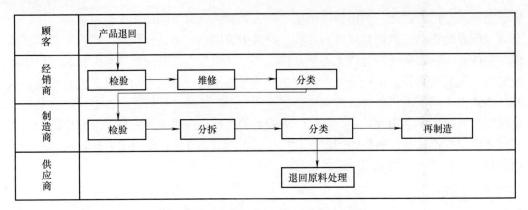

图 4-7 面向销售退货的逆向物流流程图

能维修的产品，根据退货规定对顾客进行妥善的退货处理后，将问题产品清点入库，最后退回给制造商，经销商向制造商退货的流程如图 4-8 所示。

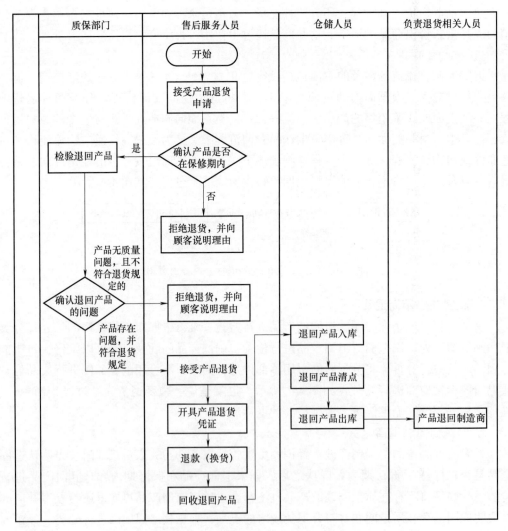

图 4-8 经销商向制造商退货的流程

第四章 逆向物流流程管理

3. 制造商进行退货处理

制造商将经销商退回的产品经过确认后入库。入库之后,再由质保部门进行检验,确认产品问题发生的原因,然后根据问题产生原因将产品进行分类,将不可修复的产品送到分拆中心进行分拆,分拆之后的可用零部件入库等待重用,不可用零部件经检验后确认是否可以退回给原料供应商进行再制造。如果可以,则将零部件调出废品仓库回流至原料供应商;如果不可,则开启废品处理流程,如图4-9所示。

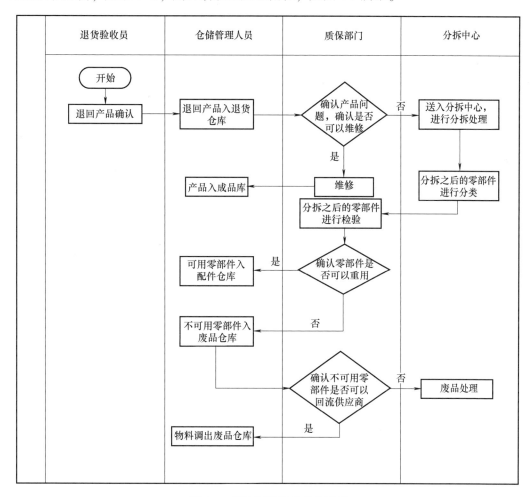

图 4-9 制造商退货处理的流程

三、产品召回

1. 召回的含义

召回(recall)是指按照规定程序和要求,对缺陷产品,生产者通过警示、补充或者修正消费说明、撤回、退货、换货、修理、销毁等方式,以有效预防、控制和消除缺陷产品可能导致的损害。

缺陷产品,是指因设计、生产、指示等原因在某一批次、型号或者类别中存在具有同一性的、已经或者可能对人体健康和生命安全造成损害的不合理危险的产品。缺陷一

逆向物流管理

般包括以下三种情况：①生产缺陷，是指产品在制造、装配过程中产生的缺陷；②设计缺陷，即产品的设计存在不合理的危险性，是导致产品潜在危险的根本因素，具体又分为产品结构设计不合理、选材不合理、未附加必要的安全装置等；③警示缺陷，是指产品的提供者对产品的危险性没有做出必要的说明、警告或指导而对使用者构成的不合理危险，也称为说明缺陷。

> **案例：召回的负效应**
>
> 　　很多时候，企业并非主动召回产品，而是由于某些原因被迫召回产品。虽说维护了商誉，但是有时候代价十分惨重。
>
> 　　2006年，全球隐形眼镜的龙头老大——博士伦公司生产的润明水凝护理液出现质量问题，最后宣布在全球市场永久性回收这款护理液。博士伦在其年报中称，在润明护理液召回事件中，公司花费了2500万美元的召回费用和1900万美元的折扣费用，令公司2006财年利润下滑22%，并且2007年还将继续受到该事件的影响。年报显示，尽管并没有任何确认的感染者，但中国却是受召回事件负面影响最显著的地区。在美国本土市场，召回事件使博士伦的市场占有率下降了10个百分点。
>
> 　　2007年5月17日，博士伦以45亿美元卖给了美国华平投资集团，这与2006年5月17日博士伦宣布在全球市场永久性回收润明水凝护理液整整相距一年的时间，不知这是一种暗示，还是仅仅是一种巧合。

2. 召回的分类

根据启动原因，产品召回可以分为自愿召回和强制召回。自愿召回（voluntary recall），也称为主动召回，是指制造商经自行判断认为其生产的产品存在危险而自愿采取的产品召回措施。自愿召回有些是由消费者直接向制造商投诉引发的，更多的是由主管部门督促而成的。另一种是强制召回（mandatory recall），也称为指令召回，是指主管部门发现并认定某种产品存在危险，经过一定的程序向制造商发布命令，要求制造商必须采取的召回措施。

根据对缺陷产品采取的具体措施，产品召回可以分为撤回召回、维修召回、更换召回、销毁召回。撤回召回是指生产者或产品提供者将那些已经投入流通、但尚未进入消费领域的缺陷产品，从市场上撤回并进行处理；维修召回是指生产者或产品提供者对已经出售的缺陷产品进行免费维修，以消除隐患，防止事故发生；更换召回是指生产者或产品提供者对存在缺陷的产品，更换同种类的零部件或进行升级换代，以消除产品安全隐患；销毁召回是指生产者或产品提供者对存在缺陷的产品进行回收并销毁。

3. 召回中的逆向物流流程

一般而言，召回管理包含召回预防、召回决策、召回实施、召回评价等几项工作，其中在召回实施过程中会涉及物流问题。召回逆向物流流程涉及的主体包括顾客、经销商、制造商等，由于产品性质、处理方式和参与主体等因素的不同，所涉及的流程也会存在很大区别。例如，全面召回奶粉，就会经历逆向回流的全过程，包括收集、储存、检验、分类、运输、处置等。而汽车召回，一般就只是由车主自行将车开到4S店等地点，更换零部件、进行维修，然后将问题零部件等进行返厂或处理，进入一般的逆向物流过程。召回实施的一般流程如图4-10所示。

第四章 逆向物流流程管理

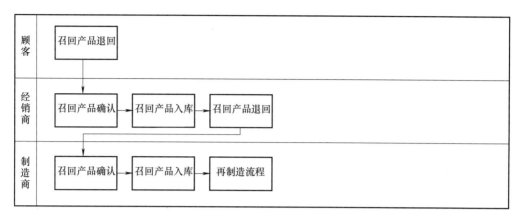

图 4-10 召回实施的一般流程

图 4-10 中显示的是一种由顾客、经销商、制造商共同参与的召回流程。由于已销售的产品在质量、设计等方面存在严重缺陷，导致制造商必须将产品进行召回处理。在制造企业的决策者做出召回决策之后，由制造商发布召回通告，各地经销商负责回收被召回的产品，并按召回决策的具体措施向顾客进行退款、换货等操作。经销商清点后，将产品的批号、数量等信息连同召回产品经过运输一并交由制造商进行处理。制造商在接收到各地经销商返回的召回产品之后，由质保部门对召回产品进行产品批号、数量等信息的确认，确认之后将召回产品先移入仓库，然后对召回产品进行维修或分拆，将可用零部件进行回收和再制造。产品召回逆向物流的一般流程如图 4-11 所示。

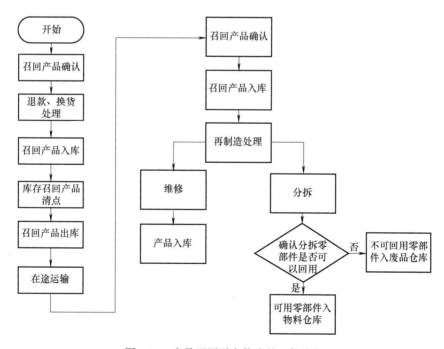

图 4-11 产品召回逆向物流的一般流程

图 4-12 为某药品制造企业的药品召回流程示例，其中也包含了相应的物流流程。

逆向物流管理

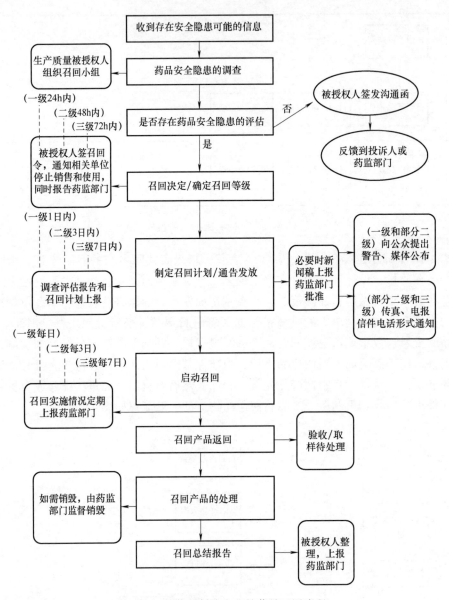

图 4-12　某药品制造企业的药品召回流程

4. 召回中的逆向物流流程的特点

缺陷产品召回时的突发性强、规律性差,召回对象非常广、数量巨大、涉及的地域广,甚至可能覆盖全球,因此召回成本巨大。反映在物流流程上,召回的处理难度大大增加,比产品退货的难度也高出很多,对于信息管理水平要求也很高。

首先,企业需要根据生产记录确定受影响的产品品种、数量和批号;然后,物流中心要在最短的时间内确定受影响的产品的详细流向;回收装车时更要仔细清点数量,辨认品名、批号,并一一与回收清单核对,防止回收遗漏;货物装车需要按经销商贴不同的标志,防止不同经销商回收货物之间互相混淆;回收到物流中心后,还需要对产品按照经销商、品种、批号进行清点,并将最后的明细与企业的发货记录及销售记录进行核对；产品销毁则是按照环保及相关技术规定，在政府技术监督部门的监督下严格进行，不但产品需要销毁，产品包装同样需要销毁。这样一个严密的环环相扣的物流操作过程，要在最短的时间内完成，时间紧、操作量大，中间任何环节都不能出错；此外，物流和生产地信息记录不但要完整，而且还要可以准确迅速地进行逆向查询。所以，产品召回无论是在生产控制环节还是物流操作环节，其工作量大、精度要求高、时间控制紧的特点对实际处理难度构成了巨大挑战。

案例：汽车召回

2018年上半年，国家质检总局共发布汽车相关召回公告95个，涉及40余个汽车品牌，召回车辆490余万辆。召回行动一般都是厂商主动实施，主动召回是车企诚实品质的体现，是一种勇于负责的行为。当然，召回也有质检总局约谈之后进行的，质检总局会收集消费者投诉并进行调查，并将调查结果反馈给汽车企业。时至今日，大部分汽车企业都有数量不等的召回记录，包括许多国际知名品牌。召回并不意味着车辆不可靠，恰恰相反，召回是车企"负责任"的体现。

下面，我们站在消费者角度，一起体验一下召回的整个流程。

(1) 确定车辆是否需要召回　首先，购车时的4S店会给客户发送召回信息。另外，国家质检总局和海关总署定期发布召回信息，一旦汽车企业进行备案召回，第一时间会有官方消息对外进行发布。确定在召回范围后，车主与购车所在地的4S店进行联系，确定维修时间。然后，4S店会返回召回确认信息和联系方法。

(2) 召回不一定必须响应　2004年发布并执行的《缺陷汽车产品召回管理条例》（以下简称《条例》）明确规定，汽车主机厂有责任和义务将发现的汽车缺陷向国家质检总局进行备案，及时采取修正或者补充标识、修理、更换、退货等措施。汽车用户是否需要响应召回？对此，《条例》没有相应的条款进行规定和解释。所以，当被通知召回或了解到所拥有的车辆需要召回时，汽车用户可以选择响应召回，也可以选择不响应。有关部门及汽车主机厂不能因为汽车用户不响应召回而推脱掉原本应该承担的责任，至少目前是如此。以高田安全气囊为例，在美国已经发生多起死亡事故，其中不乏车企发起召回而车主没有响应的案例，但车企仍然要承担相应的赔偿责任。

(3) 维修　召回维修的程度与缺陷有关，有可能是简单修复，也有可能是复杂维修。当然，耗费的时间不是只有维修，还有联系、开车、登记、填单、等待。在车辆上工位维修之前，服务人员会给出一份详细的清单，并一一解释需要更换的零部件，再让车主签字确认。只有签字确认，才会开始动工。4S店承担维修召回车辆的所有费用，包括涉及的汽车零配件和工时费。但车主送车、取车以及维修期间出行的费用，由车主自己承担。

四、回收再利用与再制造

回收物流业务流程所涉及的主体包括顾客、第三方回收企业、拆解中心、制造商、原材料供应商等。制造企业将最终顾客所持有的废旧物品，根据实际需要回收到供应链上的各节点企业，企业根据产品的不同情况进行处理，如图4-13所示。

逆向物流管理

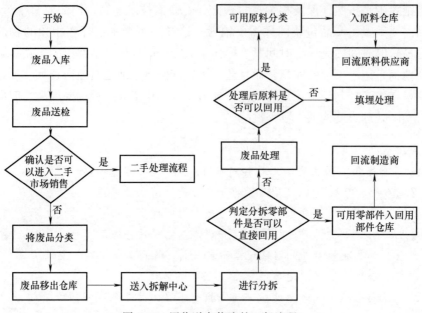

图 4-13 回收逆向物流的一般流程

1. 再制造的含义

回收再利用的方式很多，其中再制造是一种高级形式。再制造是以产品全寿命周期设计的理论为指导，以优质、高效、节能、节材、环保为目标，以先进技术和产业化生产为手段，来修复或改造报废产品的一系列技术措施或工程活动的总称。也就是说，再制造是在保证产品的功能、质量、成本的前提下，充分利用报废产品的附加值，综合考虑环境影响和资源效率的现代制造模式。

简单而言，再制造是一个将旧产品恢复到"新"状态的过程，在这个过程中，旧产品被清洗、拆卸和检测，有再利用价值的部件被再处理，用于重新装配成"新"产品，使其具有和原产品一样的使用性能和寿命。可进行再制造的产品一般具有以下特征：①耐用型产品；②某些功能受到损坏；③标准件组成；④剩余价值较高，且再制造的成本低于剩余价值；⑤产品的各项技术指标稳定；⑥顾客认同并且能够接受再制造产品。

当前再制造的产品有汽车、计算机、复印机、手机、电视机、电冰箱、空调、洗衣机、轮胎、印刷电路板等。进行再制造的不仅仅是整体的产品，还可能是产品的某些零部件和配件，如汽车的发动机等。面对有限的资源和废弃物处理能力，再制造作为一种产品回收处理再利用的高级形式，可以有效实现资源优化利用、环境保护和经济持续发展的综合目标，已经受到发达国家的高度重视，成为实现可持续发展的有效途径之一。

案例：福特汽车的发动机再制造

福特汽车宣布，利用该公司拥有专利的等离子涂层技术，开发出了一种使废旧发动机再生的工艺。这种工艺原本是为强化"Mustang Shelby GT 350R"发动机的性能而开发的，此次被应用到废旧发动机再生的用途上。据福特介绍，利用这种工艺，可比制造全新发动机时减少一半的二氧化碳排放，而且能使经过修复的老发动机看上去崭新如初。

第四章 逆向物流流程管理

通常情况下，发动机不能工作之后就会被拆下运到废品场。福特的等离子涂层技术使发生故障或严重磨损的发动机逃离报废命运。

福特表示，这一技术起初用于提高发动机性能，而现在应用于发动机改造，只是福特为减少对环境不良影响而研发的一系列创新技术之一。现在，福特利用多级多材质涂层配方，使用等离子电弧喷枪将材料液化，并将其喷涂在发动机机体内壁，使发动机能够恢复最初的性能。传统的发动机改造工艺成本极高、资源密集，需要铸铁零件及复杂的加工工艺，而使用等离子涂层技术则不需要额外增加重型部件，而且本来应该被替换掉的发动机也能获得新生。

据悉，等离子涂层技术可用于铸铁、铝或其他金属与合金。

2. 再制造物流流程

再制造物流的整个处理过程如图 4-14 所示。首先收集者要对废旧产品进行回收、检测和拆卸，对可以使用的零部件进行清洗和修理，然后存放在仓库中；不能使用的则回收原材料。对拆卸下来的旧零部件进行重新组装，或者加入部分新零部件来组装成新产品（类型可以与旧产品不同），这样就得到了在性能和寿命上与原产品等同或更优的新产品。对于在拆卸过程中产生的无利用价值的物料，则进行掩埋。

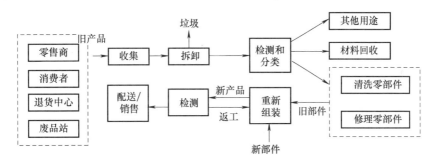

图 4-14 再制造物流流程

再制造是一个比较复杂的过程，涉及废旧产品的回收、检测、拆卸、库存、运输等环节，同时还包括对拆卸后没有利用价值的废弃零部件的处理。再制造的关键步骤如图 4-15 所示，其中包含具体的物流环节。

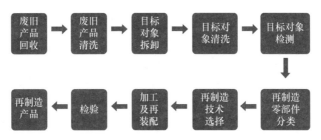

图 4-15 再制造的关键步骤

（1）收取报废或使用过的产品（部件）　这个过程一般对回收的废旧产品进行初步清洗和检查以了解其基本情况，如部件的外观、型号、制造时间等，这些数据进入数

逆向物流管理

据库,并对零部件加以标识使其容易辨认。

(2) 拆卸和清洗 对回收的废旧产品,需要对其进行拆卸后才方便进行处理。收取的部件经过拆卸后,低价值的或是原制造厂要求强制更换的零部件被去除,有利用价值的零部件予以保留,所有保留的零部件都需要进行彻底的清洗。

(3) 检查和报价 对所有零部件进行检查和评估,根据检查结果给出详细的翻新方案和需要更换零件的一览表。这些信息可以用来决定恰当的翻新策略,确定翻新产品所需要的成本。

(4) 零部件再制造及入库 所有部件及相关零件都需要进行再制造加工处理以达到现在的技术要求。通过正常的机械和电气性能测试后,附上标记的再制造零部件被放入仓库。

(5) 装配、测试和发货 当所有零件在仓库中备齐后,根据生产计划,再制造部件或产品的装配就进入车间或生产线,经过一步一步装配和测试完成全部装配并通过最终测试后,产品或部件附上再制造标记(这是与新产品不同的),最后产品送入成品库等待销售。整个装配、测试和质量控制方式完全按新产品的技术要求进行。

> **案例:由于生产造成的瑕疵品处理**
>
> 瑕疵品的产生,一是因为产品设计和制造中产生的瑕疵所致,另外一种是属于用户使用过程中产生的故障。对于这两类产品,厂方都有义务和责任承担修复服务。对于尚未售出的产品还比较好处理,按照正常的逆向物流过程进行就可以了。但对于一些已经完成销售,瑕疵远未达到需要回到厂里进行处理,或者回收处理从经济角度或技术角度有较大困难的产品就不易控制和进行逆向物流,最好的办法是从正向物流的环节消灭逆向物流。
>
> 汽车召回是最典型的例子。汽车在设计制造上存在隐患,经过一段时间后才发现,如果回收处理,代价太高;而通过多渠道通知用户,将有隐患的车辆送回车辆所在地的服务站点免费更换新的零部件就可以解决。对于一些大型机械,派出工程技术人员上门维修、升级服务等,这些都是免除逆向物流的举措。对于不可修复的瑕疵品,则可以改变产品用途或者降价销售。3M防爆太阳膜一旦发现瑕疵,首先进行简单的"破坏"处理,防止进入渠道继续销售,然后转为用于当地培训教学、演示试验等。

第三节 商业领域逆向物流流程

商业领域逆向物流一般是指已进入流通渠道的商品,因为各种原因而产生的从消费者回到零售商的退货,以及从零售商、批发商、代理商等中间渠道商返回上游供应链节点,进行分类处理和再利用的过程。其最主要的外部驱动因素是顾客退货,内部驱动因素包括网络销售等新分销渠道的开拓、物流不善导致商品损坏或送货不够及时等造成的顾客不满意、商家为了竞争而采取的日益宽松的退货政策等。

一、退货的种类与原因分析

由于退货发生在供应链的不同环节,产生的原因也不尽相同,按其发生源的不同可

第四章 逆向物流流程管理

进行以下分类。

1. 顾客退货

顾客退货通常是由以下几种原因造成的：

1) 运输短少。
2) 产品部件缺少。
3) 偷盗。内部或运输途中产品被偷导致产品数量的减少或质量的降低。
4) 订单输入出错。人工输入订单时出现产品品种、规格或数量错误。
5) 产品缺陷和质量问题。
6) 产品过期。
7) 重复运输。
8) 维修调换。

2. 销售渠道退货

销售渠道退货的原因主要有以下几个方面：

1) 因产品包装过时、滞销造成的退货。这时大量产品积压在零售商处，必然导致产品贬值，影响销售，进而引起零售商通过逆向物流系统处理这些产品。
2) 季节性产品在过季后造成的退货。某种季节性产品一旦过了销售季节还未销售完，零售商为了腾出空间销售应季产品，就必须对这些过季产品进行处理。
3) 新的替代产品的出现。当某种产品被新产品取代后，或者该种产品被禁止使用时，这些产品必须回收处理。
4) 过高估计销售量而造成进货过多，库存积压时，销售商会向上级供应商退回多余产品，从而造成商品的回流。
5) 部分渠道商因破产等原因不再从事该行业时，商品要进行回收处理。

二、退货逆向物流处置方式

通过合理的管理才能最大限度地挽回退货给企业造成的损失，处置方式的选择十分重要。根据进入退货逆向物流的产品类型的不同，主要有以下几种处置方式。

1. 直接再售（回收-检验-再售）

如果退回的产品没有使用或受损，可以通过不同的渠道进行销售从而形成再售产品流程。通常可根据产品的现状采用以下方法进行处理：

1) 如果返品没有使用或没有打开就返回到零售商的，零售商可以直接再售。
2) 对于一些包装损坏或者因产品包装过时而滞销的产品，通过对产品进行重新包装后作为新品出售。
3) 对于因市场退货、季节退货、过时或库存积压而进入逆向物流的产品，通过正常渠道无法继续销售，可以通过打折商店进行出售。

2. 原料回收（回收-检验-原料回收-再循环）

有些产品不能继续销售也不能进行重修再售，可以对这些产品进行原料回收，以便于资源的回收再用，最大限度地从商品中恢复价值或者降低销毁成本。

3. 垃圾处置（回收-检验-垃圾处理）

对一些垃圾进行处理时，企业的目标就是能够以最低的成本、最小的环境影响来处

逆向物流管理

理这些废品。因此,各企业要根据自己退货品的特点,研究适合本企业的垃圾处理方法,以减少垃圾处理成本,树立良好的公众形象。

> **案例:沃尔玛逆向物流服务外包**
>
> 在企业不断壮大的过程中,沃尔玛逐渐意识到退货环节带来的巨大成本,给企业的整体经济效益带来了不小的冲击,退货流程的不流畅以及退货周期长等问题,已经严重影响了顾客满意度,因此,沃尔玛决定将逆向物流管理提升到战略管理层次,充分考虑企业实际情况,制定合理的逆向物流管理决策。海格物流就是沃尔玛选择的为其提供逆向物流服务的合作方。依托 Milkrun(牛奶取货循环)服务于国际大型零售商积累的丰富经验,海格物流开始熟悉零售企业的物流需要,并关注零售企业整个供应链运作状态。基于此,2007 年,海格提出 RTV(return to vendor,店面退货)运作服务,充分融入现代物流信息技术,关注零售企业的逆向物流,帮助提升采购,使店面退货区域面积减少、可控,从而提高逆向物流效率,降低办理、库存、运输整体成本,提高供应商对逆向物流安排的满意度。
>
> 海格物流发现,零售退货与零售采购有着惊人的相似,同样是不按规律变化的货物和提/退货地点,同样是零散货物的拼车与集装,并且利用 Milkrun 信息系统能迅速而精确地测算出最优化的装车方案和运输路线,能以除法的方式最大限度地节约物流成本。于是海格物流将利用原本使用在零售采购中的 Milkrun 技术运用到逆向物流的方案中,称之为"逆 Milkrun"。
>
> 正因为海格曾有服务国际大型零售商的经验,并在逆向物流方案上提出自己的独特见解,海格物流最终赢得了沃尔玛的信任,也赢得了沃尔玛在全中国地区全部退货处理的业务。在充分测试其可行性后,海格向所面对的 1700 余家沃尔玛供应商推荐"逆 Milkrun"管理方案。海格物流为沃尔玛开展送货、退货业务后,达到了减少操作环节、降低风险、提高送货及时率等效果。

三、退货逆向物流流程

供应链上不同渠道商的退货物流流程不同,而处于供应链末端的连锁零售企业的流程最长,最具有代表性。连锁零售企业的退货逆向物流流程如图 4-16 所示,由以下环节组成:

1)消费者和门店:消费者在门店退货、维修调换品,门店回收退货、维修调换品和消费废弃物。

2)门店和配送(逆流)中心:门店把消费退货、维修调换品和废弃物、滞销积压品、误配品返还至配送(逆流)中心,配送(逆流)中的 6% 有价值商品退回配货区进行再次配送,或集中到特定门店进行折价销售,把无法再利用的废弃物或废弃物包装材料进行分解、焚烧、填埋。

3)配送(返品)中心和供应商:配送(返品)中心判断门店返还商品的可退换属性,决定

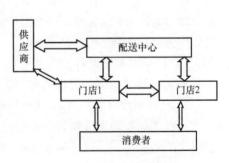

图 4-16 连锁零售企业的
退货逆向物流流程

退货和维修调换品是返给供应商还是在配送（返品）中心就地销毁。

4）门店和供应商：由门店直接将供应商配送到门店的商品返给供应商，主要是一些供应商直接配送到门店的商品，如生鲜蔬菜、瓷器等。

在电子商务环境下，退货流程有所不同，与之相配合的逆向物流流程也与线下商店不同，如图4-17所示。

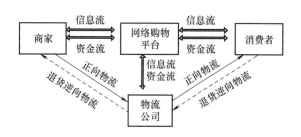

图4-17　电子商务环境下的退货逆向物流流程

连锁零售企业退货的逆向物流系统一般具备以下几项功能：

1）产品信息的记录。包括产品的生产日期、生命周期、出厂编号、使用说明等信息，便于连锁零售商及时对过期产品、不合季节需要的产品、过剩产品及召回产品进行信息收集、提取并做出处理。

2）客户退货信息的记录。当连锁零售门店接到客户退货时，及时录入退货信息，包括退货理由、退货损失等，以便总部及时掌握退货信息并做出快速处理。连锁门店与门店之间的商品调剂也要进行详细的记录。

3）及时向其他有关部门提供信息。例如，门店应及时向总部提供退货商品数量、品种、规格等综合信息；及时向财务部门提供财务信息，便于财务部门结算；向订货系统提供退货统计信息，为订货系统制定订货策略提供依据；向上游节点企业提供退货信息，便于上游节点企业掌握产品情况，为下一步决策提供依据或做好接收退货准备。

4）对不同厂家、不同商品的退货状况、退货原因、退货量的变动趋势等信息进行综合统计和分析，向企业管理层提交相关报告。

具体到不同的商品类别、不同的企业，其退货逆向物流流程均有所差别，在此不一一阐述。

四、不同商业退货逆向物流模式下的物流流程

目前，国内外所采用的商业退货逆向物流模式主要有以下几种形式，其涉及的物流流程各不相同。

1. 与正向物流共用一套系统

如果流通企业在整个供应链上对退货不负主要责任或者退货量比较小，对企业的经营影响不大，企业可以采用已有的正向物流系统处理退货。但采用此种模式会使得企业忽视退货的存在，不重视退货。退货量一旦增加，会使企业措手不及，造成物流渠道的混乱，从而影响企业的正向物流系统。采用此种模式的最大好处在于可以节省投资。

2. 采用返品中心模式

这是国外比较流行的退货处理模式。如果企业的退货量比较大，采用正向物流渠道

逆向物流管理

处理退货，将会使得大量退货集中在配送中心，而由于退货通常不会被优先处理，所以会造成大量退货积压。这样低效的处理将导致产品本身价值的损耗甚至消失。所以，为保证退货的及时处理，更大限度地挽回因退货造成的损失，通常可以采用返品中心模式处理退货。

这种模式下，企业要设立一个或多个返品中心，返品中心通常要建在正向物流配送中心附近，退货集中送到返品中心，对退货进行检验后做出处理决定，根据不同的处理决定把退货送往相应的处理部门进一步进行价值回收。在返品中心内有针对退货逆向物流设计的信息系统，通过这套信息系统可以有效地管理退货，充分利用退货信息，从而为企业的决策和发展提供重要信息。因对退货处理决定的不同直接关系到退货价值回收的程度，所以在返品中心内配备经过专门培训的技术人员，能够高效处理退货，在企业退货量很大的时候建议采用此种模式来处理退货。

返品中心主要是对退回产品进行检测分类，对产品进行初步的处理，其实际的操作过程与步骤如图 4-18 所示。

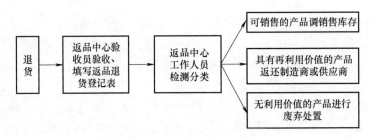

图 4-18　返品中心工作流程

1）返品中心验收人员验收返品、填写返品退货登记表或回收登记表，产品交工作人员检测分类。

2）工作人员检测分类并填写返品检测分类表，同时填写初步处理意见。

3）工作人员确认的合格产品，放入可销售产品类，准备返回门店销售；具有再利用价值的产品，出具退货产品处理单，返还制造商或供应商，进行再制造、再循环；没有利用价值的产品，出具废弃处置单并提交制造商或零售商，进行废弃处置。

3. 采用中间仓库的形式

如果退货是由于中间销售商没能准确预测市场形成过量进货引起的，这些退货是能够继续在其他市场销售的，那么不分原因就将退货退回到制造商的库房或退货中心，就会造成毫无意义的损失，增加供应链上的各个企业的成本。在这种情况下，如果采用中间库存的形式处理退货，通过供应链上各企业的协商形成合理的成本共担计划，不仅可以减少退货造成的损失，降低成本，而且可以鼓励退货的继续使用。

在通常模式下，当中间销售商发出退货请求后，退货是直接返回到制造商的退货处理中心的。采用中间仓库退货处理模式，制造商接到中间销售商的退货请求后，虽然接受了退货，但是仍旧把这些退货放在中间销售商或者第三方的仓库里，即中间仓库。放在中间仓库里的退货可以用来满足同一送货网络的其他零售商的紧急订单和同一地区的零售商的补货订单。当超过一定的时间后，如果退货没被其他销售商订购，再把退货送回到制造商处等待进一步的退货处理。

在退货发生和处理的过程中会产生大量的成本，如退货占用成本、库存成本、处理退货的成本等。在此种退货处理模式中，通常由制造商支付除库存成本之外的所有成本，而库存成本通常由销售商和制造商分摊。如果仓库使用销售商自己的，那么销售商就通过提供库存空间来分担库存成本；但如果使用第三方物流公司的仓库，那么制造商和销售商共同分担支付给第三方物流公司的库存成本。正常的货物订购运输成本是由制造商和销售商共同承担的，但是当满足货物订单的产品是由中间仓库发出时，那么运输成本由制造商来负担，这是制造商促使零售商使用退货产品的一种激励。

采用这种退货模式，不仅可以促进退货产品的继续流通，而且可以有效降低浪费，使零售商和制造商共同分享此种模式带来的效益，达成共赢的局面。

第四节　包装物回收物流流程

社会生产过程中，包装既是生产过程的终点，又是物流过程的始点。《中华人民共和国国家标准物流术语》（GB/T 18354—2006）对包装的定义是：包装（package）是为在流通过程中保护产品、方便储运、促进销售，按一定技术方法而采用的容器、材料及辅助物等的总体名称；也指为了达到上述目的而采用容器、材料和辅助物的过程中施加一定技术方法等的操作活动。

一、包装物回收物流

1. 分类

包装可按多种标准分类，包装物种类繁多，回收方式也不同。其中最常用的是按包装在物流过程中发挥的作用，将其分为销售包装和运输包装。

（1）销售包装（sales package）　销售包装又称内包装，是直接接触商品并随商品进入零售网点和消费者或用户直接见面的包装，一般外形美观，包装单位满足顾客的购买量及商店陈设的要求，主要作用是促进销售。

（2）运输包装（transport package）　运输包装又称外包装、储运包装，以满足运输储存要求为主要目的，具有保障产品安全、方便物流过程、加速交接与点验等作用。

由于这两种包装物的回收运作方式有较大差别，因此将包装物回收物流分为销售包装回收物流和运输包装回收物流两类。

2. 包装物回收的意义

图 4-19 显示了包装废弃物处理的一般过程。

包装废弃物回收就是将用后的旧商品包装，在即将或已进入废物箱或垃圾场时对其进行收集的一切活动。包装产品 70% 以上为一次性使用，使用后即成为包装废弃物。包装废弃物的回收利用对于节约资源、推动循环经济的发展具有重要作用，包装物回收可实现"资源-产品-包装废弃物"的生产方式向"资源-产品-再生资源"的循环经济活动方式的转化，既能节约能源，又能减少自然资源开发、保护环境、减少污染，一举多得。研究表明，每回收 1t 废包装纸可以造出 0.85t 好纸，节省 0.3t 木材（相当于少砍 17 棵成年大树）、600kW·h 电、1.2t 煤、200m^3 的水，还可以减少 3m^3 的垃圾填埋和约 100m^3 的污水和大量废气。对企业而言，利用旧包装物能降低成本，也有较好的时效

逆向物流管理

性。因此，包装物回收对各方面而言都比较有利。

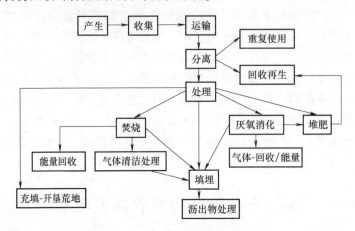

图4-19 包装废弃物处理的一般过程

> **案例：产品包装材料的回收问题**
>
> 包装是商品的重要组成部分，包装物的顺利回收和再利用不仅节约成本，而且可以减少对资源的消耗。例如，桶装饮用水其包装PVC桶的成本远高于其内容物，如果不回收，成本摊加到商品价格上，普通消费者将难以承受，势必影响到桶装水的市场容量；如果不能快速回收，就会导致企业大量的资金沉淀在流通渠道中，影响到生产的持续进行。相反，对于一些高档白酒，其包装材料虽然可以回收利用，但从经济角度讲却是极不合算的；但如果不能有效管理，又有可能被不法商贩利用制假，最终损害自己的品牌形象。因此，这类企业往往倾向于使用一次性包装材料来杜绝仿制风险。
>
> 例如，某品牌桶装矿泉水其PVC桶每个成本20元，客户数量5万，其送水网点为了节约人力，常建议客户每次要两桶水。如果每个客户家里有一个闲置的桶，水厂就必须多投入100万元购置水桶才能保证最基本的供应。经过测算，客户平均5天使用一桶水。水厂老板先从分销商这一环节下手，给每个分销商的桶装水总数量比其客户保有量多30%以供周转，每天按其客户保有量的20%供货，同时用送货车将空桶运送回厂。对于消费者这一终端，按照每个桶50元收取押金，从经济的角度避免空桶的积压，另外，在桶上标明保质期7天，通过保质期的"风险"来迫使顾客放弃囤积，同时也保证厂家和分销商两者间正向和逆向物流的持续性和可控性。

二、销售包装回收物流

1. 销售包装回收物流的特点

销售包装是直接接触商品并随商品进入零售网点和消费者或用户直接见面的包装。相对于运输包装，销售包装回收物流具有以下特点：

（1）多样性 销售包装是以保护商品安全流通、方便消费、促进销售为目的而开展调研设计的。包装根据具体商品的不同性质、形态、流通意图与消费环境要求，确定特定商品包装的功能目标定位，进而依据特定商品包装的功能目的要求开展包装的策划设计。销售包装的包装形态丰富多样，同一厂家的同一种产品包装的形态也会不一样；包装材料多采用复合材料，较少采用单一包装材料；每种材料的回收利用方法不一样，材料很难直接被回收利用。大约 2/3 的塑料包装不是同一种类的，而是由多种不同种类的塑料组成的，需要花费大量的人力、物力和财力才能在分拣设备上分离，因此增加了回收物流运作中的分类成本、运输成本和回收循环利用的成本。

（2）地点的广泛性和不可预见性，时间的不确定性　运输包装回收的地点通常是仓库、工厂、货运站场或大型零售店。而销售包装随着商品的销售到达最终消费者，废弃的时间就是消费者使用的时间，地点就是消费者使用的地点，最终消费者遍布的地点非常广泛。要由分散的多个点通过多次汇合，才能集中在一个或者几个点，以供后续处理。回收的分散性与处理的集中性要求形成突出矛盾，只能以牺牲运输成本为代价来解决。运输包装回收的时间具有一定的可预见性和计划性，而销售包装丢弃的时间具有随机性，难以计划。

（3）一次性使用　为防止假冒产品，申请有外观设计专利的或具有驰名商标的商品销售包装容器，只能由商品的原生产厂家回收和复用。同时消费者在使用商品后，销售包装的残损很大，一般难以循环使用。在我国，绝大多数消费者将销售包装与其他废弃物混合，也增加了回收利用分拣的困难。故销售包装多为一次性使用包装，回收后利用方式多为再生利用。

所以，销售包装的回收方式与储运包装的回收方式有很大的差异。

2. 各国实践

销售包装的回收方式受各国法律法规的影响较大，如果有强制要求，那么即使对企业没有利益或者对消费者造成了麻烦，也需要遵守相关法律法规进行回收，因此并没有一般性的物流流程可以遵循。

举例来说，德国于 1991 年实施《包装条例》，首次就废弃包装的重新利用及利用比率进行了全面规定，并强制要求生产商和经销商必须负责其产品包装的回收和处理。该法规旨在减少包装废弃物的产生，对不可避免的一次性包装废弃物，规定必须再利用或再循环。法规还强制性要求各生产企业不仅对产品负责，而且还要对其包装的回收负责，并责成从事运输、代理、销售的企业、包装企业及批发商回收其使用后的包装物，同时也可选择委托专门的回收公司。根据用途不同，德国一般把包装分为保护产品在运输中不受损害的运输包装、容纳和保护商品的销售包装，以及装饰性包装。对此，《包装条例》分别就各种包装的回收利用以及生产商和经销商的义务做了具体规定。销售包装占全部包装的比例约为 45%，而且直接经过消费者之手。针对销售包装，该条例规定，生产商和经销商有义务在消费者使用后进行无偿回收，并重新使用或者进行材料利用，这一过程并不属于公共环卫部门的工作范畴。如果商家自己履行回收义务，必须提交有关利用比率的证明。如果商家希望不用自己动手去履行回收义务，可以加入"二元回收体系"，由它负责废弃包装的回收利用。二元回收体系中，生产商和经销商只要签订合同并交纳不等的费用，就可以得到许可，在其产品包装上面打上德国二元回收体系推行的"绿点"标志。有了这个标志，厂家和商家就不必再考虑其产品包装的回收利用了，二元回收体系会负责处理。

又比如，法国政府于 1992 年 4 月 1 日出台了《包装条例》，在欧洲是紧随德国之后

逆向物流管理

的第二个制定包装法规的国家。《包装条例》以环境管理为名，要求组建一家包装废弃物回收公司，在不改变原地方政府对处理垃圾的传统方式的情况下，责成分装商与进口商对包装废弃物负责。

在我国，《包装物回收利用管理办法》一直在酝酿中，它的出台将为我国包装物回收提出新的要求。

三、运输包装回收物流

1. 运输包装的分类

运输包装也称为储运包装，主要包括集装箱、托盘、纸板箱、玻璃瓶等，是物流过程中最常用的包装。从储运包装物的组成成分及其用途特性来看，一般来说，储运包装物属于复用包装产品，包括不加整理即可使用的包装、修复包装、改制包装。按包装材料，运输包装通常可分为木质包装、金属包装、玻璃包装、纸质包装、塑料包装，见表4-1。

表4-1 运输包装的分类

储运包装种类	主要品种
木质包装	主要有木质托盘、普通木箱、框架木箱、纤维板箱等
金属包装	主要有集装箱、薄钢板桶、铝桶、镀锌铁桶等
玻璃包装	主要有各类玻璃瓶、饮料瓶、罐头瓶等
纸质包装	主要有纸质托盘、瓦楞纸箱、硬纸板箱等
塑料包装	这里指的是可回收利用的塑料包装或容器，如塑料托盘、塑料瓶等

储运包装具有初次使用残损小、种类简单、回收来源少等特点，是最具有回收价值的包装。大多数储运包装初次使用后残损较少，有些经过修复也可以再次使用。如果将这类包装物从生产、使用、回收、处理、再利用的整个过程进行统一控制，不但可以提高全球资源的利用率，带来环境保护的社会效益，而且对于整个产品供应链的各个角色来说，都不失为降低物流成本、提高企业竞争力、增加顾客价值的重要手段。储运包装物的回收属于逆向物流的一个分支。这类业务是从对某些产品容器、托运器具（如饮料瓶、托盘、集装箱等）的空返、回收利用进行统一管理开始并逐渐形成的。

储运包装中，托盘和集装箱使用量巨大，具有标准性和通用性，流通范围广泛。其回收物流，一方面是旧包装的回收再利用，另一方面是使用中的循环共用。这里主要针对托盘的循环共用与回收进行简要阐述。

案例：运输中包装箱损坏的产品的处理

某种洗涤剂由于包装箱破损受到污损被退回厂家，经过调查发现如下环节是造成破损的主要原因：包装纸箱材质差导致纸箱易破损，平均破损率为5.6%；运输过程转运环节较多，平均为7次。改进办法是更换包装纸箱，使平均破损率降低到0.34%；同时，重新调整物流系统，使出厂到卖场的转运次数降低到5次；另外，按照0.4%的比例配置空包装箱备用，避免污损加大。

2. 托盘租赁与循环共用

托盘是仓储和运输中最基础的集装单元，是物流机械化和自动化搬运最主要的作业单元，也是物流信息系统中常用的记录单元，更是将物流中的静态货物变为动态货物的

第四章 逆向物流流程管理

载体。托盘作为整合供应链、提高物流效率的重要器具之一，近年来越来越多地活跃在现代物流活动的各个环节中。大多数类型的托盘都具有初次使用残损小、种类简单、回收来源少的特点，是最具有回收价值的物流包装。以木质托盘为例，回收后的木质托盘经过简单的检查和维修处理后便可投入二次使用。不能再使用的托盘，可经过处理成为生产用原材料，回到供应链中继续发挥作用。因此，建立托盘回收系统支撑下的托盘租赁与循环共用体系，对于节约成本及保护用于制造托盘的森林资源都是有利的。托盘回收系统的建立能够加速全社会物流系统内托盘的循环速度、推动物流标准化进程和节约社会资源。

目前，全球的托盘总数大概接近 40 亿个，其中 90% 是木托盘，可回收材料托盘成为未来托盘发展的一大趋势。全球现有的托盘回收系统及国家或国际行业协会，也随着全球托盘市场的变化而发生了一系列的变化。

随着我国物流体系的发展，市场对物流装备的需求愈加迫切。截至 2016 年年底，国内托盘存量超过 11 亿个，其中用于租赁的 0.16 亿个，同时带来托盘市场千亿级的市值。预计到 2025 年，我国托盘数量将达到 20 亿个，其中用于租赁的将有 1.5 亿个。托盘标准化与循环共用是趋势，共享的概念进入这个行业产生"托盘共享"，意味着物流行业协作细分愈加精确，企业级协作的效率提升。

托盘租赁由来已久，是指托盘租赁商将托盘以租赁的形式提供给客户使用并允许客户随租随退、异地退板的托盘供应模式，涉及仓储运输、异地回收、维修保养等多个环节。托盘租赁可分为静态租赁与动态租赁（又称"带板运输"）两种模式。租赁托盘可以大大减少企业的物流与包装成本，西方发达国家托盘市场几十年的实践说明，租赁托盘是大势所趋。

欧美、日韩国家率先使用了托盘租赁模式，建立了托盘共用循环系统，实现了托盘的循环共用。其中，日本发展托盘共用系统用了约三十年的时间，韩国用了约二十年的时间。托盘租赁流转环节主要包括托盘的承租、回收、调拨及维修赔偿等，它的租赁流程如下：

1）租赁公司向厂商客户提供托盘，签订租赁合同明确托盘数量和使用时限；

2）厂商将托盘运送给经销商，经销商在有效时限内可留下托盘免费使用，并在限定时间内将托盘送回附近的租赁点；

3）租赁公司对托盘进行采购、检查、修缮、保养，以备客户使用。

现在，共享经济的普及又为租赁提供了一个新的思路——让托盘实现循环共享，让闲置资源、使用权、连接、信息、流动性实现最优匹配，充分挖掘托盘的价值。托盘共用系统（Pallet Pooling System）是动态租赁的一种方式，是指在托盘标准化基础上，以租赁的方式，并按照规范化的操作流程，实现托盘在产业链上下游或不同行业之间循环共用。

2017 年，中国商贸物流标准化行动联盟、中国仓储与配送协会、中国百货商业协会、中国条码技术与应用协会联合发布《开放式循环木质平托盘 日字形周底托盘》（T/WD 102.1—2017）和《开放式托盘共用系统运营指南》（T/WD 103—2017）两项团体标准，同时印发了《全国标准托盘开放式循环共用评价与认证办法》。两项团体标准的发布，标志着我国开放式托盘循环共用正式启动。开放式托盘循环共用系统指的是为实现供应链上下游托盘的循环共用，由众多托盘供给企业（生产企业、运营企业和维修企业）、托盘运营网点和托盘运营管理平台，使用符合联盟开放式循环托盘标准规定、经过认证的托盘，为众多用户共同服务的组织系统。图 4-20 为开放式托盘共用系统框架。

逆向物流管理

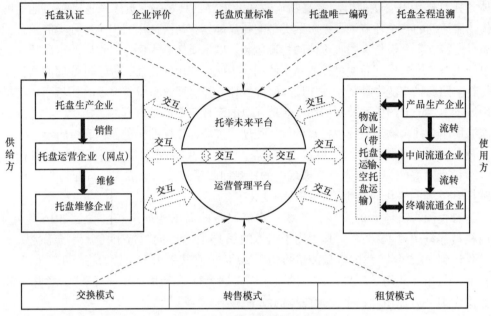

图 4-20 开放式托盘共用系统框架

从租赁到共享,托盘实现了对企业的多方连接,依托大数据的应用,可以附加给托盘更多价值,对整个供应链的优化和物流行业的生态发展起着举足轻重的影响。托盘的循环共用可以跨产业链实现物流、资金流和信息流的统合,结合 RFID、GPS、GIS 等高新技术应用,最终实现数据的主动传输、对社会资源的高效整合以及整体经营效率的提高。图 4-21 显示了新型的"物联网+托盘"运营模式的基本流程。

图 4-21 "物联网+托盘"运营模式的基本流程⊖

⊖ 图片来源:王继祥微信公众号。

第四章　逆向物流流程管理

知识拓展：绿色包装

绿色包装，就是能够循环使用、再生利用或降解腐化，而且在产品的整个生命周期中对人体及环境不造成公害的适度包装。目前公认的发展绿色包装的原则是3R和1D，分别体现在包装材料的选择和保障的设计上，如图4-22所示。发展绿色包装技术，应当从绿色包装材料、包装设计和大力发展绿色包装产业三方面入手。常见的绿色包装材料包括天然包装材料、可降解塑料、纸包装材料、可食性包装材料、环保油墨、可重复再生材料。

对于典型的包装物使用大户——快递业而言，目前我国快递业的包装仍集中在六大类：快递运单/快递电子运单、编织袋、塑料袋、封套、包装箱（瓦楞纸箱）、胶带，绿色包装使用量非常少。2017年，包装快递所用纸板和塑料实际回收率不到10%，包装物总体回收率不到20%。

图4-22　发展绿色包装的原则

2017年11月，国家邮政局、国家发展改革委、科技部等部门联合发布《关于协同推进快递业绿色包装工作的指导意见》（以下简称《指导意见》），增加绿色快递服务产品供给，提高快递业包装领域资源利用效率，降低包装耗用量，减少环境污染。《指导意见》明确了"十三五"期间快递业绿色包装工作要实现的三大目标：绿色化、减量化、可循环取得明显效果，科技创新和应用水平大幅提升，治理体系日益完善。到2020年，可降解的绿色包装材料应用比例将提高到50%。主要快递品牌协议客户电子运单使用率达到90%以上，平均每件快递包装耗材减少10%以上，推广使用中转箱、笼车等设备，编织袋和胶带使用量进一步减少，基本建立快递业包装治理体系。

本章案例

案例1　共享单车的回收与再循环问题

共享单车在带来环保和便利的同时，存在链条生锈、刹车失灵、车头变形、车铃无声、脚踏板和挡泥板松动等问题。2016年最早投入市场的那一批共享单车中，不少车辆已步入"衰老期"，状态堪忧。街上的共享单车数量好像有所减少，但故障车的比例却又明显上升，不仅影响城市的市容市貌，其如何回收利用也成为难题。据统计，2016年以来，全国先后有几十家共享单车企业投放、运营近2000万辆共享单车。随着运营时间和骑行里程的增长，车辆渐渐产生损耗。根据北京市2017年9月19日公布的《共享自行车系统技术与服务规范》中显示，共享自行车一般投放使用三年应更新或报废，……，投入运营的共享自行车完好率应不低于95%。

共享单车的生产原料包括铝、塑料、铁、橡胶等，整车95%以上的材料可以重新

逆向物流管理

再利用,用于家居、建材、交通工具等制造领域,存在潜在的价值,若能实现有效回收即可实现变废为宝。有人认为,一辆共享单车大约20kg,大部分为铝合金,假设铝合金占80%,1000万辆共享单车产生可回收利用的铝合金约16万t,相当于2018年3月全国铝合金产量的1/4。

尽管共享单车整车95%以上的材料都可以重新再利用,但是从2017年以来,废钢铁、车架子等共享单车主要材料的回收价格仅为0.9~1.1元/kg。有业内人士算了一笔账,企业若是回收废弃单车,整车拆卸工序复杂,加上搬运维修费、日常人力成本费等,投入甚至比一辆新车的成本更高,因此得出共享单车回收"利润薄,不划算"的结论。回收费力且收益不高,使得一些共享单车运营企业甚至将报废车辆弃之不顾。

2019年7月31日,北京市交通部门披露了2019年上半年共享单车运营管理监督情况。在北京市运营的共享单车企业共有9家,其中有4家将主动退出运营或加快整改。并指出,车辆投放总量严重过剩,主要依靠车辆自由流动,导致车辆分布不合理。据平台监测,上半年全市日均骑行量为160.4万次,日均活跃车辆仅占报备车辆总量的16%。记者在北京垃圾回收市场看到,废弃的"ofo小黄车"被以5元一辆的价格回收,然而根据制造厂商的数据,分摊到每辆小黄车的成本价约300余元。

后续的问题是,回收后废弃的共享单车到底该如何进行最大程度的回收和再利用呢?据统计,一辆共享单车约20kg,由坐垫、轮胎、框架、车轮、链条、电子锁等约25个部件和150个零部件组成,材质包括金属、橡胶、塑料、铝等,如果处理不当,将对生态环境造成巨大的负面效应。

显然,虽然对于共享单车未来的市场状况我们不能预知,但是共享单车的运维管理、维修回收却已成为了一个当下的物流新课题,需要企业不断地探索和思考:如何做好共享单车的逆向物流,如何将难以使用的单车返回给厂商或其他企业,并进行最大限度的再循环、再利用,不造成浪费与环境污染呢?

案例2 以大型连锁企业推动的托盘循环共用发展模式——1号店

一、企业概况

1号店创立于2008年7月,是我国电子商务行业"网上超市"的先驱。凭借着卓越的供应链管理能力和"顾客购物体验至上"的经营理念,短短几年之内,1号店已经发展成为国内领先的B2C电子商务企业,线上销售额及顾客数量每年均呈几何式的增长,在线销售涵盖食品饮料、酒水、生鲜、进口食品、进口牛奶、美容化妆、个人护理、服饰鞋靴、厨卫清洁、母婴用品、手机数码、家居家纺、家用电器、保健用品、箱包珠宝、运动用品及礼品卡等近300万种商品。注册用户超过5000万。

二、托盘循环共用促进供应链效率提升

在使用带板运输之前,由于绝大多数上游供应商都采用原始的散箱送货模式,散箱的卸货效率很低,卸一车货往往需要几个小时的时间。即便是带托盘运输过来的,也需要将商品从供应商托盘搬运到1号店托盘上,整体效率非常低,这与1号店后端高效的托盘化仓储作业和自动化订单拣货作业形成了巨大的反差。

为整体提高供应链效率,1号店与上游供应商和合作伙伴共同推行带板运输及托盘循环共用项目。先从几家较大型供应商试用,逐步向供应链上其他供应商推广。1号店

第四章 逆向物流流程管理

把带板运输作为与供应商合作的一个条件，并阐明不是为了盈利，而是为提高供应链效率的目的，并为带板作业供应商提供一系列便利措施，包括更宽松的预约时间，装卸货速度加快，卸货垛口占用时间减少，时间安排更为灵活。他们采取了一系列措施鼓励带板运输：绿色通道，在收货通道安排上，对于带板运输货物给予优先，加快车辆的周转；搬运工具，为带板运输货物提供搬运工具，降低供应商卸货成本；验货方式，对于带板运输货物采取不同的验货方式，加快收货的速度。据统计，通过半年多的运行，带板运输为1号店节省了90%的收货时间，破损率降低了50%，库存周转也降低了29%。综合来看，带板运输使供应链成本降低了15%~20%。

目前，1号店托盘共用体系已初步建立，越来越多的供应商已经或正在加入这个体系，包括联合利华、宝洁、雀巢、可口可乐、百事、金佰利、康师傅、花王、三得利、朝批商贸等。而随着越来越多的供应商的加入，整个供应链的效率将持续提升，成本也将进一步降低。下一步，在带板运输项目推进过程中，还要不断调整和优化，特别是与供应商建立诚信交接体系，不断减少与不同供应商之间交接的环节，实现信息共享。

三、模式创新

1. 供应链合作模式

雀巢食品是1号店重要的快消品供应商之一，其雀巢罐装咖啡是网上热销的产品。雀巢产品通过其代理商天成公司销售到1号店。

在原先的供应链模式中，天成公司接到1号店的订单后在配送中心拣货并散箱装车送货到1号店物流中心，为了保证订单满足率，天成公司的配送中心需要存放一定的安全库存。同样，作为天成公司上游供货商的全盛物流也需要存放一定的安全库存，以满足天成公司的订单需求。由于信息流在整体供应链中处于"分割"的状态，容易出现"牛鞭效应"，即造成库存水平在供应链上游逐级增加。另外，由于供应链模式中运输环节和搬运次数较多，造成了较高的产品损耗率和人工装卸成本。产品的新鲜度更因为供应链的响应周期较长而受影响。

由于天成公司和全盛物流都是租赁招商路凯的标准ECR托盘（1.2m×1.0m），具备了带板运输的前提基础。在1号店主导下，供应链各方与招商路凯（托盘租赁公司）之间成立了带板运输专项工作组，并针对带板运输模式展开多轮的圆桌会议进行磋商，最终确定实施方案：

1号店下单给天成公司后，天成公司随即将订单信息传送给全盛，全盛根据库存情况安排备货并代表天成公司完成送货预约，电子装箱单（advance shipping notice，ASN）的发送以及送货单（Consignment Note）的打印，并直接带板运输到1号店配送中心。与此同时，天成公司与全盛之间也完成账面上的货物交接。这样在不改变资金流的情况下，产品从上游制造商配送中心直接发送零售商配送中心。

1号店为配合该带板运输项目也在订单模式上进行了调整，根据双方事先约定好的托盘堆码标准，按整层、整板、整车托盘数量的倍数下单。堆码标准的统一减少了雀巢产品在供应链流通中不必要的翻板、拆板或加高作业。

1号店物流中心也为带板运输货物提供了绿色卸货通道，送货车辆到达1号店配送中心后优先安排卸货码头，同时在验货流程上，对大部分品项采用了信任收货的方式，少量品项采取抽检方式收货。

逆向物流管理

带板运输采用上下游托盘转移模式，招商路凯发板给全盛，全盛带板到1号店配送中心后，托盘的租金和责任随货物一起转移给1号店使用后返回给招商路凯，空托盘无须在交货当日返回全盛。

2. 供应商物流中心（SLC）项目

供应商物流中心项目是由1号店协助管理，由第三方提供操作，将战略合作供应库存管理纳入1号店库存管理体系的服务。

战略合作供应商将品种少、批量大的商品送到1号店总仓同一物流园区的第三方物流公司仓库，仓库由1号店委托第三方物流公司进行管理，物流公司与1号店的仓库均租用招商路凯的托盘，并按照1号店要求的堆码规则和高度（1.6m左右）码盘后进行储存。1号店下订单后，商品可以马上带托盘运输到1号店仓库并直接上架，两个仓库之间不过百米。

为了推进该项目，1号店给供应商承诺了绿色通道、结算条件优惠，并且对原有的与标准托盘不匹配的非标货架进行了大量改造。其成果是收货效率明显改善，作业能力明显提升。

3. "卫星仓"项目

"卫星仓"项目即1号店的大型供应商以就近为原则，与1号店租用同一园区的仓库或在园区周边建立仓库，以缩短短拨运输距离，提高订单响应程度，提高商品有货率的一种供应链创新项目。

威莱（广州）日用品有限公司于2000年成立，一直致力于消毒、个人护理及家居清洁产品的生产，代表品牌为"威露士"，是国内较大的日化产品生产商。2013年，威莱集团开始与1号店进行托盘共用项目合作。威莱采用"卫星仓"方式，与1号店租用同一个园区的仓库作为该公司的上海仓，当1号店订货后，能以最快的速度带托盘交货。在这个过程中，威莱逐步淘汰原有的非标托盘，租用了1.2m×1.0m的托盘。威莱的物流总监表示，通过费用核算，租赁托盘比自购托盘的成本要低。同时，为了配合标准托盘的尺寸，该公司也调整了产品的包装尺寸。在磨合期时，虽然应用带托盘运输使车辆的货物装载量下降了50%，但由于距离近，大大提高了车辆的周转能力，总成本得到降低。

思考题

1. 试分析逆向物流流程的基本功能要素和正向物流中的相比有哪些相同与不同之处。

2. 实地调查一家汽车4S店，了解汽车召回流程，并画出流程图，分析其中的关键节点。

3. 在实体店退货和网购退货的相同之处、不同之处各有哪些？试根据生活经验，分别画出某家实体店退货与某家电商退货的流程图，并想办法调查了解其完整的逆向物流流程。

4. 进行实地调查，了解你所在城市共享单车的回收、废弃情况。

5. 对于所购买商品的包装，你的处理方式有哪些？你认为是否有更符合环保要求的处理方式？试着设计一种绿色的运输包装方式。

第五章 逆向物流运作管理

本章概要

企业构建了逆向物流网络、设计好业务流程后,就可以进行具体的运作了。本章阐述了企业逆向物流运作中的几个方面,包括逆向物流战略制定、运作模式选择、预测与计划、库存管理、成本与绩效管理等。

引例

> 2017年,小米科技计划并开始在美国售卖其生态链产品,瑞尔国际物流(以下简称"瑞尔")成功获得为其在美国提供售后物流服务的机会,并于同年8月在洛杉矶与小米科技完成合作签约。瑞尔分别在中国香港和美国洛杉矶建立了逆向物流与备件/备机中心,并在印度、捷克、巴西及我国拥有主板和面板的维修能力,可以为小米等各类客户提供成熟的全球逆向物流与增值服务。不仅如此,瑞尔还可以在全球范围超过三百个城市提供各种运输方式的门到门综合化物流解决方案。瑞尔与小米的战略合作,将逐渐从最初的逆向物流与仓储服务拓展为提供正逆向物流综合解决方案,并凭借瑞尔十多年强大的传统国际物流专业能力、紧随时代发展的理念创新能力及IT能力,使综合解决方案更加完善。

本章引例中,小米基于战略目标,其逆向物流运作模式采取了外包的形式。企业进行逆向物流运作,首先需要制定战略,然后进行模式选择,在此基础上考虑具体的预测、计划、库存、成本、绩效管理等问题。

第一节 逆向物流战略制定

随着市场竞争压力的不断增大,逆向物流的作用逐渐显现,有人将其比作有助于企业降本增效的一块未被开发的处女地,所以不断有企业将其提升到企业战略层面。

一、逆向物流的战略目标

对于不同的企业而言,逆向物流的战略目标方向不同。对于非物流企业而言,逆向物流战略应属于企业物流和供应链战略的一部分,而物流与供应链战略是为企业竞争战略的实现而制定的。因此,逆向物流战略同样是为企业竞争而服务的。对于物流企业尤其是专门从事逆向物流的企业而言,逆向物流战略就是主营业务战略,与企业的发展战略和竞争战略协调一致。

从一般意义上说,逆向物流战略可以从多个角度去考虑。首先,要降低整个供应链

逆向物流管理

中的逆向物流成本，提高相关利润；其次，要满足期望的服务水平，如压缩逆向物流处理时间，实现快速的客户响应；最后，还要追求资源消耗最小、对环境影响最小。可见，逆向物流同样需要在系统观和整体观的指导下进行运作，其战略也同样需要综合考虑降低成本与提高服务水平，同时由于逆向物流的特殊意义，还需要考虑环境影响。

在这个总目标下，还可以根据逆向物流管理的不同阶段设立分层次、分阶段目标。例如，低层次的目标可以是使正向物流和逆向物流的活动量最小化，高层次的目标则可以侧重于产品和零部件的多次重复利用。

（一）降低成本

对制造企业来说，利用回收产品、零部件进行再造可大幅降低企业的生产成本，且完善的逆向物流管理还有助于降低整个供应链的总物流成本；对传统零售业来说，参与到生产商的逆向物流回收战略中，可以增加其经济收入；对电商企业来说，逆向物流是企业无法避免的环节，所以企业要做的就是制定并不断完善企业的逆向物流管理战略，从而在保证客户服务水平的基础上，降低逆向物流成本。

（二）提升服务水平

逆向物流管理水平是企业售后服务水平的直接体现，规范逆向物流管理流程、压缩逆向物流时间有助于提升企业的整体服务水平。这一点在电商企业中表现得尤为明显，网络购物中存在大量的退货、换货情况，电商企业对消费者退货请求的审理速度、商品的回收时间、回收后的验收及具体处理环节等，都属于企业逆向物流管理范畴，完善的逆向物流管理制度和工作流程有助于提高顾客满意度且有助于加强顾客忠诚度。

（三）环境保护

随着政府对环境治理的不断重视，政府要求企业参与到环境保护建设的大军中来，生产者责任延伸制政策的出现，标志着逆向物流管理已经成为许多生产商不可回避的工作，生产商有责任和义务将消费者手中的废旧产品及时回收并进行合理处理，以减轻环境污染。

二、制定逆向物流战略需考虑的因素

（一）外部因素

从逆向物流行为来看，其活动存在外部性的可能，包括回收、检验分类、再加工、处置、再分销、再使用；从逆向物流的行为主体来看，其活动也存在外部性，其形式表现在以下几方面：

1. 资源投入的外部性

资源是逆向物流运营的投入源，是逆向物流得以运营的必备条件。为了经济的可持续发展和资源的可再生、可重复利用，政府有必要加大对各制造商行为的控制，即资源的开采应有节制、适当、科学，以追求社会效用最大化为目的，同时不造成后代人资源开发成本增加。

2. 消费与制造活动的外部性

消费活动应促使消费者采取科学的消费方式，使其在消费过程产生的废弃物得到有效的回收与处理，最大限度降低治理与回收废弃物的成本。制造是将资源转化为产品的过程，在产生可消费商品的同时，也伴随着废弃物的排出，因此应对废弃物进行有效的治理

第五章 逆向物流运作管理

与分解,这样一方面可以保护好人类所生存的环境,另一方面可使人类得以可持续发展。

3. 资源回收的外部性

一般行为主体在回收时主要从经济价值的角度出发,进行分散的、不规范的拆解,只提取部分易于回收的,而大量难以回收的有用资源就被当作垃圾随意丢掉或者填埋,尤其对有毒有害物质不进行专门处理,造成"三废"直接排放,更有甚者利用废弃零部件非法拼装和销售质量低劣的产品来坑害消费者。对于这些不负责任的回收行为,政府部门应制定相应的法制法规,使回收主体依法回收。

(二) 内部因素

降低逆向物流成本,不但要改善逆向物流管理,而且要从逆向物流内部入手,对逆向物流进行根本性控制。任何一个企业都要清楚地意识到自己所处行业最容易导致逆向物流发生的环节并了解缘由,从而采取相应的控制措施,力争使每一步都做到有的放矢、对症下药,尽早抑制逆向物流产生。

三、企业逆向物流战略内容

(一) 运作模式选择

企业制定逆向物流战略的第一步也是最关键的环节,就是确定运作模式。适合企业自身实际情况及未来发展定位的战略,才可能带动企业的健康发展。对制造企业来说,可供其选择的运作模式主要有三大类,分别为制造企业自营逆向物流、生产企业联盟共营逆向物流,以及委托第三方负责。第三方主要包括政府公益性回收机构和专业物流公司。对电子商务企业来说,逆向物流运作模式主要有自营和委托第三方两种。

(二) 价格策略

对制造企业来说,虽然回收产品及零部件进行再制造会降低企业的生产成本,但对废旧产品的回收、处理以使其恢复到可重新利用的状态同样也需要企业支付大量费用,主要包括回收费用、检验费用、清洗处理费用等,所以企业应合理制定回收产品的价格,使企业因使用回收产品进行再生产而节约的成本大于一切回收工作所付出的人力、物力等总成本。除此之外,在制造商委托其分销商或零售商负责终端产品回收的情况下,制造商需要权衡新产品销售价格与支付给委托回收方的费用之间的关系,从而激励其分销商及零售商参与到产品的回收工作中,大幅降低制造企业回收工作的压力。

对电子商务企业来说,其逆向物流活动不仅发生在自身与消费者之间,也可能存在于供应商之间,所以在由于产品质量等问题向供应商退货时,也应处理好产品退货价格确定的问题,以保证企业的利益。

(三) 渠道管理策略

一种是以制造商为核心的逆向物流渠道管理策略。产品制造商可以建立电子商务平台来直接管理逆向物流渠道,一方面,这将有助于制造企业迅速通过电子商务平台获取终端客户反馈的退货信息,并通过该平台来强化企业与客户之间的沟通与交流,有效消除退货行为给客户造成的不满情绪;另一方面,制造企业可以时时关注下游分销商、零售商回收产品的情况,并对逆向物流过程进行指导。

另一种是以第三方物流企业为核心的逆向物流渠道管理策略。当制造企业选择将逆向物流业务外包给第三方物流企业,有助于将其优势资源集中于核心业务,进而巩固其

逆向物流管理

核心竞争能力。逆向物流专业资产可使第三方物流企业以远低于制造企业自营逆向物流业务的价格,来为制造企业提供专业化的逆向物流服务;制造企业则可节约原本用于自营逆向物流业务的资金并转而投资在核心业务上,以巩固本企业在核心业务领域的市场竞争优势地位。制造企业采取以第三方物流企业为核心的逆向物流渠道管理策略将有助于实现第三方物流企业与制造企业的双赢。

(四) 库存管理策略

对制造企业来说,由于逆向物流发生的时间、地点不确定性,以及回收产品的种类、功能等的不确定性,都会加大企业的库存管理难度。企业应制定合理的库存控制策略,以权衡回收的可再制造产品与原材料库存之间的关系,并确定合理的回收产品处理周期,在保证顺利进行生产的情况下,尽量减少原材料库存积压,降低企业库存成本。除此之外,企业还应处理好产成品与回收可直接二次销售产品的库存比例,做到回收产品及时检验、分类,区分可直接销售产品、经处理可再制造的产品,以及无法二次利用的废弃物等。

四、逆向物流战略的制定方法

对物流企业而言,由于逆向物流属于主营业务甚至是企业的经营方向,因此制定战略的方法宜采取适用于制定企业战略的内外环境分析、SWOT分析矩阵、波士顿矩阵、波特五力模型等。

对非物流企业而言,逆向物流属于职能性工作,在制定战略时就需要采用更为适宜职能战略或策略制定的工具,本着帮助企业层面战略实施的目的,收集内外部资料、数据,进行现状分析、差距寻找、战略目标规划、实施方案的制定。

> **案例:A 企业逆向物流业务发展战略的制定**
>
> A 企业是一家物流公司,逆向物流业务为其主营业务之一。为了制定公司逆向物流业务发展战略,首先收集内外部资料,分析公司所具有的内部资源条件和外部发展条件,然后对逆向物流业务开展的优势、劣势、机会和威胁进行分析,其 SWOT 分析矩阵见表 5-1。

表 5-1　A 企业逆向物流业务发展 SWOT 分析矩阵

	优势 (S)	劣势 (W)
内部条件分析	1. 拥有稳定的客户来源 2. 形成覆盖全国的物流网络 3. 拥有多个行业的成功物流经验 4. 企业团队协作能力较强	1. 经营规模较小,运营成本高 2. 主要客户依赖严重,业务控制力较差 3. 人才储备较弱 4. 企业运营能力应对市场变化能力差
	机会 (O)	威胁 (T)
外部环境分析	1. 国家相关政策大力支持第三方物流行业发展 2. 物流增值服务需求旺盛,为第三方物流企业提供新的发展机遇 3. 个性化、多样化的物流体验需求增加 4. 第三方物流成为企业降低运营成本的新的选择	1. 大型物流公司进入企业服务市场的威胁 2. 客户需求的变化对企业的威胁 3. 国家政策风险对企业的威胁 4. 物流新技术快速更新的威胁

第五章　逆向物流运作管理

考虑到公司是一家中小型第三方物流企业，面对的市场竞争激烈，综合考虑内部环境和企业的发展目标，得出企业逆向物流业务的发展战略，认为 SO 战略与 ST 战略是 A 企业可供选择的战略策略。进一步根据迈克尔·波特所提出的基本竞争战略理论，结合物流行业领导企业的成功经验，最终选定在 SO 战略的基础上实施逆向物流的聚焦战略与成本领先战略，并最终确定 A 企业逆向物流业务战略愿景为：以"客户服务"为使命，为客户创造更大的物流运输价值，紧紧围绕日用品制造业、企业制造业、家装、医药、电子工业、服装工业等领域，努力打造成为一个在逆向物流领域知名的第三方物流服务品牌。

在确定了战略目标的基础上，公司再对具体实施规划、具体目标进行进一步详细确定。

第二节　逆向物流运作模式分析与选择

一、逆向物流运作模式的分类

企业中的逆向物流运作模式和一般物流运作模式一样，可以分为三类，即自营模式、联盟模式和外包模式。

（一）自营模式

自营模式是指企业建立自己的逆向物流体系，主要是建立回收网络，自己管理所生产或销售产品的回收、处理等逆向物流业务。在该模式下，企业需要建立覆盖所有产品销售区域的逆向物流网络以回收回流物品，并将其送到企业的回流物品处理中心进行集中处理。在政府管制的条件下，此种模式是外部社会成本的内部化。

企业可以从两个层面建立回收网络：第一个层面是面向特定产品建立独立的回收网络，根据产品的规模和属性寻求从收集、运输到最终处理的最优模式；第二个层面是面向供应商功能拓展的回收模式，这里的供应商是指供应链中各环节的功能提供者，包括原材料供应商、制造商、产品批发商、零售商等。企业建立的回收网络主要是向上游拓展，如果功能足够强大也可以向下游拓展，在现有正向物流功能的基础上拓展产品的回收功能，可以实现正向物流和逆向物流的系统集成，构建一体化的物流体系。由此可见，自营模式可以由企业自己直接负责回收产品，也可以由分销商（包括零售商和批发商）回收并转交制造商进行处理。

不同类型的企业，自营模式的运行过程各不相同。以下分别以制造企业回收物流、电子商务退货物流、建筑施工企业建筑垃圾处理逆向物流为例进行简要比较。

1. 制造企业

对制造企业而言，其对 EOL（End Of Life）产品的回收处理较为普遍，制造企业逆向物流的自营模式如图 5-1 所示。在这种模式下，对制造商而言，每个制造商都只负责回收自己的 EOL 产品，能够根据市场销售渠道掌握产品的流向，并且通过直接从顾客手中回收产品及时获得产品质量及特征方面的第一手信息反馈。而且，由于该模式下的回收处理设备一般只针对特定制造商的产品，这种专业化的方式将大大提高逆向物流的

逆向物流管理

处理效率，具体体现在提高设备的利用率、提高工人的劳动熟练程度、有效的运输管理和合理的产品调配等。同时，企业内信息流可以在设计者和拆解者之间双向流动，如产品设计的原理、技术等信息可用来指导回流物品的拆解和回收过程；反过来，企业可以汲取在逆向物流处理过程中的经验和信息，不断对产品设计进行更新和改进，更好地回收处理 EOL 产品。此外，再利用闭环网络容易搭建。制造商可以独占性地得到那些具有潜在再利用价值的零配件及相关信息，这些信息可用来制订这些零配件的使用计划和新的零配件生产计划。

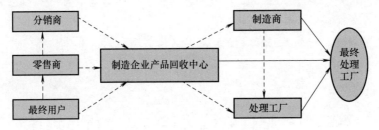

图 5-1　制造企业逆向物流的自营模式

2. 电子商务企业

对电子商务企业而言，其逆向物流自营模式的具体过程则不相同，如图 5-2 所示。消费者向线上卖家提出网上退货申请，在线客服收到申请后通知生产企业，由它们检验并回收退货产品，交由自建退货处理中心验收。验收后将货款退给线上卖家，线上卖家再通过支付宝等网上结算软件将货款退还给消费者。

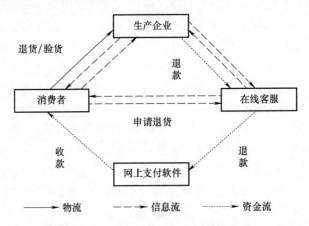

图 5-2　电子商务企业逆向物流的自营模式

3. 建筑施工企业

图 5-3 显示的是建筑施工企业逆向物流的自营模式。建筑施工企业对本企业产生的建筑垃圾进行简单分类后运送至回收处理中心，回收处理中心对送来的建筑垃圾进行细

图 5-3　建筑施工企业逆向物流的自营模式

第五章 逆向物流运作管理

分、破碎、分离、清洗、检测后,经过一定的技术处理对其再加工,对不可资源化的建筑垃圾进行无害化处理。

（二）联盟模式

联盟模式是指两个或两个以上相关企业通过一定的协议或组织方式,合作经营成立一个比较完善的逆向物流系统,为各合作企业和非合作企业提供逆向物流服务。企业间联盟可以降低各企业的投资成本,实现企业间的资源共享,减少对环境的污染。

同样,对不同类型的企业,逆向物流联盟模式的具体运作也各不相同。以下分别以制造企业、电子商务企业和建筑施工企业为例进行说明：

1. 制造企业

对制造企业而言,逆向物流的联盟模式是指生产相同产品或者相似产品的同行业企业进行合作,以合资等形式建立共同的逆向物流系统（包括回收网络和处理企业）,成立联合责任组织,由该组织为各合作企业甚至非合作企业提供逆向物流服务。处理回流物品并处理回收中的资源不仅需要先进的技术,而且需要大量的资金,单个企业难以承担,因此生产相同或相似产品的企业可以通过合资等方式,建立面向各合作方甚至整个行业的逆向物流系统。一般来讲,采用逆向物流联盟模式的行业,其集中度都比较高,行业内的领先企业具有较大影响力,可以推动多家企业进行合作。制造企业逆向物流的联盟模式如图5-4所示。

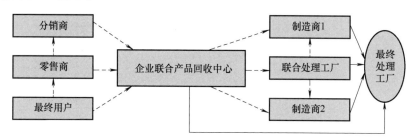

图5-4 制造企业逆向物流的联盟模式

2. 电子商务企业

电子商务企业逆向物流的联盟模式如图5-5所示。消费者向线上卖家提出网上退货

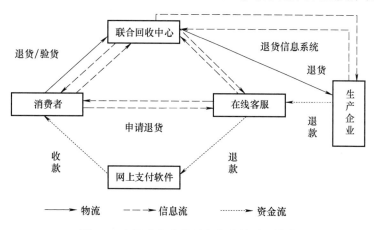

图5-5 电子商务企业逆向物流的联盟模式

逆向物流管理

申请,在线客服收到申请后通知联合回收中心,由它们回收退货产品,再交由联合处理中心验收。联合处理中心验收后,通过退货信息系统将退货信息传递给生产企业,生产企业将货款退给线上卖家,线上卖家通过支付宝等网上支付软件将货款退还给消费者。与此同时,退货产品由联合处理中心退至生产企业。

3. 建筑施工企业

建筑施工企业逆向物流的联盟模式如图 5-6 所示,两个或两个以上相关企业通过一定的协议或组织方式,合作经营成立一个比较完善的建筑垃圾逆向物流系统,为各合作企业和非合作企业提供逆向物流服务。具体运作方式是该组织负责合作的建筑施工企业建筑垃圾的分类整理,将可循环利用资源直接运送给建筑材料供应商进行再加工,将需要专门技术设备处理的建筑垃圾运送给建筑垃圾回收处理企业进行分类、破碎、分离、检测形成再生资源,对不可资源化的建筑垃圾进行无害化处理。

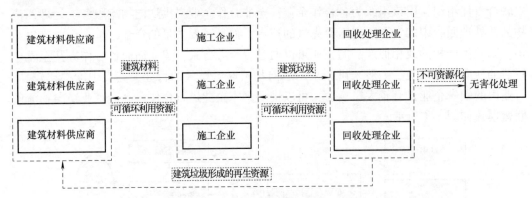

图 5-6 建筑施工企业逆向物流的联盟模式

(三) 外包模式

逆向物流外包模式是指企业通过协议形式,将其逆向物流中的部分或者全部业务,以支付费用等方式交由专门从事逆向物流服务的企业负责实施。

逆向物流的外包模式,是指生产企业并不直接参与 EOL 产品的回收工作,而是通过协议形式将其产品回收处理中的部分或者全部业务,以支付费用等方式交由专门从事逆向物流服务的企业。以下仍以制造企业、电子商务企业和建筑施工企业为例具体说明:

制造企业逆向物流的外包模式如图 5-7 所示,第三方物流企业负责为制造商回收 EOL 产品后转交给原生产商进行相应的处理。

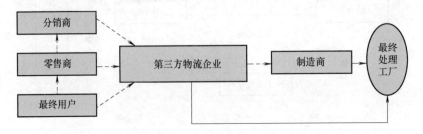

图 5-7 制造企业逆向物流的外包模式

第五章 逆向物流运作管理

电子商务企业逆向物流的外包模式如图 5-8 所示。消费者向线上卖家提出网上退货申请，在线客服收到申请后通知第三方物流企业（快递公司等），由它们检验并回收退货产品。第三方物流企业验收后通过退货信息系统将退货信息传递给线上卖家，在线卖家再将退货信息传递给生产企业。生产企业收到信息后将货款退给线上卖家，在线卖家通过支付宝等网上支付软件将货款退还给消费者。在退款同时，退货产品由第三方物流企业经在线客服（或在线卖家）退至生产企业。

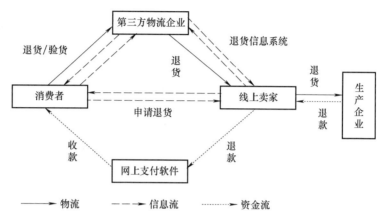

图 5-8 电子商务企业逆向物流的外包模式

建筑施工企业逆向物流的外包模式如图 5-9 所示。建筑施工企业以签订合同的形式将其部分或全部建筑垃圾回收处理工作交由专门从事物流活动的企业负责。在该模式下，建筑施工企业只负责监督和检查物流企业工作的完成情况，而自身不参与物流活动。专业化物流企业为整个社会的建筑施工企业提供物流服务。

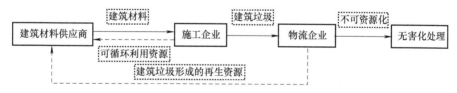

图 5-9 建筑施工企业逆向物流的外包模式

还有一种特殊的逆向物流外包模式，即利用政府公共服务系统进行处理。在生产流通过程中和消费后产生的价值较低的报废品，如生活垃圾及工业、建筑垃圾等回收处理或者再生利用的成本较高，而其生产企业通常规模较小，不具备从事逆向物流业务的实力，即使在政府管制的情况下，可能仍然不愿实施逆向物流。在这种情况下，政府需要委托公益性社会机构（主要是公用事业机构）或者实力较强的国有企业等来承担，同时考虑到该行业的公益性质，政府会给予适当的政策优惠。该模式的典型代表就是城市垃圾处理系统。

案例：互联网＋垃圾分类回收新模式

现在，线上的回收应用越来越多，很多大企业都加入了这个阵营。2019 年初，支付宝也上线了"垃圾分类回收"功能，在解决废旧物资回收最后一公里上开始发力。

该功能可以预约上门回收。比如用户家里有一台液晶电视需要回收，可以打开"垃圾分类回收"，选择品类、品牌、使用年限、尺寸、屏幕外观、功能状况等选项，最后系统会自动计算出一个预估回收价（最终成交价以上门面议为准）。对于回收价值比较低的物品，可以按照重量兑换"能量"，然后利用能量在"环保商城"兑换优惠券或者实物。目前可以上门回收的废品包括两大类：废弃家电回收、可再生垃圾回收。其中，废弃家电包括冰箱、洗衣机、计算机、电视、空调；可再生垃圾包括废纸、废塑料、废玻璃、纺织衣物、废金属及报刊书籍等。未来，支付宝垃圾分类回收还将与蚂蚁森林、公益积分等全部打通，将此项服务推向更多的城市和地区，让老百姓更方便地参与垃圾分类，践行环保。随着回收渠道不断增多，对很多传统回收商来说，既是机遇又是挑战。只有紧跟时代步伐，才不会被互联网取代。

利用回收行为的大数据，不仅可以分析消费者对电子产品的淘汰频率和淘汰方式，还可以给商家提供商机，通过提交数据的点位分布和客户预约资料，为物流安排最合适的回收路线。不仅如此，电子废弃物回收产生的大数据还可以为政府提供决策支撑。大数据可以根据电子废弃物流向正规企业的数据进行预测，这些企业该增加多少电子产品的回收，又为企业带来了多大的价值。这样政府的决策就可以更加精准、更有效果。而上述作用只是电子废弃物大数据衍生出来的部分功能，大数据与传统行业合作还将开发出更多功能。

二、逆向物流运作模式的优劣势分析与比较

（一）逆向物流自营模式

1. 优势

自营模式可以使企业对供应链有较强的控制能力，容易与其他业务环节配合，可以对产品逆向物流进行全面控制。该模式还有利于企业盘活原有资产，降低企业交易成本，避免商业机密的泄漏，提高品牌价值等。

一般而言，该模式的优势在于：①企业能更好地控制逆向物流，有效避免商业机密外泄；②可以利用正向物流的设施和网络资源，降低成本；③能根据自身产品的特点设计逆向物流系统；④在信息反馈及对产品设计的改进方面的优势非常明显；⑤在经营好本企业逆向物流的基础上，还能为其他企业提供物流外包服务。

例如，对制造企业而言，逆向物流自营模式和其他几种模式相比，其在信息反馈及对产品设计的改进方面的优势是非常明显的。企业通过直接从顾客手中回收产品，可以及时获得关于产品质量及特征方面的第一手信息的反馈，这些反馈信息在企业的设计、财务等各部门之间流动，有利于企业及时了解产品的技术缺陷，进行产品设计和生产过程的改进，也有利于财务部门及时准确地获得有关回收处理的相关成本，减少财务风险。另外，制造企业自营模式所建立的回收处理中心只回收本企业生产的产品，可以提高企业回收处理的效率，包括有效的运输成本、合理的产品调配以及产品品牌形象的维护。

2. 劣势

逆向物流自营模式能给企业带来经济效益和社会效益，但也有其劣势，具体体现在

第五章　逆向物流运作管理

以下方面：①企业要建立独立的逆向物流体系，必须注入大量的资金来建立必需的设施；②该模式对企业逆向物流的技术人员及管理人员有着很高的专业要求；③企业自建的逆向物流体系主要服务于本企业的产品回收，产品的品种比较单一；④第三方物流的日益专业化也给自营模式的企业带来了竞争压力；⑤逆向物流如果不是企业的核心竞争力，那么对实力不强的中小企业来说，自营模式分散了企业的资金和人员，可能带来较高的财务风险。

采用该模式的企业可能会利用本企业正向物流中的逆向流动来实现产品回收等逆向物流活动，这就可能导致部分回收品业务与常规业务在加工、仓储、库存、配送等环节相互冲突，紧急情况下有可能为了常规业务的正常运作而不得不放弃产品逆向物流业务的运作。除此之外，这种模式对企业的软硬件要求都比较高，软件方面需要企业具备更先进的物流技术，更准确、更快捷的信息传递，更高的人员素质，更合理的组织结构等；从对企业的硬件要求来看，需要配备先进的产品处理设备，以达到物料的循环再利用、保护自然环境的目的。这种模式还会要求大量的基础建设投资来满足企业产品逆向物流的运作要求。由于逆向物流具有分散性、缓慢性、不确定性等特征，使得逆向物流的网络结构很复杂，若由制造企业独家经营运作，虽然可以降低交易成本，但同时会增加库存成本、运输成本，分散企业的资金和人力，会给企业带来较高的财务风险。

3. 适用范围

对制造企业而言，这种运作模式适合回收再利用价值比较高，或者是专业性比较高，或者是法律规定企业必须回收处理或召回的情况。一般来讲，需要建立独立回收物流系统的企业，经济技术实力比较强大。这些企业具有以下特征：

1）拥有覆盖面很广的代理商、分销商、连锁店，而企业业务又集中在其覆盖范围内。

2）业务集中在企业所在城市，送货方式比较单一，网络资源丰富，逆向物流管理能力强。由于业务范围不广，企业独立组织逆向物流所耗费的人力不是很多，如果交由专业物流公司处理，既浪费时间，又增加配送成本。

3）对于一些规模较大、资金雄厚、物流量巨大的企业来说，可以把构建逆向物流作为一种战略选择，投入资金建立自己的逆向物流系统，掌握逆向物流的主动权。如著名的苹果公司、IBM、宝马、福特公司等，它们都已建立了自己的逆向物流渠道并成功实现了产品的回收计划。

电子商务企业中采取自营模式的企业主要有两类：第一类是批发企业或传统的大型制造企业经营的电子商务平台，由于在前期已经建立起初具规模的营销网络和物流配送体系，在电子商务环境下开展逆向物流时只需将其加以改进、完善，就可满足对物流配送的要求；第二类是资金实力雄厚且业务规模较大的电子商务公司。由于电子商务在我国兴起之时，国内第三方物流的服务水平还不能满足当时电子商务企业的要求。而大量的外国风险投资注入这些电子商务企业，为了抢占市场份额，不惜动用大量资金，在一定区域甚至全国范围内建立了自己的物流配送系统，同时负责逆向物流业务。

（二）逆向物流联盟模式

1. 优势

逆向物流联盟模式的优势主要体现在以下几个方面：①企业之间建立契约式战略合

逆向物流管理

作伙伴关系后，能够形成规模经济，降低交易成本；②分担投资风险；③能实现信息共享，优化企业资源配置；④更具专业优势，且能从物流伙伴处获得物流技术和管理技巧。

比如，制造企业联盟模式相对于自营模式来说，最明显的优势在于制造企业联合体回收同类的具有相似性的产品，可以形成规模经济，只需建立少数回收处理中心，减少了产品回收的中间环节，节约了回收成本。同时，制造企业联合体可以在行业内做到真正的回收处理专业化，发展适用于整个行业的专门技术，这种回收模式还能很好地解决"孤儿产品⊖"问题，使其有家可归，在某些制造企业倒闭的情况下，仍然可以由制造企业联合体完成相应的回收处理工作。再者，这种模式在一定程度上解决了小规模生产商进入逆向物流领域的高门槛问题，它们只需加入行业的联合责任组织，就能共享该组织的逆向物流设施和管理功能。

2. 劣势

该模式普遍存在的劣势包括：①企业间的技术投入和网络建设费用偏高；②企业间存在经营理念、企业文化和运作模式的冲突；③逆向物流管理效率会受到合作伙伴的影响；④存在商业机密外泄的风险；⑤存在成本分担问题；⑥存在信息沟通与共享问题。

其中，成本分担问题很关键。在联盟中，应确定每一个企业应负担多少逆向物流费用，采用什么样的机制识别和计算成本，这样的机制在多大程度上是精确的。同时，有时市场价格会有垄断情况，如前面提到的生产者责任组织往往可以垄断 EOL 产品的市场价格，这对系统的成本反馈造成了负面影响。

另外，在具体运作过程中，在信息沟通与共享方面，信息反馈难和准确率不高等问题直接影响整个逆向物流系统的正常运行。尽管联盟处理、回收的是同类产品，但一定程度上它们仍有各自企业的专业机密信息，而联盟组织很难获得这些信息，这就增加了回收、拆卸等工作的难度，而且关于某种产品在处理过程中获得的信息也较难反馈到该产品的设计者处。企业不能及时、准确地获知回收的产品所处状态，就会在一定程度上影响产品的回收再利用；联盟企业中一些非物流企业由于经验、设备和能力等方面的局限，在逆向物流管理上很难赶上专业水平，且由于交易范围的限制，逆向物流合理化所追求的规模化、网络化目标也难以实现，限制了逆向物流潜能的进一步发挥。

除此之外，对制造企业而言，制造企业联盟模式较难形成产品的闭环回收网络，因为 EOL 产品被联盟责任组织回收后，不太可能进入该产品的闭环再循环，而只能进行其他产品的再利用。

因此，这种模式能正常运行的前提条件是各成员企业之间关系的协调，需要共担风险责任。

3. 适用范围

该模式适用于家用电器、电子产品、家具、塑料制品、橡胶制品、纸张、玻璃以及生产过程中报废的金属器具等，这些物品的回收利用价值较高，有些回收之后经过简单

⊖ 这里是指制造企业破产倒闭或者转型以后，留给市场与消费者们的失去三包售后的产品。有时也包括销售商家从市场里消失、产品当地售后撤销等情况，此时消费者所购的商品同样也会变成没有人看管的"孤儿"。

第五章 逆向物流运作管理

处理可以进入二手市场，有些经过拆装之后可以作为零件重新使用，或可以作为工业原料重新进入生产领域。因此，对制造企业来说，废旧物品可以作为重要的零件或原料来源，这其中蕴藏着巨大的商机。另外一些废旧物品可能会对环境产生巨大的潜在威胁，因此法律规定制造企业要对产品的整个使用寿命周期负责，承担回收处理的责任。要适当处理这些报废物品并回收其中的资源，不仅需要先进的技术，还需要相当多的资金，而这通常是单个企业难以承担的。因此，作为生产相同或相似产品的诸多企业，可以通过合资等方式建立面向各合作方甚至整个行业的专门从事逆向物流的企业。

建立逆向物流联盟的行业集中度一般比较高，行业内的一些领先企业具有比较大的影响力，可以推动多家制造企业进行合作。例如，在日本，大多采取企业间合作的方式进行家电回收再利用工作，这种方式可以节约技术研发的成本、提高研发效率，同时也有利于最新技术的普及。

一般来讲，采取联盟模式的企业有两类：一类是生产电子产品的企业联盟，如2004年摩托罗拉、三星、诺基亚、海尔等七家国内外手机厂商联合建立了逆向物流系统；另一类是规模小但又拥有自己的逆向物流系统的企业。

（三）逆向物流外包模式

1. 优势

该模式的优势在于：①企业选择了外包服务后，能集中资源发展核心业务，形成核心竞争力；②能促进企业逆向物流的高效化和专业化，提高服务水平；③减少不确定性，降低逆向物流成本和投资风险。

由于竞争的加剧，许多企业把主要精力和资源集中在核心竞争力上，而把非核心领域外包给其他专业企业。企业把逆向物流业务外包给第三方，就不需要出资建立逆向物流业务基础设施，可以将资金充分利用在本企业的核心竞争力上，提升企业在本行业内的竞争优势。

由于第三方逆向物流企业是专业的逆向物流供应商，一般拥有完善的逆向物流管理体系、丰富的运营经验、专业而完备的物流设施设备、广泛的客户网络。从事逆向物流的第三方物流企业一般更了解复杂的逆向物流环境，可以对产品的收集、分类、处理进行规范而专业的操作，可以针对性地提供相应的仓储和运输服务等。因此，逆向物流外包模式，其工作效率更高、服务质量更好。

企业将逆向物流外包给第三方逆向物流服务提供商之后，回收的产品可以达到法律规定的要求，又可以减少产品在回收和分销时市场不确定的风险，减少了对逆向物流设备和人员的巨大投资，减少了投资风险。第三方物流通过为多家企业服务，可以实现管理和运作的规模效益，有效降低成本。

2. 劣势

该模式的劣势在于：①信息反馈具有一定的延迟，不利于产品的改进；②企业对逆向物流的控制力也受到影响；③竞争企业可能通过这种模式的漏洞，采取不法手段获取其商业机密，存在信用风险；④这种逆向物流的成功与否，会受到第三方物流企业能力的限制。

企业将产品逆向物流外包给第三方就意味着基本放弃了对产品逆向物流的管理权，失去对产品回收情况的控制，而只有通过第三方才能了解具体信息，容易受制于人。另

逆向物流管理

外，在我国，逆向物流行业现在发展还不够成熟，缺乏逆向物流管理知识的高级人才，很多从事第三方逆向物流业务的公司都是由传统的物流公司转型的，专业能力还有待进一步提高。但总的来说，外包模式是一种最有前景的模式。随着越来越多的国际知名物流企业进军逆向物流领域，制造企业将会有越来越多的选择。

除此之外，企业和第三方逆向物流企业之间的沟通和交易机制会造成许多问题，尤其对制造企业而言，由于其逆向物流过程环节多、业务复杂，影响更大。例如，在 EOL 产品的鉴定方面，制造企业需要知道顾客手中的具体产品是什么、是否被指定的第三方逆向物流企业正确回收和处理等，以避免欺诈风险；其次，第三方逆向物流企业必须能够从制造企业处获得关于产品设计和材料方面的足够信息，才能对 EOL 产品进行正确的拆解和处理；最后，如何确定回收的最优转让价也是制造企业在采取该模式之前要慎重考虑的问题。

3. 适用范围

逆向物流外包模式是企业物流运作模式发展的趋势和方向，也是物流专业化发展的产物，应该说其适用范围是广泛的，适合于大多数企业，无论是产品维修、退货，还是报废之后废旧物品的回收，都可以运用。而且在传统企业物流管理改革的过程中，随着物流产业的发展及第三方物流企业的不断完善和壮大，企业自营运作模式越来越不适应现代社会的发展，需要考虑逐步将逆向物流外包给第三方逆向物流企业。

（四）三种模式的比较

表 5-2 对三种逆向物流运作模式进行了比较总结。

表 5-2　逆向物流运作模式的比较

比较项目	自营模式	联盟模式	外包模式
物流成本	最高	高	低
运作规模	中等	大	小
规模经济性	缺乏	一般	明显
专业性	企业自己负责	专业人员	专业人员
产品设计的改进	及时	可同时处理不同产品	对不同设计敏感
竞争性	产品回收价格最小化	垄断回收处理的管理	最有竞争力的选择
财务风险和可靠性	企业自己承担	联合体承担	第三方或保险业承担
适合企业规模	小规模企业	大小企业均适合	大小企业均适合
孤儿产品	无法解决	问题解决	问题解决
信息反馈	容易、快速	不容易	通过契约获得
产品类型	自身生产的产品	产品有很少的差异性	范围广

案例：丰修——顺丰介入逆向物流领域

2015 年，顺丰联合小米切入手机维修领域，推出"仓储+配送+售后"的一站式电子产品售后服务平台——顺维修，也就是现在的丰修。这只是一个开始，现在已经继续向智能设备、智能穿戴、家居服务、高精尖产品等方向逐步扩展，华为、小米、

科沃斯、科大讯飞、小鱼在家、深之蓝等各行业巨头均与丰修建立了深入的合作伙伴关系。具体而言,丰修的特点包括以下几点:

(1) 深入供应链、降本增效　丰修在武汉、广州、深圳、上海、北京维修中心启动华为专区业务运营和 HUB 集成管理,到件即修、修完即发,信息流、实物流全程闭环实现提质增效。依托专业的运营管理水平、先进的系统管理能力、完善的仓配一体化网络,丰修为华为提供备件管理服务,有效确保备件供应的连续性,降低备件等待及交通耗时与成本。中国香港华为授权丰修在旺角、荃湾建立的客户服务中心,"门店+工厂"运营模式极大地提升了售后时效与服务品质。

(2) 一体化服务　应对 AIoT(AI+IoT,人工智能物联网)时代的服务需求,丰修提供全屋家居智能一体化服务解决方案,为全屋空间的智能设备互联提供集安装、调试、维修、清洗保养的"服务+"解决方案,以节省成本、提升时效。

(3) 定制化服务　针对科沃斯扫地机器人、科大讯飞读写智能本/讯飞翻译机、小鱼在家等智能终端售后需求,提供定制化售后服务解决方案,开展触达全国的寄修、检测、翻新合作。据官方介绍,丰修为小鱼在家的独居老人用户成立专项小组,提供免费上门检测、维修、安装、调试和使用培训服务,获得客户和行业的认可。

(4) 承接高精尖产品服务需求　诸如水下无人机等智能硬件具备技术含量高、迭代升级周期快的特点,对于维修设备、操作环境以及工程师技术提出了更高要求。对此,丰修早已凭借维修性技术的深耕、维修场地/设备投入、人才复用的深耕与沉淀,构筑起竞争壁垒。丰修与深之蓝的牵手,切入的正是水下助推器的寄修业务。它们通过搭建起更加智能化、集约化的售后服务体系,推动水下智能娱乐设备售后服务标准升级。

图 5-10 显示了丰修的手机售后供应链解决方案——集合正、逆向物流优势,为手机厂商提供定制化方案。

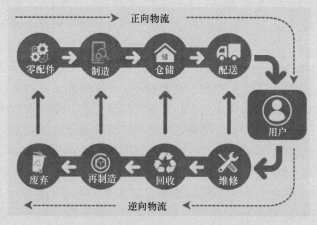

图 5-10　丰修的手机售后供应链解决方案

三、逆向物流运作模式的选择决策

(一) 逆向物流运作模式选择需考虑的因素

企业逆向物流运作模式的选择关系到企业逆向物流战略的成败,因此,要考虑的影

逆向物流管理

响因素也较多,归纳起来有以下几个方面。

1. 成本因素

成本因素包括的主要指标是固定成本、内部变动成本及交易成本等。在进行运作模式选择时,一般要以总成本考虑为主。

固定成本主要是指企业为建立顺畅的逆向物流渠道而进行的必要投资。从事逆向物流渠道建设,必然要进行各种各样的投资,比如逆向物流必需的专用设施、必需的管理信息系统的投资,以及对专门人员进行的先期培训等。特别是那些进入渠道的、有可能对环境造成较大危害的物品的处理,对设施和操作人员的要求更严,必须要有专用的设施。这些投资花费的金额较大,短时间内不可能收回,而且如果不用于逆向物流,就没有其他用处,只能废弃,相当于造成了固定资产的损失。

在自营条件下,逆向物流渠道建设的费用全部由企业自己承担,在以后较长的时间内逐渐收回投资;但如果将企业逆向物流渠道外包,企业就不需要承担逆向物流渠道基础建设的费用,或只需承担较少的建设费用。如果企业已经有了逆向物流渠道的一部分设施,与其废弃,不如把企业的逆向物流渠道和其他企业的逆向物流渠道结成渠道联盟。这样,既不使已有的投资废弃,又不用再投资,就可以得到较为顺畅的逆向物流渠道。

就交易成本而言,这里主要是指在企业逆向物流渠道内完成所有逆向物流活动所形成的交易成本的总和。不管是自营、外包还是企业间逆向物流渠道联盟,都会有交易成本存在。一般情况下,就三种模式而言,自营的交易成本最低,企业间逆向物流联盟的交易成本居中,外包的交易成本最高。

2. 环境因素

环境因素主要包括的指标是对环境保护的贡献和资源节约水平。当今社会经济高速发展,企业为了自身的生存和发展,不断地开发利用自然资源,无限制地从大自然索取,从而导致世界范围内不可再生性自然资源的严重短缺。同时企业所排放的废气、废水等,严重污染了自然生态环境,导致人类的生存环境日益恶化。温室效应、酸雨等现象就是企业忽视环境保护造成的恶果。随着人们生活水平和文化素质的提高,环保意识日益增强,消费观念发生了巨大变化,顾客对环境的期望越来越高。世界各国陆续出台了严格的环境保护法律,强制规范企业的环境行为。因此环境因素成为选择逆向物流渠道管理方法必不可少的因素。不管哪种管理方法,都必须使企业的逆向物流活动在运行的时候不违反法律法规,不对环境造成危害。就资源节约水平来讲,一般情况下,由于逆向物流渠道自营更利于企业对逆向物流的控制,因此资源节约水平较高;相反,虽然逆向物流渠道外包能够提高企业的逆向物流服务水平,但却不利于企业对渠道的控制,因此资源节约水平较低;而企业间逆向物流渠道联盟的资源节约水平居于两者之间。

3. 服务因素

服务因素包括的指标主要有顾客满意度、技术水平、服务半径等。在当今顾客驱动的经济环境下,顾客价值是决定企业生存和发展的关键因素,如何赢得顾客的信赖、提高顾客对产品或服务的满意度是企业必须考虑的问题。而逆向物流战略恰恰能够满足这一要求。通过逆向物流的实施,在企业能够承受的范围内最大限度地满足客户的退货要求,能够确保不符合订单要求的产品及时退货,有利于消除顾客的后顾之忧,提高顾客

第五章 逆向物流运作管理

的满意度,赢得顾客的信任,提高市场占有率,增强市场竞争力。所以企业在选择如何管理逆向物流渠道时,必须考虑服务因素。顾客满意度是评价服务水平的主要指标,而技术水平和服务半径是评价服务水平的间接指标。一般情况下,较高的技术水平就能带来较高的服务水平。较大的服务半径也象征着服务水平较高,但这个指标并不是绝对的,也有的企业服务半径较大,但服务水平总体却处于低水平状态。

4. 其他影响因素

其他影响因素主要包括抵御风险的能力、人员沟通与管理、信息管理、设备先进性四项指标。

企业要求逆向物流渠道能够为自己提供全方位、个性化的逆向物流服务,能应对各种各样、无法预知的风险,要具有抵御风险的能力。因为逆向物流是一个跨部门、跨行业的活动,因此要求逆向物流渠道中承担任务的各类操作管理人员之间能够相互沟通、相互配合,共同处理好逆向物流。信息管理在物流渠道中扮演着较为重要的角色,它必须保证逆向物流渠道中的各个环节之间、各个成员之间信息交换通畅,得到的信息是完备的、及时的。设备的先进性能够保证企业逆向物流渠道能够较好地处理自己所承担的任务。由于管理方法的不同,各个指标的高低也会有所不同。比如就抵御风险的能力而言,一般情况下,自营模式抵御风险的能力较强,企业间联盟模式次之,外包模式较弱,这根据各个企业出发点的不同会有所偏差。

(二) 逆向物流模式选择的决策流程与步骤

企业在选择逆向物流的运作模式时,要综合分析企业内外部环境、现有资源和条件,以及逆向物流的经济性,从经济、管理、技术等多角度来综合考虑企业逆向物流模式的选择。其决策流程如图 5-11 所示,具体步骤如下。

1. 明确开展逆向物流的原因

第一,如果是相关法律强制,则在没有经济效益和相应资源的情况下也要实施,此时,企业的目标是逆向物流成本最小化。第二,如果不是因为法律强制而开展逆向物流,则主要以实现企业战略目标、获取经济利益为目的。首先要分析竞争对手和客户需求,确定逆向物流的实施有利于企业超越竞争对手,获取竞争优势;然后分析自身是否已具备相应资源条件,进行逆向物流的模式选择。如果不具备竞争与资源优势,则要在逆向物流能够为企业带来经济利益(至少不会亏损)的前提下才进入这一领域。

2. 是否构成企业核心竞争力

在逆向物流模式选择中,其中需重点考虑的一个因素就是明确逆向物流是否构成企业的核心竞争力,基于核心竞争力进行回收模式的选择决策,此处将借鉴 Ballow 提出的自营–外包二维决策标准。Ballow 认为企业是采用自营还是外包服务主要基于两个因素——物流对企业成功的影响程度和企业物流的管理能力。如果物流对企业成功的重要程度高,企业处理物流的能力相对较低,则采用第三方物流或者和其他企业联盟的模式;如果物流对企业成功的重要程度低,同时企业处理物流的能力也低,则外包模式比较合适;如果物流对企业成功的重要程度很高,而且企业处理物流的能力高,则采用自营物流的模式。

3. 是否注重回收效率

在选择运作模式时还应考虑效率,应当为逆向物流寻找一种效率较高的模式。通常

逆向物流管理

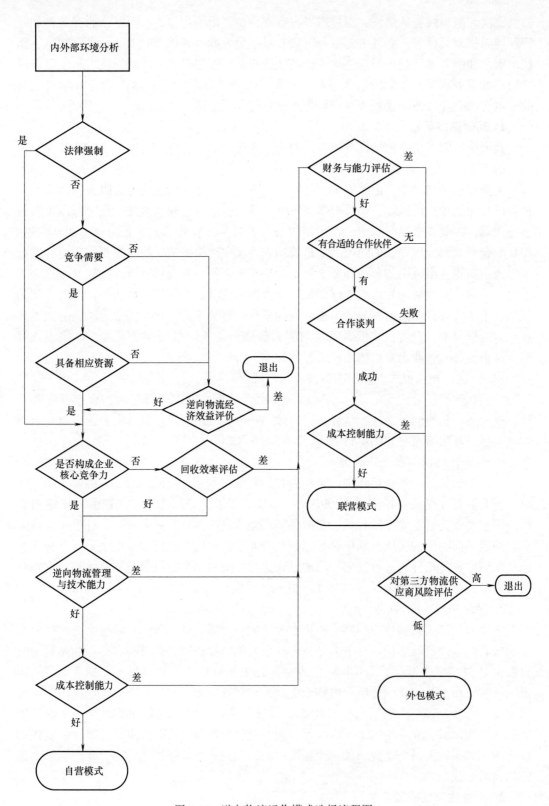

图 5-11 逆向物流运作模式选择流程图

自营模式只处理本企业业务,因而涉及的产品种类有限,但可以提高企业回收处理的效率,主要从以下两项指标体现:一项是价值利用的角度,将逆向物流中有价值的部分进行分拣、加工,通过这些活动使其成为有用的物质重新进入生产流通领域,使其残余价值尽可能得以再利用;另一项是安全性及环境保护的角度,使回收的有害物质对环境的影响最小。

4. 是否具备管理与技术能力

企业要独立运作逆向物流,必须具备相应的管理能力与技术能力,管理通常包括设施、设备管理和人员、信息管理。在逆向物流的某些环节,尤其是废旧物品处理环节,通常需要专门的技术设备和专业人才,才能实现废旧物品的再生利用或者无害化处理,企业要考虑是否具备这种能力。

5. 企业成本控制能力

企业必须将成本控制在能够承受的范围内。逆向物流成本主要由回收成本、运输成本、处理成本等部分组成,在最终确定运作模式前应确定能否有效控制逆向物流成本,若不能就要考虑外包逆向物流业务。

6. 其他考虑因素

在选择联盟模式前,应当先确定企业有相应的资金和能力、有合适的合作伙伴(应当有共同需要或能力互补),以及能有效地控制成本,否则应进入业务外包评判环节。

四、第三方逆向物流服务商的选择

以上三种逆向物流运作模式中,外包模式是现在的发展趋势,以下对第三方逆向物流服务提供商的选择方法进行简要介绍。

(一)选择标准

按选择第三方逆向物流服务商时需要考虑因素的优先顺序,根据现有文献与实践,将涉及的因素进行总结,见表 5-3。

表 5-3 第三方逆向物流服务商的选择标准

标准	定义	可供选择主体
成本	物流外包的总成本,主要包括价格、预期租赁成本、运营成本、仓储成本	专业物流企业 其他企业 公共服务系统
关系	包括共享风险和奖励,确保用户和第三方物流(3PL)之间的合作。它还有助于控制 3PL 机会主义行为,可靠性、依赖性、兼容性、互惠性是其属性	
服务	与诸如服务的广度、服务的特征化/专业化、可用服务的多样性、售前/售后客户服务以及增值服务等属性有关	
质量	第三方物流的质量包括许多方面,如持续改进的承诺、SQAS/ISO 标准环境问题和风险管理	
信息和设备系统	对应于具有 3PL 的物理设备和信息系统,以促进其客户的物流操作的执行。涉及 EDI、跟踪、技术能力、信息可访问性、计算机网络可用性、信息化水平、技术/工程能力、材料处理设备和信息安全等属性	
灵活性	能够适应不断变化的客户要求和环境,其属性包括满足未来需求的能力、容纳和扩展客户业务的能力、系统灵活性指数、对目标市场或服务请求的响应能力、处理特定业务需求的能力以及时间响应能力	

逆向物流管理

(续)

标准	定 义	可供选择主体
交货	由以下属性表示：时间、准时性能、准时出货和交货、交货速度、运输/交货时间的准确性、货件交付和准时交货率	专业物流企业 其他企业 公共服务系统
职业化	3PL 展示了行业中的服务知识，并在它们互动和呈现给客户的方式中表现出准时性和礼貌；其特点是专业知识、能力和经验等属性	
财务状况	3PL 的良好财务表现确保了服务的连续性和用于物流运营的设备和服务的定期升级	
地点	涉及分布范围、地理专业化和覆盖范围、国际范围、市场覆盖范围、出货目的地和距离等属性	
声誉	指客户对第三方物流满足其需求的看法，这与 3PL 的初步筛选更相关	

（二）选择方法

现在的理论与企业实践中，有多种物流服务商的选择方法，总结第三方逆向物流服务商的选择方法见表 5-4，供参考选用。

表 5-4　第三方逆向物流服务商的选择方法

类别	方法	优势	弱点
多目标决策	分析层次过程（AHP）、分析网络过程（ANP）、解释结构模型（ISM）、与理想解相似的订单偏好技术（TOPSIS）、多准则优化和折中解决方案（VIKOR）、决策试验和评估实验室（DEMATEL）、消除和选择表达现实（ELECTRE）、模糊集理论（FST）、效用理论和质量功能部署（QFD）	1. 快速且易于使用 2. 可以应对多种定性和定量标准 3. 考虑标准之间的依赖关系	1. 分配给标准的权重取决于人的判断 2. 不可能在模型中引入约束 3. 成对比较矩阵的形成是一项耗时且复杂的任务
统计方法	相关方法、聚类分析、logit 回归（二元、多元）等	1. 允许分析大型数据库 2. 可以应用于复杂问题，如由决策标准的层次结构表示的问题	1. 没有最佳解决方案，不可能在模型中引入约束 2. 当标准高度依赖时，很难定义"集群"
数学编程	动态编程（DP）、线性/非线性编程（LP/NLP）、混合整数编程（MIP）、多目标编程（MOP）和数据包络分析（DEA）	1. 标准不一定具有共同的维度 2. 可以选择在模型中引入或不引入约束	1. 很难衡量定性标准 2. 在 MOP 的情况下难以分析结果 3. 在 NP 难问题的情况下，计算最优解可能是耗时的
人工智能	基于案例的推理/基于规则的推理（CBR/RBR）、推理方法、人工神经网络（ANN）、Delphi 方法和数据挖掘	1. 提供灵活的知识库 2. 考虑定性因素 3. 由于其设计以与人类判断类似的方式操作，因此可以更好地设置复杂性和不确定性	1. 关于第三方物流和获取专业知识的收集是漫长而艰难的 2. 非常昂贵

> **案例：欧美企业的逆向物流商业模式**
>
> 近年来，一些欧美企业逆向物流的成功商业模式纷纷被国内企业借鉴。
>
> 例如，全球领先的逆向物流公司 Genco 通过逆向物流帮助 BestBuy、西尔斯等美国零售巨头商寻找买主，销售因缺陷退回或损坏的产品，每天在买家和卖家之间处理高达500万美元的废弃物品。该公司年销售额达16亿美元，每年处理的退回产品达6亿件以上。
>
> 雅诗兰黛公司通过构建逆向物流的扫描系统、商业智能数据库，在系统运转的第一年，就为企业带来了以前只有通过裁员、降低管理费用才能产生的成本价值。其后，逆向物流系统通过对雅诗兰黛24%以上的退货尽心评估，发现可以再次分销的产品居然是真正需要退回的1.5倍。这又为雅诗兰黛节省了一笔人力成本。

第三节　逆向物流预测与计划

一、逆向物流不确定性分析

逆向物流系统中相关问题的难点主要是由其本身的不确定性引起的，体现在以下几个方面。

（一）逆向物流产生的不确定性

逆向物流的产生地可以是数以万计的最终消费者，可以是零售终端、分销端、制造末端和制造过程，只要有退货、损耗和过期，就有可能产生逆向物流。所以，逆向物流产生的地点、时间和数量难以预见。

（二）回流产品数量的不确定性

各种产品会由于不同的原因发生逆向回流，而产品的回流数量具有高度不确定性。这一方面是由产品自身因素决定的，如产品的质量、寿命等；另一方面是由用户的使用时间、使用环境以及最终用户参与产品回收的意愿等因素决定的。

（三）回流产品损坏情况的不确定性

回流产品的损坏程度有轻有重，损坏的方式也各不相同，损坏情况只有通过检测才能确定。

（四）回流产品处理方法的不确定性

根据回流产品损坏情况的不同，在进行检验之后需要决定对其进行不同的操作，如再生、再造、直接销售以及焚烧、填埋处理等。同时，回收产品情况的不确定性也会造成产品加工时间的不确定和原材料需求的不确定。

（五）回流产品再利用需求的不确定性

回流产品再利用需求市场远没有普通市场成熟，存在更大的随机性和不可预测性。

二、基本预测方法

逆向物流作为物流系统的一种，其预测既有一般物流系统的共性，又有自身特点所决定的特性；其关键是构建合适的数学模型，既可以将逆向物流的不确定性反映出来，

逆向物流管理

又便于理解和实施预测活动。实际应用中，逆向物流预测常用的方法可以分为定性预测和定量预测两大类。

（一）定性预测方法

定性预测方法主要有市场调查预测法和专家预测法。专家预测法又包括头脑风暴法、德尔菲法及派生德尔菲法、主观概率法和预兆预测法，如图 5-12 所示。

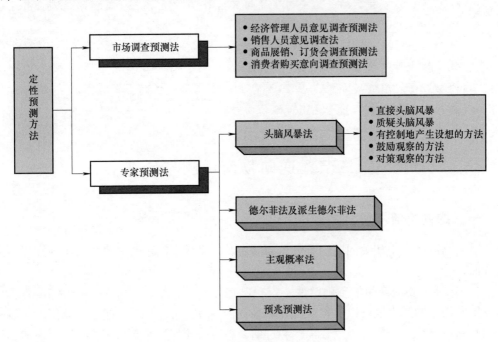

图 5-12　定性预测的主要方法

（二）定量预测方法

定量预测方法主要包括时间序列平滑预测法、一元线性回归预测法、多元线性回归预测法、非线性回归预测法、趋势外推预测法、马尔可夫预测法、灰色系统预测法等。

1. 时间序列平滑预测法

时间序列平滑预测法又包括移动平均法（包括简单移动平均法、加权移动平均法及趋势移动平均法）、指数平滑法（包括一次指数平滑法、二次指数平滑法及三次指数平滑法）、差分指数平滑法（包括一阶差分-指数平滑模型和二阶差分-指数平滑模型）、自适应过滤法、自回归滑动平均模型 ARMA 等。该方法主要适用于统计指标数值按时间先后顺序形成的情况，通过分析其发展速度、发展趋势及变化规律，来解释现象之间的动态演变关系等。

2. 一元线性回归预测法

对于一元线性回归要先进行相关性分析，再决定是否进行回归分析，主要适用于具有线性特性或可以转化为线性关系的双变量预测。

3. 多元线性回归预测法

多元线性回归预测法的基本原理同一元线性回归预测法，不同之处在于对结果造成的影响，可能是多个变量的线性组合。其检验除一元模型中适用的 R 检验外，还包括 F

第五章 逆向物流运作管理

检验、t 检验、D – W 检验等。

4. 非线性回归预测法

非线性回归预测法常用的模型包括双曲线模型（形如 $y_i = \beta_1 + \beta_2 \frac{1}{x_i} + u_i$）、多项式模型（形如 $y_i = \beta_0 + \beta_1 x_i + \beta_2 x_i^2 + \cdots + \beta_n x_i^n + u_i$）、对数模型（形如 $y_i = \beta_1 + \beta_2 \ln x_i + u_i$）、三角函数模型（形如 $y_i = \beta_1 + \beta_2 \sin x_i + u$），以上几种可以用直接换元法转化为线性问题；此外，常用的模型还有指数模型（形如 $y_i = ab^{x_i} + u_i$）、幂函数模型（形如 $y_i = ax_i^b + u_i$），这两种可以用间接代换法处理；而对于罗吉斯曲线（形如 $y_i = \frac{e^{\beta_0 + \beta_1 x_i}}{1 + e^{\beta_0 + \beta_1 x_i}} + u_i$）、修正函数增长曲线（形如 $y_i = a + br^{x_i} + u_i$）无法转化为线性问题的，则要采用线性逼近的方法处理。

5. 趋势外推预测法

趋势外推预测法主要有指数曲线法、修正指数曲线法、生长曲线法（包括龚珀兹曲线、皮尔曲线）及适用于复杂系统的包络曲线法等，是根据事物的历史和现实数据，寻求事物随时间推移而发展变化的规律，进而推测其未来状况的一种常用的预测方法。其基本的假设有两点：一是事物发展过程是渐进的，没有跳跃点的存在；二是根据过去资料建立的外推模型，能够代表未来趋势变化情况。

6. 马尔可夫预测法

此方法主要适用于无后效性的系统的预测。

7. 灰色系统预测法

灰色系统预测法可以用于数列预测（如 GM（1，1）模型）、区间预测、灰色灾变预测、波形预测、系统预测等。它以部分信息已知和部分信息未知的小样本、贫信息不确定性系统为研究对象，主要通过对"部分"已知信息的生成、开发来提取有价值信息，实现对系统运行规律的正确认识，并据此进行预测。

以上常用的定量预测方法可以总结如图 5-13 所示。

除以上介绍的这些方法外，在实际应用中还会遇到其他预测方法，如模糊系统预测、将人工智能应用到预测中等。有时预测还需要将定性与定量方法结合，或将几种不同的定量预测方法结合。针对逆向物流系统的特性，下面主要对定性预测中的市场预测法，定量预测中的时间序列平滑法、马尔可夫法以及模糊系统预测法进行简要介绍。

三、定性预测

定性预测中，可以采用市场调查法对逆向物流进行预测。市场调查法是指运用科学的方法和手段，有计划、有目的、有系统地收集、记录、整理、分析和总结相关的市场信息，以了解现实客观市场和潜在客源市场，为科学地进行预测提供客观依据的方法。其主要的原则包含两个方面，即科学性和针对性。科学性是指进行市场调查时，必须采用科学的方法和手段，包括资料的收集方法、整理方法和分析方法，只有运用科学的方法和手段，才能客观、真实、全面地反映市场的本来面目，确保调查结果的客观性和可靠性；针对性强调在进行市场调查时，必须要有针对性地收集和分析相关的信息资料。

逆向物流管理

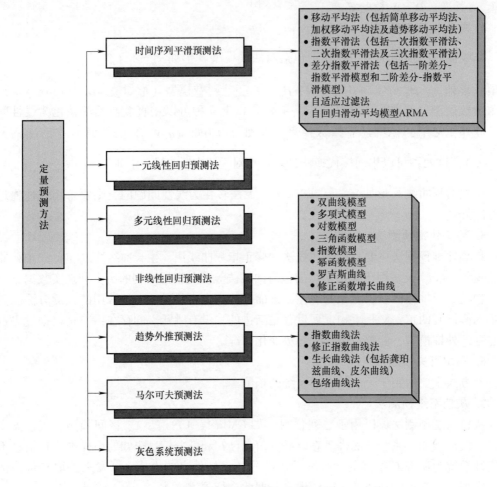

图 5-13　定量预测的主要方法

根据赵文箐的研究[⊖]，逆向物流中涉及的主体包括市场行为和消费者行为两方面，因此在进行定性分析时，所有考虑的出发点也是基于这两方面。

市场行为方面，涉及的主要因素包括：

(1) 产品类型　研究的对象可以是电子产品、家电或机械设备等。不同产品的使用寿命、更新速度及回收策略等都是不同的。

(2) 销售量　从某种意义上讲，销售量与回收量存在一定的比例关系，因此研究某段时间内销售量的多少，对准确地进行预测是十分重要的。

(3) 库存时间　对于某些产品，一旦出厂就进入寿命计算期，在库的时间越长，使用寿命期就越短，回收时间也会相应提前，因此对一些特殊产品，平均库存时间也是需要考虑的。

消费者行为方面，涉及的主要因素包括：

(1) 消费者的组成情况　消费者的组成情况是指消费者的年龄组成、职业组成、

⊖ 赵文箐. 逆向物流预测、库存控制与评价相关问题的理论分析 [D]. 北京：清华大学，2008.

第五章 逆向物流运作管理

收入组成、性别组成等,不同的消费群体对某种产品的使用习惯、更新速度等会有很大差别,而且不同的消费群体对回收策略的选择也不尽相同。

(2)社会提供的回收策略 常见的回收策略包括消费者自己将废弃产品送到指定回收点、由专门的人员上门回收和直接抛弃处理等,不同的回收策略对回收产品的数量和质量等也会产生很大影响。

在实际进行市场调查时,一般是将市场和消费者两方面的因素综合考虑。表5-5中给出了一个应用市场调查法对逆向物流进行预测所需调查数据的示例。

表5-5 应用市场调查法的逆向物流调查表示例

		产品类型:				设计使用寿命:						
购买时间	1995	…	2005	总计	预计寿命	1年	…	10年	总计	回收策略	自己送达	上门回收	直接抛弃	总计
年龄 <10 / 10~20 / … / >70 / 总计		(销售量)			年龄 <10 / 10~20 / … / >70		(人数)			年龄 <10 / 10~20 / … / >70		(所占人群比例)	
购买时间	1995	…	2005	总计	预计寿命	1年	…	10年	总计	回收策略	自己送达	上门回收	直接抛弃	总计
收入 <1000 / 1000~2000 / … / >10000 / 总计		(销售量)			收入 <1000 / 1000~2000 / … / >10000		(人数)			收入 <1000 / 1000~2000 / … / >10000		(所占人群比例)	
…	…	…	…	…	…	…	…	…	…	…	…	…

表5-5中,产品类型、设计使用寿命等反映了市场行为,而消费者的年龄、收入等反映了消费者行为。当获得表中所示的数据后,通过简单的总结分析,可以对当地回收产品的数量和质量有一个大致的了解,同时借助统计工具(如Excel等)也可以对销售、回收产品的季节、年度变化,以及人群等影响的情况得到一个趋势性的粗略认识。

这种方法中,一个很主要的问题是要保证抽样人群的代表性和调查结果的准确性,只有合理地选择抽样人群,获得可信的调查数据,才能保证调查结果的科学性。同时由于不同产品的销售使用情况千差万别,因此,在产品种类上也应该选择有一定代表性的产品,有针对性地组织预测。

采用定性预测的方法,获得的结果只是一种直观上的认识,比如说通过往年的趋势,预测未来几年的大致走向等。如果想得到更加明确或更加可信的预测结果,还要借助于定量预测的方法。但是,定性预测是定量预测的基础,定性预测阶段收集的数据的准确性和完整性会在很大程度上影响定量预测的结果的准确性。综合采用各种预测方法,可以在最大限度保证预测的准确和可靠程度。

四、定量预测

这里介绍逆向物流预测中比较适用、常用的几种定量预测方法，并对不同预测方法的适用情况进行分析。

（一）时间序列平滑预测法

一般认为时间序列由四个成分构成，包括长期趋势、季节变动、循环变动和不规则变动；常见的模型有三种，即加法模型、乘法模型和混合模型。一般来说，如果四种组成成分是相互独立的，则采用加法模型；如果相互有联系，则采用乘法模型。

采用时间序列平滑预测法，其假设的前提是后续情况与历史情况具有相同的发展趋势，其预测的基本依据是历史统计数据。鉴于时间序列预测中许多问题是基于平稳性要求的，因此，在预测中还需要对数据的平稳性进行判断，对于不同的时间序列预测方法还需要人为设定部分参数。

（二）马尔可夫预测法

马尔可夫链是一种随机时间序列，其主要特征是无后效性。对于逆向物流系统的预测来说，由于它具有时间和数量的不确定性，在某些情况下，将来的情况只与现在的情况有关，与过去的情况关系并不大，因此，用马尔可夫链对其进行预测也是有一定意义的。

在采用马尔可夫预测法进行预测的时候，与时间序列平滑预测法不同，该方法不需知道在过去几年的产品回收量，只需要提供产品的历史数据，如产品历史销售量和回收概率。采用马尔可夫预测法不仅可以预测回收量，还可以用来预测在下一个观察周期进入其他状态的产品数量。需要注意的是，必须满足马尔可夫条件的才可以采用该方法进行预测。

（三）模糊预测法

正如前面提到的，在逆向物流中进入回收环节的产品数量和时间上都具有不确定性，而且影响因素多，有时很难得到一个信度比较高的结果。为了使预测更加贴近真实情况，可以将模糊逻辑的概念引入到逆向物流预测中。

采用模糊预测方法，可以充分考虑逆向物流时间和数量上的不确定性，但是需要设定的参数较多，如划分隶属度、设定函数类型及参数、添加规则、选择运算方法等，当设定的条件发生变化时，预测结果也会随之改变，因此对预测者本身的能力要求比较高。

（四）不同定量预测方法比较

几种定量预测方法的比较见表5-6。

表5-6 几种定量预测方法的比较

预测方法	应用条件	已知条件	特点
时间序列平滑预测法	未来发展具有和历史相同的趋势	历史统计数据	考虑了历史发展趋势的影响
马尔可夫预测法	无后续性	历史统计数据、转化关系、转移概率矩阵	考虑了逆向物流的不确定性，不仅可以用来预测，还可以用来分析状态之间的转化
模糊预测法	已知对象的属性是不确定的，但是能获得其基本概率情况	不同因素的隶属度、函数类型及参数、规则及运算方法等	考虑了逆向物流的不确定性，特别是系统输入的不确定性

通过表 5-6 的比较可以看出，这三种定量预测方法是适用不同的已知条件和预测需求的，其中，时间序列平滑预测法比较适合趋势稳定的情况，而马尔可夫预测法和模糊预测法则更多地考虑了不确定性因素的影响。当已知信息和预测需求确定后，可以根据这些条件选择合适的预测方法进行预测。

以上介绍了定性和定量方法在逆向物流预测中的应用，在面对实际问题时，可以先采用定性预测的方法获得基本数据、分析数据表现出来的趋势或特点，然后根据需求和已知信息，采取合适的一种或几种定量方法进行预测，通过预测结果的比较和误差的分析，确定最好的方法并获得较接近实际情况的预测结果。

第四节　逆向物流中的库存管理

一、逆向物流的库存管理问题

逆向物流管理的目标是尽快利用回流产品，恢复回流产品的价值。这就要求尽量减少供应链上各库存点的库存水平，通过维修或再制造等处理尽快将回流产品转化为可再次使用的产品。减少回流产品的库存一是为了减少回收品库存所占用的资金；二是为了加快回流产品的周转速度，及时获得回流产品的价值和由此带来的利润。因此，减少逆向物流的库存成本，合理利用回流产品的价值，就是逆向物流库存管理的主要目标。

在逆向物流的库存管理方式上，如果逆向物流是采用第三方物流的形式进行操作，可以将回流产品视为物料库存计划的输入，采用传统的正向物流的库存控制方式对物料进行管理即可。如果是生产商或者供应商在操作逆向物流，在这种情况下回流产品就成为一个可供选择的物料供应源，此时要选择合适的控制机制将回流产品的回流问题纳入生产物料计划来综合考虑。

典型的逆向物流库存系统框架如图 5-14 所示，生产商或供应商利用成品库存满足需求的同时，从市场上回收使用过的废旧产品，这样，生产商或供应商就有两种可选择

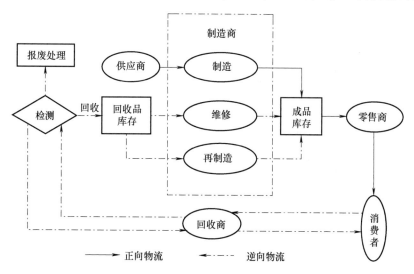

图 5-14　典型的逆向物流库存系统框架示意图

逆向物流管理

的方式来满足需求：一是通过从外部订购原材料，制造新产品满足需求；二是通过内部的废旧产品回收，通过维修、再制造或者直接再利用等方式，将它们恢复到可销售的状态满足需求。此时库存管理的目标就是通过控制外部的订购和内部的回收以维持一定的库存水平，使得固定或可变的库存成本最小。

在这种模式下，由于回流产品在数量和时间上的不可控性与质量的参差不齐，给库存管理带来了两方面的影响。一方面，再制造废旧产品一般比制造新产品成本低，使得回流产品具有成本优势；另一方面，由于回流产品的高度不确定性，使得正向物流本来较为容易的库存管理变得复杂化，同时可能导致较高的安全库存，增加了库存成本。

从图 5-14 可以看出，逆向物流环境下的库存管理有别于传统正向物流，主要表现在以下几方面：

1）正向物流库存管理中，相邻两个订货点之间的库存水平随时间呈现单一的变化趋势。在逆向物流环境下，由于回收流的存在，增加了一个货物补充源，这使得成品库存有可能在两个订货点之间呈现波动状态。

2）除了传统的通过订购生产新产品补充成品库存外，回收产品经过处理后也可以作为成品库存的补充源，形成了一个两源补充的模式。这种模式类似于传统的正向物流中的多源补充库存模式，但相对于多源补充库存模式，采用回收品作为库存的一个补充源又有其固有的特点：

① 传统两源库存补充模式的一个补充源为正常的货物补充源，是主要的库存补充方式；另一个是紧急货物补充源，用于一些特殊场合补充库存。一般紧急货物补充源的订购量较少，提前期较短。在逆向物流环境下，一般只要通过对回收产品进行清洗、维修、更换包装或对某些部分进行再制造等处理后就可以放入成品库存。新产品的制造成本一般高于回收产品的再制造成本，所以采用再制造方式作为成品库存的补充源具有成本优势。与此同时，在产品的生命周期中，除产品衰退期外，一般回收产品的数量小于市场的需求量，所以仅仅依靠回收产品补充成品库存是不够的，还需要通过订购原材料或零部件制造新产品补充库存。这样就形成了两个货物补充源：一个具有成本优势但不能满足需求；另一个能满足需求但具有较高的成本。

② 在逆向物流管理中，对产品的回收控制是有限的并且回收过程具有高度的不确定性，这使得逆向物流环境下的库存管理问题变得比传统的正向物流库存控制更加复杂，需要考虑的因素更多。

3）一般将回收产品和新产品分开管理，这样就形成了一个多级的逆向物流库存模型。从逆向物流的库存管理独具的特点可以看出，除了要考虑传统正向物流的三个基本问题外，还要多考虑几个问题。三个基本问题是：①多久检查一次库存，即库存的盘点周期是多少；②何时补充库存或订货；③库存的补充量或订货量是多少。此外还要考虑：①对回收产品进行什么方式的处理，如检测、再制造、拆卸、维修或直接报废处理；②成品库存用哪个货物补充源进行补充，如何协调两者在数量和时间上的关系；③对多级库存系统采用何种库存控制方式。

二、逆向物流库存控制的研究简介

逆向物流的库存控制问题比较复杂，不同逆向物流形式、模式、场景下，库存控制模型也有区别。理论研究和实践中并未形成有一般针对性的方法。这里只对当前的研究情况进行简述，具体模型可以参看一般库存管理与库存控制模型的书籍与文献。

（一）概述

与传统库存控制的研究类似，逆向物流的库存控制模型的研究同样是从场景入手，进而研究库存模型以及模型的求解。逆向物流库存场景可以分为确定型逆向物流场景和随机型逆向物流场景。确定型逆向物流场景指的是在逆向物流过程中的产品需求率（用户需求）以及废旧产品回收率（原材料需求）均确定情况下的物流场景，相对而言，随机型逆向物流场景则是指产品需求率（用户需求）及废旧产品回收率（原材料需求）均随机情况下的物流场景。逆向物流的库存控制研究过程中，随机型物流模型是在确定型物流模型基础上的升华。确定型逆向物流库存模型的研究对逆向物流过程中的物流行为进行很大程度的简化，其研究主要是反馈逆向物流的库存控制要素，这些要素包括回收率、需求率、补货率及各阶段的成本构成等；同时，确定型逆向物流库存模型的研究能够得到一些基本的物流库存控制原则，这些原则能够给企业提供一定参考，并且因操作简单而受到一些企业的青睐。随机型逆向物流场景更贴近现实企业的生产，更能反映逆向物流不确定性特点，与确定型物流场景相比，它们有共同的物流管理要素（如回收率、需求率、补货率及各阶段的成本构成等），不同之处在于随机型物流场景下的物流管理无论是模型还是模型的求解都更加复杂。

（二）确定型逆向物流的库存控制

对企业而言，库存控制的合理性是反映企业效率的重要标准。涉及逆向物流管理的企业关注的库存问题主要是如何克服逆向物流过程中的不确定性影响，确定型的逆向物流库存控制一定程度上忽略了不确定性的要素，同时因为模型简单更方便企业应用，这也是确定型场景下的逆向物流库存控制的研究一直延续至今的重要原因。

确定型场景下的库存控制最基础的模型是经济订货批量模型（Economic Order Quantity，EOQ），EOQ模型通过优化订货成本及储存成本来确定企业的最优订货批量。EOQ模型被认为是连续生产背景下库存补充-消耗过程中最简单的数学模型，主要通过解决两个问题来控制库存——什么时候补货、补货量为多少。EOQ模型因其实用性及易用性特点，自出现以来便广泛应用于学术研究及企业实践。其他一些非经典的库存模型，如信息化库存管理或者是熵理论都是基于EOQ模型发展而来。

Schrady最早于1967年将EOQ模型应用到逆向物流的库存控制，其模型引入产品维修的逆向物流输入变量，研究的是基于维修件及产品新件共同满足需求的确定型逆向物流场景。模型假设：①产品维修以及新件制造瞬间完成；②回收率和需求率均为恒定值；③不允许出现订单延误；④回收产品都具备维修条件而不考虑废弃处理；⑤在满足需求前提下，维修件相对生产新件更加经济；⑥产品需求需要一次产品制造（1次）以及多次产品维修（n次）共同完成。模型的研究是基于两级库存展开的，分别是产品回收的供应端、产品维修和新件制造共同构成的需求端，并且各级库存对应各自的补货点及补货量。最终选择订货点、批次、批量作为决策变量，基于成本最优完成EOQ建模。后人进一步拓展了Schrady的模型，进行了多方面探索。总之，国内外有很多针对EOQ模型在逆向物流库存问题中的研究。

除了上述的基于回收率、需求率是恒定值时的确定型场景，另一种情况是，计划周

逆向物流管理

期内需求率及回收率已知但并非恒定值，需求率及回收率与时间相关，这类问题因为生产批量动态变化而往往比较难以解决。1958 年，Manne、Wagner & Whitin 最早提出动态批量规划算法，Wagner & Whitin 构建了需求、储存成本及准备成本随时间变化背景下的库存模型，相对于 EOQ 方法解决此类问题，文献设计了更有效的求解算法。后续也有多位学者在 Wagner & Whitin 研究的基础上有了进一步的研究，但是这个模型应用到逆向物流库存控制之中存在困难。

在确定型逆向物流库存控制过程中，文献的研究多集中在 EOQ 模型及 Wagner & Whitin 模型建模方法上，考虑诸多成本要素，以最优订货批量作为决策变量，成本最优为目标；同时，基于多源补货（多种途径满足需求，如制造-再制造共同满足需求）问题的存在，在诸多成本要素中，部分研究针对不同补货源订货成本处理较为简单（相同的订货成本），而这与企业实际生产有一定出入；另一方面，不同补货源补货过程存在生产转换，如再制造生产转换到制造生产，这种转换成本在文献中少有涉及。这些研究集中在建模方法上，同时，无论是 EOQ 建模还是 Wagner & Whitin 建模，在考虑订货成本时，普遍认为不同补货源订货成本相同，这也与企业实际生产有所区别。

（三）随机型逆向物流的库存控制

随机型逆向物流场景更贴近企业的现实生产，因此其研究更有现实意义。随机型场景是确定型场景的延伸，随机型逆向物流背景下，需求率和回收率遵循某种随机分布。随机型逆向物流的库存控制的研究同样起始于维修和产品制造（或者产品采购）共同满足需求的实际场景，相关库存包括回收品库存、维修品库存、制造产品库存（或采购产品库存）等。随机型逆向物流的库存控制有两类：一是基于周期性盘点的随机型逆向物流库存控制模型；二是基于连续盘点的随机型逆向物流库存控制模型。

与确定型逆向物流的库存模型不同，随机型逆向物流库存模型的库存策略更加复杂，主要可以分为推式（push）库存策略和拉式（pull）库存策略两大类。

在随机型逆向物流的库存控制过程中，研究注重库存策略对随机型库存控制的影响，需要指出的是，这些研究注重库存策略自身的研究及对策略涉及的决策变量的优化改进，并多在算法设计上做文章，少有验证真实最优策略与提出的库存控制策略对逆向物流库存成本的影响差异。

在处理库存控制问题时，多数研究仅考虑产品级的库存控制，如回收产品与需求产品的库存控制等，相对较少的研究涉及零部件级的库存控制问题，而现实需求中零部件级的库存问题同样重要。

> **案例：闭环供应链库存管理的案例研究**[①]
>
> 　　吕君在其研究中，面向案例分析，研究了商业返回、服务返回、使用结束返回和生命周期结束返回四种回收原因下的闭环供应链库存管理问题，汇总如表5-7所示。

---

① 吕君. 面向案例分析的闭环供应链库存管理研究 [J]. 财贸研究，2007（6）：105-110.

第五章 逆向物流运作管理

表 5-7 闭环供应链库存管理案例研究

回收类别	参考文献	产品	处理方式	返回原因	驱动因素	供应链过程			
						发送人	搜集人	过程人	消费者
商业返回	Sanders (2000)	成品零售	分类	对产品不满意（返回权利）	吸引和保持客户	消费者 Wehkanp	第三方物流服务提供方	Wehkanp	Wehkanp 的消费者
	De Brito 和 Dekker (2001)	时尚电器	搜集、检测、再储存	不符合需求	市场法律	消费者	邮递公司	邮递公司	消费者
服务返回	Donker 和 Vander Ploeg (2001)	电话交换机中可修理的电路板	修理	未知	成本节约	电话公司	荷兰朗讯科技公司	荷兰朗讯科技公司	电话公司
	Diaz 和 Fu (1996)	地铁零部件	修理	故障和磨损	成本节约	委内瑞拉地铁	委内瑞拉地铁	委内瑞拉地铁	委内瑞拉地铁
使用结束返回	DelCastillo 和 Cochran (1996)	软饮料瓶子	清洗	存放	成本节约	消费者	零售商	可口可乐公司	供应链原始消费者
	Toktay (2000)	照相机胶卷	再制造	已使用	成本节约	消费者	零售商/照相馆	柯达	供应链原始消费者
生命周期结束返回	Fleischmann (2000)	已用和未用的机器	拆卸、修理、刷新	过度储备/不再需要	未知	商务消费者/零售商	未知	IBM 设备	未知
	Klausner 和 Hendrickson (2000)	电动工具	再制造、再循环	不再需要/经济性考虑	前瞻性政策	消费者	经销商、后勤服务者	专业设备	未知

其中，商业返回库存管理是最简单的过程，只需要简单的检测后就可以放入新品库存面对新品市场，这个过程的技术介入是最少的。服务返回库存管理最接近经典的修理模型，所不同之处在于回收品的不确定性。使用结束返回库存管理的可计划性最强，回收品通常会有固定的比例和时间，确定的只有返回品的可用性。生命周期结束返回库存管理的过程最复杂，检测后的产品不仅要接受再制造，还有可能接受再循环，再制造的产品放入二手品库存面对二手市场，再循环出的原材料和采购来的原材料一起制造新产品放入新品库存面对新品市场。总的看来，这些返回品库存管理的共同点为：都要接受检测；回收品的回收时间、回收率及可用性大都是不确定的。

在闭环供应链库存管理这个既有环境意义又有经济意义的领域中，尚存在一些仍然没有被深入研究的内容：①信息技术的开发运用。信息和技术的结合，能够降低产品回收的不确定性，进而缩减库存成本。信息技术开发运用的关键在于信息技术与回收产品系统的相互协同。②分行业分产品的闭环供应链研究。不同行业的供应链结构和产品特点是不同的，这造成不同行业的闭环供应链库存管理的方法和途径迥异。针对某一个行业和某一行业中具体产品的闭环供应链库存管理研究将是很有实际参考价值的，此类研究要求研究者具备足够的行业产品技术知识。③目前的研究基本上都只集中在单产品单部件上，实际操作中大多是多产品多部件的回收，因此目前模型若能扩展到多级系统对实际生产运作很有意义。④产品需求的预测。这里的产品需求不仅是新品市场的需求还包括二手市场的需求。以往的研究都侧重于对新品市场需求的预测，实际上二手市场的需求对于闭环供应链管理更加重要。加强二手市场需求的预测能改进闭环供应链库存管理策略并降低其成本。

第五节 逆向物流的经济管理

本节主要对逆向物流的成本与收益进行分析，并对逆向物流评价进行简要阐述。

一、逆向物流的成本分析

(一) 逆向物流成本的概念及内容

传统的物流成本主要是指流通或制造企业在物资运输、存储、装卸整理、包装销售和回收等方面发生的费用支出与物资消耗，同时也包括物流组织管理、信息采集等方面的消耗，这些费用和物资消耗的货币表现就构成物流成本。

通过对产品生命周期（PLC）的成本组成分析，以及对传统物流成本概念的理解，逆向物流成本可以理解为流通或制造企业为重新获取生产过程中的原料废物、产品销售终结残留的包装物、废弃产品、缺陷品、退回品的价值或使其得到正确处置以减少环境污染的过程中所发生的费用支出与物资消耗。

一般来说，逆向物流成本主要有以下几部分内容：①支付给企业从事物流工作人员的工资、奖金和按规定提取的职工福利费；②支付给外部企业的劳务报酬，如运输费、邮电费、仓储费等；③在运输、装卸、仓储、包装、回收、处理等物流活动中所发生的物资消耗价值；④在物流活动中所消耗的其他物资的价值；⑤包装材料、燃料和其他工具、器具的消耗价值及物流固定资产折旧等；⑥为开展逆向物流活动而支付的利息、保管费等再分配项目；⑦为组织企业逆向物流整体活动和进行逆向物流管理而支付的费用；⑧在收集、整理、分析、加工、传输物流信息等工作中花费的费用。

(二) 逆向物流成本的特征

1. 效益背反律

逆向物流成本是指所有物流功能的成本之和，由运输成本、库存成本、包装成本、回收处理成本等构成，各项物流成本并不是同向变动的关系，某部分物流成本的增减变动在有些情况下会引起其他部分物流成本反向的增减。如运输成本和配送成本的增加可导致逆向库存成本的减少；包装成本的增加会减少运输成本、装卸成本；物流信息管理成本的增加会减少其他各部分物流成本。某部分成本的减少会使其他部分成本也随之改变，这并不能导致逆向物流总成本的减少，有时甚至会导致逆向物流总成本的增加（假定逆向物流总成本只包括运输成本和库存成本)。逆向物流效益背反曲线如图 5-15 所示。

2. 不可预测性

由于逆向物流的原材料以正向物流的最终消费品为主,其回收的质量、数量、规模、运输距离等因素具有很大的不确定性,在研究逆向物流成本的时候,不能够像正向物流那样对原材料进行较为准确的分析预测,产品回收的相关数据主要凭借市场销售的数据和以往经验来推测,这就给逆向物流成本的研

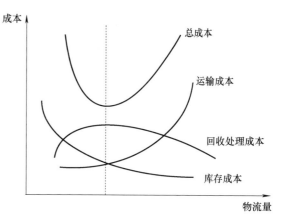

图 5-15 逆向物流效益背反曲线

究带来了相当大的阻碍。但也有一些大型的国际知名企业,在销售阶段就采取了有效的措施,如销售产品时建立用户档案,或用户在产品使用寿命终了主动退回商品时给予折扣等优惠,或主动召回产品进行维修、升级等,这就得到了较为准确的产品回收信息。

(三) 逆向物流成本的分类

依照对正向物流成本分类的研究,我们分别按逆向物流的功能、回收产品的性质及回收产品的处理方式,对逆向物流成本类型进行如下划分。

1. 按逆向物流的功能分类

按逆向物流的功能,可将逆向物流成本分为收集成本、运输成本、回收处理成本、库存成本、装卸搬运成本,如图 5-16 所示。

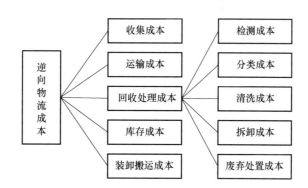

图 5-16 按功能划分的逆向物流成本结构

2. 按回收产品的性质分类

按回收产品的性质,可将逆向物流成本分为回收包装物成本、回收生产中废弃的原材料成本、回收退回产品成本、回收有缺陷产品成本、回收生命周期终结的产品成本,如图 5-17 所示。

3. 按回收产品的处理方式分类

按回收产品的处理方式,可将逆向物流成本分为直接再使用成本、再用成本、再生成本、废弃掩埋成本。如图 5-18 所示。

逆向物流管理

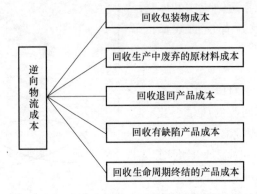

图 5-17　按回收产品性质划分的逆向物流成本结构

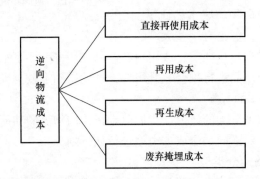

图 5-18　按回收产品处理方式划分的逆向物流成本结构

（四）逆向物流成本的组合分析

由于逆向物流中的原材料即回收产品的损坏程度在到达回收拆解中心前是未知的，对回收产品的处理方式更是难以判断，因此对逆向物流成本的分类很难用以上的某一种分类方法表述。在逆向物流成本管理中，往往需要将上述分类方法进行组合分析。

例如，可以根据逆向物流的操作流程和功能将逆向物流成本划分为流通成本和回收处理成本两大类，然后分别对两类成本进行更细致的划分。流通成本中包含收集成本、运输成本、库存成本、装卸搬运成本。回收处理成本中包括检测成本、分类成本、拆卸成本、清洗成本、破碎成本、废弃掩埋成本，如图 5-19 所示。

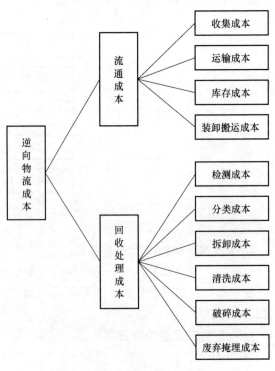

图 5-19　逆向物流成本组织结构

二、逆向物流的收益分析

正如逆向物流的定义所描述,逆向物流的收益来源于对产品生命周期循环中所产生废弃物质的再次利用、包装材料的循环使用,以及减少废弃物污染所带来的环保收益。

产品因功能落后、寿命终结、样式过时或破损等方面的原因报废之后,对其进行逆向物流回收处理。回收产品的处理策略包括产品降级使用、产品维修再用、部件翻新、零件再造、材料再生、焚烧获能和最终废弃处置。在具体的回收处理过程中,尽管需要逆向物流成本的投入,但同时也产生了相应的逆向物流收益。逆向物流收益组成分析见表5-8。

表 5-8 逆向物流收益组成分析

收益类型	直接销售收益	回收零部件再用收益	回收材料再生收益	焚烧获能收益	环保节约收益
收益产生过程	回收产品满足质量要求,直接进入销售渠道分销或降级销售	回收产品经拆卸分解后,其中可用的零部件进行再次使用处理	回收产品经拆卸分解后,其中可以作为原材料使用的部分进行再生处理	回收产品经再用、再生处理后,对剩余的无可利用价值的部分进行焚烧获能处理	产品的回收处理减少了废弃物处理从而带来环保收益

(一) 直接销售收益

逆向物流系统中,回收产品经收集、运输至拆解中心,先对其进行检测操作,随之根据回收产品的检测结果分类,如果其质量、外观、性能均完好,则视产品的具体情况进行二次销售或降级销售,这部分运作所得的收益即为直接销售收益。

(二) 回收零部件再用收益

回收产品经检测、分类后,满足再用条件的进行拆卸处理,将可重新利用的零部件从回收产品上拆卸下来,进行翻新或再制造等所带来的采购费用节约额,或经简单加工处理后作为二手零部件出售获得的销售收益,即为回收零部件再用收益。

(三) 回收材料再生收益

再用处理后剩余的回收产品是否具有再生价值,主要是考察残余零部件的再生能力。经成本收益分析后,如果它的材料具备再生价值则对其进行分解操作,将所得材料进行销售,所获收益即为回收材料再生收益。

(四) 焚烧获能收益

回收产品经再用、再生处理后剩余的部分材料若无利用价值,则可进行焚烧获能处理。

(五) 环保节约收益

逆向物流处理导致废弃物的减少,而废弃物的减少将使得环境处理费用的下降,从而避免因环境问题而遭受经济处罚或减少废弃填埋成本,这就相当于获得了环保收益。

三、企业逆向物流的绩效评价

(一) 逆向物流驱动因素与企业绩效之间的关系

逆向物流的驱动因素被视为促进逆向物流具体措施实施的基础。逆向物流背后的驱动力可分为经济、法律和企业公民形象三个方面。经济驱动力主要包括成本、价值和财

逆向物流管理

务；法律因素意味着企业必须遵守政府和其他组织的规定，否则应支付罚款；企业公民形象因素指满足社会和社区的期望来建立良好的形象。除此之外，逆向物流最有可能受到其他驱动因素的影响，如行业和市场、客户、产品和技术。行业和市场因素有能力促进或阻止逆向物流的实施，竞争日益激烈可能迫使企业收回并退还客户的多余产品；客户因素主要反映客户可以对企业的逆向物流计划施加多大的压力；产品和技术因素反映出产品是否具有创新性，生命周期时间，是否易于拆卸、维修、翻新和再制造。

通过将驱动因素与绩效观点联系起来，可以对企业逆向物流的绩效评价有一个系统的认识。近年来，消费行为对环境和社会的影响越来越受到公众的关注，消费者的回收意识也越来越强。与此同时，企业也需要基于环境、法规等方面因素完善逆向物流处理系统，实现返回品的妥善处置。考虑到上面提到的所有驱动因素，逆向物流驱动因素与绩效观点的关系如图 5-20 所示。企业的逆向物流管理目标总结如下：

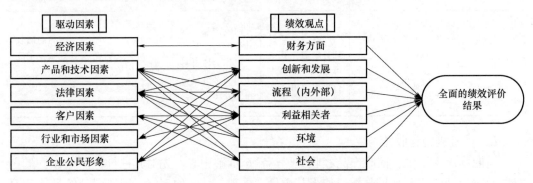

图 5-20　逆向物流驱动因素与绩效观点的关系

1）财务视角集中于实现财务成功，同时通过降低成本和支出以及增加收入为投资者、股东提供价值并提高业务盈利能力。

2）流程（内外部）视角集中于满足利益相关者的需求，同时实现工作流程的生产力和效率。由于产品退货的不确定性和可变性，这些流程有助于为利益相关者创造和提供价值主张，从而提高逆向物流性能。

3）利益相关者的角度是指利益相关者指导并鼓励决策和政策制定者集中精力实现目标，同时为投资者、客户、员工、供应商、政府和监管机构等利益相关者提供价值。

4）创新和发展的视角集中在提高企业业务运营领域的效率。它是通过不断改进基础设施，通过创新和发展来实现目标而获得的。

5）环境观点是基于更高的环保意识、公共政策和法律，它致力于实现符合法规要求的环保型逆向物流，同时保持效率。

6）社会观点是作为企业公民促进道德行为的能力，它着重于通过满足社会和社区的义务和期望来建立良好的形象。

（二）企业逆向物流的综合绩效评价框架

不同企业使用的逆向物流评价指标体系、方法各不相同。这里从一般角度而言，提出企业逆向物流综合绩效评价框架如图 5-21 所示，图中提供了逆向物流记分卡和逆向物流绩效指标以支持企业评估其各自行业的退货管理策略、功能和流程以及基准最佳实践，并提高其整体逆向物流性能。对逆向物流绩效评价来说，产品生命周期（设计、生产、使用和终结）也对逆向物流产生明显的影响，从而使绩效评价过程更加复杂，而逆向物流的驱动因素为理解企业应考虑的复杂因素提供了基础。

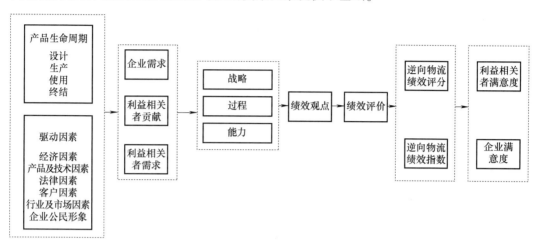

图 5-21　企业逆向物流综合绩效评价框架

全面的绩效管理流程始于企业的要求，也使用来自企业利益相关者和市场的数据。利益相关者分析的第一步是确定相关的利益相关者，这种方法提倡满足所有利益相关者的要求。

企业及其利益相关者之间存在相互作用的关系。为了保持这种关系，企业需要通过考虑他们的要求来满足利益相关者，同时企业期望其利益相关者为此做出贡献。通过利益相关者满意度和贡献分析，决策者可以确定最有影响力的企业利益相关者及其需求。当清楚地理解这些问题并在评估驱动因素及其可能的影响后，决策者可以制定适当的策略。制定策略的主要问题是如何保证利益相关者的利益，同时满足企业自身的需求。

绩效管理主要有两个目的：一是确定哪些评价是重要的，二是确定哪种评价应该衡量哪种绩效。因此，企业创造价值的能力取决于绩效观点和衡量标准。该框架清楚地反映了企业的价值创造过程，首先从绩效观点的角度出发考虑已有的策略，然后将策略逐步转换为经营绩效评价和记分卡的目标。绩效管理的结果是利益相关者和企业的满意。通过循环反馈，可以重新评估利益相关者和企业的需求、战略制定和实施以及流程和能力，以提高逆向物流绩效。

（三）基于 AHP 分析法的企业逆向物流绩效评价

基于 AHP 分析法的评级过程主要分为三个部分，即构建层次结构、确定权重和一致性检验。

第一步是构建层次结构。逆向物流综合绩效评估的绩效观点与绩效评价见表 5-9，逆向物流 AHP 层次绩效评价模型如图 5-22 所示，该模型包括四个级别：

1）逆向物流的绩效管理目标；

2）一级评价指标，即绩效观点：财务、流程（内外部）、利益相关者、创新和发展、环境和社会；

3）二级指标是对一级指标的进一步细化，其中包括用于衡量每个绩效观点的绩效衡量标准；

逆向物流管理

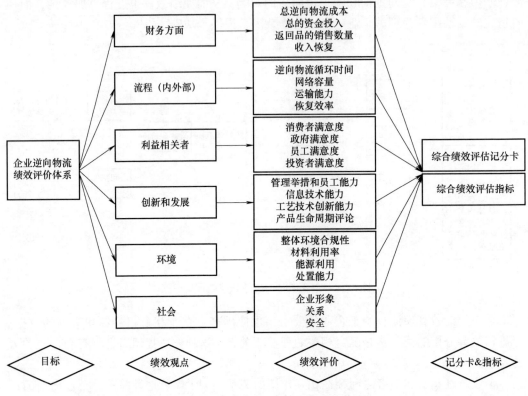

图 5-22 逆向物流 AHP 层次绩效评价模型

4）最后以绩效评估记分卡或绩效评估指标的形式呈现。

第二步是决策者根据对层级结构元素的偏好,将这些元素以 1~9 的比例强度表示,并确定层次结构的元素的权重;然后在第三步中,计算决策元素的组合相对权重的一致性比率。

表 5-9　逆向物流综合绩效评估的绩效观点与绩效评价

绩效观点	主要关注点	绩效指标	定　义
财务方面	实现经济效益最大化	总逆向物流成本	由于产品返回而产生的总物流成本
		总的资金投入	旨在提高逆向物流效率的总投资
		返回品的销售数量	已售产品的返回率
		收入恢复	从产品退货操作中回收的货币价值
流程（内外部）	满足利益相关者的需求，同时实现工作流程的有效性和效率	逆向物流循环时间	产品从客户退回，到重新投放市场或处置的平均时间
		网络容量	应选择适当的基础设施和资源分配，以实现具有成本效益和效率的逆向物流网络
		运输能力	车辆的运输计划和负载管理，以最大限度地减少对退货产品的损害并最大限度地提高车辆利用率
		恢复效率	恢复效率和速率是衡量企业在成本、质量、环境影响、节约资源方面能力的标准

(续)

绩效观点	主要关注点	绩效指标	定义
利益相关者	为利益相关者提供价值	消费者满意度	满足客户利益相关者的需求
		政府满意度	符合政府政策法规的要求
		员工满意度	员工满意度水平
		投资者满意度	满足逆向物流过程系统中投资者的期望
创新与发展	通过创新和学习获得持续改进	管理举措和员工能力	提供管理支持及员工培训和技能,以提高逆向物流的有效性和效率
		信息技术能力	满足逆向物流需求的信息和通信技术,如与逆向物流合作伙伴共享产品返回数据、财务数据
		工艺技术创新能力	自动化实体流、信息流和资金流可以促进无缝的逆向链。技术的使用可以简化供应链上合作伙伴之间的交互流程和程序,以满足当前和未来的需求
		产品生命周期评价	对产品进行产品生命周期审查,评估影响,并为逆向物流企业和社会寻求潜在的节约办法
环境利益	在保持效率的同时满足环保要求	整体环境合规性	环境相关问题的持续监控和监管的合规水平
		材料利用率	回收的材料或回收的产品的百分比
		能源利用	控制产品回收的能耗
		处置能力	能够确保回收产品的非再利用部分的安全性和保护环境
社会利益	满足社会和社区的期望	企业形象	企业的市场声誉
		关系	维护逆向物流合作伙伴之间的长期关系和联盟
		安全	有关产品和设备的操作安全

本章案例

案例1 我国逆向物流运营商业模式 ⊖

由于在保护环境、节约资源和推动社会可持续发展方面的重要价值和意义,逆向物流成为近年来的商业投资和研究热点之一。从目前国内逆向物流的整体商业生态来看,有业内人士认为,如果从2001年到2015年是我国"逆向物流1.0"时代,那么种种迹象表明,从2016年开始,我国已迈入"逆向物流2.0"时代,这个时期最重要的特征就是"逆向物流生态圈+商业模式"的逐步形成。

由于可预见的庞大市场,回收逆向物流受到了资本市场的青睐。随着互联网、物联网、大数据、人工智能、循环材料设计等一系列科学技术的推进,被专家誉为"第五利润源"的逆向物流展现了更具魅力的商业价值和环保意义。毋庸置疑,产品逆向物流和

⊖ 改编自网络资料:逆向物流生态圈中的五大商业模式(作者郝皓)。

逆向物流管理

全生命周期供应链正成为国内实体企业、物流企业和电商互联网企业进一步扩大利润和市场的竞争利器,"以旧换新"和"变废为宝"正快速演化为市场领先者新一代的营销战略。

例如,与美国 Genco 相似,以"卖场逆向物流"模式见长的上海利丰物流除了传统正向物流业务外,还为各主要零售大卖场如家乐福、沃尔玛、大润发、苏宁等提供一站式逆向物流增值服务,使那些因换季、滞销、质量、包装等问题导致的回流产品重新恢复价值,为零售企业赢得了额外利润和消费者的信任,也使利丰物流获得了丰厚的收益回报。

又如,顺丰与必要商城(C2M 模式)合作推出的逆向物流"一键退货"功能就为电商消费者带来了良好的售后快递体验,提升了客户再次购买的意愿。

而专注服装逆向物流十余年的北京众诚一家公司则是国内最早一批掘金"第五利润源"即逆向物流的企业,该公司每年的逆向物流处理量超过 3000 万件。该公司的商业模式又名"小龙虾模式"(图 5-23),其中小龙虾的大钳子是做商品检验的,另一个小钳子是做逆向物流增值服务的。精益化的逆向物流配送中心运营模式,为客户节约了大量的成本、赢得了预算外的利润,强化了与客户之间的战略合作关系。

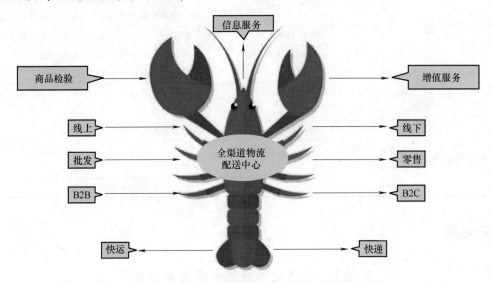

图 5-23 众诚一家的"小龙虾"运营模式

逆向物流经济近年来倍受企业关注的另一个重要原因是,通过畅通的逆向物流渠道可以提升企业的客户黏度、利润率和品牌价值。比如云丰国际物流公司针对服装行业出口挂衣货物,研发一种大型可折叠的挂衣架的逆向物流设备来解决供应链成本一次性投入过大和效率低的问题,整个流程分为:国内货物通过可折叠挂衣架出口→国外DC回收可折叠挂衣架→将可折叠挂衣架进口至国内→回到云丰,再次循环。

一些企业的逆向物流运营模式雏形从五年前就开始产生了,像爱回收、华为、众诚一家、利丰物流等企业的逆向物流运营模式,有的则开始不到两年,但是所有模式都在进化。从各种模式实践的行业领先者来看,其经营状况总体良好,业务量及流量增长速度都较快,赢利趋势明显,未来发展空间巨大,这也是吸引众多投资机构加大注资的关

第五章 逆向物流运作管理

键原因所在。从目前国内逆向物流整体商业生态来看，大体可以归纳为五种商业模式，见表5-10。

表5-10 主要的逆向物流商业运营模式

商业模式	代表企业	服务内容	业务特色	涉及产品
互联网+再生资源（电子产品）	爱回收、回收宝、转转、闲鱼、阿拉环保网、盈创、乐疯收、回收哥、易再生网等	1. 回收交易 2. 二手商城 3. 拆解物交易 4. 以旧换新	1. 再生资源公共服务平台 2. 回收商竞价模式 3. 二手电子产品检测与评级 4. 平台与专业处理商、第三方回收商、第三方物流、三方支付合作	手机、平板电脑、笔记本、智能数码、家用电器、摄影摄像
一体化逆向物流供应链服务（时尚产品、电子产品）	众诚一家、云丰国际、利丰物流等	1. 返品管理 2. 全检服务 3. 整理维修 4. 产品复原 5. "仓卖"消纳	1. 逆向供应链全环节增值服务 2. 专业化的产品复原技术和流程管理 3. 精益化运营模式	服装、皮件、首饰、鞋、手表、电子产品、消费品等
第三方逆向物流快递服务	顺丰等	1. 单程逆向服务 2. 多程逆向服务 3. 分仓退货 4. 分仓换货 5. 一键退货	1. 订单信息电子化 2. 运单信息全程监控 3. 退款服务 4. 智能验货服务	1. 电商网购和网络直销产生的退、换货 2. 商品的日常维护、保养 3. 3C类产品的维修、回收 4. 产品召回类订单 5. 电视购物平台的逆向物流订单
原厂逆向物流服务	华为、魅族、苹果等	1. 原厂通过渠道回收产品 2. 折扣价格换新机	1. 循环利用并践行保护环境的社会责任 2. 销毁产品并最大限度获得可回收材料，如钢铁、塑料、铝、铜、银、金等	手机、平板电脑、电子设备
电商/零售平台逆向物流服务	京东、当当、苏宁易购、迪信通等	1. 旧机回收 2. 二手优品	1. 传统电商平台延伸客户持续价值 2. 通过反向回流拉动正向销售	手机、平板电脑、数码摄影、计算机配件、娱乐影音、家用电器

例如，作为我国最大的电子产品回收及以旧换新平台，爱回收2018年的年交易额超过70亿元，处理了约1000万台二手电子产品，单月交易额超过10亿元。2019年，爱回收的门店数量将达到千家规模，形成线上线下联动、兼具多流量入口、统合多重回收方式的C2B模式闭环（图5-24）。而高存量与高增长并存的电子产品回收领域，已成为房产和汽车以外国内另一大二手垂直市场，规模在千亿元以上。

逆向物流管理

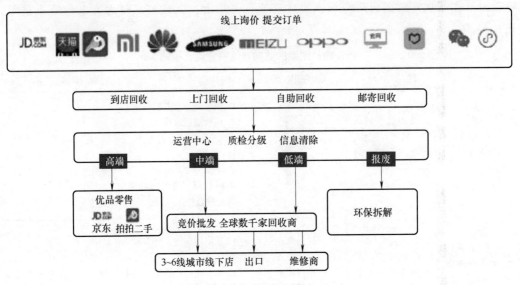

图 5-24 爱回收商业模式 1.0

案例 2 A 公司逆向物流成本管理[一]

一、企业简介

A 公司是目前我国大型家电产销企业之一，主要从事彩色电视机的研发、生产和销售业务。公司在二十多年的发展过程中逐渐形成了自身产品的核心竞争力，在国内彩色电视机行业的激烈竞争中逐渐脱颖而出，并且能够与索尼、三星、飞利浦等国际知名品牌一较高下。A 公司国内销售业务主要由线上销售业务、线下门店分销业务、第三方品牌分销业务组成，其中线上销售业务为公司最近几年新扩展的业务线，年销售量约占公司总销量的 26.3%；传统线下门店分销业务仍为 A 公司的主要销售渠道，在全国 15 个大区有 40 多个集销售、服务于一体的分公司，10 000 多个销售与服务网点；同时，A 公司还积极拓展海外市场，与国际知名零售连锁机构如沃尔玛、百思买等建立了供应合作关系，并在国外设有多个生产基地和销售机构，推进本土化经营。

二、A 公司逆向物流现状

A 公司从顾客手中回收旧家电主要有两种途径：其一，在门店的日常经营过程中，对前来购买电器的顾客进行废旧家电回收需求的统计，并由售后服务部门和物流部门在为顾客配送新产品的时候回收旧家电，并根据现场检测的评估价对顾客予以价格补贴和返还；其二，在特定促销活动期间，在各个门店宣传以旧换新政策，通过发放活动代金券的方式，主动将居民家中废旧家电回收。A 公司回收旧家电的整体流程如图 5-25 所示。

然后，售后服务部门对收到的废旧家电进行分拣、拆解和测试。但由于售后服务部门人员严重不足，且很多家电产品零部件不易拆解等，实际执行过程中，售后服务人员通常以家电产品的使用年限来区分：将其中使用时间超过三年的电器直接废弃化处理并

[一] 徐汝亮. 逆向物流成本管理研究 [D]. 南京：南京大学，2018.

第五章 逆向物流运作管理

图 5-25　A 公司回收旧家电的整体流程

——转卖给废品回收站；将使用时间在三年以下的进行简单拆解，运输至最近的物流仓库。操作流程如图 5-26 所示。

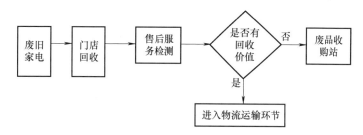

图 5-26　A 公司废旧家电回收环节操作流程

　　A 公司的物流活动目前主要由配送中心和库存系统负责。配送中心又包括配送部和车队两个部门：配送部是物流配送中心的管理机构，负责调配物流配送中心的各种资源、办理正品新家电和以旧换新的旧家电的出入库手续；车队负责所属的每一辆货车的日常管理，对每辆车下达任务，将销售部门销售出去的货物合理安排给指定车辆进行送新和拖旧。库存系统分为正品库和综合库：正品库由大件仓储部负责管理，是存储正品新家电的库房；从顾客家拖回的残次品则存放在综合库，由商品质控部管理。仓库积累一定的量之后通知配送中心将货物送至回收处理中心。

　　回收处理中心收到回流的电子废弃物后，组织回收处理人员对其进行再次检测、拆解，并对其中的原材料进行分类：对仍有使用价值的部件、元器件进行翻新处理，处理完毕再次进行检测，检测达到正常标准后作为常规原材料进入新产品的制造流程；对虽有使用价值但无法翻新的再深度检测，确定其使用的安全性和无毒性之后，卖至二手市场；对无法直接继续使用但仍具有再制造价值的材料返回给材料供应商；最后剩下的按照目前的技术手段仍没有办法再次使用的，采取无害化措施处置后将其掩埋。这部分流程如图 5-27 所示。

　　三、A 公司逆向物流成本管理

　　1. 逆向物流成本构成分析

　　A 公司涉及的逆向物流业务包括电子废弃物的收集、仓储、运输、分拣、检测、拆卸、破碎、再加工、废物处理等全部流程，这比正向的产品制造流程要长得多、跨度大得多，逆向物流成本更具有隐含性和复杂性。这里采用精益管理的价值流分析法来识别全部逆向物流成本：企业内部价值链是由价值作业以及各作业之间的相互衔接形成的完整体系，价值链的每项活动都承担一定成本，消耗一定资源，将企业实施废旧产品回收业务耗费的资源按照合理的分派方法在价值链中的各项作业之间分摊，就可以测算出每项作业的真实成本。通过对 A 公司逆向物流的价值链分析，发现 A 公司废旧家电回收

逆向物流管理

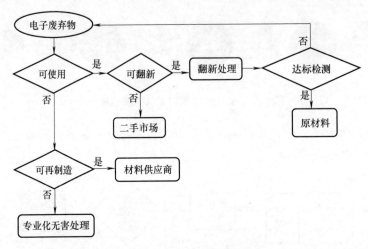

图 5-27 A 公司再制造流程

业务的全部费用可划分为直接成本和间接成本。逆向物流的直接成本是指旧家电的收购成本，以及再制造过程中的直接材料、直接人工成本。间接成本是指占更大比重的物流成本、库存成本等直接成本外的成本。A 公司逆向物流成本构成如图 5-28 所示。

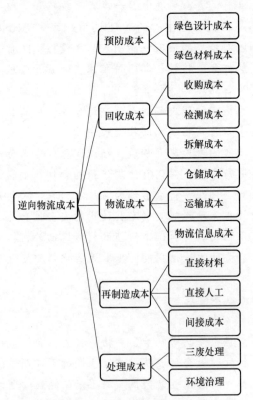

图 5-28 A 公司逆向物流成本构成

2. 逆向物流成本核算

应用相关方法，核算得出 A 公司的逆向物流成本，见表 5-11。

第五章 逆向物流运作管理

表 5-11　A 公司某年逆向物流成本核算表　　　　（单位：万元）

逆向物流成本项目	逆向物流预防成本	生产逆向物流成本	供应逆向物流成本	废弃逆向物流成本	管理逆向物流成本	合　计
员工薪酬	40	160	90	—	80	370
折旧费	20	50	100	60	—	230
租金	—	—	120	—	—	120
原材料	—	320	—	—	—	320
水电费	10	10	30	—	20	70
燃油费	—	40	60	20	—	120
办公费	50	20	60	120	120	370
合计	120	600	460	200	220	1600

然后，根据逆向物流成本核算表，汇总得出各报表项目，包括原材料（废旧家电的收购成本）、逆向物流业务相关人员薪酬、仓储物流费及日常费用等。随后编制出企业年度逆向物流成本报表，作为一项成本费用列示在营业税金及附加之后、销售费用之前。A 公司某年逆向物流成本报表见表 5-12。

表 5-12　A 公司某年逆向物流成本报表　　　　（单位：万元）

项　目	本年发生额	上年发生额
原材料	320	—
员工薪酬	370	—
仓储物流费	520	—
日常费用	390	—
合计	1600	—

再次，根据逆向物流成本核算表（表 5-11），从价值链的角度汇总各项逆向物流成本，包括产品设计阶段的逆向物流预防成本以及供应、生产、废弃、管理阶段的逆向物流成本，并编制环境会计报表所需的逆向物流成本表，见表 5-13。

表 5-13　逆向物流成本表　　　　（单位：万元）

成本项目	费用
逆向物流预防成本	120
供应逆向物流成本	600
生产逆向物流成本	460
废弃逆向物流成本	200
管理逆向物流成本	220
合计	1600

在此基础上与企业在节能降耗、污染防治等两项业务的成本核算表合并汇总，编制 A 公司某年环境成本会计报表见表 5-14，在企业年度社会责任报告书中进行报告和披露。这样就能更加准确完整地核算和报告公司本年度在环境管理方面的投入，也更加方

逆向物流管理

便使用者理解具体数字的含义。

表 5-14　A 公司某年环境成本会计报表　　　　　　（单位：万元）

分　类	成 本 项 目	本年发生额	上年发生额
废物回收	逆向物流预防成本	120	—
	供应逆向物流成本	600	—
	生产逆向物流成本	460	—
	废弃逆向物流成本	200	—
	管理逆向物流成本	220	—
节能降耗	节能环保宣传费	60	—
	节能设备运行费用	1500	—
污染防治	废气处理设备运行费用	1000	—
	废水处理设备运行费用	450	—
	日常污染检测费用	50	—
合计		4660	—

思考题

1. 查找一家企业的资料或者进行实地调研，对该企业进行分析，为其制定一个逆向物流战略，并为其进行逆向物流运作模式的决策。如果涉及物流外包，则为其选择物流服务供应商。

2. 对本章第三节中提到的各种预测方法进行学习，了解其一般原理。

3. 学习了解一般的库存控制方法并查找文献资料，了解逆向物流运作中的库存控制特点，以及库存控制模型的使用方法。

4. 阅读案例 1，选择表 5-10 中涉及的 2～3 家逆向物流企业，查找资料进行详细了解，对它们的逆向物流运作模式进行总结描述与比较。

第六章 典型行业与领域的逆向物流管理

本章概要

各个行业、领域和产品的逆向物流管理均各有特点,并不完全相同,有时差别还比较大。本章选取了电子产品、汽车、医药、零售行业的逆向物流管理进行阐述和比较说明。

引例

> 从零售商的角度来看,逆向物流的方式有以下四种:①由门店返回滞销但是可以进行二次销售的商品到配送中心,由配送中心根据不同门店的需求,进行二次配送商品;②由门店返回不可销售商品,然后判断商品的可退换属性,决定返还供应商或者在配送中心就地销毁;③由门店直接将商品返回供应商,这种商品一般是一些供应商直接配送到门店的商品,如生鲜蔬菜、瓷器等;④因为某些门店紧缺某些商品,而从其他门店调货。
>
> 零售商逆向物流中存在多种问题,其库存空间经常被不良商品占据,上游供应商迟迟不来办理退货;门店返仓商品的清点和分类工作繁重,而且连锁零售企业的商品配送订单往往是由总部对门店进行统一管理安排,所以经常存在商品配送后与门店的实际需要相左、配送的商品不合理等问题,导致商品无效配送,门店返仓商品增加。零售商在逆向物流的处理过程中,有很多商品因为残损而无法二次销售,给零售商和供应商双方都带来了大量的损失。

不只是零售企业,各行业、各领域在逆向物流管理中均会面对众多不同的错综复杂的问题,所以很有必要立足于行业、领域、产品的特点进行逆向物流的具体管理。

第一节 电子产品逆向物流

全球化的信息技术革命,正以惊人的速度把各种各样的电子电气产品带到世界的每个角落。与此同时,也制造了数以亿计的电气与电子废物(the waste electrical and electronic equipment,WEEE),以下简称为电子废物。电子废物正成为人类与环境生态系统之间最新的"毒瘤"。联合国环境规划署公布的数据显示,全球电子垃圾数量正呈现指数性增长,目前每年产生的电子垃圾在4000万~5000万t之间,未来十年将增加500倍。

迅速增长、数量巨大的电子废物不仅造成了环境污染和资源浪费,而且对社会的可持续发展构成威胁。许多发达国家比我国更早地面临了电子废物的环境伤害问题,因此

逆向物流管理

较早地建立了电子废物法律法规和运行机制,且取得了良好的环境经济效果。2003年2月13日欧盟发布了《关于报废电子电气设备指令》(WEEE指令)和《关于在电子电气设备中限制使用某些有害物质指令》(ROHS指令),由此构建了一个欧盟各成员国都必须遵守的电子废物循环利用法律框架。

电子废物的循环利用应遵从循环经济的3R原则(减量化(reduce)、再使用(reuse)、再循环(recycling))。在电子废物的回收、处理、处置过程中,依据实际需要对电子废物进行收集、分类、加工、包装、搬运、储存等并送至专门处理和处置的场所的活动,即电子废物的回收逆向物流,是最首要的一个环节。城市相对乡村而言,既是电子电气的密集使用区域也是电子废物的主要承载主体。因而,城市电子废物的回收逆向物流建设,在电子废物循环利用中显得尤为重要。

一、电子产品与电子废物

(一)电子产品的定义与特征

欧盟的WEEE指令首先对电子电气设备(electrical and electronic equipment,EEE)进行了定义。电子电气设备俗称电子产品,是指依靠电流或电磁场才能正常工作的产品,其使用的交流电不超过1000V,或其使用的直流电不超过1500V。电子废物来源于电子电气设备,所以需要分析一下电子产品的特点,来看其对逆向物流过程的影响。

1. 物理特性

电子产品一般具有体积小、价值高等特点,运输成本在物流总成本中所占比例较小。从产品原材料构成成分来看,大部分电子产品元器件中含有砷、铜、铅和阻热化学物等有毒材料。因此,电子产品废弃后,不能当作普通废弃物处理,需要通过特殊的技术手段进行处理,否则将会对环境造成严重污染。

2. 经济特性

正常的电子产品其有较高的经济价值,但由于技术的进步和新产品的推出速度快,会导致产品经济价值的快速折旧,即具有经济上快速老化的特点。这一特点要求应尽量加快废旧电子产品的逆向物流处理速度。

3. 技术特性

大多数电子产品采用模块化设计,具有良好的可拆卸性能,而且电子元器件、零部件之间的机械磨损程度小,当产品废弃时,其零部件的性能并未完全失效,这就为零部件的重复使用提供了可能性。因此,从产品技术性能分析,大多数电子产品具有较高的回收再利用价值。另外,很多电子产品的淘汰并非因为性能故障,而是由产品更新换代的加快、新产品的进入导致的。这一特点对电子产品的逆向物流方式具有重要影响。

4. 市场特性

消费者对各种电子产品的需求量极大,大量消费的结果必定是大量的废弃;新产品不断进入市场、导致电子产品更新换代和淘汰速度加快。这表明电子产品的废弃物市场巨大。

综上所述,当电子产品被淘汰或报废时,从技术性能来看,产品整体或其大部分元器件仍具有相应的使用价值。那么如何尽快恢复价值,使其重新进入市场,正是电子产品逆向物流需要解决的问题。

第六章 典型行业与领域的逆向物流管理

(二) 电子废物的定义与特征

目前,被广泛使用的电子废物的概念是来自欧盟的定义:电子废物就是电子电气设备定义内的废弃的电子电气设备,并包括所有的附件、零部件和消耗品。具体类别包括十大类 101 个品种,分别是大型家电、小型家电、信息技术与通信设备、家用娱乐设备、照明设备、电动工具、电动玩具、除植入型和感染型之外的医疗设备、监视和调控设备、自动售货机。

这些电子废物中含有多种毒害物质,主要是重金属(汞、铅、镉、六价铬)、塑料(PVC 等)、溴化阻燃剂(多溴联苯 PPB、多溴联苯醚 PBDE),处理不当会对环境造成很大危害。同时电子废物又是一种利用价值很高的再生资源,富含铜、铁、铝,其中一些含有多种稀有贵金属,如金、银、铂、镍、钯等。若加以回收利用,不啻一座"城市矿山"。图 6-1 显示了电子产品的典型组成。

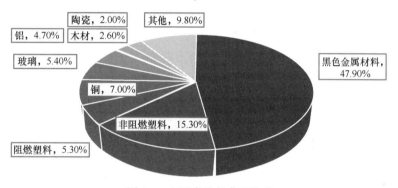

图 6-1　电子产品的典型构成

我国对电子废物的定义,可参见 2007 年 9 月颁布的《电子废物污染环境防治管理办法》。该"办法"对电子废物、工业电子废物、电子类危险废物进行专门的定义:电子废物是指废弃的电子电器产品、电子电气设备(以下简称产品或设备)及其废弃的零部件、元器件,包括工业生产活动中产生的报废产品或设备,报废的半成品和下脚料,产品或设备维修、翻新、再制造过程中产生的报废品,日常生活中或者为日常生活提供服务的活动中废弃的产品或设备。

电子废物的本质特征在于它的"废弃性",即被其所有者废弃或者抛弃,无论该设备或产品是否尚具有使用价值或利用价值。电子废物来源于生产和生活两大领域,有人将工业生产中产生的电子废物称为"工业电子废物",将日常生活中或者为日常生活提供服务的活动中废弃的电子废物称为"生活电子废物"。其中可回收的物质包括电路板、金属部件、塑料、玻璃等几大类。具体有来源于家庭的各种废旧家电,如电视、冰箱、空调、洗衣机、影音设备、计算机、电话、手机等;来源于办公室的各种废旧电子电器,如复印机、打印机、传真机、计算机、网络设备、电话等。

二、电子产品逆向物流的产生原因

从行业发展来看,电子产品行业在各国消费品市场上占有的份额都很高,其高端的科技服务已经成为年轻时尚的消费群体在商务、生活娱乐等多个方面必不可少的需求,在未来,这种大规模电子产品消费还会呈现不断上涨趋势。电子产品进入市场到消费者

逆向物流管理

的途径很明确，但是其离开消费者进入回收环节却被普遍忽视，这会产生大量经济浪费和环境污染问题。随着我国物流产业的发展及物流行业各环节的不断健全，电子产品的逆向回收物流将成为未来该行业关注的焦点，并在一定程度上决定着电子产品行业的发展。

归结起来，各类电子产品的原材料趋同，在回收处理过程中抛开形状体积的差异造成的物流作业的局部不同，基本上可以使用同样的回收处理手段和方法，因此可以归结为一类逆向物流对象来讨论。

电子产品的逆向物流主要包括电子废物的集聚、分拣、加工、仓储、配装运输及多个环节的集成优化处理。此外，从整个供应链的角度看，它也是与原材料采购、生产制造及产品销售有重要联系的流通环节。电子产品逆向物流对产品的回收加工可以使部分物流对象以可用原材料的形式进入原材料采购环节进行补充；部分物流对象可以通过利用其可用拆解零部件进入生产线支持生产过程；部分物流对象可以通过简易维修改装进入低端消费市场再销售，从而支持销售环节。

大致来说，电子产品被退回或丢弃的原因有两个：一是它们不能再正常工作，即电子产品在使用过程中出现损坏或达到寿命周期而不再能使用；二是它们的功能已经不再被需要，即随着新产品不断推出，旧电子产品的功能已不能满足顾客的需要或不被顾客喜欢。电子产品由于以上两个方面原因而产生了返回物品，主要表现为以下两类：

（一）流通性回流

流通性回流是指在流通中所发生的各种退货，包括产品召回、商业性回流。产品召回是由于产品在设计或制造方面存在缺陷，可能导致或实际已经产生安全或健康问题而由生产者发起的产品的全面收回。B2B 商业性回流是指零售商根据合同条款把产品退回给供应商，这些商品可能是因为在运输过程中发生损坏或配送错误（规格、型号不符），也有可能是产品本身上架周期短，零售商把这部分没有售出的产品退回给批发商或生产商，包括一些过时的、滞销的或过期的产品。

（二）顾客退回

按照所处产品生命周期的不同阶段划分，顾客退回又包括以下几类：

1）基于生产企业和流通企业对消费者的赔偿担保而发生的 B2C 商业性退货，是最终用户将不满足订单要求或是不满意的产品根据销售协议规定退还给上游供应商或生产商。

2）服务性退回（修理、备用零部件等），即在质量保证期内或维修期内将需维修保养的产品退回。

3）产品生命周期末端的产品退回，即由于功能退化、样式老旧等原因发生的产品退回。特别是现在一些企业采取以旧换新等方式促进新产品的销售，使得部分处于产品生命周期中上端的产品也进入回收领域。

4）终端使用退回，即产品报废之后被收集进行再利用或掩埋、焚烧。

三、电子产品逆向物流的特点

电子产品的逆向物流具有一般逆向物流的特点，同时因为电子产品的特殊性，其又带有独有的特点。

第六章 典型行业与领域的逆向物流管理

1）电子产品逆向物流的处理方式比较复杂，一般包含物理、化学、生物等多种加工分解方式，分拣、加工、再包装等作业的成本较高。此外，电子产品逆向物流的流向多样，在逆向流动的过程中因目的的不同有不同的处理程序，同时根据逆向物流对象的状态不同也有不同的去向。

2）电子产品逆向物流具有两端发散性。首先在采集过程中需要从多个分散的消费者手中获得物流对象，是一个分散的消费者地点网络结构的集合过程。而在分拣、加工处理过程后又根据处理后对象的不同形态决定其分散的流向，是物流对象从一个集合点向广泛的网络分布的过程。

3）电子产品逆向物流具有高频率、高附加值的特点。电子产品一般都是具有高端使用价值的科技产品，但使用寿命同一般生活用品相比还是偏短，且随着科技水平的进步，产品的水平也不断提高，因此导致相对高频率的更新换代，淘汰品的逆向物流也自然呈现高频率、短周期的特征。同时，该类科技产品也多是以高端金属、贵金属或者附加价值高的零部件为组成部分，其回收加工的过程自然会产生不少高附加值的可利用材料，这也是电子产品逆向物流的主要目的之一。

4）电子产品逆向物流量的预测具有复杂性。电子产品因为其回收过程在微观消费者个体角度看不具有连续性，且决定逆向物流的因素是定性指标加定量指标的集合，无法通过定量的预测模型和方法来完全解决预测问题，所以只能分析地区性某类电子产品的物流需求特征，并在此基础上进行部分因素的局部物流量的预测，以起到指导性的作用。

> **案例：智能电池回收实践**
>
> 根据哥德堡大学和查尔摩斯技术大学的研究成果，一种新型的使用人工智能技术（神经网络）的电池分类机器已被成功研制。英国使用了一台机器用于电池分类，它分拣了全国三分之一的再生电池。而美国的智能电池回收业将电池全部赋码，从而使回收非常高效，新能源车电池回收使得逆向物流成为额外的利润增长点。
>
> Battery Solutions 是美国最大和最有效的电池分拣企业，它结合最好的、训练有素的人与人工智能技术，以达到高精度电池分类。在此基础上，该企业不断探索将深度学习（神经网络算法）和统计知识用于电池回收。
>
> Call2Recycle 是北美专业的电池回收商，它提供电池回收解决方案和端到端的服务，以确保电池以最环保的方式回收。公司回收便携式电池（如 AA 和 AAA 电池）、智能手机及用于汽车和数据中心的大工业电池。2016 年该公司回收了 14 万磅（6.3 万 kg）的电池。

四、电子产品逆向物流的主要活动

（一）基本流程

电子产品的回流渠道有两种：一是直接沿着正向供应链的各节点向供应链上游返回，二是经过集中处理中心进行分类及一系列的处理。

当供应商有意帮助零售商清除库存时，就会允许零售商将产品返回。生产商为了防止自己的产品进入其他处理渠道，保护品牌，要确定零售商没有将有缺陷的产品出售给

逆向物流管理

另外不知情的顾客，也不希望自己的产品出现在低价市场或跳蚤市场，因此会要求零售商将返回产品退回。此外，生产商为了防止技术敏感要素或信息外泄，会对有缺陷的产品或生命周期结束的产品进行直接回收。

通过集中处理中心进行回流物品的处理也是逆向物流的新趋势。完善的电子产品集中处理中心的功能包括：电子产品的集中回收，回流电子产品的检测与处理决策，回流电子产品的分拆，回流电子产品的再加工、再制造、再出售，回流电子产品的销毁处理等，电子产品逆向物流的主要活动如图6-2所示。其主要步骤包括：第一步，将顾客持有的电子产品通过有偿或无偿的方式进行集中回收。第二步，对回流的原因进行评估总结，对回流产品的品质进行检测评估，并根据目前末端处理水平对其处理方式进行初步的评价。首先判断产品是否具有可再销售价值，如有再销售价值，则对末端产品进行合适的包装和储存，经由销售渠道再次进入流通和销售领域；如不具有再销售价值，则评估其是否具有可再制造价值。如有可再制造价值，则进行必要的维修、翻新、整修等加工使产品重获使用价值，进入二级市场实现产品价值；如不具有可再制造价值，则评估其是否具有可再循环性和资源化价值。如有资源化价值，则进行必要的拆卸、分类，减少产品体积，将相同材料的零件包装、储存，将其添加到生产环节中实现零部件和原材料的循环利用；如不具备资源化价值，则直接进行环保处理。

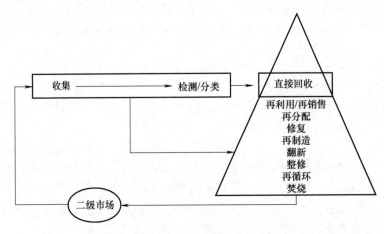

图6-2　电子产品逆向物流的主要活动

根据电子产品逆向物流流通中的物体不同，逆向物流可以分为退货电子产品的逆向物流和EOL报废电子产品的逆向物流。

1. 退货电子产品的逆向物流

退货电子产品的逆向物流主要是指产品的退货回收，在企业管理中常常与企业的营销策略和售后服务联系在一起，主要包括客户的退货、零售商的退货，以及退货回收产品的再制造、整修、翻新等。退货电子产品既包含缺陷或损坏的产品，也包含无缺陷产品。退货电子产品的逆向物流处理活动主要包括直接出售、产品恢复和废品处理（填埋或焚烧）三大类。产品恢复包括维修、整修、再制造、产品分拆（零部件再利用）和原材料再利用，可以参考如图6-2所示的顺序，也可以参考如图6-3所示的产品恢复的倒金字塔顺序。

第六章 典型行业与领域的逆向物流管理

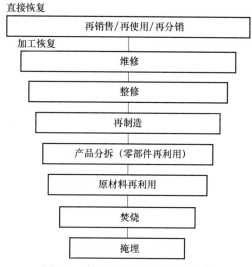

图 6-3 产品恢复的倒金字塔顺序

2. EOL 报废电子产品的逆向物流

EOL 报废电子产品是指经完全使用后完成生命周期的电子产品。其逆向物流活动与退货电子产品逆向物流活动相比，由于消费者地域的分散性和逆向物流发生的不确定性，回收活动相对分散、难度较大，但处理环节相对简单，主要包括产品分拆（零部件再利用）、原材料再利用和销毁处理等活动，处理程序如图 6-4 所示。

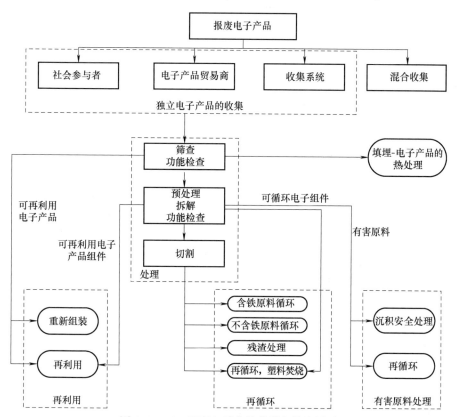

图 6-4 EOL 报废电子产品的逆向物流活动

逆向物流管理

图 6-5 以报废计算机的逆向物流处理过程为例说明了 EOL 报废电子产品的逆向物流活动。

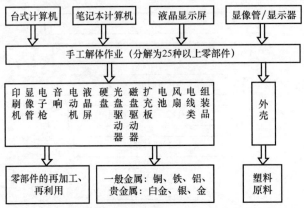

图 6-5　报废计算机的逆向物流

关于从电子产品中回收的材料和能源,图 6-6 显示了遵循的操作顺序。首先是分离大量包含在 WEEE 中的黑色金属和有色金属(如铜和铝),然后进入再循环。由于这种分离活动而产生的残留物以及大量不能再循环的塑料,可以被送到垃圾填埋场或现代热处理装置(thermal treatment unit,TTU),以便回收大量的能量。

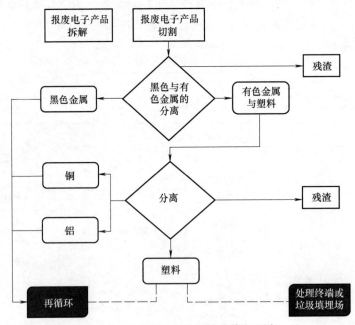

图 6-6　从电子产品中回收物资的顺序

(二) 主要环节

1. 再利用(reuse)

再利用是指产品从一开始就以与其最初制造相同或相似的目的使用其原始形状的过程。电子产品在生命周期结束时的再利用通常被视为是一体化电子废物管理系统的首要任务,这种做法的主要目的是尽可能地延长产品的使用寿命,从而减少其对环境的负

第六章 典型行业与领域的逆向物流管理

担。再利用可以通过重新使用产品或通过修复和改造来完成，如果是无法整体再利用的产品，则应考虑拆除和对单个零件或组件进行再利用。

尽管进行电子产品再利用的好处很多，但是其中存在的一个客观问题是手动拆解产品的成本相对较高，而大部分组件在国际电子市场上的价格相对较低。此外，电子产品种类繁多，不太可能采用一样的处理方法，从而大大增加了再利用的成本。

2. 再循环（recycling）

通过再循环进行材料回收是电子产品在其生命周期结束时最基本的选择之一，因为再利用虽然更好，但是由于技术的快速发展和产品贬值而很难做到。电子废物包含大量的塑料、玻璃、陶瓷和金属，用于电子废物再循环的工艺方法分为三个基本类别：

（1）切割/分离　这种做法是国际上最普遍的方法，其基本原理是将电子废物分成非常小的碎片，旨在减少其体积，从而改善所得碎片的均匀性，以便于通过合适的方法分离各种材料以回收材料。分离也可以描述为不受控制的拆卸。电子废物切割/分离的处理程序如图6-7所示。

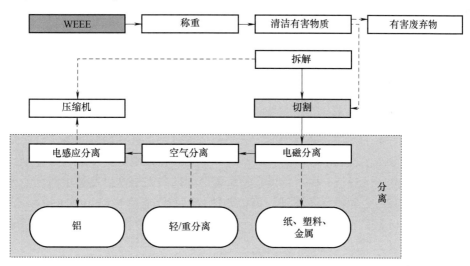

图6-7　电子废物切割/分离的处理程序

在电子废物切割之后，分离发生在三个不同的阶段：静电分离（electrostatic separation）、空气分离（air separation）和感应分离（inductive separation）。通常，静电分离用于将纸与塑料和有色金属与其他废物分离，如将铜与塑料电缆分离；空气分离是指在空气的影响下将混合物分类成各种材料流；感应分离通过使用涡流实现铝的分离和回收。

（2）冶金处理　在冶金处理中，贵重材料被拆卸并且液体被隔离，而其余的材料被压缩并被投入高炉。在那里，金属被适当地熔化和分离，不会产生不想要的合金。这种处理的类型在很大程度上取决于再生材料的要求，更具体地说取决于它们的纯度水平。有色金属，例如铜，可以与钢水形成合金，因此会显著且永久地降低其价值，因为铜很难从钢合金中除去。

（3）拆卸　拆卸电子产品组件的方法分为非破坏性和部分破坏性两种。在第一种情况下，电子废物的各个组成部分不会被破坏；而在第二种情况下，这些元素会被破坏，最常见的破坏是它们的连接。现在，除了少量实验外，拆卸过程还没有完全自动化。其原因有很多，如所需的投资大、电子废物包含的产品和材料种类特别多，以及缺乏电子废物的构成数据。然而，可以肯定的是，由于电子产品的环境设计，这些过程将在未来自动化，这将显著提高方案的可行性。

在回收过程中，电子产品中含有的有毒或危险物质可能会释放，对环境产生不利影响，同时也会影响回收工厂工作人员的安全和卫生。例如，当回收和处理阴极射线管或电子电路板时，有毒金属和有机物质作为细小的分子粉末和烟雾被释放。此外，在回收含有阻燃剂（溴或氯化合物）的塑料时，会形成对公众健康特别有害的二噁英和呋喃。因此，有必要采取措施保护人类健康和自然环境。在许多情况下，电子废物的正确处理和受控预处理可以最大限度地降低与这些物质相关的风险。

3. 热处理（heat treatment）

从层次上讲，能源回收是废弃物流管理的最后选择。热处理可降低某些物质的毒性或危险活性，同时也会增加其他物质的危险性，例如聚氯乙烯（PVC）。

电子废物焚烧的最重要问题是来自焚烧含卤素塑料的二噁英和呋喃的排放，因为溴和氯更常见于EEE产品塑料部件中的阻燃剂。

电子废物成分中，具有最大能量利用潜力的部分是大量使用的塑料部件。如今，塑料正在成为电子产品中更为重要的一部分，且预测其在未来几年中的比例将继续增长，特别是在电信等高科技领域。塑料的热值高于碳，至少是城市垃圾中木材和纸张的两倍，所以很明显，由电子废物回收中残余的塑料部件是能量回收的重要来源。

4. 最终废弃（final disposal）

垃圾填埋场是电子废物的最后去向。电子产品含有许多有害物质的事实会导致它们在堆存期间对环境产生不利影响。为了限制这种影响，应该规范管理垃圾填埋场，强制其满足特定技术和环保规范。由于难以在整个生命周期内完全密封垃圾填埋场，因此存在重金属和其他有害化学物质泄漏到环境中的风险，特别是有可能污染土壤和地下水。如果电子产品直接不受控地被随便丢弃，或者被投入不符合技术和环境安全标准的地方，环境影响无疑会更加严重。

五、电子产品逆向物流管理模式

2011年我国开始施行《废弃电器电子产品回收处理管理条例》（2019年修正），提出了建立以"生产者责任制"为核心的废旧电子产品的回收处理体系初步方案。但是具体到实践中而言，目前我国还没有完全建立规范的废旧电子产品回收处理体系，还是存在着废旧电子产品的无序回收、原始落后的拆解处理等问题，会造成资源浪费、环境污染，同时也给使用旧电子产品的消费者带来了安全隐患。具体存在以下三方面问题：一是对废旧电子产品进行分散的、不规范的拆解，只提取了部分易于回收的贵金属，而大量难以回收的有用资源被当作垃圾随意丢弃或者填埋；二是废旧电子产品中含有的有毒有害物质没有进行专门处理，特别是拆解过程中"三废"直接排放，给周边环境及居民健康造成了危害；三是部分旧电子产品经销商利用废旧电子产品零部件非法拼装和销售质量低劣的电子产品，坑害消费者。由此可见，简单、无序、不可持续的废旧电子产品回收管理，远远不能适应社会发展的需要。因此，面对增幅巨大的废旧电子产品和目前我国废旧电子产品的回收处理现状，有必要进行电子产品的回收逆向物流管理，建

第六章 典型行业与领域的逆向物流管理

立规范的废旧电子产品回收处理体系，发展循环经济，实现资源的可持续发展。

（一）一体化电子废物管理

在国外的研究中，提出了一体化电子废物管理（integrated WEEE management）的模式，可以参考。电子废物一体化评估的方法框架如图6-8所示。

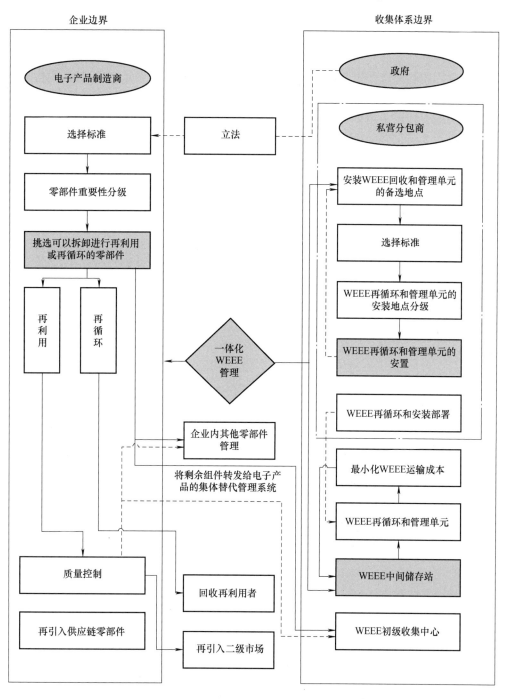

图6-8 电子废物一体化评估的方法框架

逆向物流管理

根据污染者付费原则,电子产品的制造商(或进口商)负责在产品使用寿命结束时对产品进行无害环境管理。同时,国家的作用很重要,它能够提供为电子产品废弃物流正确运行管理所必需的所有基础设施。因此,在这个方法框架中,对拟采取行动的分析发生在两个互补层面:

1)制造商需要采取措施改进其负责的废弃电子产品的评估;

2)国家方面需要采取行动,为发展电子废物逆向供应链提供必要的基础设施和最好的组织支持。

多维管理问题中最关键的一点是得出最终方案的各种可用信息之间的互相矛盾或冲突,选择最佳解决方案需要考虑和评估许多相互矛盾的参数,以及社会政治、经济和环境方面的目标。建议采用多标准分析技术,为存在目标冲突的问题提供系统的数学解决方案,从而在各目标之间进行协调。多标准分析是一个重要的工具,其主要目标是在大量关键准则的基础上协助决策者确定所有可用技术的优先顺序。

(二)从制造商角度出发进行电子废物多标准评估

根据电子产品的行业标准惯例,对工业产品的开发,一般都特别关注生产成本,而不会过多考虑环境参数和环境规划问题,这与近年来国际上可持续发展的要求相悖,因此在考虑成本因素的同时也要考虑环境和社会因素,如图6-9所示。更具体地说,电子产品制造商的战略目标应该是企业社会责任、生态效率和环境友好等政策的组合,该目标也符合一体化产品政策(integrated product policy,IPP)的三个主要原则:解决问题的整体方法、产品全生命周期的影响评估,以及市场需求的满足。除了法律和机构干预之外,对电子电气设备产品的制造商而言,国际上的一些成功做法能够给企业带来额外的经济利益。

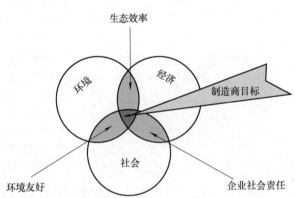

图6-9 在可持续发展概念下的关键考虑因素

在电子产品制造商采用的上述一体化电子废物管理政策时,应注意到,消费者需求在向更为环保的产品转变。消费者开始认识到对环境负有责任,并认识到为环境保护做出贡献的可能性,从而开始偏向于支持在"绿色"政策和技术方面进行投资的环境敏感型企业,并愿意为产生较少环境负担的产品或服务支付额外费用,这也是企业的强大动力。

值得注意的是,工业产品的组件在经济和环境负担方面并非同样重要。根据帕累托定律(也称为"80/20定律"),就电子产品而言,无论在经济上还是环境影响上,占比

第六章 典型行业与领域的逆向物流管理

非常小（约20%）的那一部分组件是造成大部分（约80%）负担的原因。由此来看，工业产品制造商如果能够对产品组件进行分析识别并找出产品中的关键性组件，即如果通过适当管理就能够在其使用寿命结束时找出最大经济和环境利益的那部分组件，将是很有效益的一件事情。

图6-8中描述的方法框架在选择工业产品生命周期结束时的最佳管理方法时，同时考虑了环境和经济标准及环境规划问题，如果不是所有产品都采用，也至少应用于那些在产品的总体环境负担中贡献比例大或对制造商具有显著剩余价值的组件。制造商在确定电子废物的最佳处理方式时，应考虑以下关键参数：①零部件采购成本；②零部件环境影响；③零部件重量；④产品中相同零部件的数量；⑤零部件拆卸的难易程度。然后，使用加权因子将这些参数相互组合，以计算每个因素相对于相关产品的其余部分的"显著性"的最终排序，找出关键组件，提示制造商在产品使用寿命结束时各个组件的最佳管理方法。这种方法确定了需要进行再利用或再循环的组件，并将它们与没有效益的、可以送去进行最终处置的组件区分开来。

总之，采用这种方法，可以在产品使用寿命结束时根据组件的"重要性"进行排序，并确定单个组件的最佳管理方法。此外，在确定了需要特别关注的关键组件后，还能够帮助进一步修改产品设计，以便于对那些具有显著剩余经济价值或对产品的环境影响很大的组件最后能够实现最优拆解。

拆解并不是反向装配，很多时候拆解和装配这两个过程会存在相互冲突的要求，因此同时考虑二者并不容易。重新设计主要涉及组件之间的连接类型和产品结构的修改，以便尽可能地提高拆解效率、简化拆解过程。除此之外，产品的重新设计可能还需要考虑促进其组件的再循环，而不是直接作为废弃物处置。制造商可以通过使用可回收材料或通过将回收的材料和组件引入其生产过程来干预产品的原始设计，以便加强二级市场。建议采取以下方式促进产品设计：①尽量减少所使用材料的种类；②危险或有价值组件的易得性；③相同材料的鉴别（如使用相同的颜色）；④避免使用与标准回收过程不相容的有害物质或材料和元素；⑤减少使用可回收塑料和复合材料。

（三）实施保障

当然，电子废物逆向物流的一体化管理需要所有参与者的协调合作，因此需要从国家层面提供必需的基础设施，并且设立相关机构进行统筹管理。需要设立能够覆盖全国地区的电子废物初始收集中心和中间存储站，以实现规模经济，最大限度地降低逆向供应链的运输成本。这种电子废物的一体化管理系统能够管理所有类别的电子产品：大型家用电器，小型家用电器，计算机和电信设备，消费品，照明产品，电气和电子工具，游戏、娱乐设施和运动设备，医疗器械，监视和控制设备，以及自动配电装置等。值得注意的是，前四个类别占到电子废物逆向物流总量的90%，而仅仅大型家用电器就占到总量的40%以上。

知识拓展：我国的电子垃圾与"洋垃圾"

联合国的一份报告曾经指出，全世界生产的大约70%的电子产品最终会以垃圾的形式流入中国，其中包括废旧的电视、冰箱、洗衣机、计算机、手机等电子产品及

逆向物流管理

其零部件。它们大多产自中国，在世界各地完成使命后，最终"叶落归根"。根据联合国数据，自1992年起，中国接收了全球近一半的废品，曾经每年进口垃圾高达4500万t之巨，2017年之前的中国，简直就是全球的"垃圾场"。

我国进口这些"洋垃圾"是有历史原因和背景的，改革开放初期，我国原材料匮乏，国内的废旧纸张、塑料、金属不足以供应全国范围内的扩大再生产使用，进口"洋垃圾"成为当时提取原材料的主要来源。可以说，当时进口"洋垃圾"的决策，大大缓解了制造业原材料紧张的问题，然而伴随着我国制造业的迅猛发展，"洋垃圾"造成的环境问题也越来越严重。

直到2017年，情况终于有了根本性转变。2017年7月，国务院办公厅印发《关于禁止洋垃圾入境推进固体废物进口管理制度改革实施方案》，要求全面禁止"洋垃圾"入境。2018年1月，我国正式启动洋垃圾入境新规，停止进口包括废塑料、未分类的废纸、废纺织原料等垃圾在内的24种洋垃圾。2018年4月19日，"洋垃圾"禁令进一步严格，我国调整《进口废物管理目录》，将废五金类、废船、废汽车压件、冶炼渣、工业来源废塑料等16个品种固体废物，从《限制进口类可用作原料的固体废物目录》调入《禁止进口固体废物目录》，自2018年12月31日起执行。2019年年底前，逐步停止进口国内资源可以替代的固体废物。

然而，"洋垃圾"禁了，本土垃圾尤其是危害极为严重的电子垃圾却还在蔓延。根据国际电信联盟、联合国大学等联合发布的《2017年全球电子废弃物监测报告》，我国已经成为全球最大的电子废物生产国。随着电子产品的普及和智能化时代的到来，电子垃圾数量增长迅速。2016年全球产生电子垃圾4470万t，预计到2021年，规模将达到5520万t。尽管电子垃圾中蕴藏着极大的价值，仍然缺少正规回收渠道。例如，2016年产生的电子垃圾原材料价值高达550亿欧元，高于大多数国家GDP，但仅有20%被正规渠道回收，绝大多数去向未知，可能在恶劣条件下被随意处置。亚洲，尤其是我国的电子垃圾问题特别严重，我国每年淘汰超过1亿台计算机、4000万台电视、2000万台空调和1000万台冰箱。2017年我国产生电子垃圾总量高达720万t，预计到2030年将增长到2700万t。

80%以上的电子垃圾由个体户以走街串巷收破烂形式回收，大部分最终流入非法拆解渠道，尤其是城市的城中村，不仅无法有效利用资源，还带来大量的环境污染。例如，如果电池处理不当，一枚纽扣电池便会带来$1m^3$土壤的永久性破坏。然而真正具有资质的废旧电子产品处理再生企业却"无生意可做"，大多处于停产状态。随着我国电子废物污染环境问题的日益突出，近年来，各有关部门陆续制定并颁布了一系列的法律、法规、规章、技术标准和规范性文件，逐渐形成了我国的电子废物法规框架体系。但其中还存在着一些问题，亟待补充、修订和完善。西方发达国家在电子废物回收利用立法方面起步较早，并取得了许多宝贵的经验。因此，立足我国国情，借鉴这些国家的成功经验，逐步完善我国的电子废物法律体系，具有十分重要的意义。

第二节　汽车逆向物流

一、汽车逆向物流的含义

对汽车制造企业来说，汽车物流包括生产计划制订、采购订单下放及跟踪、物料清单维护、供应商的管理、运输管理、进出口、货物的接收、仓储管理、发料及在制品的管理和生产线的物料管理、整车的发运等。同时，汽车物流还和供应链上下游的零部件供应商、经销商、消费者等有关。汽车行业供应链示意图如图6-10所示。由此图可见，涉及关系方众多。

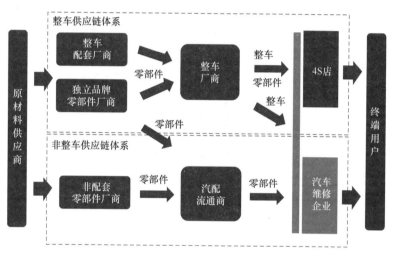

图6-10　汽车行业供应链示意图

因此，从汽车供应链角度出发，汽车物流不仅仅是制造企业的事情。逆向物流也是如此。可以将汽车逆向物流界定为：为了实现满足顾客退货要求、回收价值、合理处置和保护资源环境的目的，对汽车产品由供应链下游到上游的流动进行管理的活动。具体而言，汽车逆向物流主要包括为了满足最终顾客退货要求的退回物流（如不合格产品的维修退回、合理的退货）和为了保护资源环境、回收价值及合理处置的废弃物物流两大部分，其中的废弃物物流也是汽车逆向物流中比较复杂的部分，根据其功能的不同，可能会涉及回收计划管理、采购控制、运输管理、仓储管理、检测、再制造管理、再循环、填埋处理等活动。

汽车逆向物流活动如图6-11所示，汽车逆向物流基本流程如图6-12所示。

二、汽车逆向物流的种类

汽车逆向物流有多种分类方法，可以按照其产生原因分类，也可以按照再处理环节处理操作及其他标准分类。这里结合汽车供应链的不同组成环节，即生产环节、流通环节、消费环节，按照逆向物流再处理环节处理操作的不同对汽车逆向物流进行分类，这样既便于理解又能很好地体现不同种类之间的区别。

逆向物流管理

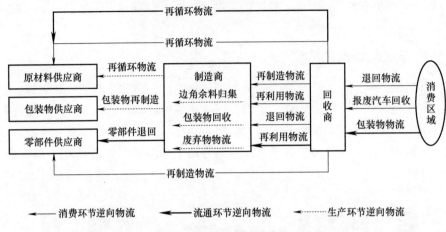

图 6-11　汽车逆向物流示意图

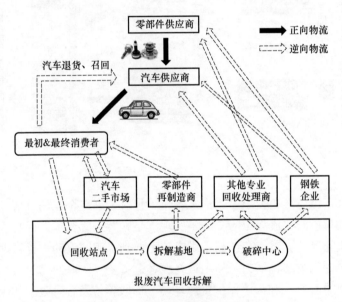

图 6-12　汽车逆向物流基本流程

(一) 生产环节中的逆向物流

生产环节中的逆向物流主要是指汽车制造过程中产生的边角废料、废弃不用的包装物的回收处理，如各种金属原材料被切割打压后形成的边角余料、废弃不用的泡沫和塑料袋包装物等废弃物的回收处理。

此环节逆向物流的再处理通常比较简单，一般是先归集废弃物然后进行再利用或者再循环，因此这个环节中的逆向物流多属于再利用逆向物流、再循环逆向物流。另外，这个环节的逆向物流的复杂程度也是相对较低的，因为其发生在企业内部，企业比较容易了解和控制。

第六章 典型行业与领域的逆向物流管理

（二）流通环节中的逆向物流

流通环节中的逆向物流是指生产汽车产品所需的原材料、零部件、汽车产成品从生产者手中运输到下一个供应链节点的过程中产生的废弃物的回收、处理活动，其客体主要是指运输过程中包装用的各种器具、防震防护材料以及偶尔会出现的运输途中损坏的产品。这个环节的逆向物流涉及的再处理主要是再利用和部分再循环，虽然和生产环节的逆向物流同属再利用逆向物流、再循环逆向物流，但由于其发生场合转移到了企业外部，面临的风险有所增加，所以其复杂程度较生产环节的逆向物流更大。

（三）消费环节中的逆向物流

消费环节中的逆向物流是指汽车产品到达最终消费者手中后，因某种原因导致的汽车产品由消费者回流到供应链上游的过程，具体包括退货逆向物流、维修逆向物流、召回逆向物流、报废汽车回收逆向物流。

1. 退货逆向物流

退货逆向物流是指最终消费者将不能达到订单要求的汽车产品退回的过程。汽车产品质量相对稳定，但是因汽车产品质量和服务质量导致的投诉、要求退换货的问题是每年都会发生的事实。究其原因，很大程度是由于汽车产品的复杂性造成的。汽车产品是由成千上万个零部件组成的，并且对技术和专业性要求很高，任何一个环节出现问题都会导致产品缺陷和瑕疵。此外，我国汽车行业高速增长带来的生产、存储、运输、配送规模的扩大也会对汽车产品质量产生影响。

2. 维修逆向物流

汽车产品是与使用者的生命安全息息相关的特殊产品，其制造商对因使用不当或者产品自身原因造成的汽车产品不能正常使用的汽车企业应当承担维修处理责任，以保障汽车产品最终消费者的安全。在服务质量竞争激励的背景下，维修逆向物流的管理，对提升产品的附加价值、增强消费者的价值体验，进而提升整体服务水平、增强产品的竞争力具有重要意义。

3. 召回逆向物流

缺陷汽车产品的召回也是解决缺陷产品的维修改进、保障最终消费者生命财产安全的重要手段。和维修逆向物流的发生不同的是，其产生多是由于汽车制造商发现其产品存在潜在缺陷，预计会影响最终消费者的安全时进行召回而引起的。和退货逆向物流及维修逆向物流相比，召回逆向物流由决策者控制，其时间、数量的确定性程度较高、相对容易协调，风险和成本也较低。

4. 报废汽车回收逆向物流

为了保证安全，各国都规定了汽车产品的使用年限，结合汽车使用状况对不再符合国家相关安全标准的汽车产品实行报废管理。报废汽车具有可观的留存价值，且弃之不理会带来环境污染，因此报废汽车的回收处理既可以保护环境又可以节约资源，是实现汽车逆向物流功能的重要活动。

汽车是由多种零部件组成的复杂产品，报废后各种零部件的用途存在很大差异，根据各种零部件的可利用价值和回收目的的不同，报废汽车回收逆向物流又可以分为再制造逆向物流、再利用逆向物流、再循环逆向物流，如图 6-13 所示。这三种逆向物流的不同主要在再处理环节，它们共有的环节是回收、拆解、分类处理。其中，再

逆向物流管理

利用逆向物流在上述处理后只需要对目标部件进行简单的清洗、检测即可进入存储环节，完成再利用逆向物流的使命；再循环逆向物流在上述处理后只需对目标部件进行压砸、剪切、粉碎后送入再循环需求点，完成再循环逆向物流的全部任务。再制造逆向物流是三种逆向物流中最复杂的一种，它在上述处理后，需要对目标部件进行专业的检测，评估可再制造性，安排再制造的工艺路线等。因为需要平衡再制造产品市场需求和可再制造报废汽车部件供应量，其再处理即再制造过程，对从回收、拆解、分类一直到再制造的全部处理过程中的时间和回收产品数量的确定性要求比前两种逆向物流高，而这两个因素又具有高度的不确定性，所以再制造逆向物流是其中最复杂的一种物流类型。

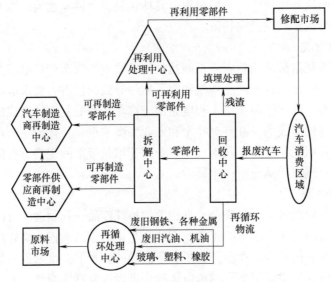

图6-13 报废汽车回收逆向物流

案例：汽车拆解

汽车拆解作为报废汽车资源综合再利用的重要环节，逐步被人们重视。但是，目前我国汽车回收拆解行业仍处于起步发展阶段，尚有许多问题亟待解决。我国作为一个新兴的汽车大国，已经成为世界最大的汽车生产国和第一大新车市场，汽车保有量逐年增加，同时与之紧密相连的报废汽车回收拆解行业也快速发展。

报废汽车相比其他回收原材料，具有存量大、资源价值高、零件可再制造应用等特点。报废汽车"全身是宝"，可以分解出大量钢材、铸铁、玻璃、塑料、橡胶、有色金属等拥有较大的回收价值的材料。汽车零部件材料构成如图6-14所示。报废汽车中含有72%的钢铁（69%钢铁+3%铸铁）、11%的塑料、8%的橡胶和6%的有色金属，汽车上90%以上的钢铁、有色金属材料的零部件都可以回收利用，玻璃、塑料的回收利用率可达50%以上。1000万辆报废汽车中含有的钢铁综合相当于宝钢2011年全年粗钢产量的25%，含有的橡胶相当于2011年全国进口天胶的57%。对报废汽车进行循环利用可以获得非常可观的经济价值。

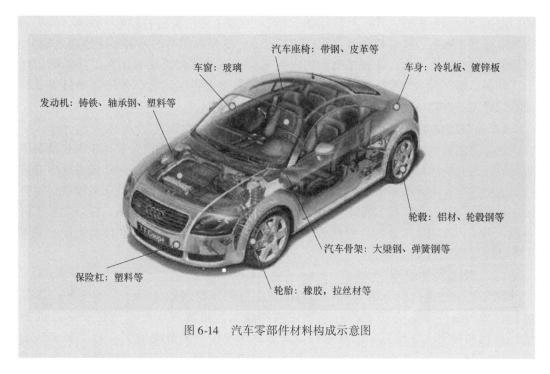

图 6-14 汽车零部件材料构成示意图

三、汽车逆向物流的特征

汽车逆向物流和传统汽车物流具有很多相似之处,也存在很多鲜明的不同点,简要分析如下。

(一) 物流量和时间不确定性高

汽车逆向物流是报废汽车产品及其阶段性处理目标物由传统供应链下游向上游流动的过程,和传统汽车正向物流的方向正好相反。汽车逆向物流的供应方是传统汽车正向物流的消费者,这样传统一对多的供需模式就转变成了多对一的逆向物流供需模式。传统汽车正向物流的消费者的分散性和消费需求时间、地点的多样性,就造成了汽车逆向物流供应的时间、地点、数量的不确定性,而且通常又没有历史数据可供参考,预测的难度也较大,这样就使得物流量和时间的不确定性成为汽车逆向物流区别于传统汽车物流的一个鲜明特征。

受这种不确定性影响最大的是汽车再制造逆向物流,因为与再利用逆向物流、再循环逆向物流不同,为了提高再制造活动的效率及做好再制造市场需求与再制造供给之间的平衡,汽车再制造逆向物流的过程对时间、数量的准确性要求较高。

(二) 物流对象差异性较大

传统汽车正向物流的对象通常都是同质无差别的,而汽车逆向物流的对象却存在很大的差异。汽车产品终端消费者的消费习惯的差异、不同品牌汽车产品的质量差异、汽车产品用途的不同等造成待回收的废旧汽车的状况十分复杂。此外,汽车产品的零部件种类、数量较大,不同种类、不同状况甚至不同性质的产品通常是混在一起的,如汽车废旧玻璃、轮胎橡胶、废旧机油、汽车防冻液、各种电子元器件,这会增加分类、检测工作和确定再处理方式的难度。

逆向物流管理

对再利用逆向物流、再循环逆向物流来说，这种复杂性会随着拆解、检测、分类操作的完成逐步衰退，这时其物流功能也基本完成，复杂性带来的不利影响也随之消失。对再制造逆向物流来说，这种复杂性的影响则会一直持续到再制造工艺工序的确定环节，如经拆解、检测操作后被确认为应该进行再制造操作的目标部件还要经过专业检测，以确定可再制造率、确认可再制造工艺路线安排。

（三）物流成本高

汽车逆向物流成本较高主要有以下几个原因：①汽车逆向物流对象比正向物流对象价值低而且其物流量和发生时间难以预测，这就导致运输成本较高、仓储能力规模效应难以充分发挥、闲置成本增加；②汽车逆向物流的再处理环节需要专业化的设备进行拆解、检测和分类，固定投资较高；③再处理作业需要专业化的技术人员，使培训、工资等投入较高；④物流对象的差异性较大、机器标准化批量作业难以进行，使作业成本上升。

（四）物流周期较长

汽车逆向物流供应方的分散性、物流发生时间和物流数量的不确定性使汽车逆向物流的回收环节完成任务的时间较正向物流长。报废汽车回收后需要专业的拆解、检测和分类，处理对象的复杂性会增加拆解、检测和分类的工作量，延长其所需工作时间，拆解、检测和分类对技术性的要求会增加工作难度，降低工作效率进而延长工作时间。对再制造逆向物流而言，再制造系统的专业性和复杂性更是会使耗费的工作时间大量增加。汽车逆向物流以上特殊性都会使其物流周期较传统正向物流长。

四、汽车逆向物流网络

汽车逆向物流网络构成示意图如图 6-15 所示。汽车逆向物流网络是由承担物流对象运动任务的线路，和执行物流对象相对静止或者停顿使命的节点组成的网络结构。所有流动活动都在各个网络节点及其之间的线路上完成，各条线路负责完成运输任务，各个节点根据其配置不同负责不同的功能，如回收、拆解、检测、分类、仓储、配送等。汽车逆向物流通常设置以下节点：回收中心、拆解中心、再处理中心。再制造逆向物流、再利用逆向物流、再循环逆向物流的网络结构的不同主要就在于再处理中心的不同。

（一）回收中心

回收中心是汽车逆向物流的上游，其功能是按照回收计划组织报废汽车的回收，协助车辆管理部门完成报废相关程序，承担一些简单的预处理，如清理破碎玻璃、拆除气囊、回收废旧机油及放掉废旧液体，保证拆解过程中的安全、防止污染。回收中心的组织有多种模式，可以单独建立回收中心，也可以在原有正向物流的基础上扩建物流中心，还可以建立正逆向物流集成模式。回收中心的运行有多种模式可供选择，制造商可以自己负责回收中心的运行或者加入制造商联合体共同负责回收中心的运行，也可以委托独立的第三方汽车物流服务提供商处理回收服务。不同的运行模式和组织方式有不同的适用条件，决策主体应该根据自身的实际情况结合要完成的任务合理地选择适合自己的组织模式和运行方式。

第六章　典型行业与领域的逆向物流管理

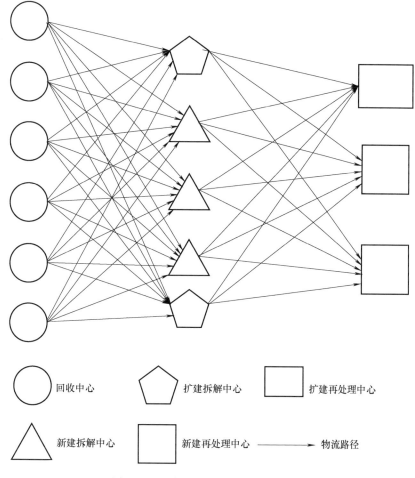

图 6-15　汽车逆向物流网络构成示意图

（二）拆解中心

拆解中心是汽车逆向物流中的重要组成部分，连接回收中心和再处理中心，拆解中心的活动结果对再处理环节具有重要影响，其工作效率和质量直接影响再处理环节的计划和工作标的物的品质水平。拆解中心的建立对专业技术和设备要求较高，需要专业的技术人员完成拆解任务，设备的先进程度和工人的技术水平对拆解活动的效率、拆解成本、报废汽车的回收利用率具有重要影响。拆解中心承担预处理后的报废汽车的拆解、检测、分类工作，这个阶段对汽车逆向物流的价值递增具有重要贡献，经过拆解中心的专业处理，根据各零部件的不同属性和状态对其进行分类以确定合理的再处理操作，如再利用、再循环、再制造或者其他处理，保证最大限度地挖掘报废汽车中的留存价值，提高报废汽车的回收利用率。

（三）再处理中心

再处理中心是对完成再处理操作的节点的笼统叫法。根据逆向物流再处理方式的不同，再处理中心的设置又分为再制造中心、再循环处理中心、再利用处理中心三种类型。

其中，再制造中心是最复杂的一种，除了要求特殊的设备和专业的技术外，其完成

逆向物流管理

任务的环节也比另外两种再处理中心繁琐，经过拆解中心的拆解、检测和分类处理后，再制造中心还要经过拆卸、检修和可再制造性评估，进一步确定工艺路线和可再制造率。再制造中心对设备和技术的要求完全不亚于其原始设备制造商，这个特点决定了再制造中心的运行通常需要由原始设备制造商负责组织；再循环处理中心则是需要专门的设备和处理技术，通常由原材料生产商来组织，如废旧金属的回炉、废旧玻璃和废旧塑料的融化和重新塑形等；再利用处理中心是最简单的形式，它通常完成再处理对象的清洗、简单的维修就可以使废旧资源重新进入正向物流渠道最终流向最终消费者。

与其他行业类似，汽车再制造逆向物流网络组织有三种模式可供选择，即独立构建的汽车再制造逆向物流网络、基于原有正向物流网络构建的汽车再制造逆向物流网络、集成正向物流的汽车再制造逆向物流网络。

五、废旧汽车逆向物流

（一）发达国家情况

发达国家的废旧汽车工业都有相对较为规范和高效的运作流程，一般发达国家都有相对完善合理的政策和市场的保障，只是每个国家在具体的运行形式上各有特色。不少西方发达国家已能做到对报废汽车精细化拆解、回收资源循环利用。就美国、德国和日本来说，其在废旧汽车回收处理流程上相对比较成熟，所构建的运作流程也较为典型。因此，这里简要分析这三个国家的具体逆向物流网络运作流程。

1. 美国

美国的废旧汽车回收与再利用技术在全球处于领先地位，能被回收的汽车占废旧汽车总量的95%左右，占车身近四分之三总量的零部件能够得到有效利用。高效率的回收利用能够带来相应的高丰厚利润回报，据统计，美国废旧汽车行业每年能贡献十多亿美元的经济收入。在法规方面，美国没有直接对废旧汽车的处理进行法律法规的限制，而是通过环境保护法的形式间接地规范废旧汽车行业的发展，通过连带责任制的形式规范逆向物流供应链中参与者的行为方式，要求汽车制造商在设计生产的过程中就考虑到汽车的回收过程。同时，供应商、经销商以及消费者在参与汽车的交易回收过程中都承担相应的职责。在技术方面，美国三大汽车制造商（福特、通用、克莱斯勒）"合作研究，技术共享"的运营模式为美国废旧汽车市场化运作解决了技术上的难题，使废旧汽车塑料、非金属等较难收集的材料的高比例回收得以实现。美国废旧汽车逆向物流流程如图6-16所示。

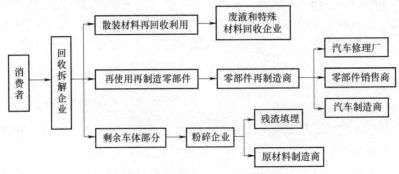

图6-16 美国废旧汽车逆向物流流程

第六章　典型行业与领域的逆向物流管理

2. 德国

作为世界汽车的发源地，德国的汽车工业水平已经达到很高的水平。德国的废旧汽车回收与德国制定的一系列法律法规是相辅相成的，德国规定使用十年以上的车就属于旧车，但在汽车使用的年限以及已经驾驶的里程数上没有强制规定，而是通过增加旧车辆的维修保养费来促使消费者自愿对旧车辆进行报废处理。消费者在申请报废车辆时需要到有关部门办理相关手续，并且车主必须凭回收拆解厂出具的可利用证明到当地的车管所办理车辆注销登记，没有办理车辆注销证明而将废旧车辆随意丢弃的车主将会受到法律法规的惩罚。据悉，德国现有汽车拆解企业4000多家，这些企业都有联邦议会颁发的执照，报废汽车回收率已接近100%。欧盟出台的《报废汽车的管理条例》要求各国从2015年1月1日起，报废汽车回收和再利用率不小于总重量的95%，可回用部件的回收和再利用率不小于总重量的85%。

在德国，消费者将汽车进行报废处理后，必须将废旧汽车通过专业机构认证的回收站进行回收，再由回收站将废旧车辆送往通过专业机构认证的拆解中心进行拆解，一般情况下，废旧汽车只能交由经过认证的规范企业进行拆解并从事旧车零部件的买卖，违规的企业将会受到相关部门的处罚。拆解中心通过逆向制造程序对废旧汽车进行拆解，金属车架、发动机、稀有金属等被分门别类放置，能够再使用的零部件将被提供给修理厂或者出售，不能再使用的零部件则被送往原材料市场或进行废物处理。德国废旧汽车逆向物流流程如图6-17所示。

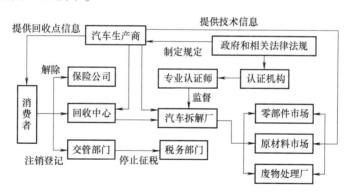

图6-17　德国废旧汽车逆向物流流程

3. 日本

日本是传统的汽车工业发达国家，一方面，日本每年能够产生500万台左右的废旧车辆；另一方面，日本是自然资源相对紧缺的国家，其最开始的生产消费工业模式耗费了大量的资源。基于此，日本于20世纪70年代就摒弃了传统的回收利用体系，转向构建覆盖全国的经济循环废旧汽车发展模式，其核心思想就是通过一定的技术手段将废旧产品回收并重新加工以达到重复使用的目的。并且，日本在循环经济方面相应地配套了较为完善的政策法规，其中《汽车回收利用法》明确规定了废旧汽车的残渣（ASR）、氟利昂以及安全气囊三种物品由汽车生产商负责回收处理，其余物品则由拆解商负责处理。另外，日本就针对废旧汽车建立了脱离于企业和政府的第三方汽车回收利用促进中心，该中心是由指定再资源化机构、资金管理法人及信息管理中心组成，负责对废旧汽

逆向物流管理

车回收信息的收集、传递和监管。指定再资源化机构负责废旧汽车回收利用的具体应用；资金管理法人则对以预付款的方式进行支付的废旧汽车的回收处理费用进行管理，形成专款专用的制度；信息管理中心负责对废旧汽车的流经渠道和回收拆解过程进行信息化的监督。日本废旧汽车逆向物流流程如图6-18所示。

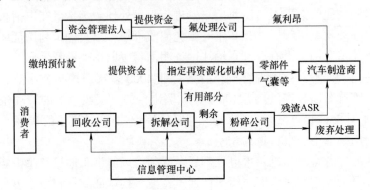

图6-18　日本废旧汽车逆向物流流程

（二）国外报废汽车回收拆解的经验总结

1. 由生产商负责处理本品牌报废汽车的处理模式

这种处理模式得到许多国家如德国和日本的广泛应用。德国实行"谁生产谁负责"的汽车回收体制，汽车制造企业在新车上市之前，必须出具一份证明，确保即将投入市场的新车的材料回收率及可利用率达到一定标准，否则就拿不到市场准入许可证；日本的《汽车回收再利用法》同样规定了汽车生产厂商对汽车废旧零部件拆解、回收、销毁的义务，除此之外，日本政府还会根据汽车生产商对本产品回收处理情况给出奖励机制，为行业发展提供有效激励。在各种政策的带动监管之下，许多大型汽车生产商都建立了自己独立的报废汽车回收处理部门，如德国的宝马汽车公司及日本的丰田汽车公司都拥有自己独立完善的汽车回收系统。

事实上，有专家指出由汽车生产商直接负责产品回收有很大优势，生产商不仅对自己生产的零部件更熟悉、拆解更方便，也可以直接改造生产设施进行零部件的再制造。

2. 规范、高效的拆解技术及完善的回收拆解法律支撑

我国报废汽车回收的相关法规和标准比欧美等发达国家至少落后四五年。例如在日本，发生于20世纪末的"丰岛垃圾事件"大大影响了日本社会，之后日本开始将报废汽车处理纳入日程。此外，2005年1月出台的《汽车回收再利用办法》（以下简称该《办法》），也是为报废汽车回收处理而制定的。该《办法》规定，无论是政府机构还是非政府机构成立的报废汽车回收再利用相关企业，都需要实行严格的管制，实现了政府和非政府互补的方式进行联合管理。最重要的是，该《办法》明确了报废汽车的处理流程，即车主→收购公司→拆解公司→破碎公司→最终处理公司。对于汽车报废再利用环节所产生的费用，该《办法》也对相应负责机构及承担费用进行了详细的说明。不仅如此，日本政府引入高科技电子目录系统服务于回收过程，通过对每一辆车进行标号，保证了报废汽车整个回收处理流程的顺利进行。

3. 先进成熟的报废汽车回收拆解企业

我国报废汽车回收企业数量不足也是导致我国报废汽车回收行业存在问题的一大重

第六章 典型行业与领域的逆向物流管理

要因素,而在美国、德国、日本等发达国家,大量回收企业成为报废汽车得到有效处理的基础。据调查研究表明,目前日本的汽车拆解公司总共超过5000家,其中月拆解量低于50台的小型回收企业超过了总企业数的一半以上,破碎公司140多家、粉碎机180多台;在美国,这个数字大得惊人,现今美国共拥有报废汽车拆解企业超过10 000家,零部件再制造企业超过20 000家,还有200多家拆后粉碎企业。一些专家指出,报废汽车回收企业的数量不足已经成为我国现阶段一个亟待解决的重要问题。

(三)我国情况

根据商务部发布的《中国再生资源回收行业发展报告2019》,截至2018年年底,全国机动车保有量达3.27亿辆,其中汽车2.4亿辆,按照国际4%~6%的报废比例平均水平,未来汽车报废规模是相当大的。而截止到2015年年底,全国报废汽车回收拆解企业才达到540多家,回收网点2200多个。由于我国汽车工业起步较晚、基础相对较差,在废旧汽车及其零部件回收方面没有形成统一规范的运行机制,另外,国人对于废旧汽车环保理念认知不足,这一系列的成因构成了我国废旧汽车行业发展较为落后的局面。

据前瞻产业研究院发布的《中国报废汽车回收行业市场前瞻与投资战略规划分析报告》统计数据显示,2018年1至12月份,全国机动车回收数量为199.1万辆,同比增长14.3%。其中汽车167.0万辆,同比增长13.5%;摩托车32.1万辆,同比增长19.1%。自2011年开始,我国的报废汽车数量呈现递增式增长,预计2020年将逼近1850万辆,2011—2020年我国报废汽车数量及预测如图6-19所示。面对即将到来的报废汽车数量急剧攀升的挑战,废弃资源的绿色回收利用必然要尽快上升至实际可操作层面,在明确有关各方的具体责任后,促进国内报废汽车的回收再利用工作从理论计算阶段向实际回收进行转型。

图6-19 2011—2020年我国报废汽车数量及预测

我国报废汽车回收拆解行业起步于20世纪80年代,基本是以原物资部门所属的金属回收系统为基础,由国家物资部门管理,省、市、县三级金属回收管理体系健全并同属于国有企业。由于全行业缺乏先进的管理理念、设备设施落后陈旧、机械化程度不高,严重制约了行业的发展。进入21世纪,尤其是2009年后,我国汽车工业迅速发展,汽车已不再是触不可及的高档商品,进入了寻常百姓家。随着汽车保有量的迅速增加及老旧汽车报废更新的加速,带动了报废汽车回收拆解行业的蓬勃发展。因此,充分学习和借鉴国外经济发达国家的经验和做法,尤其是主要发达国家制定的相关法律、法规、技术标准等,对报废汽车的回收、拆解、再利用等行为进行规范,将会创造出巨大

逆向物流管理

的社会和经济效益；而且在场地设备设施、回收拆解方式方法、资源处理处置等方面，先进国家的方法和模式会对全行业产生积极影响。我国企业纷纷迈出国门到发达国家参观学习，很多企业购置了机械化拆解、破碎设备，极大地改善了全行业"肩扛手砸锤子敲"的状况。同时，迅速崛起的巨大的中国报废汽车市场，也深深吸引了大批国际知名企业的目光，它们也欲加入到这个行业中来。

2019年之前，我国对废旧汽车的回收是相对粗放的形式，废旧汽车回收依照的是2001年出版的《报废汽车管理办法》（以下简称该《办法》）的规定，该《办法》规定对废旧汽车必须破坏"五大总成"（发动机、变速箱、前桥、后桥和车架）。因此，市场上参与废旧汽车回收的企业为数不多。获得政府资质认证的回收拆解企业按照一定的规范将车主送来的废旧车辆进行拆解，对"五大总成"在民警的监督下进行打孔破坏，将可再利用的零部件卖给修理厂或二手市场，将不能再利用的零部件送往原材料市场或进行废弃处理。据相关数据显示，欧美、日本等地的报废汽车拆解率能达到100%，而根据我国再生资源回收利用协会报废车分会的数据统计，全国只有约30%的报废车进入正规报废流程，大量报废机动车游离在非法拆解的"地下"渠道。新华网2018年曾经报道：江苏省某镇当地数百户、上万人从事非法拆解报废汽车生意，形成非法购买、拆解、翻新和售卖的利益链条，而国家严禁交易的报废车"五大总成"甚至整车正在流向全国。

而2019年6月1日起，我国新的《报废机动车回收管理办法》正式实施，该办法规定国家对报废机动车回收企业实行资质认定制度，取消回收企业数量限制。回收的报废机动车必须按照有关规定予以拆解；拆解的报废机动车"五大总成"具备再制造条件的，可以按照国家有关规定出售给具有再制造能力的企业经过再制造予以循环利用；不具备再制造条件的，应当作为废金属交售给钢铁企业作为冶炼原料。拆解的报废机动车"五大总成"以外的零部件，符合保障人身和财产安全等强制性国家标准，能够继续使用的，可以出售，但应当标明"报废机动车回用件"。

我国很多人不愿意主动到报废车回收企业对车辆进行报废，最大的原因就是成本高、收益低。而新的管理办法的修订，在一定程度上能够提升报废车回收价值，或将对日后的报废车行业带来助推作用。随着各方整治力度的加大，作坊式的非法拆解点也会有所收敛。《报废机动车回收管理办法实施细则（征求意见稿）》也已于2019年6月完成意见征集，相信不久的将来也能出台。新管理办法还打破了报废汽车的市场垄断，不仅不再设立总量控制，符合条件的企业都可以申请成为报废机动车回收企业，国家鼓励机动车生产企业从事报废机动车回收活动。机动车生产企业按照国家有关规定承担生产者责任，当整个市场被激活时，整个产业链条或将也会脱离"灰色"。

案例：汽车逆向物流中的物流技术及创新方向[①]

汽车逆向物流及物流系统发展涉及汽车的回收、运输、仓储、再制造等各个不同的领域。本文将汽车逆向物流的物流技术分为三个层次：基本物流技术、发展物流技术、新兴物流技术。基本物流技术是其他技术发展必不可少的基石；发展物流技术是

[①] 根据网站资料改编，原始网址：http://www.sohu.com/a/325531595_120043534。

所有技术中的中坚力量；新兴物流技术是汽车逆向物流技术的创新方向。汽车逆向物流技术见表6-1。

表6-1　汽车逆向物流技术

技 术 层	具 体 技 术
基本物流技术	逆向物流大数据技术
	逆向物流网络规划技术
发展物流技术	逆向物流最佳路径优化技术
	逆向物流仓储优化技术
	逆向物流再制造技术
新兴物流技术	逆向物流物联网技术
	逆向物流区块链技术

1. 基本物流技术

（1）逆向物流大数据技术　汽车逆向物流可通过信息采集、录入、上传、分析等方式来获取各类数据。大数据采集的过程将依赖于RFID（射频识别）系统、全生命周期溯源码等，并利用集成技术，把各种逆向物流相关信息汇总到数据库，避免出现"信息孤岛"的情况，实现各部门的信息共享，提升汽车逆向物流行业的大数据、信息化水平。例如，美国企业Optoro提供了优化的端到端的逆向物流解决方案，帮助零售商管理、销售退货和过剩库存。Optoro数据驱动逆向供应链平台通过增加过剩库存和退货的价值颠覆了老式的逆向物流行业，已获得超过1.5亿美元的投资。

（2）逆向物流网络规划技术　汽车是一种高度复杂的工业品，其逆向物流网络也因为产品流通的不同环节可分为生产环节逆向物流、流通环节逆向物流、消费环节逆向物流。

2. 发展物流技术

（1）逆向物流最佳路径优化技术　汽车逆向物流最佳路径优化技术是基于消费环节的路径选择与优化，在现有网点布局的基础上，寻找可靠、快速、安全、低成本的运输路径，既可以降低企业的运营成本，还可以增加消费者的满意度。目前比较流行的路径优化的方法有蚁群算法、遗传算法、模拟退火算法等多种启发式算法。美国企业GENCO专注于产品生命周期物流的供应链解决方案，首创基于Web的自动化流程来有效地处理退货产品，2014年被FedEx收购后，该企业充分发挥物流优势，不断优化逆向物流路径，在一年之内处理超6亿件商品，并从这些商品的销售中挣到约16亿美元。

（2）逆向物流仓储优化技术　一辆汽车由成千上万个零部件组成，其回收过程中的拆卸、分类等作业过程，也会产生大量的零部件。如果这些零部件不能得到有效的处理，则会对仓库产生巨大的压力，但也不能为了放置零部件而建造过大的仓库，这样会造成巨大的成本损失。因此，对仓储进行优化，保证仓库高效运转是重中之重。

（3）逆向物流再制造技术　对逆向物流的汽车的零部件在拆解、分类后进行再制造，既可以降低企业成本，又可以降低资源浪费。Caterpillar 作为再制造界的领军企业，就是将报废的产品恢复至完好如初的状态，以远低于新零件的价格为客户提供与新零件质量一样的产品。这不仅帮助客户降低购买成本和运营成本，还可以减少浪费和温室气体排放，同时还能最大限度地降低原材料的需求量。

3. 新兴物流技术

（1）逆向物流物联网技术　汽车逆向物流的物联网架构可以分为三层：感知层、网络层和应用层。感知层由各种传感器构成，实时对汽车逆向物流各个环节进行检测和获取数据；网络层是中枢层，由各种网络组成，主要进行各类信息的上传与分析；应用层是物联网和汽车企业、汽车回收商等的接口，它与汽车逆向物流的需求紧密结合，实现物联网的智能应用。例如，捷世通有限责任公司的一体化汽车零部件逆向物流云服务平台通过物联网技术有效地将车主、4S 店、汽车制造商、零部件供应商构成一个整体，提升整体效率与服务水平。

（2）逆向物流区块链技术　汽车逆向物流目前存在效率低、丢包、爆仓、运输错误、信息泄露等各类问题。依靠区块链技术，能够真实可靠地记录和传递资金流、物流、信息流，汽车逆向物流行业利用区块链基础平台，可以优化资源利用率、压缩中间环节、提升行业整体效率。通过区块链记录货物从发出到接收过程中的所有步骤，确保了信息的可追溯性，从而避免丢包和发错包裹事件的发生。

汽车逆向物流行业也可以把区块链用于智能化运输，在信息采集录入后，将信息存储在数据库里，区块链的存储解决方案会自主决定运输路线和日程安排，基于智能算法还可以不断更新运输路线等，使效率不断提高。如果是跨国运输，可以利用智能的区块链集装箱等。

第三节　医药行业逆向物流

一、医药行业逆向物流的定义

广义的医药行业逆向物流包括药品的逆向物流和医疗废弃物物流。

药品是一种特殊的商品。药品在物流过程中，会由于物流错误、商业退回等失去明显的使用价值，但这些药品还存在再利用的潜在价值，药品企业为这部分药品设计一个逆向物流的系统，使其具有的价值能充分实现。

根据我国《医疗废弃物管理条例》的规定，医疗废弃物是指医疗卫生机构在医疗、预防、保健以及其他相关活动中产生的具有直接或者间接感染性、毒性及其他危害性的废物。在世界范围内，医疗废弃物问题都是存在的，忽视对医疗废弃物的严格管理，将会对社会环境和人类健康造成巨大危害，医疗废弃物处理处置已经成为各国关注的重要环境问题，若处理不当会造成对环境和人群的极大危害。随着医疗事业的蓬勃发展，要不断提高医疗、护理质量，应杜绝一次性医疗废弃物外流，规范医疗废弃物的管理，严防医疗垃圾流失导致的环境污染。无论从社会安全还是预防医院感染来看，对医疗废弃物的处理都是一项至关重要的事情。

在我国,医药行业逆向物流中还是存在着一些问题及障碍:一是政府对医药行业逆向物流系统的管制与激励力度不足,二是医药行业逆向物流系统也不完善。近几年来,很多企业都纷纷致力于药品正向物流系统的建立,投入了大量的资金,也培养了大量的人才,同时也取得了较大的成效,但对逆向物流的认识和重视程度不够。大部分医药企业都缺乏一套行之有效的逆向物流系统,其中起关键作用的生产信息系统和运营管理系统尚不完善,有时候造成了退货和回收困难及混乱的局面。在药品退回到企业或回收后,如不能很好地对其进行管理,就会给企业造成较大的损失。企业整个药品逆向物流系统如不能有效运行,也难以达到挖掘新的利润源、增强客户满意度及提升企业形象等目的。

> **案例:强生公司"泰莱诺尔"事件**
>
> 1982年9月29日,美国芝加哥地区发生了有人服用强生公司生产的含氰化物"泰莱诺尔"药而中毒身亡的严重事故。此事件发生之后,强生公司不是回避和推卸责任,而是紧急从零售商和消费者手中回购可能有问题的产品,并进行集中处理,迅速控制了问题产品的扩散和使用。同时,强生公司全力提升产品质量,加强从生产到流通各环节质量保证措施,再通过广告媒体大力宣传,很快重新树立了企业的良好形象,这一系列的举措不仅重新赢得了顾客信赖,同时也挽回了巨大的经济损失。在随后的5个月,强生再次夺回了原市场份额的70%。

二、药品逆向物流

药品逆向物流主要包括退货逆向物流与回收逆向物流。由于医院、社会物流企业及零售终端等各个节点的退货程序不规范,且多以各类拆零药品的销售退货为主,导致目前我国药品的逆向物流大多处于无序状态,国家层面专门的药品逆向物流管理规范还不健全。

(一)药品的退货逆向物流

药品的退货逆向物流范围主要包括:

1)政府行政部门要求停止销售的相关医药产品;

2)顾客投诉出现药品质量问题,如外观、色泽、口味等与正常药品有差异或者药品局部变质,药品超过有效期、说明书不规范等;

3)配送中心或门店退回:药品配送运输过程中出现差错导致的货品短缺等;

4)厂商主动要求撤回:如出现药品质量问题、更换包装或市场策略等;

5)商业退回:主要是药品经营公司因药品滞销积压。

(二)药品的回收逆向物流

药品的回收主要是指对家庭过期药的回收,主要集中在两个途径:

1. 企业对家庭过期药品的回收

2005年,白云山和广药集团在广州推出免费更换过期药品活动。上海、湖北、山东、海南等地也都出现了类似的活动。但回收的主体却不同,有的是药厂、有的是零售药店,没有一个统一且系统的规定。

2. 非法商贩或非法医疗机构从消费者手中收购过期药品

相比较于第一种途径，第二种途径对社会所造成的危害是巨大的。这些过期药品经过重新包装，会再次流入农村基层药店或医疗机构。一旦患者服用了这些过期药品，轻者会延误病情，重者会危及生命。

（三）药品回收逆向物流的特点

由于药品的特殊性，药品回收逆向物流领域除了逆向物流逆向性和分散性的基本特征外，还存在以下特点：

1. 回收不确定性

但废弃药品可能产生于生产领域、流通领域或消费领域的任何一个环节，而且最终消费者的退货是随机的，上游供应链企业很难预测和把握。另外，由于废弃药品没有很高的利用价值，缺乏成熟专业的市场，回收药品没有固定的网络，正向物流的一些先进技术很难运用到逆向物流中。其次，有些医药事件的发生很突然且影响重大。消费者由于自身的原因，对这些召回的药品有着自己的处置方式，这也导致了商家对退货价格的定位有很大差别。

2. 运作复杂性

药品正向物流是药品从生产商到销售商或消费者处，产品采用大批量的运输方式，包装完好、破损率小，容易产生规模经济；而废弃药品逆向物流都是从消费者或销售商运回到回收中心或生产企业，往往是多点对一点的回收，分散性很大，路线不易优化且无法集中一次性处理。由于医药品种繁多，不同的废弃药品要根据不同情况采取对应的处理办法，致使药品逆向物流的操作具有复杂性。

3. 高成本性、低收益性

废弃药品回收的不确定性增加了运输和仓储成本，废弃物处理过程也需要耗费大量的人力和物力。如果不考虑政府财政补贴等因素，仅考虑医药企业自身逆向物流，建立完善的医药逆向物流系统投入的成本很大，而所获得的实际利益却很少。医药逆向物流除了对少许有效期内积压药品的回收处理外，其他形式几乎是纯投入性的工作，没有直接的经济利润。

4. 回收缓慢性

回收点分散，每次回收的废弃药品数量少、种类多，只有在不断收集的情况下才能形成较大的规模。回收中心在处理这些废弃药品时需要经过分类、加工和再利用等环节，这一过程也是很缓慢的。

（四）过期药品的回收

据一项社会调查表明，我国各大城市平均每个家庭有过期药品215粒，其中30%~40%超过有效期3年以上；约有78.6%的家庭存有备用药品，其中高达82.8%的家庭没有定期清理储存过期药品的习惯，90.1%的被调查者有将过期药品随意丢弃的经历。南开大学和天津中医药大学的研究人员对天津市居民进行的一项调查发现，7.1%的家庭会将过期药品卖给二手药贩。可见，过期药品在我国居民的家庭药箱中较为常见，且大多都被不合理处置。

在我国，国家关于家庭过期药品处理的法律还是一片空白，对过期药品的回收重视程度低、宣传不到位，回收效果较差，药店设置的过期药品回收箱也寥寥无几，大部分

第六章 典型行业与领域的逆向物流管理

家庭对过期药品都是以丢弃的方式和其他生活垃圾一起处理。2007年12月，国家颁布实施了《药品召回管理办法》，可以说，这无疑是完善我国药品市场管理制度的重要举措，对药品实施监控管理有很好的规范作用，在尽量减少药品的安全隐患和对消费者的损害的同时，还能够有效维护药品生产经营企业的利益。但是，目前还没有相关法律规范公民处理家庭过期药品的行为。《药品管理法》只是规定了生产、经营、使用药品的单位不得使用过期药，但对家庭过期药的处置，在法律上还是空白。

消费者关于废旧药品对健康及环境的危害认识不深，有些人还会贪图小利，同时企业对回收废旧药品积极性不高，导致了废旧药品回收的混乱及不规范的现象。据统计，我国每年产生的过期药品约1.5万t，如果用5t的大卡车来装载，至少需要3 000辆。2016年，新版《国家危险废物名录》发布，家庭过期药品名列其中。对这些每年危害用药安全、引发环境污染的1.5万t危险废物，却面临着回收难的尴尬局面。

目前我国法律法规并未对过期药品回收事宜进行规定，更未规定药品回收的主体部门，家庭过期药的回收和处理仍处在法律监管的真空地带。《固体废物污染防治法》《医疗废物管理条例》《医疗卫生机构医疗废物管理办法》中明确规定了医疗废物的处置方式，但家庭过期药品并未纳入医疗废物范畴。对于大多数危险废物的处理均有明确的法律规定，而对于过期药品的回收处理目前却并没有相关规定，致使一些地方虽然制定了过期药品回收制度，但在实施过程中却出现无人回收、无处回收、难以回收等问题。《药品管理法》对药品生产、销售、使用都做了明确要求，并将过期药品按劣药处理，但均未规定如何回收和处理，没有过期药物回收制度的规定，也没有对公民处理家庭废弃药品的行为进行规范，更没有赋予药店和生产企业回收过期药品的责任。环保部门将医疗废物列入《国家危险废物名录》，但对于家庭过期药品在实际中往往并未按危险废物进行管理。

虽然我国尚无药品回收具体的法律法规，但很多省、市、区尝试开展了药品回收工作，并出台了相关政策。例如，石家庄市建立了过期失效药品定点回收制度，2012年，石家庄市食品药品监督管理局在药品零售企业自愿报名的基础上，选择了100家有代表性的药店作为家庭过期失效药品回收定点单位。到2015年，石家庄市区定点回收家庭过期失效药品的药店已达到200家。截至目前，石家庄市已累计回收并销毁过期失效药品近20万盒。又如，太原市在2014年3月发布了《太原市家庭过期药品回收管理办法》，济南、海口等市也建立了相应的药品回收管理办法。这些城市的主要做法是由药品监管部门制定管理工作制度，在药店设立药品回收箱，再集中进行销毁。如太原市食品药品监督管理局给各回收药店配发过期药品回收箱，回收的过期药品由该局定期集中销毁，回收方式一般分为无偿回收、以旧换新、赠送奖品等。

我国曾发生过因误食过期药品而危害群众身体健康的事件，也曾因集中焚烧过期药品而造成空气、农产品和水资源污染导致70人出现不良症状，这些事件反映我国过期药品的回收、处置等环节均存在问题。产生这些问题的主要原因一是过期药品回收无法可依；二是各地在探索药品回收路径时普遍缺乏专项资金支持，造成企业、协会、药店主动回收过期药品的积极性不高；三是国内研究过期药品回收、处置的学者甚少，尚无人系统梳理过期药品处置不当的危害。

逆向物流管理

(五) 国际上的过期药品回收政策

1. 世界卫生组织

世界卫生组织（WHO）将过期药品划归到不需要的药品（UMs）类别下。UMs还包括未用的、溢出的、受到污染的医药产品、药品、疫苗和血清。WHO认为，UMs作为医药废物应立即被处理掉，不能再次利用。1999年，WHO发布了关于卫生保健活动中产生的废物安全管理的第一个全球指导性文件，提出了废物管理的规章制度，包括废物的最少化排放、回收、存储、运输、处理，以及培训员工处理废物等内容，以增强民众合理处置医疗废物的意识。

2. 欧洲

欧盟2004/27/EC指令第127条b中要求，所有成员国均要建立未使用药品和过期药品回收机制。2007年，为探讨如何实施药品回收项目，欧洲制药工业协会联合会对27个欧盟成员国和挪威进行了调查，结果显示这些国家均建立了本国的过期药品回收计划，主要由药店回收。各国过期药品回收的财政支持不尽相同，有的依靠政府财政拨款，有的依靠企业或药店资助。

（1）英国 20世纪90年代初，英国皇家药学会倡导患者将过期药品送回药店。1996年，《特殊废物处理法规》规定过期药品要在垃圾填埋场处理或者被焚化。英国的药品使用和处方监管较为严格，一般家庭很少有过期药品，随便丢弃会被惩处。过期药品要放进标有过期药品的垃圾袋，交由药剂师处置，不分类处理的行为会被纳入"不良记录"，影响个人诚信。

（2）法国 法国是世界上明确有过期药品回收制度的少数国家之一，其环境部门制定了相关的政策制度，由全国药品回收协会负责实施。1992年4月，法国政府颁布了第二部《垃圾处理法》，要求制药企业负责回收处理其所生产药品的废旧包装。为了有效地执行《垃圾处理法》，法国药业组织于1993年成立了全国药品回收协会，负责药品回收相关事宜。协会除了回收药品包装外，还回收所有的UMs，包括过期和仍在有效期内的药品。协会将回收药品箱设在药店，药店自愿、无偿地回收药品，法国近90%的药店都积极参与了这一行动。目前，法国药店将UMs分为可再利用和待销毁两大类。制药企业或药品批发商到药店取回药品垃圾后进行更细致的分类：包装完好且未过期的药品经检验后，将被免费送给与协会有合作关系的国内或国际人道主义组织，再由这些组织发给缺医少药的个人、地区或国家；虽然过期，但其中某些成分还可利用的药品将送交有关部门或实验室提取利用；完全无用的过期药品及包装，则被运至具有焚烧医药制品能力的垃圾处理厂焚烧处理。

（3）德国 1991年，德国《包装管理条例》规定进入流通领域的产品包装物，应该由生产者和经营者负责回收；1996年，德国《垃圾法》规定所有产品在流通过程中，生产者对产品负责回收。在这两个法规的约束下，德国的药品回收按照"谁生产谁付钱"的原则，实行企业回收责任制。药店是德国处理过期药品的主要机构，德国各大药店均放置有过期药品宣传册，免费回收居民手中的过期药品，交由垃圾回收部门高温焚烧。环保部门也建议民众将过期药品交至附近的药店，最好将说明书和包装同时送交药店，以便药店了解其危害性。药店一般不会再利用过期药品，否则属于违法行为。

3. 美国

美国联邦政府尚未建立过期药品的回收机制，不同机构提出处理过期药品的建议也不尽相同（特殊管理药品除外），但互为补充。其环境保护署（USEPA）鼓励每个家庭参与当地的危险废物回收项目，其中一些项目包括对过期药品进行回收。对于特殊管理药品，根据美国缉毒局（DEA）发布的《管制物质法》（CSA），必须由相应的执法机关负责特殊管理药品的回收。

目前，美国许多州都有过期药品回收计划，主要由药店和环保组织牵头，在停车场设回收点，或鼓励民众用邮件将过期药品邮寄至回收点。2007 年，USEPA 出资 30 万美元，要求缅因州大学的老龄化中心、社区和人类服务资源中心研究药品回收机制。老龄化中心主要通过邮寄方式进行回收，服务资源中心主要在连锁药店设点回收。为减少过期药品产生，他们还同步分析药品未用完的主要原因。

4. 加拿大

加拿大尚无全国性的处理过期药品的政策，仅在阿尔伯塔、哥伦比亚等省有相应规定。1996 年 10 月，加拿大允许阿尔伯塔、哥伦比亚省的居民将 UMs 返还到药店。药店接收所有的处方药、非处方药、中药、维生素和矿物质补充剂和喉糖，回收上来的药品统一焚毁。哥伦比亚省制定了回收条约，是唯一针对药品回收有法律规定的省。阿尔伯塔、哥伦比亚省的药师协会与其他机构（如政府、药房、企业）合作制订药品回收计划，如哥伦比亚省成立的药品售后服务组织（PCPSA）通过海报、手册、药师指导等方式进行公众宣传与教育，鼓励消费者将过期或不用的药品送回药店。哥伦比亚省的回收项目由药品企业资助，阿尔伯塔省则由政府和企业共同资助。加拿大全国药学监管协会（NAPRA）特别强调药师在药品回收中的作用，认为药师可以找出引起药品浪费的潜在原因，并通过处方审核制度、配发小剂量药对居民进行相关教育来防止药品浪费；还可以与其他相关团体合作，制订过期药品处理计划，回收过期药品。

尽管部分发达国家具备药品回收的渠道和方式，但仍有很多人将药品随意丢弃。如美国只有 1.4% 的人将未使用的药品返给药店，54% 的人将其直接扔掉，35.4% 的人会扔进马桶或水槽中；英国 21.8% 的人会将未使用的药品送到药店，11.5% 的人会直接扔进马桶。

因此，药品回收及与其密切相关的药品回收物流，确实是需要重视研究和实践的一个方向。

三、医疗废弃物物流

（一）医疗废弃物处理流程

医疗废弃物的处理流程一般分为两类：一类为医院内部自行处理流程，一类为医院外部处理流程。

1. 医院内部自行处理流程

医疗废弃物的医院内部自行处理流程是指医院在从事医疗活动过程中，将一些使用频率高且处理相对简单的医疗用具或材料分类收集后，自行处理并循环利用，或者对危险性废弃物在院内及时自行处理的过程，如手术衣的无菌消毒处理和病理科器官的院内

逆向物流管理

火化或填埋。此方法可有效提高医院的运营效率和降低处理成本，更可以及时减少环境污染，保障病人和群众的健康，一举多得。目前，此流程在我国还处于发展阶段，体系并不健全，但全国大型医院正纷纷投入医疗废弃物的自行处理建设中。

医疗废弃物医院内部处理流程的关键环节包括三个：分类收集、仓储运输、无害化处理，如图6-20所示。

（1）分类收集 将院内可自行处理的医疗废弃物进行分类收集，一般各个科室作为小的收集点，可以很好地减少处理成本。

（2）仓储运输 仓储运输是指对废弃物临时存放及运输的过程，此过程应保证废弃物的严格消毒，运输过程也应用专业的运输工具。

（3）无害化处理 将废弃物根据类别进行无害化处理，处理后的物品根据分类进行销毁或循环使用。

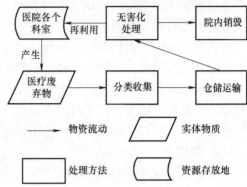

图6-20 医疗废弃物医院内部自行处理流程图

2. 医院外部处理流程

医疗废弃物的医院外部处理是指医疗卫生机构将产生的废弃物委托给其他机构来处理。目前，大部分医疗废弃物处理均采用院外处理方式。

医疗废弃物院外处理过程包括三个重要环节：分类收集、运输、废弃物处置，如图6-21所示。

（1）分类收集 将医疗机构产生的废弃物，严格按照国家相关规定的标准进行分类收集处理，此过程应时刻防止医疗废弃物对外造成污染或感染，此工作一般也是由医院内部专门的负责人员处理。

（2）运输 将医疗废弃物通过专业的运输企业运输到处置单位，运输过程应严格遵守国家相关规定，如采用专业的医疗废弃物回收车，以防止中途遗漏污染。

（3）废弃物处置 由专门的医疗废弃物处理机构进行无害化处理，最后决定废弃物是用来再利用还是当作垃圾销毁。处理机构应符合国家对该类单位要求，才可正常运营。

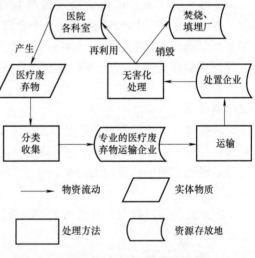

图6-21 医疗废弃物医院外部处理流程图

（二）医疗废弃物物流的特征

医疗废弃物本身的特性使医疗废弃物物流具有如下特征：

1. 来源多样性

医疗废弃物的来源点很多，不仅是医院，还有医疗卫生服务机构、学校实验室等均可以产生医疗废弃物。这也给回收企业的收集工作带来很大不便。

2. 种类复杂性

医疗废弃物按国际标准可分为六类，二级分类多达数十种，有些物品具有多种危险属性。由此可见，医疗废弃物的形式和种类纷繁复杂，其种类的复杂性也加大了回收的难度。

3. 过程危险性

由于医疗废弃物种类繁多，而且一部分具有传染性、腐蚀性、毒性等，导致其物流过程具有一定危险性。

4. 处理专业性

由于医疗废弃物种类多样且具有一定危险特性，所以医疗废弃物逆向物流过程与传统逆向物流相比，对人员、仪器、设备等专业化程度要求更高。

（三）发达国家医疗废弃物的逆向物流

20世纪90年代，逆向物流的概念被世人所提出，随后又经过十年左右，相关理论得以完善且各个行业的逆向物流开始发展。但其实各行业早已或多或少地关注和重视产品、物品或废弃物的逆向回收或处理。20世纪80年代初，以美国、德国和日本为首的发达国家的医疗设施服务水平都有了很大进步，而公民对健康生活质量的重视又加快了城市医疗化的进程，随之而来的是医疗废弃物产量的增大。该领域专家开始逐步关注医疗废弃物无害化处理问题，包括医疗废弃物对环境污染的问题。1983年，世界卫生组织提出了WHO-EURO文件，是首批可以作为处理医疗废弃物的依据。随后，这些发达国家纷纷出台了相关的法律法规或管理办法以管理处置医疗废弃物。1986年，美国相关组织提出了关于传染性医疗废弃物处理的方法；1992年，日本也出台了国内第一个处理医疗废弃物的法律，该法律主要针对的也是处理感染性医疗废弃物。随后，世界各国也纷纷出台了自己的回收处理医疗废弃物的法律法规。由此可以看出，医疗废弃物的回收处理问题已成为各国关注的主要问题之一。

美国作为医疗发达国家，其医疗废弃物逆向物流的建设及规划起步比较早，而所达到的效果也是值得借鉴的。医疗废弃物从医疗机构产生到随后的运输、回收处理的整个系统相对完善。在医疗废弃物收集阶段，医院已普及其先进的收集通道，如重力滑道和气力输送管道等，美国医院并不是简单的医疗废弃物收集点，对相关废弃物还会进行简单处理，如废物压缩等。在医疗废弃物运输阶段，专业的运输团队是基础，还有先进的物流管理系统保障运输，此外还有一套完整的医疗废弃物追踪制度。

日本将医疗废弃物分为三大类：感染性、非感染性和放射性医疗废弃物。处理感染性医疗废弃物有标准回收流程，可简单分为三个阶段，即分类收集阶段、运输阶段和处理阶段；非感染性医疗废弃物一般按照生活垃圾的分类进行处理，这也是建立在生活垃圾逆向物流相对完善的基础上的；处理放射性医疗废弃物时，要严格按照相关法律执行。日本本国的医疗废弃物收集最突出的地方，不仅在于相对完善的逆向物流系统，还包括其在各个环节的专业化程度，如医疗废弃物收集的专用容器等。

通过对发达国家医疗废弃物逆向物流的现状分析，不难看出其对医疗废弃物逆向物流的各个环节的处理已经相对比较完善，如前期医院废弃物的分类收集、中间物流的专业运输及物流系统的建立、最终医疗废弃物的专业化处理。其相对完善的逆向物流系统背后，可归功于以下四点：①政府对医疗废弃物的重视度高；②有相对应的法律法规进

逆向物流管理

行约束管理；③依托于先进的科学技术；④公民对废弃物价值的认识程度高。

（四）我国医疗废弃物的逆向物流

我国医疗废弃物管理回收处理的能力相对落后，但目前已引起足够重视。2003 年以前，我国出台了一系列关于危险废物处理的法律和政策，如 1998 年颁布的《国家危险废物名录》中首次将医疗废弃物列为国家危险废物第一位。2003 年法，相关部门及地方出台了《医疗废物管理条例》《医疗废物集中处置技术规范》等一系列法规和政策。

目前我国医疗废弃物回收途径可总结为四种，如图 6-22 所示。

（1）由非法分子回收　这些回收部门或人员在没有取得国家认可的情况下，从事医疗废弃物的回收。这些机构非法将医疗废弃物经过简单处理后再次投入医疗市场，质量和安全隐患都很大。

（2）当作生活垃圾处理　部分医院或医疗机构对医疗废弃物认识不到位，将产生的医疗废弃物直接当作生活垃圾进行处理，如用完后残留的化学性试剂直接排入下水道、承装药品的玻璃瓶投入垃圾堆中，这会潜在地威胁到人民的身体健康。

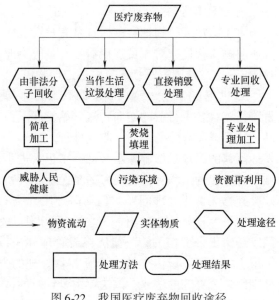

图 6-22　我国医疗废弃物回收途径

（3）直接销毁处理　将医疗废弃物通过直接焚烧、填埋等方式进行销毁处理，这也是对废弃物认识不足导致的，其焚烧或填埋后，对大气或土壤均会造成不同程度的破坏，也是对大众的潜在威胁之一。

（4）专业回收处理　专业回收处理是指由政府或其他相关组织指定的、针对医疗废弃物具有专业回收处理能力的企业，对一定区域的医疗废弃物进行回收处理，这也是医疗废弃物逆向物流规范化的主要终点。但比较发达国家的医疗废弃物逆向物流，我们欠缺的东西还很多，如适合我国的逆向物流网络的模式、完善的物流信息系统及先进的设备等。

随着人民经济水平的不断提高，社会大众对医疗服务的需求也越来越大，对应而来的是医疗废弃物的不断增加，如何解决医疗废弃物回收处理问题就显得尤为重要。但是我国的医疗废弃物逆向物流起步较晚，对应的法律法规也处于不断完善阶段，各方面的监管也就容易存在漏洞。另外，相关理论尚不完善，科学技术应用也不广泛，医疗废弃物逆向物流的理论研究就更少，对实践的总结和指导还需要进一步发展。

（五）展望

前瞻研究院对我国医疗废弃物市场进行了研究，2016—2022 年我国医疗危废处理市场规模测算见表 6-2，这个市场规模相当可观。另外，医疗废弃物良好的回收处理，不仅是对环境的积极保护，也是对资源节约的表现。解决医疗废弃物处理问题，正是积

第六章　典型行业与领域的逆向物流管理

极响应了"低碳环保"政策和"可持续发展"战略。医疗废弃物处理问题的解决于民于国都是非常有利的，是社会效益与经济效益的双赢。但我国目前医疗废弃物回收处理不规范，回收流程相对混乱，这就需要我们多借鉴国外发达国家医疗废弃物回收处理经验，结合我国国情研究出具有中国特色的医疗废弃物物流体系。

表6-2　2016—2022年我国医疗危废处理市场规模测算

医疗废弃物市场测算	2016年	2017年	2018年	2019年	2020年	2021年	2022年
入院人数（万人）	22 996	24 427	25 858	27 288	28 719	30 149	31 580
出院者平均住院日（天）	9.5	9.4	9.3	9.2	9.1	9.0	8.9
诊疗人数（万人）	822 179	859 842	897 506	935 169	972 832	1 010 495	1 048 159
医疗废弃物产量/万t	196.74	206.60	216.26	225.69	234.92	243.93	252.72
医疗废物市场规模（亿元）	62.31	67.66	73.30	79.24	85.49	92.08	99.00

数据来源：前瞻研究院

案例：医疗废弃物处置问题

按照我国《医疗废物管理条例》及相关规定，输液瓶、输液袋必须由有相关资质的单位进行回收处理；输液管、一次性注射器等属于医疗废物，必须交由有相关资质的单位进行集中焚烧等无害化处置，不能重复再利用。即使是那些没有被污染、可回收利用的废弃物，医院也必须与再生资源回收单位做好交接、登记和统计，确保处理流程安全可追溯。但是，2019年中央电视台的"3·15"晚会上，曝光了医疗废物处置中存在的黑色产业链问题，医疗废弃物的处置管理尚需要进一步完善。

第四节　零售业逆向物流

一、零售业逆向物流概述

在以客户为中心的市场环境中，仅仅在产品质量和价格上的竞争已经不再是最有效的策略，想客户之所想、时刻关注客户的需求，才是有别于竞争对手的关键。零售企业要想拥有稳定的客户群体和较低的运营成本，保持市场竞争优势，就必须拥有一个高效的退货逆向物流系统。随着消费者权益意识的日益增强，零售业面对的商品退货管理也越来越多；同时，零售企业的店面仓库及货架容量也越来越小，正常的退货（如用过的包装容器、物流过程中的破损商品等）也面临着快速处理的时间压力。因此，如何建立一个高效的逆向物流系统是零售企业不得不重视的问题。

（一）零售业逆向物流的特点

1. 复杂性

消费者的分散性决定了逆向物流的分散和繁杂的特点，多数企业无法做到集中且一次性的转移。除此之外，零售业退货的处理过程相当繁琐，这导致了零售业逆向物流管理存在着操作层面的复杂性。

2. 随机性

由于消费者退货的原因、时间、地点及数量都充满了不确定性,所以对应产生的逆向物流同样充满随机性,其时间、地点、质量以及数量均难以预测,随机性特点非常明显。

3. 经济缺失性

零售业商品纷繁复杂,通常具有小而全、小而多的特点,且此种业态的逆向物流通常缺少规范的包装,无法享受物流层面的规模效应,再加之人工处理成分较多,导致效率低下、费用激增。

(二)零售业逆向物流存在的原因

1. 消费者退货

消费者权益法赋予了消费者在某些情形下自由退货的权利。消费者退货的情况可能有以下几种:①质量或者功能方面有不足;②质量或功能没有不足但因产品其他属性不符要求而退货;③顾客无理由退货;④在商品保修期内,顾客将损坏或者需保养的商品进行退货或保修。

2. 残留断码或非配套商品

零售商经常会出现若干商品残余,如断码无法销售,或是商品乱码无法配套,该部分商品基本上要进入逆向物流环节。

3. 物流因素导致的退货

从订单受理到销售终端,存在各种原因导致的产品种类、数量的错误,以及作业过程中的商品损坏等,均会导致逆向物流的产生。

4. 时间因素产生的退货

积压、滞销、保质期临界点及非季节商品也是零售业产生逆向物流的部分原因。

5. 供需不平衡产生的退货

有些销售协议中约定,因市场需求不稳定因素造成供需偏差而产生的滞销产品可以向生产商退货,该类退货在某些行业中非常普遍。

(三)零售业逆向物流的形式

在生产和消费过程中,退货回收的主体主要是零售商,零售商接受退货后再反馈给供应商或生产商进行进一步的处理。零售商的逆向物流主要是指商品从零售店到返品中心再到供应商的退货过程。

1. 零售业逆向物流的主要形式

零售业逆向物流主要有两种形式,即退货逆向物流和回收逆向物流。

(1)退货逆向物流 一方面主要是指顾客将不符合要求(目前部分传统零售商和电商零售企业承诺只要是顾客不满意的产品,在一定的条件下都可退货)的产品退回给零售商,零售商再进一步决定是否退回给供应商的物流过程,其流程与常规产品流向正好相反。常见的退货原因有运输短少、产品部件缺少或内部配件缺少、内部或运输途中产品损坏、订单输入出错、产品缺陷和质量问题、产品到期和重复运输等。

另一方面是指零售商因产品质量问题等原因向供应商退货的行为,按零售商处理退货的时间来分,可以将退货分为立即退货和正常退货两种。立即退货是指在交货当时发生的因供应商责任造成的货物不符合交货要求的退货。这类退货一般单位运输成本高、分拣难度小、责任划分清晰明了。正常退货是指在经销商收货时货物完好，而在其负责销售期间因各种原因未能售出，根据销售协议可以退回产品的退货行为。这类退货一般不会立即退还供应商，而是积存一段时间后再退还给供应商。因此，这类退货往往品种杂、数量大、单位运输成本低、分拣难度大、责任划分难度大。零售商在进行退货管理的过程中，应重点管理正常退货这一部分，以保证该部分退货能快速、准确地返回到上游企业。

（2）回收逆向物流　回收逆向物流主要包括：一是供应商的产品召回行为，即厂商因过期滞销的商品或发现存在缺陷的产品，而主动将产品从零售店货架撤柜并返厂进行再加工的行为；二是来自法律规定的废旧产品回收行为，即指根据相关法律规定报废后不得任意丢弃，必须由销售商进行回收并返回生产商处理的产品；三是最终客户所持有的废旧物品或者他们不再需要的物品，将其回收到供应链上各节点企业的过程。

2. 零售业逆向物流的具体形式

零售业逆向物流的具体形式如图 6-23 所示。

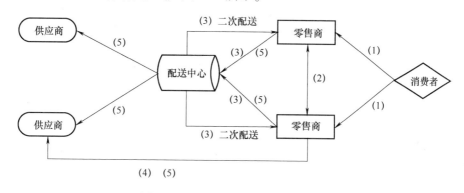

图 6-23　零售业逆向物流的具体形式

（1）消费者-零售商　消费者因商品不能满足要求（如商品缺陷和品质有问题、商品部件缺少、无法正常使用、商品过期等）在各零售门店退货、调换。

（2）零售商-零售商　零售店之间的商品调拨行为，因为某些零售店紧缺某种商品而从其他零售店调货。

（3）零售商-配送中心　由零售店返回滞销但是可以二次销售的商品到配送中心，由配送中心根据不同零售店的需求进行二次配送。

（4）零售商-供应商　由零售店直接将商品返给供应商，这种商品主要是一些供应商直接配送到零售店的商品，如生鲜蔬菜、瓷器等。

（5）零售商-配送中心-供应商　零售店回收的各种包装物，由零售店根据包装物状况，判断决定是留零售店使用还是返回到配送中心，或返回供应商修复使用。

供应商因产品质量问题、包装问题等主动要求从零售企业撤回产品，各门店按要求将产品撤柜并退回配送中心，再由配送中心退给供应商。

由零售店返回不可销售的商品，然后判断商品的可退换属性，决定是返还给供应商还是在配送中心就地销毁。一般来说，物流中的破损品和缺陷产品，如果商品价值较高且有修复的可能性，需要退回给供应商，以便进一步维修、再制造；已过销售季节的商品，可由配送中心自行处理或返还给供应商。

逆向物流管理

零售店接受顾客退回的废旧电子产品,由零售店判断商品是否符合回收要求,决定是返回给供应商还是直接送交生产商,如冰箱、彩电、手机等。

表6-3对零售业逆向物流的具体形式与典型应用进行了总结。

表6-3 零售业逆向物流的具体形式与典型应用

主要形式	典型例子
为获得补偿或退款而退还产品	不能满足客户期望的服装被退回,以得到退款
归还短期或长期租赁物	当天租赁的场地装备的返还
返回制造商,以便修理、再制造或返还产品的核心部分	返还用过的汽车发电机给制造商,以期被再制造和再销售
保修期返回	电视机在保修期内功能失灵而被退还
可再利用的包装容器	返回的汽水瓶、酸奶瓶、饮料瓶被清洗和再使用
寄卖物返还	寄存在商店的音箱没有变卖又返还给物主
折价回收旧货	出售新车时,代理商回收旧车准备再销售
将产品发往特定组织进行升级	旧计算机被送往制造商,以安装光盘驱动器
送还	在不需要时送还不必要的产品包装或托盘
产品召回	由于安全带失效,汽车被返还给代理商
将产品返还给制造商进行检查或校准	返还医学设备,以检查和调校仪表
产品没有实现制造商对客户的承诺	如果电视机性能与承诺的不一致,则可以将其退还

案例:共享快递包装,逆向物流是关键

近年来,我国快递业务量呈现出爆发式增长。快递业务量的大幅增长,必然产生大量的快递废弃物。与此同时,"共享经济"这个新兴经济模式不断渗入人们的生活,实践证明,"共享+"的模式可以将供需双方进行快速匹配,从而提高资源利用率,"共享快递包装"便是在这一背景下诞生的。"共享快递包装"的重复使用,可以减少一次性包装物的使用,避免产生过多包装废弃物,实现绿色环保。以苏宁为例,一个共享快递盒的成本是25元,使用寿命预计可达1 000次以上,单次使用成本仅为0.025元。共享快递盒的循环重复次数越多,使用成本也越低。如何从消费者一端实现"共享快递包装"的逆向流转,提高其回收率,是直接影响共享快递盒重复使用率的重要因素。电子商务企业是快递大户,对快递包装的回收再利用也很重视,苏宁物流、菜鸟网络、京东物流等在"共享快递包装"的逆向流转方面进行了探索和创新。

苏宁物流可以实现入仓、分拣、包装、配送、回收的全过程循环,回收方式除通过消费者当面签收后由快递员带回外,还在社区、写字楼和商圈的自提柜旁设置共享快递盒回收站,开启了共享快递盒自提柜代收模式。苏宁物流还探索在全国多个城市推广共享快递盒回收车,在减少丢失率的同时提高物流履行效率。

菜鸟网络在包装的循环利用方面也做了很多工作。例如,在B2C模式中,菜鸟网络与厦门市政府在构建"绿色物流城市"方面进行了落地合作,采用"循环盒+生物基塑料袋"的包装方式,对不能当面签收的快递,将快递内件留给消费者,循环盒由快递员带回。

京东对快递包装采用自主回收模式,自建循环回收系统,另外还采用了与第三方合作的模式在上海市静安区进行试点研究。回收中由业务员将消费者的箱子收回到站点,再由第三方从站点将箱子回收至京东仓库。这种方式除了可以保护消费者个人信息,还可以节省逆向物流成本。

不过,在整个快递物流行业实现"共享快递包装"的全面推广还存在很大挑战:一方面,不论是快递物流企业自主构建循环回收系统,还是采取外包给第三方的回收模式,"共享快递包装"的应用还仅限于自营快递物流体系。对加盟制快递物流企业而言,物料的使用与回收以加盟企业为主,导致"共享快递包装"在加盟制快递物流体系内实现有效的回收和流转较为困难。另一方面,目前市场上使用的"共享快递包装"的共享还停留在企业内部的循环使用,并没有达到真正意义上的全行业共享。

"共享快递包装"作为一种绿色包装,有助于促进社会经济发展。如何在快递物流领域有效实现资源优化配置,促进企业降本增效,实现真正意义上的"共享",是摆在市场各主体面前的一项艰巨而又紧迫的任务。其全面推广需要高度重视,但不能急于求成。目前的重要工作是营造市场环境,并加以科学引导,使"共享快递包装"在全社会的应用形成良好氛围。

二、电子商务零售业逆向物流

电子商务逆向物流也包括退货逆向物流和回收逆向物流,以下指的是退货逆向物流。

(一)电子商务对逆向物流的影响

1. 电子商务颠覆了传统的逆向物流观念

传统的逆向物流操作是在真实的空间里对实际物体进行回收、利用、处理。而作为新兴商务活动方式的电子商务则构建了一个虚拟的空间,逆向物流的各种操作则通过这种虚拟空间来体现。这种虚拟化的方法为电商的合理经营提供了便利,通过在网上的快捷操作,大大降低了企业的实际运营成本,也使商品实体逆向物流高效、用时短。

2. 电子商务改变了传统逆向物流的运作方式

传统的逆向物流操作过程都是以商流为中心,利用计算机网络实现对单个或是几个流程的控制来实现的。而在电子商务的环境下,信息流才是决定逆向物流的运动方向和运作方式的核心,对整个逆向物流系统都有影响,而不只是对单独的某个或某几个环节起作用。网络的信息传递功能,可以有效地实现对逆向物流的实时监控,使逆向物流活动变得更加合理化。经济全球化的时代大背景下,逆向物流的电子商务网络化是很有必要的,可以在全球的范围内整体控制逆向物流活动。

3. 电子商务的发展促进了逆向物流的基础设施建设和管理水平的提高

电子商务本身具有的高效性和全球性的特性要求逆向物流也必须同样达到相同的标准,才能更好地开展各项活动。而要达到这样的标准,良好的基础物流设施(如良好的

逆向物流管理

交通运输网络、通信联络网络等）和先进的物流技术（如回收技术、再加工技术、运输技术等）是不可或缺的。这些设施和技术可以相对提高物流的操作速度，对电子商务环境下的逆向物流发展有着至关重要的作用。拥有良好的外部条件显然是不够的，还必须要学会科学的管理才能够真正地实现全球化高效这一目标。科学的管理水平可以将现代的管理手段和方法运用于逆向物流管理中去，确保逆向物流活动的顺利进行，实现逆向物流活动的高效性和合理性，进而促进现代电子商务的进一步发展。

4. 电子商务会影响逆向物流的客户服务

电子商务的网上运作系统决定了逆向物流的客户服务与普通贸易的客户服务的不同。首先，在网站的主页界面上，不仅有电商企业及其产品的详细介绍，还要与客户保持及时联系，帮助客户解决关于产品质量和售后服务的问题。其次，还要提供个性化的服务，不仅体现在网站页面设计的个性化上，还包括企业提供的产品或服务的个性化。根据消费者的自身特点，为特定的消费群体量身定制。在可替代性强的网络市场环境下，专门化的产品或服务更能够留住顾客、占据市场。企业专业化的经营管理会突出其资源优势，为消费者提供更加全面、细致的个性化产品或服务。

（二）电商零售业逆向物流管理的特点

1. 逆向物流相对分散

1）电商企业面对的是全国市场需求，其逆向物流产生的时间、地点、数量千变万化、相对零散。

2）电子商务虽然为商家提供了交易平台，但其背后的主要操作者是众多的供货商或制造商，它们在商业退货方面采取的政策并不完全一致，有的甚至大相径庭，导致企业无法控制逆向物流的量，更不知如何设计逆向物流系统，效率极低。

2. 企业处理逆向物流的成本较高

1）回收流通商品的操作具有不确定性，包装不规范及对不同种类商品的不同处理使得对人工检测、判断和处理的依赖性增大，导致人工费用的增加和效率的低下。

2）仓储和运输难以实现规模效益，导致相关企业的利润较低。

3）许多企业在处理逆向物流时缺乏动力，在 B2C 模式下这种现象更为明显。网上购物过程的高度虚拟性使得相关的工作人员无法判断商品是否属于退换货的范围，商家自然大多选择减少对退货的管理。

3. 逆向物流开展难度较高

逆向物流的数量有多少、怎样获取逆向物流的数据以及怎样进行管理这一系列的问题对众多商家来说无疑是一个难以捉摸的"黑箱"，它们不知如何开展逆向物流。

4. 逆向物流的处理时间不宜过长

物流时间是衡量电商服务水平的一大标准，而消费者希望商品尽快到达自己手中的同时，也会要求对退货的处理越快越好，所以必须缩短逆向物流的处理时间，否则会降低买家对卖家的满意度，破坏卖家的商业信誉。

5. 退货成本较高

导致 B2C 电商退货物流成本过高的原因很多。首先，很多小商家退货物流模式选择不合理，没有自营能力，外包又会造成很高的快递物流成本。其次，电商退货物流的流程经常不顺畅、不清晰，导致企业的管理及人工作业费用较高、时效性较低。由于

第六章 典型行业与领域的逆向物流管理

B2C电子商务退货物流具有不确定性和复杂性，因此其中有太多的产品信息、订单信息都难以确定，而且退回产品大多是以零散的方式从各个地方发出，因此退货的相关信息就更难统计，这就必须依赖较为完善的退货物流信息管理系统。然而目前国内第三方物流行业的质量不高，较多中小型的第三方物流企业由于自身实力不够雄厚，物流信息技术水平也达不到一定的水平，退货物流信息系统应用较少。

电子商务退货逆向物流成本构成如图6-24所示。

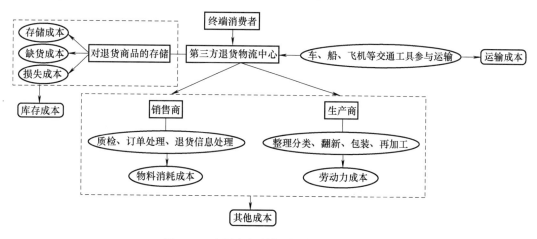

图6-24　电子商务退货逆向物流成本构成

（三）电商逆向物流的现状

1. 大型电商平台逆向物流体系较完善，中小电商企业对逆向物流发展不重视或者无能为力

我国的大型电商平台对退换货等逆向物流工作非常重视，采取了各种方法来提高消费者体验，以留住客户。中小型电子商务企业如淘宝网站上的众多卖家却不同，它们提供的商品差异化不明显、东西大同小异、可替代性非常强，因此它们会把精力和时间主要放在正向物流上以招揽消费者，而且利润率并不高，因此往往忽略以退货为主的逆向物流。

电商在没有意识到逆向物流对商家本身长久发展起积极作用的情况下，放弃逆向物流管理在短时间里是比较明智的选择。但是综合考虑经济效益、环境效益和社会效益的影响，重视逆向物流是企业降低成本、提升企业形象和增强竞争力的一大制胜法宝。

2. 消费者盲目购物和退货

网上购物信息具有美化和夸大成分，在信息极度不对称的情况下，消费者很容易被图片和文字迷惑，容易产生冲动消费，而冲动消费的后果就是退货和丢弃。同时，为了招揽顾客，电商企业也相应地制定了宽松的退货政策，这无疑助推了退货。不仅增加了正向物流的强度，也加重了逆向物流的负担。

3. 现阶段逆向物流信息系统建设尚不完善

建设一个完备的逆向物流系统不仅需要投入大量的财务资金，更需要大量的专业型人才。除了大型的旗舰店，中小型的电商企业根本没有多余的财力、物力和人力去开发一个前期投入很大的逆向物流系统。此外，逆向物流由于本身的繁杂性和不稳定性，并不能在正向物流系统的基础上改善再加以运用，它对物流技术有更加严格和精准的要

逆向物流管理

求。基础设施的不完善也导致了逆向物流处理效率低下，影响逆向物流正常运作。

（四）电商逆向物流管理的重点

1. 完善商品信息，减少盲目购物和退货，从源头上减少逆向物流现象的发生

在商品的质量和外观既定的情况下，怎样才能降低退货率是一件值得所有电商企业深思的事。现代各种软件如美图秀秀和 PS 技术的广泛普及，造成了网友盲目购买、盲目退货的现象发生。商家应该提供完整而真实的商品信息，多层次、全方面地展示商品的信息，并着重描述细节部分。与此同时，增加不同商家的商品对比展示，为顾客提供更多的选择，进而减少退货现象的发生，从源头上减少逆向物流，同时增加客户满意度。

2. 加强逆向物流的基础设施建设，为退货提供坚实的后盾

在网购时代，退货换货现象不可避免，那么加强逆向物流系统的建设就很有必要。电商企业可以借鉴正向物流系统的经验，结合本企业自身的特点，决定是拥有自己的系统还是将非核心业务外包给第三方企业。比如，引进如"虚拟试衣间"之类的 APP，让消费者体验"穿上"衣服的感觉，从而减少不满意退货率。此外，电商企业也可以联合起来建立统一的退货中心。

案例：电商的退换货

退换货对不少网购用户而言依然存在不少麻烦，直接关系到售后阶段的用户体验。针对这一问题，电商物流系统也开始纷纷插手，以求解决这一段逆向物流的"最前一百米"的服务痛点。2018 年，京东物流宣布，已在全国上百个大中城市开通退换货的"京准取"服务，服务覆盖京东商城内自营及开放平台的各种品类和商品。"京准取"是一项全新的时效服务产品，通过多频次上门服务的设置，意在缩短售后取件时间的同时，提供时效更精准的体验。"京准取"将全周的 9 时至 19 时间的 10 个小时分为 5 段，实现任意 2 小时内精准的上门退换货取件。用户通过在申请售后服务页面选择上门取件的相应时间段，配送员将如约准时上门取件。

此前，菜鸟已经在上门取件方面推出过类似的服务。2017 年 9 月，菜鸟裹裹在包括北京、上海、广州、深圳等 50 座大中城市开通无忧寄服务，2 小时内准时上门。通过接通天猫淘宝，该服务可为用户提供上门取件寄回商品等服务。对于有"运费险垫付"覆盖城市的用户，其天猫订单在卖家同意退换货申请后，可享受运费秒退、免费上门取件、1kg 内免运费等服务。

除了电商平台，不少物流企业也试图抢占 C 端寄件的"最前一百米"。在之前举办的"京交会"上，中邮速递易便推出了其逆向物流端产品——小黄筒。用户通过扫描设备上的二维码，可迅速完成寄件流程，并收到包裹的路由反馈信息。中邮速递易相关负责人表示，发力逆向物流最直接的目的就是实现降本增效。

面对电商平台一直存在的退换货需求，尤其"双 11"等大促活动后袭来的退换货高潮，在商家到消费者的正向物流之外，从消费者到平台、商家的逆向物流也值得关注。一来，对第三方物流而言，退货与电商发货流程存在着不小差别，难免在物流环节上带来额外的成本支出，这就牵涉到如何降低逆向物流成本的问题；二来，对电商平台而言，专门的高效逆向物流通道，也有望成为未来打造优质用户体验的竞争筹码。

第六章 典型行业与领域的逆向物流管理

本章案例

案例1 药品批发商的逆向物流

麦克森（McKesson）是美国最大的药品批发商，其年销售额达到800亿美元。通过其在美国的30多个分销中心，将药品、保健及美容护理产品、医疗设备运送到全美各地。药品批发行业一般采用采购并持有的库存模式。由于对医药产品有涨价的预期，批发企业往往会购买过多的药品，形成过剩库存，而过高的库存水平必然导致后期大量的退货。

一、面临的挑战

麦克森要管理多重的退货过程和供应商退货政策，整个体系的分散化逆向物流策略导致物流过程效率低下、成本较高。退回产品造成的巨大损失也因此增加了麦克森对逆向物流的关注度。

麦克森的逆向物流渠道主要处理四类产品：过期药品、顾客的退货、错发/无法送达的药品、错拣和过量/短缺药品。麦克森通过逆向分销商MedTurn/CLS将大多数过期药品（包括处方药和非处方药）从分销中心运出，逆向经销商将产品分类，然后决定是将其返回生产商、送至另一逆向经销商处、还是将其销毁。通常情况下，大多数退货将再次进入销售体系；错发和无法送达产品退回到分销中心，而不是逆向物流处，由运营部负责管理这个过程。错拣和过量/短缺情况的处理是非自动的，如果客户遇到这个问题，首先和客户服务中心取得联系，然后客户服务中心和分销中心联合对事件进行调查，之后给客户签发退货单，实行退货。

逆向物流系统的改造要实现四个主要目标：
1) 简化从麦克森的分销中心到客户药店的物流过程；
2) 建立更安全的供应链体系；
3) 提高资金流动性，并降低成本；
4) 发展麦克森的专有技术，以增强核心竞争力。

二、解决方案

麦克森负责逆向物流职能的部门位于卡罗尔顿，因为这里距离麦克森的主要逆向经销商CLS比较近，进行逆向物流的操作非常方便。逆向物流组控制退货政策和退货过程，管理外包业务，并且处理所有生产商对麦克森及麦克森客户的退货单。

麦克森通过逆向经销商CLS实现退货集中化，因此，客户直接将产品退给逆向经销商CLS，麦克森控制和管理退货政策，这些退货政策签署在供应商/客户协议中。

逆向物流的主要环节包括：

1. 选择退货原因代码

当产品退回到麦克森的分销中心时，退货授权过程会要求客户在九个退货原因代码中选择一个。在分销中心，物流操作人员对代码进行确认，如果有需要，会为药品更改一个更能准确描述其状况的代码，这个代码表明产品的保值期、产品受损类型和其他一些因素。这些药品或者重新进入仓储区储存以备再次销售，或者通过分销中心的回收部送到外包服务提供商MedTurn/CLS那里。外包服务提供商将这些药品退回生产商，或者进行产品的最后处理。

逆向物流管理

由于麦克森和客户之间已经达成协议，建立了补偿的标准以及与自动调解过程相关的费用标准，因此，大量的退货并没有导致不可挽回的产品价值的损失，麦克森会收取对产品进行重新储存的处理费。如果产品没有贬值，客户会收到退货单。一般来说，如果客户购买产品后很快退回，则不收取处理费。

2. 退货检验

检验是退货过程中重要的一环，麦克森对退回的产品制定了严格的检验步骤。退货过程是"先进先出"，典型的退货往往不是整托盘的货物，而是一大袋的药品，里面有整盒药品、单独售卖包装的药品。

如果产品到达装货场站而没有退货授权，那么分销中心会和客户联系，以便签发退货授权，或将产品退回给客户。如果退回的药品上有价格标签，产品虽然可以退回，但将作为不可售卖的药品进行处理，转送到再生处。

有些药品需要冷藏处理。在冷藏药品退货方面，麦克森的要求越来越严格。在进行退货原因调查并且和药品生产商要求的储存条件进行比较后，为了确保药品的安全，有些产品可能会被折中送到再生处。

3. 运输

送到各个分销中心的退货的运输，一般是由按天运送、每站结算的司机来完成。为了提高整个供应链的安全性，特殊药品的退货通常由 UPS 和联邦快递送至分销中心，这些企业的运输人员有处理麻醉药等特殊药品的经验。也有很多客户利用第三方逆向物流经销商来运送退货。

从分销中心到药品生产者的运输通常由药品生产商负责，尤其是当产品受损或产品召回时。

每个月，麦克森将在分销中心收到的退货以最经济的方式送到 MedTurn/CLS。从分销中心到 MedTurn/CLS 的运输占用了逆向物流运输的大部分成本。麦克森的运输队和分销中心已经对整个流程进行了优化，因此这些成本已经减少到最低限了。

4. 沟通/参与

为了保持连续的沟通并使流程标准化，麦克森安排了一个逆向物流业务分析师来担任领域沟通角色和主旨专家。逆向物流业务分析师有分销和库存管理的经验，能够处理来自组织内各个领域的相关咨询，并且定期参与分销中心的电话会议，来帮助管理人员和操作人员了解新流程。此外，逆向物流业务分析师还经常通过电子邮件与负责处理退货的员工进行沟通，对逆向分销商的数据进行分析，以确保这些部门遵循标准的程序来执行。这样就能确保沟通的持续性、流程标准化、知识共享。

通过各种各样的交流方式，麦克森最终确保了逆向物流部门能与关键商业伙伴顺畅沟通，具体方法包括定期召开电话会议、每月向高级主管进行报告以及一体化的预算过程。每个月，逆向物流部门会向卡罗尔顿的领导团队和公司进行汇报，通过和其他部门的合作，寻找提高逆向物流管理水平的机会。

5. 客户服务

在逆向物流部门形成自己的客户服务团队前，退货单审查、退到生产商的药品都需要经过转手才能到达逆向物流部门。现在，这些客户服务问题可以直接与逆向物流团队进行交流，相关人员能够从头至尾解决每个问题。

第六章 典型行业与领域的逆向物流管理

逆向物流客户服务团队每天记录和追踪所有呼入电话。当然,不是所有的客户服务问题都能够立即得到解答,但逆向物流服务团队向国内外的客户承诺——收到电话后72小时内会给出状态报告。即使超出72小时,如果问题需要进一步解决,客户也可以知道事件的进展。

客户可以通过电子邮件或电话联络逆向物流服务相关人员。逆向物流组和Medium/CU集合了所有电子邮件账户,以方便客户联络,为他们的问题提供无缝解决渠道。

6. 形成流程和运营系统

通过使用SAP和Acumax的管理系统,麦克森将客户的退货进行了整合,并且自动处理。除此以外,整个组织的系统与MedTurn/CLS和其他一些合作伙伴进行了部分整合。

由于每个合作伙伴都有自己的库存管理系统和财务/报告系统,系统整合受到限制。为了消除系统间的差距,逆向物流组对分析资源和数据库进行了扩展应用,使其能够对各分销中心的依存度,以及分销中心与外包服务提供商和其他合作者的合作状况进行报告。逆向物流组也通过六西格玛专家评估,定义并且实施控制来提高整个流程的完善性。

三、成效

通过不断改进,麦克森的逆向物流部门在以下几方面取得了显著成绩:成本最小化;速度最大化;提高了收益率;提高了资金利用率;执行创新的实践,提高了员工忠诚度等。

同时,逆向物流部门也积累了一些经验和教训:

① 逆向物流部门应向股东及内/外部客户展示实实在在的价值。

② 逆向物流应参与企业内的技术改善。

③ 企业的运作模式应该和外包合作伙伴进行整合,在退货业务开展的初期,业务外包不一定十分重要,但随着时间的推移,外包的价值在管理方面越发显现。

④ 逆向物流应该持续改善。

四、发展展望

在实际运作中,麦克森的逆向物流部门不断面临着挑战:在整个供应链中如何整合系统、与逆向分销商的系统如何进行整合、如何处理涉及退货外包中的变动情况、如何使处理过期产品的整个过程更加顺畅、如何平衡逆向物流的速度。

在药品分销行业,假冒药品逐渐成为企业面临的重大挑战。目前,整个行业还不能有效地根据生产商的单据在发货和退货过程中追踪产品批号。将来,RFID技术能使批发商和供应链合作者详细了解每一件药品的全部信息。因此,RFID技术的采用和实施将提供更好的鉴别和追踪假冒药品的工具,麦克森对此也十分关注。

案例2 "退货"这件大生意:谁正在成为逆向物流的独角兽?[一]

2019年年中,电商年中大促照例渐入佳境,与往年类似,打折促销、快递包裹规模、快递送达时间再度成为行业与用户关注的焦点。不过,在这一片火热的场景下,一些新的东西正在受到关注。2019年5月底,我国首个逆向物流国家标准《非危液态化工产品逆向物流通用服务规范》正式实施,逆向物流这一行业空白被填补。

[一] 原始资料来源:http://finance.ifeng.com/a/20180519/16335471_0.shtml。

逆向物流管理

与正向物流相比,逆向物流无论在运营模式、分销与运输管理上都与正向物流有着明显的差别,同时由于国内逆向物流的智能化运营仍处在起始阶段,如何利用大数据最大化地降本增效,同时在此基础上发掘出新的商业模式,已经成为各大厂商新的聚焦点。可以说,逆向物流作为智慧物流领域的新蓝海,它将比逐渐成熟的正向物流有着更大的想象空间。

一、逆向物流困难重重,但有远见的逆行者已负重前行

当前一个不可忽略的事实是,企业和社会对逆向物流缺乏足够的认识和重视成为当前最大的挑战。究其原因,目前我国很多企业逆向物流成本占总成本20%以上,远高于发达国家企业4%的平均水平,逆向物流成本高企让企业望而却步。再者,逆向物流可能发生在任何一个逆向供应链循环中,产品也不一定是被送回它们的来源地,即逆向物流的终点可以是资源恢复链上的任何节点。整个产业链呈现散而杂的特点,无法提前预估,相关标准的探索与制定比较艰巨。可以说,逆向物流的管理和技术难度远大于正向物流,这对企业的生产能力、物流技术、信息技术、人员素质等都提出了更高的要求。

基于以上种种原因,目前能够提供成熟完善的逆向物流业务的第三方物流供应商相对较少。绝大部分的企业管理者还只是将注意力集中在正向物流的发展上,整个逆向物流仍然处于被动式管理阶段。

纵观全行业,不少进入逆向物流的企业往往选择通过信息化系统来优化逆向物流,对逆向物流终端设备却鲜有涉足及创新。但在我国,智能快递柜龙头企业中邮速递易则选择了从终端硬件入手,于2016年正式推出24小时自助寄件智能终端——中邮速递易小黄筒(图6-25),率先向逆向物流领域发力。

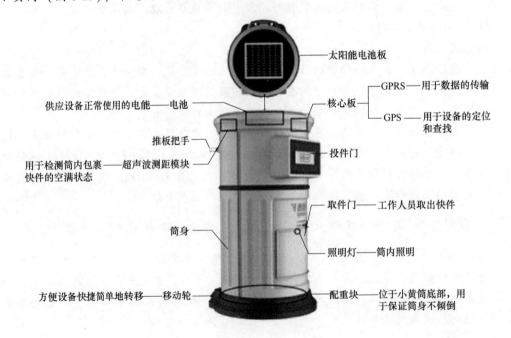

图6-25 中邮速递易小黄筒示意图

第六章　典型行业与领域的逆向物流管理

据介绍，中邮速递易小黄筒由中国邮政与中邮速递易共同缔造。在技术上，中邮速递易小黄筒集合了各领域最新技术的应用创新——太阳能供电、GPS 跟踪定位、GPRS 数据传输等，而且它还搭载了超声波测距模块。在功能上，中邮速递易小黄筒则是一款可提供 24 小时自主寄件服务的终端设备，其目的是解决用户与快递员在寄件问题上的时间不对等，满足用户"随时寄"的需求。同时，通过密集布点，小黄筒将采用集取的方式，减少快递员上门取件的等候时间，解决逆向物流散而杂的问题，提高快递行业的运营效率。

二、逆行者们坚定拥抱"有刺"的逆向物流的原因

企业进入一个没有前人经验可循的新领域，其面临的挑战不可谓不大。那么，为何国内外的物流公司仍然坚定前行？中邮速递易相关负责人表示，发力逆向物流最直接的目的就是实现降本增效。在此基础上，则是基于落实便民服务及逆向物流巨大市场空间等因素的考量。

具体来看，物流行业降本增效已经成为近几年的国家议题。2016 年出台的《物流业降本增效专项行动方案（2016—2018 年）》、2017 年国务院印发《关于进一步推进物流降本增效促进实体经济发展意见》及 2018 年政府工作报告等，都多次提出了要为物流行业减负，实现降本增效。

对此，中邮速递易相关负责人进一步表示，物流行业的降本增效绝不只针对正向物流，解决逆向物流高成本问题，方能让整个行业真正做到降本增效。而中邮速递易推出小黄筒、涉足逆向物流也意在将逆向物流推向大众视野，让社会意识到实现逆向物流的降本增效才是整个物流行业降本增效的关键所在。当然，这也是进一步落实邮政便民服务的体现。

与此同时，逆向物流领域还是一块真正待开发的宝藏。根据专业机构的调研预测，我国物流市场的容量大概在 5 万亿元，而逆向物流约占其中的 20%，也就是说，逆向物流市场高达 1 万多亿元。万亿规模的市场蛋糕，参与者寥寥，这意味着中邮速递易等率先进入的企业已经有了先发竞争优势，其在逆向物流领域的主动探索，更是创造了巨大的机遇。

业内专家指出，逆向物流的价值将不再局限于物流行业本身，它将让供应链上的每一个主体都能在逆向物流大数据、逆向物流服务等赋能作用下，以流程化、系统化和标准化的程序模式持续增加企业的利润收益，降低企业的风险概率。与此同时，逆向物流合理化管理及对逆向回收管理系统的优化，将大大提高整个产业链对资源的二次利用率，带动经济的绿色可持续发展。也正因为如此，中邮速递易等企业所聚焦的逆向物流，还将在绿色物流、绿色经济等方面产生更大的作用，其社会意义完全不亚于经济意义。

三、逆向物流争夺战在即，谁会成为行业的独角兽

逆向物流成为物流行业下一个争夺点已是必然，那么在这一次的争夺中谁会成为真正的独角兽？其实，在当前的经济环境下，独角兽早已不"独"，入场时间、商业模式、背后拥有的资源等综合实力的比拼才是关键。而就当前的逆向物流市场现状来看，率先入场、几乎没有同行对手的中邮速递易无疑是种子选手。其原因有以下三点：

（1）先发优势　作为行业中最早进入逆向物流的企业，中邮速递易已经形成了自己的产品矩阵。目前除了小黄筒，中邮速递易还有兼具物流两端的智能信报箱。不断丰

富的产品矩阵让中邮速递易构建起了属于自己的逆向物流壁垒，这对后入者来说压力不小。

(2) 资源优势　中国邮政拥有世界上最大的邮政网络，这意味着背靠中国邮政的中邮速递易有着其他企业难以比拟的国家资源优势。如小黄筒和智能信报箱将有能力覆盖全国大中小城市，尤其是其他物流企业难以进入的三四线城市及农村地区。有消息透露，中邮速递易小黄筒将按照邮政绿筒的路径向全国铺设。除此之外，大力推进物流末端服务始终都是中国邮政的便民策略，智能信报箱作为社区基础设施，能以免租金的方式进入事业单位、居民小区等地，参与国家邮政服务的基础设施建设，这更是中邮速递易所拥有的独家资源优势。

(3) 逆向物流品牌认知已初步形成　作为最早进入逆向物流行业的企业，经过近几年的深耕，中邮速递易逆向物流产品已经在市场教育等方面取得阶段性成果，并获得了行业和用户的认可。再加上在央视新闻、京交会、交通设备展、全球智慧物流峰会等媒体新闻和重要会议的高调亮相，中邮速递易更是隐隐有了逆向物流代名词的称号。而品牌认知度的形成，也再度提高了行业的准入门槛。

四、"逆向物流+"的未来：星火燎原

更值得注意的是，在首个逆向物流国家标准推出的同时，全国物流标准化技术委员会又在上海设立逆向物流标准化工作组，将结合我国逆向物流发展的实际情况，深入研究、积极采用国际标准和国外先进标准，加速逆向物流标准的制订和修订工作。这意味着，在国家政策及行业的积极推动下，逆向物流不仅将很快打破无规则可循的状态，还将呈现星火燎原之势，围绕逆向物流产生更多的经济形态和价值。

业内人士也表示，纵观全球物流行业发展，逆向物流将成为新的经济利润中心。围绕"逆向物流+"，我国将从物流大国真正走向物流强国。在此基础上，物流、信息流、资金流高度整合，电商和线下零售都将因逆向物流而改变，新零售得以实现真正落地。与此同时，再销售、再利用、再循环和再制造等方式则在获得额外利润的同时产生更多的社会意义，而以中邮速递易小黄筒为代表的逆向物流智能终端的到来，也将赋予逆向物流更多时代的意义与更多可能。

思考题

1. 你家里的家电产品进行更新或到使用寿命后都是如何处理的？你认为是否可以进行更好的处理？具体应该怎么做？

2. 你家里的常备药品有哪些种类？药品到期后，是如何进行处理的？你认为应该如何进行更符合环保、法律等各种要求的处理？

3. 如何认识我国的汽车拆解与再制造行业？试查找相关数据进行说明。

4. 选择一个平时你经常使用的购物网站，研究其退货流程，调查了解其退货物流的运作与管理情况，并根据退货经历对其退货物流效率进行评价。

5. 选择某个行业，对其逆向物流的规模、特点进行分析，并研究有无国外先进经验可以参照，然后自行选取该行业中的某典型企业（我国企业和国外企业均可）进行分析，阐述如何更好地对逆向物流活动进行管理。

第七章 逆向物流管理的发展

本章概要

社会发展速度越来越快,逆向物流管理也是如此。环保、竞争、技术进步的大背景下,逆向物流服务的市场规模到底有多大,技术与理念的改变与趋势如何,是本章试图论述的内容。此外,本章对我国非常关注的再制造业的发展也进行了阐述。

引例

> 2018年5月,我国首个逆向物流的国家标准《非危液态化工产品逆向物流通用服务规范》(GB/T 3440—2017)正式实施,填补了国内空白。同月,全国物流标准化技术委员会在上海设立了逆向物流标准化工作组,将结合我国逆向物流发展的实际情况,深入研究、积极采用国际标准和国外先进标准,加速逆向物流标准的制订和修订工作。
>
> 专家们认为,我国物流业当前发展与世界第二大经济体的地位基本相称,但我国仍是物流大国,还不是物流强国。根据国家相关规划,国内重点品种领域的废旧产品规范回收与循环利用率,希望在2020年至2025年之间达到40%~50%,大大改善逆向物流水平。在传统的正向物流中,人们会直接想到几个电商巨头和物流巨子。今后,在新兴的逆向物流中,也将出现类似的龙头企业,其规模预计不亚于如今的"四通一达"等。

人类必须要考虑环境问题了。我国已经提出了生态化发展的大方向,企业的社会责任越来越被民众所关注,同时也越来越凸显出逆向物流的重要性。如何做好逆向物流必然会成为比现在更受全社会重视的事情,逆向物流市场规模会更大,技术会越来越先进,管理水平也越来越高。相比现在,需要实业界、理论界更加共同努力,发展出更适合逆向物流管理的理论与方法体系,而非仅仅局限于退货、再制造等少数几个环节。此外,现代信息技术对逆向物流管理也会产生重大影响,逆向物流管理的方法、模式也会发生巨变。

第一节 逆向物流服务市场

一、逆向物流的市场规模

我国的各行各业均处于快速发展中,逆向物流的市场规模巨大:
我国电商零售市场迅速发展,2012—2018年我国网络零售市场交易规模如图7-1所

逆向物流管理

示。电商订单量的快速增长,带动了物流市场的需求快速增加,电商领域逆向物流市场潜力巨大。一般零售退货率在5%~10%,而电商退货率常态下大于10%,"双11"等购物节退货率会大于25%。

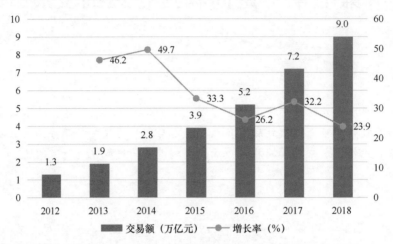

图7-1　2012—2018年我国网络零售市场交易规模

我国汽车产业快速发展,废旧汽车回收、汽车退货、问题汽车召回等业务对逆向物流的需求不断增长。截至2018年年底,全国汽车保有量达2.4亿辆,其中小型载客汽车2.01亿辆。1辆汽车有零部件3万个左右,其中共计能回收约2.4亿块电池、9.6亿个轮胎。我国现有汽车整车厂1 000多家,上规模的有100家左右,2018年全国授权4S店总数为29 664家,汽车零部件供应商有上万家。以武汉神龙为例,每年光保修返件就达84万件,而全国每年保修返件估计可以超过8 000万个零部件。2018年,我国废旧轮胎的回收量为512万t,其中翻新量为27万t,再生利用量为485万t。

根据商务部发布的《中国再生资源回收行业发展报告》,2018年,我国废钢铁、废有色金属、废塑料、废轮胎、废纸、废弃电器电子产品、报废机动车、废旧纺织品、废玻璃、废电池十大类别的再生资源回收总量为3.20亿t,同比增长13.4%。2018年,我国十大品种再生资源回收总值为8704.6亿元,同比增长15.3%,除废纸回收价值有所下降外,其余再生资源品种回收价值均有增长。

具体来说,2018年,我国回收废钢铁21277万t,同比增长22.3%。2018年国内废有色金属回收量同比略有增加,其中废铜和废铝的回收量分别为210万t和510万t,分别占再生铜和再生铝原料供应量64.6%和73.3%以上。

2018年国内废塑料回收量为1830万t,较2017年的1693万t增加了137万t,增幅为8.1%。由于废塑料进口量骤减99%,刺激国内回收积极性的提高,部分回收体系相对完善的产品(如废PET等)回收量有所增加。但在市场流通环节,由于大型企业大多内部加工消化,受废塑料价格偏高等因素影响,2018年废塑料仍供不应求。

近几年,电子媒体的飞速发展冲击了传统纸媒,传统书写印刷类用纸品种需求增速较弱。其中,新闻纸需求下降幅度较为明显,产量为190万t,同比下滑19.15%。但与此同时,网购与新兴物流兴起,纸包装的废弃量显著增长。总体而言,我国废纸回收量略有下降,2018年全年回收总量为4964万t,同比下降6.1%。

第七章 逆向物流管理的发展

2018年,电视机、电冰箱、洗衣机、空调、计算机的回收量约为16550万台,约合380万t。2018年,废电视机和废计算机的回收价格相较于2017年有所回落但幅度不大,废洗衣机、废冰箱、废空调的回收价格相较于2017年有所上升。随着政策的完善,规划内的废弃电器电子产品回收处理企业基本已全部进入市场,目前全国共有109家废弃电器电子产品处理企业纳入废弃电器电子产品处理基金补贴企业名单,合计年处理能力达到1.61亿台(套)。

2018年,我国废旧纺织品回收量约为380万t,同比增长8.6%。我国旧衣物回收渠道包括回收箱、线上回收、上门回收、销售网点代收等,已覆盖全国大中城市。旧衣物回收企业也多管齐下,采取多种回收渠道并举的方式。

2018年,废电池(铅酸电池除外)回收量约为18.9万t,同比增长7.4%。其中,废一次电池回收量约为3万t,废二次电池回收量约为15.9万t。2018年我国废玻璃回收量为1040万t,同比下降2.8%。

由此来看,我国逆向物流行业发展空间巨大,现阶段我国逆向物流市场的发展状况无法满足市场需求。

我国物流行业正在向智能化方向迈进,相较于正向物流,逆向物流对企业管理的能力要求更高,因此大数据、云计算、人工智能等技术的运用,可以使逆向物流行业最大化地降本增效。我国逆向物流行业尚处于发展初期,未来将成为智慧物流领域的新蓝海,已经受到越来越多资本的关注,相较于市场格局趋于稳定、发展较为成熟的正向物流,逆向物流的市场空间更为广阔。

逆向物流成本的控制是物流成本中最棘手的问题之一。美国通过多年退货管理控制的经验积累,成本已逐步降到物流总成本的4%左右。而在我国,逆向物流管理仍然是空白,供应链活动中大量的产品损坏以及本身脆弱的信息系统导致了我国逆向物流成本较高。

国外的逆向物流市场同样巨大。据统计,美国无人问津的库存总值约5000亿美元,每年消费者的退货额约为1000亿美元,处理成本高达370亿美元,近40%的美国企业退货处理周期超过2周,大量的退货成本严重影响了企业的利润。2016年,美国出口的废旧商品超过3700万t,价值高达165亿美元,其中废纸和废钢的出口量合计超过3200万t。

我国目前的逆向物流运营、管理和技术水平还不高,大量的物质资源没有得到很好的循环利用或根本无法循环利用。当前,随着国内市场竞争的加剧及资源的日益枯竭,越来越多的企业以循环使用材料来代替一次性使用。

案例:火箭也能回收?

随着当今供应链全球化和中国经济崛起,逆向物流对于实现国家能源保留、赋予企业优势竞争力起到越发关键的作用。2015年12月,美国太空探索公司(SpaceX)成功发射"猎鹰9号"(Falcon9)火箭,并在升空后10分钟成功完成第一级火箭回收任务,这可能是迄今为止人类最大的单品逆向物流工程。特斯拉创始人马斯克的梦想是移居火星,但问题是火箭一次性使用成本太高,SpaceX的火箭造价约为5000万美元,燃料成本20万美元,每次发射成本大概在6000万美元左右,而在目前实现第

逆向物流管理

一级火箭回收的前提下，可降低成本70%左右。他认为人类最终要放弃我们美丽的地球家园，移民到火星，但我们热爱自己所生活的这片乐土，因此我们的逆向物流主张是——为了人类在移民火星前在地球多生活一万年。

2016年，我国加入《巴黎协定》，对保护自然生态系统做出了承诺。十九大报告中明确提出，"推进绿色发展。加快建立绿色生产和消费的法律制度和政策导向，建立健全绿色低碳循环发展的经济体系。构建市场导向的绿色技术创新体系，发展绿色金融，壮大节能环保产业、清洁生产产业、清洁能源产业。推进能源生产和消费革命，构建清洁低碳、安全高效的能源体系。推进资源全面节约和循环利用，实施国家节水行动，降低能耗、物耗，实现生产系统和生活系统循环链接。"降低物耗第一次被列入国家规划中，而这与物流密切相关。

2017年1月3日，国务院颁布《生产者责任延伸制度推行方案》，指出"到2020年，生产者责任延伸制度相关政策体系初步形成，产品生态设计取得重大进展，重点品种的废弃产品规范回收与循环利用率平均达到40%。到2025年，生产者责任延伸制度相关法律法规基本完善，重点领域生产者责任延伸制度运行有序，产品生态设计普遍推行，重点产品的再生原料使用比例达到20%，废弃产品规范回收与循环利用率平均达到50%。"同年，国务院办公厅《关于积极推进供应链创新与应用的指导意见》明确指出要建立逆向物流体系，鼓励建立基于供应链的废旧资源回收利用平台，建设线上废弃物和再生资源交易市场；落实生产者责任延伸制度，重点针对电器电子、汽车产品、轮胎、蓄电池和包装物等产品，优化供应链逆向物流网点布局，促进产品回收和再制造发展。可以看出，逆向物流是一片蓝海，但是，我们要找到可以进入蓝海的"入海口"。

德勤2016年的报告指出，2016—2020年中国正向物流市场容量将大于9万亿元，逆向物流市场容量将大于2万亿元。如果说供应链中，正向物流的瓶颈是"最后一公里"，那么逆向物流的瓶颈则是"最前一公里"。逆向物流的概念在中国还处于引进阶段，很多企业还未意识到逆向物流对产品生命周期的监测意义，以及对整个销售过程的指导作用。

在零售行业，消费者退货越来越任性；在制造业领域，汽车行业开始实施生产者责任制，生产者有责任将车辆回收，而一个车辆就有上万个零部件；此外，快递包装、共享单车等都产生了大量垃圾。我们应该把逆向物流系统设计好，因为逆向物流中确实有宝藏。举例来说，现在全球每年再制造业能够节省材料1 400万t，能装满155 000节车皮，节约的能量相当于八个中等规模核电厂的年发电量。美国宇航局重新利用改制与翻新的零部件，使飞机制造费用节约了40%~60%；美国的低碳行业中有很多大公司积极开展低碳回收计划，就是为了用低成本的回收尼龙代替常规的原材料，因为低碳中的1/3~1/2是纤维，而纤维中有60%是尼龙；根据美国汽车零部件制造商协会估计，汽车发动机中将有50%会在回收制造中得以更新、返修，可以节省数百万加仑的原油以及钢铁和其他金属。

在美国，逆向物流协会的成员80%是生产型企业，如思科、戴尔、惠普、苹果、沃尔玛、UPS等。它们已经发展了十几年，一些回收品分类和支持软件都已形成体系，而我国企业连逆向物流的软件系统都尚未搭建起来。

第七章 逆向物流管理的发展

那么，在互联网和物联网时代，我们有没有尚未发现的商机？在美国，90%的退货商品是没有问题的，但是生产企业只能接受，导致第三方逆向物流企业的加速发展，甚至 UPS 这样的巨头全面介入。而我国的很多物流企业或许还没发现，很多生产企业需要物流企业帮忙处理退货，如果不把退货扔掉、变废为宝，就可能会有 50%的回报，也为保护地球资源做贡献。

二、国外一些国家逆向物流的发展

日本通过循环型社会建设和"城市矿产"开发，其多种稀贵金属储量已列全球首位，由一个世界公认的原生资源贫国成为一个二次资源富国。其国内黄金的可回收量已达 6 800t，约占世界现有总储量的约 16%，超过了世界黄金储量最大国的南非；银的可回收量已达 60 000t，约占全世界总储量的 23%，超过了银储量世界第一的波兰。

美国则每年投资 150 亿美元，将美国传统的制造中心转变为绿色技术发展和应用中心。其完善的绿色技术创新体系使绿色技术不断从国内溢出到国外，效益显著，具备较高的循环经济收益率。

欧洲通过 WEEE 来完成欧洲的逆向物流体系，欧洲有两个平台，可对所有的回收进行调拨。在德国，著名的大众、宝马、梅塞德斯汽车企业早在 2000 年便建立了汽车拆卸试验中心；2015 年，95%的废旧汽车零部件可以得到回收利用，2018 年这一比例提高到了 98%。在法国，废旧汽车已有 90%的零部件得到回收利用，2018 年这一比例提高到了 97%。整体来看，欧洲逆向物流的标准和体系已经形成。

案例：逆向物流领域的几个典型企业

近年来，逆向物流创新获得美国投资者的青睐。

全球排名前 25 位的第三方物流提供商 GENCO（http：//www.genco.com）创立于 1898 年，它专注于产品生命周期物流的供应链解决方案。它首创了自动化流程来有效地处理退货产品，主要业务模式包括退货中心、货给供应商、产品召回、检测维修服务、再循环，年销售额达 16 亿美元，每年处理的退回产品达 6 亿件以上，其主要客户都是一些制造型企业。2014 年，这家企业被 FedEx 收购。

美国有一家从事逆向物流的 Optoro 公司，其创始人把一个 eBay 二手网货店 eSpot 发展成为当今专注于逆向物流的科技型物流企业的新秀。它用基于移动互联网、云计算、大数据的科技创新连接世界各地的买家和卖家处理退货和积压库存，2011—2016 年间就获得了超过 1.5 亿美元的投资。

其他各家大公司对逆向物流的布局也很早就开始了。华为公司早在数年前就成立了逆向物流部门管理产品逆向供应链，不断提升产品质量和客户满意度，并回收了大量有价值的零部件。而苹果公司继在美国成功地为消费者提供逆向物流回收服务和以旧换新计划后，于 2015 年在中国也开始实施该项目，并从废旧 iPhone、iPad 和 Mac 中回收了约 1t 黄金，价值约为 4 000 万美元。

三、我国逆向物流发展的机遇与挑战

逆向物流和绿色物流、循环经济有很强的相关性。根据环境库兹涅茨曲线，"污染

逆向物流管理

在低收入水平上随人均 GDP 增加而上升，高收入水平上随 GDP 增长而下降"。之所以强调生态文明建设，是因为我们需要更好的环境。现在，宏观政策对面向循环经济的逆向物流是非常支持的，在多项政策和重要报告中均能看到相关内容。

现在我国逆向物流的问题是"五多"和"五少"。"五多"是政府重视多、应用场景多、改善"蓝海"多、制造企业自营多、学界关注多；"五少"是物流企业涉足少、经验积累少、技术创新少、国际合作少、体系与相关标准少。这表明逆向物流的发展面临着很多机遇和挑战。

随着我国从资源一次性使用走向循环使用、从线性经济走向循环经济，我国资源循环利用的产业产值将达到 3 万亿元。目前，从逆向物流运营、管理和技术水平来看，大量的物质资源没有得到很好的循环利用或根本无法循环利用。大多数制造企业缺乏逆向物流的意识，由于利润微薄，只有一些规模小的企业在进行回收工作，还经常由于对废品的低级加工而造成环境污染。

据行业调研统计，约有 73.4% 的企业缺乏退货和召回逆向物流系统；92.7% 的企业逆向物流管理是通过简单手工输入而非自动化和智能化的系统完成；企业退回的资产价值约有 53.6% 由于缺乏透明度和监控条件永远"流失"了，退回资产的 23.5% 在返回公司的途中"损毁"了；平均每 3 次退货可能导致的公司供应链风险概率高达 62.1%。未来，高效的逆向物流系统应该是主动式的，它通过预防系统、信息系统、校正系统、分析系统、预测系统、应急系统、追溯系统来完成整个逆向物流的价值实现，整个系统的运转将会创造"绿色利润源"。有学者提出了基于价值恢复和社会责任的逆向物流－全生命周期供应链管理是"第五利润源"（绿色利润源）。

因此，现在我国的逆向物流发展，可以说是有宏观政策支持和立法要求，有各类企业的迫切需要，也有绿色循环可持续发展和生态文明建设的要求，更有绿色供应链的需求。我国其他领域的发展，有很多需要依靠正向物流和逆向物流的支撑。有专家就曾经指出，循环经济是智慧城市的基础，智慧物流特别是智慧逆向物流在实现智慧城市中将发挥关键作用。无怪乎有业内人士断言逆向物流就是下一个"风口"。

案例："互联网 + 家电回收"——新模式能否撬动"旧"市场？[①]

2018 年 10 月 15 日，京东家电联合京东公益与中国绿色碳汇基金会、有闲有品、嗨回收等机构和企业，共同启动了"京东家电公益回收"计划。抛开活动的公益性质不谈，京东、有闲有品、嗨回收等参与其中的企业，都有着共同的互联网属性。事实上，这只是"互联网 + 家电回收"的案例之一。近年来，越来越多的互联网企业开始在家电回收领域崭露头角。

经过近几年的发展，"互联网 + 回收"的模式已经在多个领域得到实践，如因废旧手机回收而为人们所熟知的爱回收，因旧衣服回收而被认知的飞蚂蚁等，废弃家电回收领域也已经涌现出嗨回收、香蕉皮等企业。2018 年 4 月 11 日，嗨回收与苏宁易购旗下售后平台"苏宁帮客"联手，针对北京家电市场签订了千万电器回收战略协议。这正是回收企业与渠道商合力对"互联网 + 家电回收"进行的探索。

[①] 原始资料来源：电器微刊（2018-11-16），作者于璇。

第七章　逆向物流管理的发展

值得一提的是，阿里旗下的闲鱼信用速卖更一口气接入了回收宝、估吗、有得卖、有闲有品、爱回收、乐人乐器等数十家专业回收机构，全面支持手机、3C数码、住宅家具/办公家具、大家电、乐器五类物品的快速回收。闲鱼信用速卖的回收业务目前已经接入"蚂蚁森林"，超高的"绿色能量"回馈吸引了不少消费者通过这一渠道无偿交旧。闲鱼利用阿里强大的平台力量，创造了一种难以复制的回收模式。

"互联网+"正在为家电回收注入新的动力，推动旧的家电回收模式进行变革。事实上，运用"互联网+"提升规范回收率，正是我国EPR（生产者责任延伸）试点催生出的全新回收商业模式。

"互联网+家电回收"虽已显露头角，但距离真正颠覆家电回收行业格局还有很远的道路要走。家电回收之难，难在多年来绝大多数的废弃电器电子产品都流入走街串巷的个体商贩手中，他们是距离用户最近的回收渠道，随叫随到。《电器》记者在采访中了解到，在废旧家电回收领域仅有约两成的产品是由正规的回收企业揽收的，约八成的旧家电由个体商贩回收。根据联合国大学的数据，中国电子废弃物的规范回收处理率已经达到28%。无论业界的说法，还是官方的数据，都说明中国绝大多数旧家电最终进入了个体回收商手中。

"互联网+家电回收"的模式出现后被寄予厚望，但是目前规模仍有待壮大。业内人士认为，"互联网+家电回收"并不是要颠覆或者替代传统的废旧家电回收，而是要通过利用互联网、大数据等新技术，给传统废旧家电回收行业注入更多正能量，促进行业提质增效，更好地促进废旧家电回收行业的健康发展。我们相信，传统的废旧家电回收行业拥抱互联网等新技术后，可以为消费者带来全新的体验。这不是颠覆的结果，而是融合的魅力。

在我国EPR探索中，回收是个绝对的难点，但也最有可能成为废弃电器电子产品规范处理的新的突破点。我国EPR试点正在改变废弃电器电子产品的回收模式，也必将催生全新的回收商业模式。而"互联网+家电回收"只是模式之一，虽然活力十足，但其发展同样面临不少问题。有企业负责人表示，传统的家电回收渠道根系很深，其中牵扯各种人际关系和利益，互联网企业想打入原有回收链条并不容易，而且正规回收企业的经营成本比起个体回收商贩还要高上很多。

根据EPR制度的规划，到2020年，重点品种的废弃产品规范回收与循环利用率将平均达到40%。仅凭互联网一条道路，不足以完成这一目标，各类新型回收模式都在探索中，例如通过依托销售网络建立逆向物流回收体系，选择商业街区、交通枢纽开展自主回收试点，运用"互联网+"提升规范回收率，选择居民区、办公区探索加强垃圾清运与再生资源回收体系的衔接等。2018年9月9日，北京邮政正式启动与家电回收相关的全新便民环保服务项目。据悉，首批城六区20个邮政网点将成为周边市民家中厨房、家居、个人生活、个人数码四大类小家电中35类电子废弃物的正规处置渠道，为电子废弃物回归正规拆解处置搭建快速通道。这些模式创新，将与"互联网+家电回收"形成合力，共同撬动家电回收这一"旧市场"。

第二节　逆向物流管理的技术与理念发展

一、逆向物流管理的技术发展

逆向物流的本质也是物流活动，因而传统的物流技术在逆向物流的过程中仍大有可为。

现阶段物流发展已经进入了智慧、智能、万物互联的时代，因此，相关技术的应用也必然会在逆向物流中体现出来。逆向物流的发展面临着诸多挑战，包括成本、价值、时效、服务、客户忠诚度、跨国运营等。如何面对这些挑战？汇总成一句话，就是用数据和先进技术来驱动逆向物流的改进和发展。

近年来，技术与物流融合的智慧物流加快起步，而逆向物流也同样发生着翻天覆地的变化。智慧物流以物流互联网和物流大数据为依托，通过协同共享创新模式和人工智能先进技术重塑产业分工、再造产业结构，是转变产业发展方式的新生态。智慧物流现在还没有标准定义，一般理解为将互联网与新一代信息技术、现代物流装备技术与现代管理应用于物流业中，实现物流的自动化、可视化、可控化、智能化、信息化、网络化的创新形态。

首先，智慧物流的核心是"协同共享"。近年来，"互联网+物流"的互联网平台打破了传统的企业边界，深化了企业的分工协作，实现了存量资源的社会化转变和闲置资源的最大化利用，是智慧物流的典型代表。第二，物联网在物流领域开始广泛应用。随着移动互联网的快速发展，物流连接呈现快速增长态势，大量物流设施通过传感器接入互联网，以信息互联、设施互联带动物流互联，物流在线化成为可能，这是智慧物流的前提条件。第三，物流在线化产生大量业务数据，使得物流大数据从理念变为现实，数据驱动的商业模式推动产业智能化变革，将大幅度提高生产效率。通过对物流大数据的处理与分析，挖掘对企业运营管理有价值的信息，科学合理地进行管理决策，是物流企业的普遍需求。业务数据化正成为智慧物流的重要基础。第四，物流在线化和业务数据化为云计算提供了可能。物流云平台为企业客户提供安全稳定的物流基础信息服务和标准统一的应用组件服务，强化企业与客户间的数据连接，高效地整合、管理和调度数据资源，推动物流行业向智慧化、生态化转变，这是智慧物流的核心需求。第五，人工智能快速起步为物流技术创新提供了新的空间，帮助实现智能配置物流资源、优化物流环节、减少资源浪费，这将大幅提升物流运作效率。一批领先企业已经开始开展试验人工智能技术在无人驾驶、无人仓储、无人配送、物流机器人等前沿领域的应用。

未来一段时期，新一轮科技革命和产业变革将形成势头，随着物流与技术深度融合，智慧物流将迎来发展机遇期，呈现一些新的趋势。预计未来5~10年，物联网、云计算、大数据、区块链等新一代技术将进入成熟期，全面连接的物流互联网将加快形成。此外，数据也会升级，物流数字化程度将显著提升，打破行业信息不对称和信息孤岛现象，物流"全程透明"更加普遍。众包、众筹、共享等的分工协作方式也将得到广泛应用，平台经济打破传统的分工体系，重构企业业务流程和经营模式。未来，分布式的物流互联网将更加接近消费者，全面替代集中化运作方式，依托开放共享的物流服

第七章 逆向物流管理的发展

务网络,满足每个客户个性化的服务需求,客户体验升级,"体验经济"将创造智慧物流新价值。随着人工智能技术的快速迭代,预计未来3~5年,无人机、无人仓、无人车将更加普遍,"智能革命"将改变物流格局。

例如,5G的发展速度如此之快,它将带来连接的革命,使实时操作如实时智慧逆向物流管理成为可能,而利用现代新的技术提高逆向物流的能力和效率、降低成本、减少退货是逆向物流的一个发展趋势。又如,建立逆向物流智能感知系统,物联网和RFID将成为逆向物流的标识。逆向物流具有离散型、不确定性、随机性、信息不对称等特点,而碎片化、个性化的物流可能更值得去研究。如果能实现万物的一件一码,我们将可以与区块链对接,那么每一个退货可能就是一个独特的个体,大数据也可以得以使用。

> **知识拓展:逆向物流概念的引申与 AR 技术的应用**
>
> 知名的脑外科医生 Barton L. Guthrie 在他的主题演讲 "Examining the role of augmented reality in the future of reverse logistics" 中把逆向物流的概念引入医疗行业。他把病人的回访(术后或医后服务)比作"退货"或"售后服务",并将 AR 技术用于医后服务,以减少病人回访。这项技术能够节省大量医疗服务的开支,包括病人社会和医院的开支,并改善医院和医生的信誉评分。

目前,大数据和人工智能的落地场景还不是很多,但在逆向物流中却有大量的落地机会。比如退货的原因是什么,是产品问题、价格问题、质量问题,还是其他的问题?如果对此进行财务分析,对原来被抛弃的东西进行有价值的检测和复原,将能为企业带来更多的利润。我们还可以通过逆向物流了解消费者的喜好和问题所在。

人工智能技术可以在逆向物流的多个方面进行应用,包括利用大数据分析进行退货预测、回收网络的设计与优化、智能回收分类、智能回收处理、智能仓储与运输管理、智能再制造、客户服务等。

> **案例:智能逆向物流4.0**
>
> 德国提出了工业4.0的理念,工业4.0正在开启智能物流4.0,而智能物流4.0包括智能逆向物流4.0。不来梅大学和BIBT(生产和物流研究所)进行了智能逆向物流的研究,它是协助生产控制来提高能源效率的人工智能(AI)支持平台的一个子项目。他们认为企业在市场的成功越来越取决于企业提供的服务以及为降低生命周期成本和环境影响所做的努力。这需要对产品设计、分销和逆向物流实行一体化管理,需要在整个过程中有透明的信息。这在逆向物流中并不容易实现,因为公司往往无法获得有关信息。这就需要信息-物理系统(cyber-physical systems,CPS)发挥作用,即应用物联网技术将CPS嵌入到产品中。这可以有效地应用于逆向物流,如RFID标签可以用来识别单个构成要件。嵌入在产品中的传感器和数据存储能够提供产品使用阶段的信息。在一国际研究项目中,BIBT已经开发了一种结合硬件和软件的解决方案:通用传感器网关,这使得能收集产品在使用阶段的信息,并可以转送这些信息到云系统。未来的计划是开发人工智能系统,支持数字工厂的逆向物流流程。

逆向物流管理

所有的机器都是联网的，并且服务、生产和转移无需人工交互，参与逆向物流过程的所有机器能实时相互沟通。将这些人工智能（AI）系统投入到生产应用中，会产生更有效和灵活的逆向物流流程，特别是可以根据成本、能源效率、资源消耗和可用性规范标准来对设置进行优化调整。

美国 CASI 公司是一家先进的自动化系统开发公司，其开发的系统中包括基于物联网的智能逆向物流系统。CASI 是自动化逆向物流解决方案的先驱，开发满足各种退货操作需求的解决方案，提供智能、高效的退货处理。CASI 将 SolidSuite 软件与其模块化系统设计结合使用，其逆向物流解决方案使用准确的客户数据，具有接收物品、路线计划到终端分类的一系列功能，能够处理从书籍、服装到电子产品的各类退货服务，包括库存退货、制造退货和/或其他客户指定位置发生的退货。CASI 可以为所有逆向物流业务提供智能解决方案。例如，针对消费品退货，CASI 开发了利用条码扫描、OCR、模式识别、尺寸标注和内联比例等帮助操作系统识别产品的解决方案。产品贴有条码方便识别，并使用输送机和分拣系统将产品进行移动、分类，然后上架储存或进入再包装站进行研究和维修。

二、逆向物流管理理念的变革

（一）随着经济和技术的发展，不断调整管理理念

逆向物流涉及的范围和正向物流一样多，很多物流企业可能在做逆向物流，但没有清晰地梳理出来。

在循环经济体系下，逆向物流如何从源头开始进行产品的可循环设计？产品不是最后被动收回的而是生态设计的，即产品设计时就是可拆解、可循环的，如果达不到就进行再制造、再利用、再资源化，最后最差的才变成垃圾。所以，逆向物流是分类产生价值，传统物流核心在"流"上，而逆向物流更侧重"物"。

此外，在高科技的时代，逆向物流问题会不断出现新的特点和需要解决的问题，如网络退货、高科技产品退货等。世界已开始进入物联网（IoT）时代，如何应对物联网时代的用户退货？逆向物流成为问题的焦点。我们已从"人人互联"的互联网时代进入了一个"万物互联"的物联网时代。例如，在互联网时代，主要连接设备是 PC（个人计算机），其逆向物流重点是计算机的退货和售后服务问题，PC 厂商在退货和售后服务支付的费用是惊人的，按每年销售 4 010 万台 PC 计算，这个费用达到 14.8 亿美元，相当于平均每台卖出去的 PC 花费了 95 美元在逆向物流上。这是一个惊人的数字，美国和世界许多国家正在发展逆向物流的技术和标准来试图减少退货和产品售后服务的费用。而现在，智能终端设备更多地变成了手机、笔记本计算机等，虽然售后服务内容也许有所改变，但是这些设备的逆向物流同样需要大量资源，而且更新换代速度更快，因此需要给予更多的关注。与此同时，物联网设备的售后服务、退货和回收处理给逆向物流带来了前所未有的挑战，也带来了新的商机。逆向物流业界需要了解物联网环境对逆向物流的影响，提供数据、工具和解决方案来改善物联网的生态环境。

现在，全球零售业在朝着"线上＋线下"的全渠道的趋势发展，客户退货成为关键问题，这对所需仓库空间、人力资源、第三方主体、跟踪和数据分析技术、相关政策

第七章 逆向物流管理的发展

及其他多个方面都会产生影响,值得进一步研究。

知识拓展:基于大数据进行电商退货的物流控制[⊖]

电子商务退货物流不断增加,消费者也在追求更好的客户体验,如何借助数据分析来寻求电商退货的原因,以此加强对电商退货物流的控制、减少不必要的退货物流成本的同时还能不影响客户服务水平,是现阶段的一个重要课题。根据电商退货订单中的可得数据,结合大数据的四步基本处理流程(图7-2),可以对电商退货物流产生的原因进行分析。

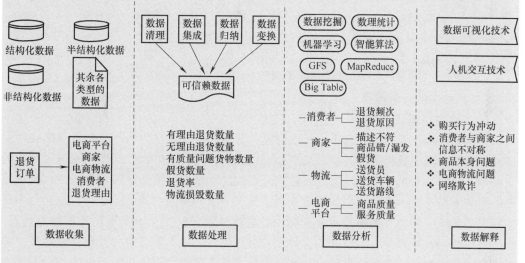

图7-2 大数据应用流程设计图

首先,在数据收集过程中,利用数据库接收来自电子商务平台客户端的退货数据,这些数据包括结构型、半结构型和非结构型数据。由于电商平台网站的并发访问量较高,在收集端必须部署大量数据库才能支撑数据收集工作。另外,数据类型和指标的选择也会影响数据分析结果的正确性。引起退货物流发生的原因常常来自于恶意营销、物流损毁以及冲动购买等,退货数据指标类型见表7-1。

表7-1 退货数据指标类型

	电商平台	商家	电商物流	消费者
指标	平台退货率 退货响应时间 入驻商家等级 打假力度	商家退货率 有/无理由退货数量 差评率、投诉率 诚信等级 发货错包率	物流损毁率 物流延迟率 送货员损毁包裹数量 车辆损毁包裹数量 路线损毁包裹数量	消费者退货率 无理由退货数量 有理由退货数量

⊖ 根据以下文献整理:姜丽,等. 基于大数据的电商退货物流控制研究 [J]. 物流工程与管理,2017,39(8):48-50。

逆向物流管理

其次，由于采集的退货数据来自多个异种数据源，数据收集过程可能会收集到噪声、缺失值和不一致的数据，而低质量的数据将会导致低质量的挖掘结果，使得数据分析失去意义，因此，要对收集的数据进行处理加工，整理成适合分析的数据结构，其工作包括数据清理、数据集成、数据归约和数据变换。数据处理之后，可通过绘制图表、计算某些特征量等手段进行数据的特征分析。通过对退货数据的分析，辨别消费者、商家、物流、电商平台当中哪个是引起退货的主要原因。还可以通过聚类发现退货数据分布的特点及原因。

最后，利用最佳的可视化组合、收集、提取并探索数据，从对消费者、商家、物流、电商平台的分析中得出结论，并通过数据可视化技术、人机交互技术进一步体现出来，进行数据解释，通过移动终端将数据解释的结果呈现给电子商务平台管理者及使用者，以便他们总结退货物流产生的原因并做出矫正措施。

（二）必需的理念转变

1. 设立集中退货中心

逆向物流的需求批量都远小于正向物流，分散、小批量且价值相对低廉的废弃物使逆向物流活动难以获得规模效益。虽然大型企业可利用其足够大的规模来支撑区域性的回收中心，但由于单个企业经营的回收中心回收品种单一、覆盖区域过大，综合利用效率一般都不高。对大多数中小型企业来说，过于分散的逆向物流起源地一直是它们不得不面对的死结，因此，集中式回收处理中心是保证逆向物流系统高效运行的最好选择。由于集中式回收处理中心所服务的客户多、服务的对象也千差万别，投资回收期长，难以通过合股的方式达成利益趋同，最好通过第三方或政府牵头来组织区域公共逆向物流平台。

2. 完善逆向物流信息系统

信息系统要基于电子资料交换系统设计，还能让制造商与销售商共用退货信息，为服务商提供包括品质评价、产品生命周期在内的各类营销信息，使退货在最短的时间内处理完毕，从而为企业节省大量的库存成本和运输成本。根据逆向物流市场前景分析，对退货信息的归类和分别处理是逆向物流信息系统的核心内容，它们可以直接追踪退货成本和退货过程。有效的逆向物流信息系统一般都会对每次退货的原因及最后处置情况编订代码，以便管理者即时追踪和评估。信息系统如果不够好，会导致额外的逆向物流成本。

3. 强调逆向物流可以延长产品生命周期

我们一般认为产品从研发到制造再到销售、使用，最后随着产品损坏或消费者停止使用，这一产品的生命周期即宣告结束。但是引入再制造等逆向物流概念之后，我们可以认为以上过程是产品完整生命周期的一个阶段，可以通过回收旧产品，经过清洗、修理、翻新、改造等一系列操作为产品赋予二次生命，重新进入流通领域。逆向物流使产品的生命周期得以延长、资源能够发挥更大的效用。

4. 加强供应链各方的协调性

在正向物流中，所涉及的供应链各方需要协调的仅是原材料或零部件的采购、加工和产品的仓储及运输方式等。逆向物流可能发生在任何一个逆向供应链循环中，产品也

第七章 逆向物流管理的发展

不一定是被送回它们的来源地,即逆向物流的终点可以是资源恢复链上的任何节点。

在逆向物流中,代理商的服务项目不同,需要协调的对象就完全不同:有的代理商是帮助销售商处理过季的积压产品,有的代理商则负责产品的顾客退换货服务并对退回的产品进行处理。一方面,因为退货产品的质量不一致,在代理商同意代理退货之前,往往需要先检查退货产品的质量;另一方面,生产商要求代理商在销售其退货产品时,要求代理商必须明确这是退货产品,而且要明确退货产品售出后的售后服务事宜。因此生产商在选择代理商时,往往根据与代理商的交易情况,选择信誉度比较好的代理商处理退货产品,这样可以要求和规范代理商按照生产商的要求处理退货产品。

而在正向物流中,生产商选择销售商时,仅需考虑销售商是否愿意下订单定购产品即可。同时正向物流中也不存在新产品的售后服务协调问题,一般情况下都是生产商或代理商(第三方)负责售后服务。

而售后服务本身就是逆向物流的一部分,它需要协调生产商、经销商、客户及售后服务的供应商,因此逆向物流对供应链各方协调性的要求更高且执行难度更大。

> **案例:逆向物流中的技术创新**
>
> 云丰国际物流(上海)有限公司是一家专业从事港口物流的现代化物流企业,致力于发展仓储、运输及其相关的增值服务,着重发展全生命周期的绿色物流,秉持"绿色""循环""科技"的发展理念,并以此控制整体运营成本,提升企业形象,增加品牌竞争力。
>
> 技术革新例1:因港口物流的高周转、多频次的作业特性,日常作业中企业使用的木托盘经常损坏。针对日常作业中的损坏托盘,首先采取分类的操作,大致分为可修复、不可修复但可作为修复辅料、不可修复但可作为加固材料这三大类;其次在每周固定时间进行托盘修复工作;最后,进行修复工作的数据采集和整理分析工作。采这种方法既能做到托盘循环使用,降低企业运营成本,又能保证在日常作业中货物、人员的安全,以此来提高客户满意度。
>
> 技术革新例2:针对服装行业出口挂衣货物,往往需要直接挂装在集装箱内,因此改装普通的集装箱成为挂衣箱带来的时效的损失与成本的提高,会让整条供应链成本上升,最终这些成本会转嫁给产品,导致其价格竞争力下降。可以通过一种大型可折叠的挂衣架的物流设备有效地解决这个问题,整个流程为:国内货物通过可折叠挂衣架出口→国外DC回收可折叠挂衣架→将可折叠挂衣架进口至国内→回到云丰,再次循环。

(三)其他理念

我国学者郝皓等提出了"第五利润源"的概念[⊖],认为"第五利润源"就是指企业或组织通过积极主动的逆向物流管理和全生命周期供应链管理,系统整合全供应链上各利益相关者的实物流、信息流、资金流,高效运用逆向供应链上的重要环节和要素,采取再销售、再利用、再循环和再制造等方式获得额外利润;同时,通过大数据分析、

⊖ 郝皓等. 第五利润源:我国逆向物流的商业价值及模式[J]. 物流技术,2017,36(8):47-50.

逆向物流管理

识别和监控企业及组织风险，持续改进，提升核心竞争力，确保可持续发展。对公众和政府而言，通过推动企业更积极主动地参与逆向物流管理，达到减量化、再利用、再循环的效果，实现低碳环保、绿色发展，从而产生巨大的社会效益。导致环境污染的关键原因之一就是逆向物流或逆向回收管理问题，从关注逆向问题到解决逆向问题，从解决逆向问题到向逆向物流要效益、挖掘逆向物流的利润，符合经济学中的库兹涅茨曲线，也符合环境经济学、循环经济学、生态经济学等理论。

在当前经济发展新常态下，我国已经确定"绿色化""绿色发展""循环发展""低碳发展"等关键词。由于逆向物流所带来的绿色环保和可持续发展效应，政府给予越来越多的政策及资源支持，而共享经济和智能化的浪潮则会进一步助推国内逆向物流的商业运营模式和技术蓬勃发展。

> **知识拓展：逆向物流运作模型 RLOM**[⊖]
>
> 我国学者郝皓等提出了基于产品风险控制的主动式逆向物流运作模型 RLOM，认为产品风险存在于产品生命周期各个阶段。这里所说的"风险"是指产品在市场上不适销，包括产品设计风险、产品功能质量风险、产品入市时机选择风险和产品市场定位风险等各种风险。其中，产品设计风险是指企业所设计的产品过时或者过于超前，不适应市场和顾客的需要；产品功能质量风险主要是指企业所销售的产品功能质量不足或产品功能质量过剩，不能完全满足用户需求；产品入市时机选择风险是指产品进入市场的时间选择不当；产品市场定位风险是指产品的特色与市场和顾客要求不相符合。产品生命周期过程的各种风险会引发不同的逆向物流类别，具体见表7-2。

表7-2 产品生命周期内由产品风险引起的逆向物流类型

产品生命周期 风险类别	引入期	成长期	成熟期	衰退期
产品设计	新品滞销而退回	被竞争对手超越而退货	产品过时被渠道退货	产品淘汰导致慢流而退回
功能质量	新品固有缺陷而退货	品质不稳定导致退货	品质脆弱及易损引发退货	质量口碑不良产生渠道退货
上市时机选择	新品库存积压渠道	市场产品冷淡引起退货	产品定价不当导致库存退货	更有竞争力产品上市而退货
产品市场定位	与市场、客户要求不符而退货	商业退回、终端退回	商业退回、终端退回	商业退回
产品保质期	临近保质期退货（大卖场/电商等）	临近/超过保质期退货（大卖场/电商等）	临近/超过保质期退货（大卖场/电商等）	临近/超过保质期退货（大卖场/电商等）
产品换季	大卖场/电商等商品随季节更换	大卖场/电商等商品随季节更换	大卖场/电商等商品随季节更换	大卖场/电商等商品随季节更换

⊖ 郝皓等. 基于产品风险控制的主动式逆向物流运作模型 RLOM [J]. 物流技术，2015，34（5）：9-11，23.

第七章 逆向物流管理的发展

理论上说,所有企业都有可能遭遇到某类产品风险所导致的逆向物流。如20世纪日本制造业靠廉价、高质量迅速占领了世界市场,汽车业尤其如此,尝到了甜头的日本企业迅速扩张,蚕食着欧美企业本有的地盘,但是疯狂扩张的结果就是质量难以保证,大量通用件的使用使质量问题在短时间内迅速爆发。2010年丰田因"踏板门"事件在全球召回850万辆车;本田汽车继安全气囊问题后,再次召回刹车踏板存在隐患的41万辆车。这些事件当时让丰田汽车和本田汽车陷入四面楚歌的境地。

逆向物流一旦发生,表面上来看是退货或者换货作业活动,实际上导致逆向物流的产品风险"病毒"已经"潜伏"在产品肌体里了,企业如果单纯就事论事地执行退换货程序,而不探究退货背后的产品"风险源",进而找到规避逆向物流的途径,风险"病毒"就有可能再次爆发并引发更大规模的逆向物流,最后逐步把产品的利润蚕食殆尽。具有前瞻性视野的企业应该变被动式逆向物流管理为主动式逆向物流管理,实行精细化运作,直击问题核心,确保产品可持续发展。

郝皓等认为,主动式逆向物流管理就是以降低企业产品风险、提高单位产品利润率为核心,采取主动积极的逆向物流方式,追溯退货产品在其全生命周期过程中的显性或隐性问题,如质量缺陷、设计错漏、产品过期、产品换季滞后、慢流库存积压等,通过有效的计划、组织、运行、控制,改善优化企业的供应链管理(包括采购与库存管理)、质量管理、研发管理、售后服务、生产管理和产品市场定位,从而达到树立企业品牌形象、提升客户忠诚度、促进客户重复购买、降低服务成本、强化核心竞争力的共同目标。主动式逆向物流管理不再将逆向物流视为被动式存在体进行管控,而是突破常规思维,由此及彼、由表及里地跨界延伸到供应链整个过程,将逆向物流本体作为"透视镜"识别与产品风险相关的供应链过程各个环节存在的问题,提高运营管理效率。逆向物流全生命周期供应链管理方式如图7-3所示。

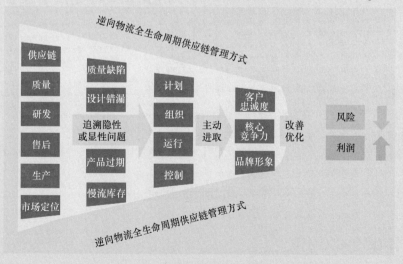

图7-3 逆向物流全生命周期供应链管理方式

主动式逆向物流管理由三个主要的支撑体系组成:

支撑体系1——RLOM模型。该模型包含八个系统:全生命周期追溯跟踪系统、

逆向物流管理

逆向物流应急管理系统、逆向物流预测计划系统、逆向物流大数据分析系统、逆向物流绩效管理系统、逆向物流产品矫正系统、逆向物流信息管理系统和逆向物流预防减少系统。主动式逆向物流运作模型 RLOM 如图 7-4 所示。

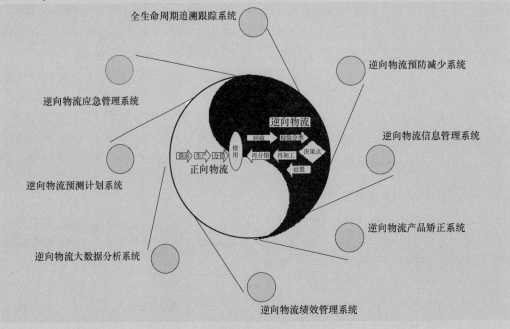

图 7-4 主动式逆向物流运作模型 RLOM

支撑体系 2——风险预警/决策支持。这是构成管理过程的必要组成部分，其基本过程包括危险源辨识、风险评价和风险控制，是一个循环往复的过程。

支撑体系 3——PPT-SIR 闭环体系。它是六个要素的简写，这六个要素分别指的是预测（predict）、预防（precaution）、跟踪（track）、快速（speed）、识别（identify）和矫正（recovery）。这六个要素形成闭环循环进行，从而支撑恰当的逆向物流管理。主动式逆向物流管理与传统物流的 SR 原则不同，一般应当遵循 PPT-SIR 原则。如果正向物流管理 SR 原则的目标在于达成客户需求、提高企业的效率效能，那么主动式逆向物流管理的 PPT-SIR 原则的目标则在于让企业远离产品危机风险和提高客户黏性，并且其应该贯穿于产品整个生命周期过程。

第三节 再制造产业的发展

一、概述

对产品进行重新整修和再制造已经不是一个新概念，但是却越来越引起人们的关注。缺乏最新功能但是仍处于可用状态并且可以实现功能恢复的设备，可以重新制造并放到仓库中以备再次使用。设备功能再生的生产制造成本低于制造新品的制造成本。企业运用有效的整修过程，可以在最大程度上降低整修成本，并且将整修后的成品返回仓库。在诸如航空、铁路等资产密集型的行业中，这种方法广泛使用。再生制造成本远远低于重建成本。目前，越来越多的公司开始应用这种方法，公司拥有大量机械设备而且频繁使用，这些设备包括自动售货机和复印机等。例如，施乐公司按照严格的性能标准制造再生设备，施乐估计每年可由此节省 2 亿美元，这些利益最终将返给客户，施乐将之视为领先于对手的关键优势。

再制造产业并非简单的翻新和维修，而是一种对废旧产品实施高技术修复和改造的产业，它针对损坏或即将报废的零部件进行再制造工程设计，采用一系列先进制造技术使再制造产品质量达到或超过新品。当前工业经济的形势比较严峻，下行压力较大，产能过剩的矛盾逐步体现出来，传统制造业需要继续寻求新的增长点。我国工业发展到现在，传统的工业增长方式将来可能一去不复返，所以从大的发展趋势而言，再制造将是我国制造业发展的一个大方向。

再制造产业最早出现于 20 世纪 30~40 年代的美国汽车维修业，最初目的是为了走出当时美国的经济萧条困境。20 世纪 80 年代初，美国正式提出再制造产业的概念，其他工业发达国家随之跟进。目前再制造产业已成为欧美发达国家的重要产业。再制造产业最大的优势便是节能减材，约能节约原材料 70%、节能 60%，可减少钢铁、铜、塑料颗粒等大宗商品的使用量和进口量，缓解资源短缺与资源浪费的矛盾，减少报废产品对环境的危害，是废旧机电产品资源化的最佳形式和首选途径，也是节约资源的重要手段。

再制造产业是相比较于传统制造业的一个概念，作为基于原有产业衍生出来的新产业，再制造产业在全球范围内虽然已有较大的发展但是各国发展水平和程度差距较大，并未形成统一的解释或者概念，一般业内较为通俗的解释是"通过一系列的工艺流程将使用过或部分损伤的机械设备、零部件进行修复的活动所形成的产业。" 再制造产业具有以下主要优势与产业价值：①提供生命周期服务方案，保持高性价比的零件服务供应成本；②对市场新进入者保持高竞争力地位；③保修成本降低，优化再制造品以用于保修替换；④改善生命终端管理，降低长期库存成本；⑤有利于环境保护，始终坚持"回收选择－绿色"，支持可持续发展。

为更进一步地了解再制造的概念与特征，首先需要区分再制造与维护/大修/保养、翻新/改造这两个概念，主要从活动结果、技术水平、价格水平、所有权归属等维度进行分析，见表 7-3。通过对比可以看出，维修与翻新等活动的目的是为了接近原有产品，换句话说，产品其实自始至终都是一个；更重要的是维修与翻新仅仅是一种维修的工艺，其产品无法像再制造产品一样享受新件的保修服务。由于这三种活动在消费者及行业内部均存在一定程度的混淆，因此维修与翻新在一定程度上成为再制造产业规模增长与标准规范建立的主要阻碍，低价值与低技术水平的维修与翻新很大程度影响了消费者的选择，因此要发展再制造产业就需要配套的标准并注意与维修、翻新行业的区别。

表 7-3 再制造与其他概念的比较

	维护/大修/保养	翻新/改造	再制造
定义	通过技术调查手段寻找故障原因，并采取措施排除故障，以恢复其性能和特定安全标准	一种使磨损部件的外表或者性能完全恢复的特殊工艺，通常能够接近部件的原有状况	对使用期结束的车辆、工程机械和机床使用批量复原的工艺，所生产出来的再制造产品与原始新产品的质量和性能相同

逆向物流管理

（续）

	维护/大修/保养	翻新/改造	再 制 造
测试	无	无	有
结果	原先使用过的产品	使用过的产品，但是是另外一个产品	另外的产品，其质量与新产品相同
产业化	无	无	有
技术水平	一般	一般	高
完整性	仍是旧产品	近似或接近新产品	能够满足客户对新产品的期望
价格	正常情况下价格水平为维修＜改造＜再制造＜新产品		
消费者的权利和权益	传统的维修服务	传统的维修服务	与新产品相同
所有权转移方向	消费者A－消费者A	消费者A－消费者X	消费者A－消费者X

综上所述，可以看出再制造这一产业具有三种基本的特征：

1）再制造是对回收的旧件进行专业的修复过程，对于专业化修复过程需要遵循各国家政府和相关机构出台的标准；

2）再制造产品要达到与原有新产品同样的质量与性能水平，甚至要在整体或部分模块、功能上实现更优水平；

3）再制造产品要求量化生产，因此很多再制造企业都需要自己的旧件回收中心来进行挑拣和拆解等流程，并需要建立严格的生产线（如同原始制造一样）。

案例：戴姆勒奔驰的再制造

2017年10月23日，戴姆勒奔驰再制造项目亚太中心动工仪式在上海临港国家再制造产业示范基地（简称"临港示范基地"）举行。戴姆勒奔驰再制造总部在德国斯图加特，拥有海德堡、奥芬巴赫、曼海姆等地的六个再制造业务基地，主要进行发动机、变速箱的再制造，每年通过再制造业务可创造40亿元人民币的收入。目前，戴姆勒奔驰已在欧洲和美国建立了两个再制造中心，而新成立的临港项目将被打造成为戴姆勒奔驰在亚太地区的再制造中心。该再制造中心总投资超过6亿元人民币，年产值超过10亿元人民币，将建设发动机、变速箱和电动液压控制单元三条生产线。基地建成后，将有望成为全球最大的再制造工厂。戴姆勒奔驰承诺"再制造能获得与新件100%的质量且平均节省35%的成本"。

二、我国相关规划

2017年，工信部发布的《高端智能再制造行动计划（2018－2020年）》（下称《计划》）提出，我国作为制造大国，机电产品保有量巨大，再制造是机电产品资源化循环利用的最佳途径之一。目前，我国亟待进一步聚焦具有重要战略作用和巨大经济带动潜力的关键装备，开展以高技术含量、高可靠性要求、高附加值为核心特性的高端智能再制造，推动深度自动化无损拆解、柔性智能成形加工、智能无损检测评估等高端智能再制造共性技术和专用装备研发应用与产业化推广。同时，推进高端智能再制造，有利于

第七章 逆向物流管理的发展

带动绿色制造技术不断突破、提升重大装备运行保障能力、推动实现绿色增长。

《计划》提出,到 2020 年,将突破一批制约我国高端智能再制造发展的拆解、检测、成形加工等关键共性技术,智能检测、成形加工技术达到国际先进水平;发布 50 项高端智能再制造管理、技术、装备及评价等标准;初步建立可复制推广的再制造产品应用市场化机制;推动建立 100 家高端智能再制造示范企业、技术研发中心、服务企业、信息服务平台、产业集聚区等,带动我国再制造产业规模达到 2 000 亿元。

《计划》提出,加快实施绿色制造,推动工业绿色发展,聚焦盾构机、航空发动机与燃气轮机、医疗影像设备、重型机床及油气田装备等关键件再制造,以及增材制造、特种材料、智能加工、无损检测等绿色基础共性技术在再制造领域的应用,推进高端智能再制造关键工艺技术装备研发应用与产业化推广,推动形成再制造生产与新品设计制造间的有效反哺互动机制,完善产业协同发展体系,加强标准研制和评价机制建设,探索高端智能再制造产业发展新模式,促进再制造产业不断发展壮大。

总体来说,我国再制造产业发展趋势体现为绿色、优质、高效、智能和服务等几个方面。再制造产业发展要严格按照国家发布的环保标准进行绿色生产,实现面向全流程的技术、产品、服务多个维度的优质发展,实现再制造技术的高效化和再制造产业服务的高效率,以产品全寿命周期设计和管理为指导,将物联网、大数据等新一代信息技术与再制造回收、生产、销售、管理、服务等各个环节融合,通过人机结合、人机交互等集成方式开展分析、策划、控制、决策等,由生产型制造转变为服务型制造。

当前,我国再制造业存在的问题主要包括:

1) 对再制造产品的市场认知度不高,对翻新与再制造之间的界限分辨不清;
2) 逆向物流面临巨大障碍,旧件回收主体不明确,旧件回收相关政策亟待修订;
3) 再制造关键技术开发之后,以发动机再制造为主要应用对象的关键技术研究短时间内无法满足再制造迅速发展的需求;
4) 政策法规支撑不足,缺乏落地细则,对再制造产品流通缺乏相应的市场管理制度,旧件采购无法取得增值税发票和成本抵扣;
5) 未形成规模和体系,再制造产业主要集中在国内几个主要生产企业和相关代理商企业,再制造率较低,再制造产业规模较小。

案例:国内外典型再制造企业示例

国外再制造典型企业见表 7-4、国内再制造典型企业见表 7-5。

表 7-4 国外再制造典型企业

国外重点企业	卡特彼勒	德国大众	凯斯机械	日本小松
成立时间	1925 年	1937 年	1842 年	1921 年
总部地址	美国伊利诺伊州	德国沃尔夫斯堡	美国威斯康星州瑞仙市	日本东京
主营业务	工程机械、土方机械、能源和发动机动力系统,以及矿山设备	汽车制造	农业及建筑设备制造	工程机械的开发、制造及销售

（续）

国外重点企业		卡特彼勒	德国大众	凯斯机械	日本小松
再制造业务	业务范围	工程机械	发动机、变速器及汽车零部件	发动机、变速箱、涡轮增压器、转向系统、液压泵系统等	从事小松系列工程机械设备、零部件和专用工具的再制造
	业务概述	发展再制造业务40多年以来，在七个国家（中国、法国、墨西哥、波兰、新加坡、英国和美国）建立了17座再制造工厂。通过再制造，公司每年回收处理220万旧件，每年循环利用约6.4万吨材料	自1947年开始相关的再制造生产，有着70多年的历史。到2008年，再制造型号增加到10 300种，累计再制造770万台发动机、280万台变速器以及6 800万个零部件	目前，零配件再制造是凯斯在过去几年的重要项目，凯斯把这个再制造项目称为"REMAN"	作为日本小松在国内再制造基地——南京钢加集团，于2003年成立了南京小松机械更新制造有限公司、于2004年成立了南京银马给料机机械修造有限公司。2008年展出了推土机整机再制造产品

表7-5 国内再制造典型企业

国内重点企业		徐工集团	三一重工	柳工集团	中联重科	玉柴国际
成立时间		1943年	1994年	1958年	1992年	1951年
总部地址		江苏徐州	北京	广西柳州	湖南长沙	广西玉林
主营业务		工程机械	装备制造业	工程机械及相关业务	工程机械、农业机械等高新技术装备的研发制造	内燃机制造
再制造业务	业务范围	液压油缸、平衡梁、中心回转体、轮式装载机、旋挖钻机、轮式起重机、挖掘机等工程机械再制造	工程机械整机及零部件再制造	液压缸和液压阀的再制造生产	起重机等工程机械的再制造	汽车零部件再制造
	业务概述	2011年，建立院士工作站，与装备再制造技术国防科技重点实验室及国家重点高校合作，共同打造再制造产学研平台	2009年成立湖南三一工程机械再制造公司；后期工程机械整机与零部件再制造项目陆续落户浙江、安徽、湖北、陕西、新疆、江西等地	2012年柳工再制造公司的新工厂落成（前身是配件公司修造厂）。目前，已建成再制造生产线，具有年生产液压缸6 000根的生产能力	2012年4月中联重科与装甲兵工程学院就"再制造前沿技术"签署合作协议	玉柴是我国产品型谱齐全、完整的内燃机制造基地，在广西、广东、江苏、安徽、山东、湖北、四川、重庆、辽宁等地均有产业基地布局

第七章 逆向物流管理的发展

本章案例

案例 1 汽车零部件再制造市场分析

在全球范围内有超过 50 种以上的汽车（乘用车）和轻、中、大型卡车零部件已经被用于再制造，其中比较典型的有空调压缩机、发电机、刹车品、游标卡车、离合器、曲轴、电子控制模块、水泵等。零部件再制造与汽车零部件原始零部件的生产要求是一致的，流程上也存在一定的相似度。再制造的最初流程一定是从回收开始的，但是汽车回收存在一定的损失率，因为再制造对原始零部件有一定的要求，在此之后进行清洗、拆解、监测、分类等基本流程，在这一过程中已经逐步地实现了由机器和联网设备代替人工检验筛选的流程。

全球范围内汽车市场容量的统计与分析基本上是基于"四年样本"周期，这样的样本周期与汽车的保修周期（一般汽车保修时间为三至四年一次）有关，一旦汽车使用时间超过了保修期就有了需要更换零部件的可能，对再制造产业来讲是一个绝佳的接入时机，尤其当进入大修阶段时，再制造也就迎来了绝佳的发展机遇。

对各地区而言，北美市场再制造产品渠道以独立后市场为主，而再制造发动机、起电机、变速箱是该地区市场销售额最大的三类产品，这五大总成的几大产品也是全球其他几大区域在再制造过程中主要推广的产品。其中，对发动机来说，绝大部分的销售比例是以独立后市场为主的，原装配件供应商（original equipment supplier, OES）渠道只占有 17%，但事实上，独立后市场在发动机再制造方面的占有量很小，反而是变速箱能使独立后市场和 OES 渠道各占据一半；对起电机来说，OES 是占比比较少的，整个独立后市场占有量非常大。

在欧洲市场，汽车再制造销售额占总再制造产品总额的比例达到 20%，这其实是一个非常大的比例，因为剩余的 80% 包含了非常多的分类，如工程机械、再制造设备等。另外，根据汽车零部件换件比例的统计，13% 的汽车零部件换件会使用新件，6% 是地区维修，剩下的 81% 都会用再制造件，因此在欧洲，再制造件在消费者心目占据的地位其实是非常高的，很多消费者都愿意在汽车零部件换件的时候更换再制造件。2015 年，欧洲的再制造市场金额已经达到了 300 亿欧元，2030 年产品销售额预计能够达到 700 亿欧元，当然这也在于欧洲市场的国家非常多，而且很多国家都是汽车行业发展比较先进的国家。欧洲的年再制造的产量 2013 年达到 68 万件，2015 年则达到了 220 万件，这个过程中再制造年产量飙升幅度大概为 70%，这与欧洲 2013 年到 2015 年一些政策的变化有关，其中包括欧盟逐渐将再制造列入循环经济范围，促使了很多再制造产业的萌生。

相对来说，中国再制造市场因为发展得比较晚，很多数据不是非常足。根据数据显示，2015 年，中国的再制造产品已经超过 9.3 万件，市场价值已经差不多达到 11 亿元人民币。而根据 2014 年的统计，在中国再制造市场的企业分类中最多的是汽车零部件，其比例达到 27%，第三方服务占比为 25%，建筑机械占比 18%，机电产品可能是中国再制造企业目前最集中的一个分类，它的总额能占到整个行业的 83.97%。其他一些企业包括旧件回收、矿业机械等的比例相对较小，机床行业目前的再制造其实在逐渐兴起，但是该行业有一个比较矛盾的地方，因为机床主要是以大修和翻新为主。但是对于汽车来说，再制造确实是迅速增长的一个板块：根据中国再制造市场关于发动机和变速箱两部分的行业统计，截止到2015年，中国再制造发动机产量达到3.2万多件、变速箱达到6.1万多件，数量是非常大的；发动机的市场价值在2015年达到73亿元人民币，变速箱的市场价值大约为37亿元人民币。

十年前，北美在全球的市场份额实际上是48%，其中有一半都已经转移到了墨西哥，因为有更低的劳动力成本。现在欧洲是占37%，实际上基本都是在东欧地区，因为东欧对于再制造行业有了越来越大的吸引力。而中国的份额只占到个位数，还是很小的数额，在未来，中国可能会超越其他地区。

基于诸多原因，再制造产业将会在未来持续高速发展：欧美市场依旧是再制造产业的最大的发展区域，随着资源限制整合与消费的转变，泛亚太地区将成为未来增长速度最快的市场；再制造市场与产业进入高速发展时期的中南美与亚太将会成为对再制造需求最旺盛的国家。与此同时，墨西哥与东欧将成为北美和欧洲的低成本中心，承担越来越多的再制造的生产活动。

案例2 基于5G网络的新一代物流的应用场景⊖

5G网络能够被广泛推行并在2020年进行商用试行，主要原因是5G融合了很多关键技术，这些关键技术使得5G在很多方面具有得天独厚的优势，这些优势也使得5G会被广泛应用在新一代智慧物流行业中。

5G能够被广泛应用于物流中，主要是因为物流与物联网的紧密关系，5G海量接入的特性促进物联网在物流行业的应用，从而促进物流的智慧化发展。新一代物流具有复杂的架构体系，面向智慧化发展，同时具有短链和共生的特征，灵活兼容性强，因此5G使得新一代物流具有良好的接入特性和智慧特性。新一代物流中，智慧化海量接入的物流体系主要有可视化智慧物流管理体系、智慧化供应链体系、智慧化物流追溯体系。

一、智慧化海量接入的物流体系

1. 可视化智慧物流管理体系

可视化智慧物流管理体系是一种对照物联网基本架构设计的服务体系，目的是建设全面感知、全局覆盖、全程控制的智能可视化的上层应用。如果能够对整个物流每一环节有了可视化分析，那么物流就能实现更加精确的工作要求。新一代物流将使用可视化智慧物流管理体系，由于系统融入的硬件系统和软件模块都比较多，因此需借助于5G通信的无线海量接入的特征。5G通信作为新一代通信技术，具有按需组网、控制转发分离、网络异构灵活以及适应于嵌入式通信的移动边缘计算等特征，这使得5G可以在可视化智慧物流管理体系中充当传输层的通信方式，尤其是底层传感器和数据收集智能硬件的数据传输。图7-5是可视化智慧物流管理体系架构设计图。

该体系架构具有四个层面，包括感知层、传输层、应用层、可视化展现层，每层都

⊖ 原始资料来源：圆通研究院报告《5G网络技术在新一代物流行业中的应用》。

第七章 逆向物流管理的发展

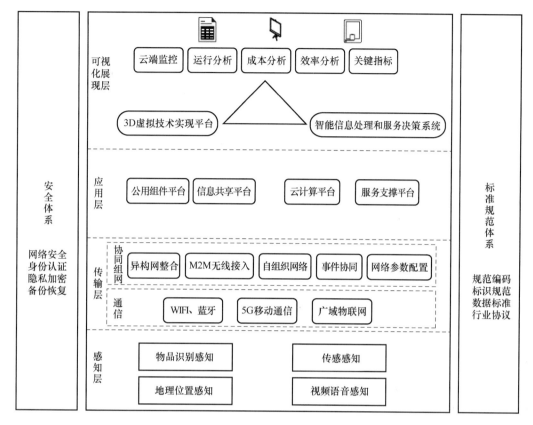

图 7-5 可视化智慧物流管理体系

需要具有一定的安全体系和标准规范。其中感知层负责部署底层数据采集设备，如仓储过程中的 PDA 采集器、QR 码的扫码枪、传感器、视频摄像头及语音感知设备等，主要负责数据的收集和整合。传输层包括协同组网和通信模块，协同组网就是使用 5G 和其他通信网络技术进行自组织组网，然后通信模块主要负责数据传输和信息管理，异构网络的整合等也放在这一层。感知层的数据通过传输层送到应用层面，就是平台和应用，这些是物流平台提供的数据整合接口，如信息共享平台和云计算平台等。最后可视化展现层负责调用数据接口和可视化技术完成数据展示，如向物流企业展示监控环境、报表分析、统计分析及虚拟可视化等。可视化智慧物流管理体系利用 5G 的高质量通信实现物流数据精准可视化，为决策者提供参考依据，为管理层提供实时界面，是新一代物流重要的管理体系。

2. 智慧化供应链体系

智慧化供应链体系是物流智慧化的一项重要成果，是物流的前沿科学技术。智慧供应链结合物联网技术和供应链管理技术，在物流企业内部和物流企业之间建设，能够全面推进供应链的自动化运转和智能化决策。相比传统供应链模式，智慧供应链技术渗透性强，供应链管理层和运营层会主动容纳物联网、互联网、人工智能、大数据、云计算及区块链等关键技术，使得供应链管理模式适应于这些技术的参与。智慧供应链同时具

逆向物流管理

有很强的可视性和移动性，使用可视化的信息技术来描述物流数据的走势和发展，访问查询物流数据又依赖于移动设备。最后为了使智慧供应链更加人性化，无论是软件界面还是平台管理接口都会考虑人与机器的协调性。目前智慧供应链首先具有数字经济、电子商务、共享经济等模块，同时具有物联网、人工智能一些基础设施，融入云计算、大数据、区块链等计算机技术。5G同样是作为智慧化供应链体系传输层面的通信技术，同时是基础组成模块的数据传输保障，高带宽稳定接入的性能使得其能够促进计算机技术为智慧供应链服务。智慧化供应链体系如图7-6所示。

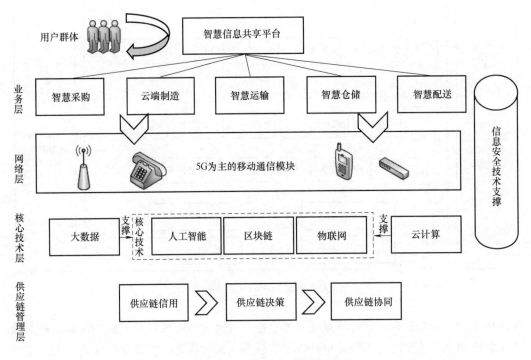

图7-6 智慧化供应链体系

从技术层面上来看，智慧供应链由大数据、区块链、人工智能、物联网及云计算组成。利用大数据、云计算技术存储和优化物流数据，然后通过区块链、人工智能及物联网一些智能核心技术去完善智慧供应链，主要实现三个主要目标，即供应链的信用、供应链合理决策及供应链节点协同，这些核心技术通过5G技术进行数据传输和节点通信。区块链是一种安全的分布式货币技术，可以实现多方安全共享数据，具有去中心化、不可篡改、全网入账等优势，将会重构社会信用体系。区块链技术可以成为智慧供应链的一种信用机制，构建智慧供应链信息共享生态圈。人工智能技术主要负责智能决策，使智慧供应链的各环节可以变成动态可控的管理层次。物联网技术主要增加智慧供应链组件之间的协同性，有助于物流向整体化、智慧化发展。无论区块链、人工智能还是物联网，都需要大量的边缘计算节点，5G作为一个海量接入和按需组网的移动通信技术，能够提供稳定的数据交互平台，同时能够促进计算效率。因此，5G是智慧化供应链体系发展环节中必不可少的模块。

第七章 逆向物流管理的发展

3. 智慧化物流追溯体系

智慧化物流追溯体系使用物联网和互联网技术实现产品的追踪和溯源，厂商可以对物品正向物流进行可控查询和报表分析，用户在收到物品后可以通过平台或者软件进行物品的反向信息溯源，目前使用较多的是农副产品和冷链物流体系。智慧化物流追溯体系从本质上讲就是利用物联网技术建立一个分布式多节点的信息共享链，5G 就是这个信息共享链的数据流动媒介。和物联网的多层基础架构类似，智慧化物流追溯体系也具有自底向上的多层次架构，如图 7-7 所示。

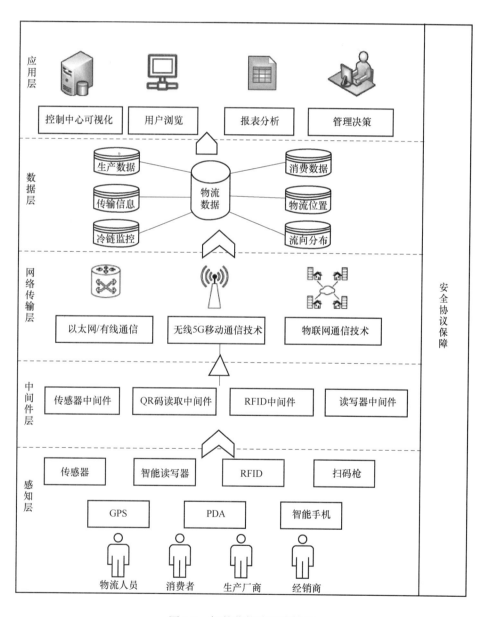

图 7-7 智慧化物流追溯体系

逆向物流管理

体系架构一共具有五层，每一层都会有相关协议保证数据传输的安全性。底层的感知层就是追溯平台经常使用的一些数据采集设备，如农副产品生产需要全面跟踪，因此会使用传感器、RFID 等设备记录生产过程的数据；工厂生产过程中使用的扫码枪、智能读取设备等记录工厂加工过程的数据；物流传输过程中使用的 GPS、冷链环境传感器、PDA 等记录物流产品位置和分发等数据；消费者在购买物品时使用手机等智能终端记录物流物品的最终位置数据。中间件层是一些采集设备通信中间件，如 QR 码读取中间件、RFID 读写器中间件。网络传输层主要使用无线通信技术，特别是无线 WIFI 和无线移动通信技术，而 5G 高效的接入方案使得其更适用于嵌入式的终端器件读写器、传感器等。数据层负责对产生的数据进行存储和处理。应用层调取数据用于统计分析和可视化，让管理者、消费者及物流过程中的工作人员能够全面监控物流的数据信息，实现物流的追踪和反溯。

智慧化物流追溯体系利用 5G 海量连接的特性，使用大量终端智能读取设备记录物流数据，边缘服务器可以使用 5G 网络收集终端的数据，数据中心负责汇聚这些信息，上层应用根据数据信息绘制出可视化场景，以便物流管理层和用户能够精准决策。

二、基于 5G 网络的新一代物流应用场景演进

上面描述了基于 5G 的新一代物流中几个重要的体系，可以发现智慧化的新一代物流体系架构中有很多地方都融入了最前沿的信息技术，如可视化管理体系中使用了计算机视觉技术、智慧供应链体系中使用了人工智能技术、智慧物流追溯体系中使用了无人驾驶车联网技术等。5G 与新一代物流结合的场景，有些将随着 5G 的商用会立即实现，有些可能需要在 5G 推广后期才能实现，因此基于 5G 的新一代物流发展也是循序渐进的，不是一蹴而就的。基于 5G 的新一代物流阶段与场景演绎进程如图 7-8 所示。

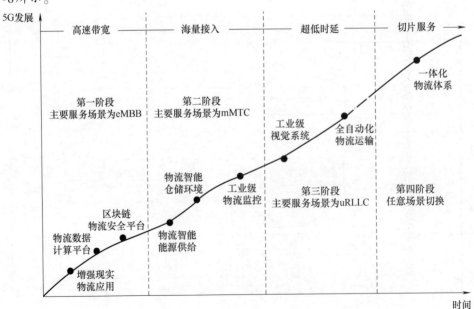

图 7-8　基于 5G 的新一代物流阶段与场景演绎进程

注：uRLLC——即时可靠通信场景；eMBB——高能通信宽带场景；mMTC——海量及其通信场景。

第七章　逆向物流管理的发展

思考题

1. 第一节中提到，现在中国逆向物流的问题是"五多"和"五少"。试根据书中描述，查找相关资料，找出数据或实例来验证这种说法。
2. 查找资料或进行实地调研，举出实例来说明逆向物流中的现代技术应用现状。
3. 你认为现阶段，企业进行逆向物流管理最需要的理念变革是什么？试举例说明。
4. 查找更多资料，了解我国再制造行业现状与未来规划，写一篇小论文进行综述。

第八章 综合案例

本章概要

本章选取了一个电子电气设备企业的退货物流网络优化案例,以及一个智能化逆向物流解决方案的案例,提出了关于逆向物流的一些基本问题,供读者参考。

第一节 电子电气设备企业退货物流网络优化[一]

一、企业概况

S集团是电子电气工程领域的领先集团,创立于1847年,主要业务集中在工业、能源、医疗、基础设施与城市业务四大领域。至今,S集团已在中国建立了17个研发中心、73家运营企业和62个地区办事处,是中国最大的外商投资企业之一。其中,工业业务领域是S集团在华的主要业务领域,包括工业自动化产品、驱动技术相关产品等,产品应用于冶金、化工与制药、汽车制造、采矿、石油与天然气、食品饮料、水处理、制浆造纸、船舶、电池生产等众多行业和领域。

目前,电子电气产品的市场和需求正在不断扩大,国际贸易交流更加频繁,市场竞争压力加大,产业升级越来越快,一些知名电子电气设备企业的规模也在不断扩大,如松下(Panasonic)、TCL-罗格朗、西蒙(Simon)、朗能(LONON)、施耐德、欧姆龙、ABB、西电、特变电工(TBEA)。大量电子电气产品的生产,导致了更快的产品的更新换代,继而产生了大量废弃的产品,对于电子电气产品整个生命周期的管理逐渐被社会各界重视。电子电气产品的售后服务、退货处理和废旧回收已成为这个行业各个企业关注的重点,也成为社会各界的关注点。尤其是施耐德、欧姆龙、ABB等生产多种产品的跨国大型企业,正逐步从产品的整个生命周期的角度出发关注产品的售后服务和废旧回收,通过完善服务体系和废旧回收网络等提高企业竞争力、树立良好形象,同时尽力对资源进行循环重复利用,对环境保护做出努力。

S集团在工业、能源、医疗、基础设施和城市业务领域都有相关产品的生产,但由于各个领域的特点和产品特点的不同,在能源、医疗、基础设施和城市业务领域生产的产品有些无法批量生产,需要根据相关项目条件进行定制化生产和改进。由于设备庞大,检测和维修等一般采取现场方式,产品使用周期相对较长,更新换代速度较慢,产品的退货率较低。而其在华业务领域中工业业务领域的规模最为庞大,产品较小、种类多、批量生产,检测、维修、退货的概率量相对较大,产品使用周期短,更新换代速度

[一] 本案例改编自同名论文,作者:郝明月(北京交通大学),指导教师:田源。

第八章 综合案例

快,退货和废旧回收的后续处理环节容易出现问题,因此选取 S 集团工业业务领域退货量大的产品的退货物流状况进行分析。

二、企业退货物流的现状

(一)产品类型及退货的原因

S 集团工业业务领域的产品主要分为三大类:水处理设备,工业机械传动设备及电机电柜,可编程逻辑控制器、人机界面、驱动器等工业自动化产品。其中水处理设备、工业机械传动设备、各类电机电柜等均属大中型机械设备,企业生产数量相对较少,一些设备的生产需要结合用户的需求进行相关的设计和改进,因此产品售出后退货的状况较少,并且由于产品的质量、技术、维修等产生问题的处理方式一般是热线技术支持、现场调试、现场技术支持、现场维修服务等,只有部分在运输或安装过程中造成了损坏的产品会提供相应的返厂维修。小型的工业自动化产品如可编程逻辑控制器、人机界面、驱动器等产品系列繁多,每种系列又根据性能的差异有不同的种类,一种系列下的产品多达百种,销量大,各种原因产生的退货量也大,企业对于这类退货产品的处理成为需要解决的重要问题。

由于小型工业自动化产品的结构不同、功能不同、产品的应用范围和售价不同、产品的销量不同,导致产品的退货数量不同。S 企业小型工业自动化产品的分类及特点见表 8-1。

表 8-1　S 企业小型工业自动化产品的分类及特点

	包含的产品	产品系列	产品特点	产品应用范围	产品销量
产品种类 1-模块类	稳压电源	各类 PLC 对应电源模块	体积相对较小,提供控制功能	广泛应用于冶金、化工、制药、汽车制造、印刷等领域	各种类型的模块种类较多,应用范围广,销量大
	PLC	LOGO 基本型			
		LOGO 经济型			
		LOGO 模拟量模块			
		LOGO 数字量模块			
		200 系列			
		1200 系列			
		300 系列			
		400 系列			
产品种类 2-屏类	HMI 面板	精彩系列面板	体积相对较大,可视化操作界面,提供控制和监测功能	广泛应用于冶金、化工、制药、汽车制造、印刷、采矿、石油天然气等领域	各种类型的面板根据屏大小、功能等有所不同,种类繁多,应用范围和销量相对 PLC 较小
		移动面板			
		精简面板			
		精致面板			
		多功能面板			
	平板 PC	平板 PC			
	工业监视器	SCD 监视器			
		平板监视器			

逆向物流管理

根据相关退货规定和数据的处理分析，退货的原因主要有以下几种：

1）产品在质量和功能上存在问题，不能正常使用。
2）产品本身无缺陷，但顾客对其不满意或不知道如何使用而认定产品有问题等。
3）产品保修期内的退货，主要包括保内更换和保内维修。
4）物流过程中由于存放不当、装卸搬运不当等造成产品的损坏。
5）订单处理失误、包装失误或装运错误等导致误发货。这类退货大多是由于企业内部管理不善造成的，如员工在订单处理过程中出现了失误，输入错误导致产品种类或数量错误，这些错发或多发的货物将会退回。另外，产品的包装完好但内部配件缺少，也会导致退货。
6）基于备件服务的折旧换新。客户将损坏设备折价送回，这样在购买备件时可以用损坏产品的折旧费抵消一部分的备件价格，节省费用。

（二）退货流程和退货处理方式

从各地顾客或代理商处退回的产品，其退货流程图如图 8-1 所示。

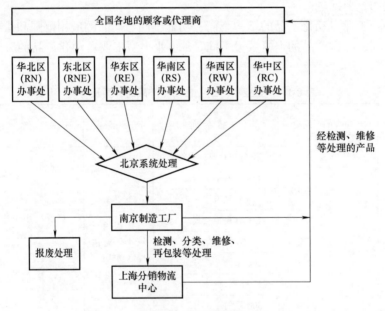

图 8-1 退货流程图

由于退货品的退货原因不同、所处的状态不同、当前的性能和功能不同，具体的退货处理方式将不同。所有退货品将根据退货申请单上退货原因进行基本分类，接下来将进行具体的检测分类。对由于装卸运输等造成损坏的产品、有质量缺陷的产品以及在保修期内保修的产品，将送到维修设施处进行适当的维修后再次进入正向物流分销网络；错送品将直接返回到上海分销中心，换成正确的产品后重新运送给顾客；对没有缺陷、因顾客不满等原因造成的退货，经过简单的检测、再包装等操作后运往上海分销中心，重新在市场上进行销售；对经检测无法继续维修或使用的产品，将对其进行报废处理，通过拆卸获取可重复使用的零部件，其他废弃部件进行相应的报废处理。经过维修的退货品通过分销中心返回到顾客或代理商的手中，而其他退货品经过处理后将变为新产品

第八章 综合案例

运到分销中心，进而销售到有相应需求的消费地。

（三）退货物流网络

S 集团的总部位于北京，工业产品的生产基地主要在中国南京工厂和德国工厂。目前，S 集团正在成都建立世界领先的工业自动化产品生产及研发基地，该基地将成为 S 集团在中国最大的数字化工厂，生产的主要产品为高端可编程逻辑控制器（PLC），重点针对中国和全球工业市场。S 集团的分销物流中心位于上海，负责完成德国工厂产品的接收存储以及全国各地产品的配送，销售网络遍及全国各地，主要包含六大销售区域：华北区（RN）、东北区（RNE）、华东区（RE）、华南区（RS）、华西区（RW）以及华中区（RC），每个销售区域内都有多家代理商和办事处。

目前，S 集团在中国有 62 个办事处，全国各地的顾客或代理商由于各种原因产生的退货将首先由顾客或代理商自身运往当地的办事处，办事处接到顾客退货后暂时将其储存，并发送退货申请单到北京总部，待北京总部同意退货后，将货物发往南京制造工厂进行进一步的检测、分类、维修、再包装等处理。经过处理的货物一部分直接运送到顾客手中，一部分将发往上海分销物流中心，由分销中心运往下一渠道，还有一部分经检测无法维修或无经济价值的产品进行报废处理。

三、退货物流中存在的问题及原因分析

（一）退货管理中存在的问题

企业的退货管理意识薄弱，顾客或代理商提出退货申请到当地办事处，办事处等待北京总部退货审批的时间至少为一天，影响了整个退货系统的效率。其原因是企业没有专门的退货管理部门，对退货处理缺乏重视，退货有时由客户服务部门负责，有时由售后服务部门负责，有时由产品经理直接与顾客或代理商进行协商后再处理。退货政策和标准流程的不完善直接影响了顾客或代理商对退货的第一时间反应。

企业的销售范围遍及全国各地，在全国有广泛的顾客群和一级、二级代理商，顾客或代理商的退货分散在各个随机的地点，退货有很大的不确定性。这些退货中大部分会退回到当地的办事处，小部分可能经过协商直接退货到南京工厂。退货的随机和不确定性导致了退货的分散运输和处理，退货在各个处理环节的等待时间过长，没有规模效应。

（二）检测、分类、维修过程存在的问题

检测和维修是企业退货品的最主要的处理方式。当前企业的维修流程图如图 8-2 所示。

根据电子电气企业相关调查数据显示，一般情况下顾客可接受的等待时间为 7 个工作日，而目前 S 集团退货品的平均等待时间为 2~4 周，有些甚至更长。退货品到达南京工厂后，由于南京工厂的处理能力的限制，大量退货品储存在南京工厂等待检测、分类、维修。一般情况下，顾客等待初级检测并接收反馈信息的最长等待时间为 3 天，S 集团的初检及反馈一般为 3~5 天，维修时间一般为 1~2 周，这导致了退货处理的延迟、顾客满意度的降低和库存成本的增加。退货品一旦从退货源邮寄，之后的状态很难通过网络进行查询和跟踪。退货品在送检维修时，没有设定专门的退货品编码，没有专门的退货品状态或维修进度查询专区，顾客或代理商不能及时了解退货品的处理进度。

逆向物流管理

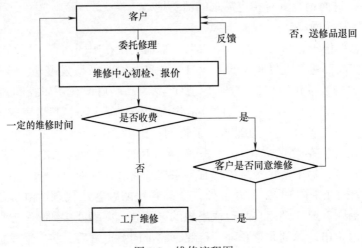

图 8-2 维修流程图

(三) 退货处理效率低造成的问题

在当前的退货网络和处理状态下，企业会经常接到顾客的来电跟催，而各地办事处以及总部对于送到南京工厂的退货的处理状态也未能及时了解。退货处理效率低严重影响了企业的售后服务水平和顾客满意度。

在南京工厂，由于能力和空间的约束限制、产品销量增加导致的退货品数量增加、退货管理的重视程度较低、处理速度较慢等，造成了大量待维修的退货品，等待维修的退货品占用了库存空间，于是产生了库存管理等成本。

四、退货物流网络优化方案

(一) 退货物流网络优化思路

退货物流网络中包含着信息流和物流，一个完善的退货物流网络应能实现二者的有效衔接。目前，企业退货管理中存在的问题是退货分散，处理不及时、不集中，对此，要加强退货信息处理的改善，重视退货处理和时间管理，实现退货管理信息化，以便及时、高效地处理退货问题；检测、分类、维修过程中存在的主要问题是能力不足、等待时间长，对此，除了要加强退货管理外，要结合企业未来的发展规划构建网络优化模型，为企业选取合适的网络节点，进行退货区域的划分，构建合适的集中退货中心和维修中心，优化现有的网络结构。另外，退货处理效率低导致了大量库存空间和成本的占用，同时也影响了企业的售后服务水平和顾客满意度，对此，要加强退货品流动过程的管理，与第三方物流企业合作，加快退货品流动，降低库存成本。退货网络优化方案描述图如图 8-3 所示。

(二) 退货信息处理的管理改善

退货信息的处理主要包括退货品委托维修初始阶段的信息处理和协商、维修过程和状态的信息查询两大方面。信息处理的快速实现，一方面依赖于合理规范的处理流程和快速的人员响应，另一方面依赖于有效的信息处理网络软件。

1. 重视退货管理和时间管理

企业的高级管理层要充分重视退货及退货逆向物流的管理，从企业的长远利益出

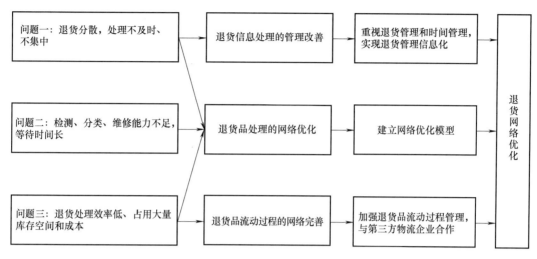

图 8-3 退货网络优化方案描述图

发,促成企业成立专门的退货管理部门来管理退货物流,负责制定统一的退货政策和标准,将退货职责明确到具体部门、具体岗位。统一的政策标准有利于企业对退货进行分类处理并收集相关退货信息和数据,及时发现退货中的问题,从而改善企业的退货管理。退货管理部门可以将收集到的退货信息向销售、财务和产品部门及高级管理层进行传达,以加强企业内各层的退货逆向物流管理意识,把降低退货的工作从退货逆向物流管理部门扩展到企业的各个部门,并从产品研发、生产、销售等全生命周期中进行退货逆向物流管理。

实施时间管理,压缩各个退货环节的无效时间,为各个环节设置合理的处理时间规定,实现快速反应,可以提高退货处理效率,保证退货信息的处理和退货品处理在规定的时间范围内,并定期对退货管理进行考核评价。企业应对退货数据进行收集分析,对未来退货品数量等进行合理预测,分析当前退货的处理状态及南京工厂的检测、分类、维修、库存、运输等各个环节的状况,及时与上海分销中心沟通协调、共享信息,进行及时调整和改善,以建立高效、完善的退货物流网络。

2. 实现退货管理信息化

企业应加快退货流程管理的信息化,实现对退货的快速响应。目前,退货物流软件的缺乏是一个普遍的现象,在这种情况下,必须对退货品的流程管理进行软件定制设计。对退货信息的分类处理是退货物流信息系统的核心内容,有效的信息系统一般都会对退货原因和退货处理方式编制代码,以实现实时的跟踪和评估,同时也便于退货数据的收集。退货管理信息系统的建立加强了相关部门的合作,实现了对退货的快速响应,从而为企业赢得更高的顾客满意度和更强的竞争力。

(三) 建立退货品处理的网络优化模型

由于 S 企业的产品为高价值的工业自动化产品,产品的物理结构复杂、技术含量高,需要经过多项检测和再加工活动才能恢复其价值,且根据产品损坏的客观状况不同,通常有多种处理方式,考虑在目前正向物流网络的基础上,构建一个整合的退货逆向物流网络,与正向物流网络共用一些设施、设备、场地、人力、物力等,降低企业的

逆向物流管理

固定投资成本，为企业节约资金。

整合的退货物流网络的构建主要是指在原来工厂和分销中心的基础上，新建集中退货中心、维修处理中心。网络优化的关键点在于确定是否新建设施、新建设施的数量、位置，以及合理的物流运输量，以实现最低的成本，快速响应消费者的退货要求。网络优化前后的对比如图 8-4 所示。

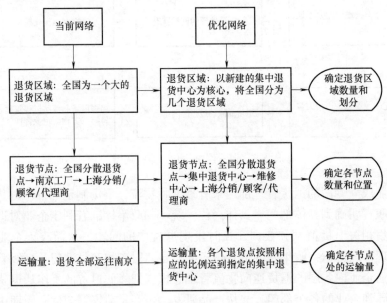

图 8-4　网络优化前后的对比

1. 建模假设

1）考虑到销售多种产品的情形，将产品归结为两大类：产品种类 1 为模块类，产品种类 2 为屏类。

2）仅在一些地理位置已知的备选地点中考虑新建集中退货中心、维修处理中心。

3）顾客或代理商能及时把退货品送到各地区的办事处即退货点处，本模型只考虑退货品到达退货点后的后续退货处理情况。

4）集中退货中心具有分类、检测功能，同时有简单的维修处理、再包装等功能。

5）由于每个消费者或者代理商退回的产品数量相对较少，退货点处有足够的容量且存储成本忽略不计。

6）根据收集到的退货数据并结合以往的销售数据，可以计算出每类产品在一定时间内的退货量和未来的销售量。

7）退货点的位置是已知的，集中退货中心和维修中心有已有的容量限制，在已知的备选地点中进行选址，物品的流量不能超过各种设施的最大容量。

8）网络建设及运营过程中的相关费用是已知的。

9）新的维修中心只负责退货品的维修处理，不负责生产新产品。

10）各设施间的单位运输费用与距离相关，距离使用实际距离处理后的标准数据。

11）对于检测或维修过程中发现的无法继续使用或无经济价值的产品，进行报废处理，拆卸后的零部件等进行循环利用。报废产品将由集中退货中心就近运往各地的维修

第八章 综合案例

处理中心进行拆卸、部件回收利用等操作。

2. 模型描述

（1）符号定义

$I = \{1, 2, \cdots, NI\}$，表示退货点集合，$i \in I$；

$J = \{1, 2, \cdots, NJ\}$，表示备选集中退货中心集合，$j \in J$；

$K = \{1, 2, \cdots, K_0, K_0+1, \cdots, NK\}$，表示原工厂和备选维修处理中心的集合，其中 $K' = \{1, 2, \cdots, K_0\}$ 是原工厂的集合；

$D = \{1, 2, \cdots, ND\}$，表示分销中心的集合；

$S = \{1, 2, \cdots, NS\}$，表示产品集合。

（2）模型参数

A_{is}，表示退货点 i 处产品 s 在未来一定时期内的销售数量；

P_{as}，表示产品 s 错送误送的概率；

P_{bs}，表示产品 s 运输损坏的概率；

P_{cs}，表示产品 s 是有生产缺陷或其他质量问题的概率；

P_{ds}，表示产品 s 是无缺陷品的概率；

FC_j，表示新建集中退货中心 j 的固定成本；

FC_k，表示新建维修中心 k 的固定成本；

$FC_{k'}$，表示扩建原工厂 k' 的固定成本；

OC_j，表示集中退货中心 j 的单位运营成本；

OC_k，表示维修中心 k 的单位运营成本；

OC_d，表示分销中心 d 的单位运营成本；

H_j，表示备选集中退货中心 j 的最大处理能力；

H_k，表示原工厂或备选维修中心 k 的最大处理能力；

H_d，表示原分销中心或备选分销中心 d 的最大处理能力；

$J_{\min}$，表示新建集中退货中心的最小数目；

$J_{\max}$，表示新建集中退货中心的最大数目；

$K_{\min}$，表示原来工厂和新建维修中心之和的最小数目；

$K_{\max}$，表示原来工厂和新建维修中心之和的最大数目；

a，表示单位标准运输费用；

l_{ij}，l_{jk}，l_{jd} 分别表示初始退货点与集中退货中心、集中退货中心与维修中心、集中退货中心与分销中心之间的距离；

$TC_{ij} = a l_{ij}$，表示退货点 i 到集中退货中心 j 的单位运输费用；

$TC_{jk} = a l_{jk}$，表示集中退货中心 j 到维修中心 k 的单位运输费用；

$TC_{jd} = a l_{jd}$，表示集中退货中心 j 到分销中心 d 的单位运输费用；

（3）决策变量

Y_j 表示是否在备选地 j 处新建集中退货中心，0-1 变量，若新建取 1，否则取 0；

Z_k 表示是否在备选地 k 处扩建原来工厂或者新建维修中心，0-1 变量，若扩建或者新建取 1，否则取 0；

X_{ijs} 表示退货点 i 运往集中退货中心 j 的产品 s 数量占退货点 i 中产品 s 退货总量

比例；

X_{jks} 表示集中退货中心 j 运往维修中心的缺陷产品或有质量问题的产品 s 及中途损坏产品 s 的数量；

X_{jds} 表示集中退货中心 j 运往分销中心 d 的错送品 s 及无缺陷产品 s 的数量。

3. 模型构建

(1) 目标函数

$$\min C = \sum_{j=1}^{J} FC_j Y_j + \sum_{k=1}^{K_0} FC_{k'} Z_k + \sum_{k=k_0+1}^{K} FC_k Z_k + \sum_{j \in J} \sum_{i \in I} \sum_{s \in S} A_{is} X_{ijs} (P_{as} + P_{bs} + P_{cs} + P_{ds})$$

$$(TC_{ij} + OC_j) + \sum_{j \in J} \sum_{k \in K} \sum_{s \in S} (OC_k + TC_{jk}) X_{jks} + \sum_{j \in J} \sum_{d \in D} \sum_{s \in S} (OC_d + TC_{jd}) X_{jds} + \cdots$$

(8-1)

(2) 约束条件

物流量约束：

$$\sum_{j \in J} X_{ijs} = 1, \forall i, s, \cdots, \tag{8-2}$$

$$\sum_{i \in I} A_{is} X_{ijs} (P_{bs} + P_{cs}) = \sum_{k \in K} X_{jks}, \forall j, s, \cdots, \tag{8-3}$$

$$\sum_{i \in I} A_{is} X_{ijs} (P_{as} + P_{ds}) = \sum_{d \in D} X_{jds}, \forall j, s, \cdots. \tag{8-4}$$

能力约束：

$$\sum_{s \in S} \sum_{i \in I} A_{is} (P_{as} + P_{bs} + P_{cs} + P_{ds}) X_{ijs} \leq H_j Y_j, \forall j, \cdots, \tag{8-5}$$

$$\sum_{s \in S} \sum_{j \in J} X_{jks} \leq H_k Z_k, \forall k, \cdots, \tag{8-6}$$

$$\sum_{s \in S} \sum_{j \in J} X_{jds} \leq H_d, \forall d, \cdots. \tag{8-7}$$

设施数量约束：

$$J_{\min} \leq \sum_{j=1}^{J} Y_j \leq J_{\max} \leq \cdots, \tag{8-8}$$

$$K_{\min} \leq \sum_{k=1}^{K} Z_k \leq K_{\max} \leq \cdots. \tag{8-9}$$

非负约束：

$$X_{ijs}, X_{jks}, X_{jds} \geq 0, \forall i, j, k, d, s, \cdots. \tag{8-10}$$

0-1 整数约束：

$$Y_j, Z_k \in \{0, 1\}, \forall j, k, \cdots. \tag{8-11}$$

(四) 优化结果

收集相关数据，对模型求解，得出优化后的企业退货流程图如图 8-5 所示。

(五) 建立仿真模型模拟分析优化效果

通过分析，得出如下结论：

1) 目前退货网络下的退货处理效率为 58%，优化后的处理效率为 98.5%，基本实现了退货品的及时处理。

2) 目前退货网络下等待分类检测的退货品平均库存为 1 390 件，平均等待时间为

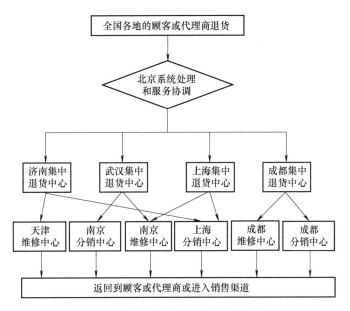

图 8-5 优化后的企业退货流程图

58h；优化后等待分类检测的退货品平均库存为 2.414 件，平均等待时间为 0.325h。

3）目前退货网络下经过分类检测等待维修的模块类的平均库存为 1.085 件，平均等待时间为 0.129h，优化后模块不需等待直接进行维修；经过分类检测等待维修的屏类的平均库存为 403 件，平均等待时间为 42.197h，优化后屏类不需等待可直接维修。

4）目前退货网络下的退货品一直处于检测和维修状态，南京工厂检测和维修中心处于高速运转的状态，利用率达到了 100%，但仍无法满足退货品的及时处理；优化后的网络中，检测和维修的利用率为 70% 和 80%，检测和维修中心的能力有余，可以满足退货的及时处理。

综上，优化后的退货物流网络有更大的退货处理能力、更快的退货处理效率、更低的库存数量和库存成本。

案例思考题：

1. 试对网络优化模型进行解释。
2. 是否有其他方法对退货物流进行优化？
3. 试分析该方案是否有不足之处。

第二节 智能分类回收时代的智能化解决方案

2019 年 6 月，住建部等九部门联合发布《关于在全国地级及以上城市全面开展生活垃圾分类工作的通知》，明确到 2020 年，46 个重点城市基本建成生活垃圾分类处理系统，到 2025 年，全国地级及以上城市基本建成生活垃圾分类处理系统。2019 年 7 月 1 日起，《上海市生活垃圾管理条例》正式实施，上海成为全国第一个实施生活垃圾强制分类的城市。上海已经明文规定混合投放垃圾最高要处以 200 元罚款。《北京市生活

逆向物流管理

垃圾管理条例》修订工作已经列入 2018—2020 年立法规划，新修订的条例将对个人明确垃圾分类责任，混合投放垃圾将处以罚款。

垃圾分类带来的市场规模将相当庞大。除了分类，回收后的垃圾应如何处理、利用也成为困扰企业的问题。智能分类回收相关市场成为当下热点，涌现出了多家企业，其解决方案是其他逆向物流企业都可以借鉴参考的。下面介绍三个例子。

一、盈创回收"互联网+回收"及垃圾分类智能化解决方案

（一）盈创回收"互联网+回收"及垃圾分类智能化模式简介

1. "互联网+回收"模式简介

随着生活水平的提高，可回收的再生资源（如 PET 塑料、铝制易拉罐等）越来越多，目前国内的处理方式主要以城市环卫机构和几十万回收人员所组成的"回收大军"上门收购为主，回收环节多、成本高、质量差、加工处理落后。这一过程中产生的大量废水和垃圾的随意排放，严重污染了周边环境。此外，这些产品无法再次循环回收利用，造成资源的严重浪费。

"互联网+回收"和物联网是促进传统回收行业转型升级的重要手段之一，通过物联网智能垃圾分类设备及系统，为垃圾分类和资源循环利用提供创新思路及工具，逐步改变传统回收"小、散、差"的状况，推动我国垃圾分类智能化发展。北京盈创再生资源回收有限公司（以下简称"盈创回收"）是一家专业智能垃圾分类回收机、智能垃圾回收桶的研发和生产机构，成立于 2013 年，作为国家"城市矿产"示范基地龙头企业之一，响应国家循环经济发展规划和垃圾分类规划，在业务运营方面借助移动智能设备和互联网进行科学优化和效率提升，积极参与垃圾分类级智能回收体系建设工作。

2. 垃圾分类智能化模式简介

我国生活垃圾产生量巨大，据生态环境部发布的《全国大、中城市固体废物污染环境防治年报》统计，2015 年北京市生活垃圾产生量 790.3 万 t，排全国第一位。由于受到管理职责不明确、监管困难、国民意识习惯尚未形成等多种因素的影响，垃圾分类实践的成效不大。

盈创回收将物联网和互联网技术引入垃圾分类领域，实现垃圾分类全程智能化、可视化。同时引入积分兑换、环保潮品等多样方法，将北京垃圾分类打造成一个品牌，在全国范围内推广，推动我国垃圾分类有效落地。

（二）盈创回收"互联网+回收"及生活垃圾智能收运一体化模式内容

1. "互联网+回收"模式内容

目前，我国的再生资源回收行业整体水平较低，规模化企业数量少，缺乏现代化制度及技术，行业技术水平低，许多城市面临垃圾围城、垃圾流向不确定等问题。遵照"循序渐进、分步整合、逐步优化、多面兼顾"的原则，盈创回收研发并投放了可返利、可积分、可分类、可互动、可宣传带有物联网、互联网基因的智能回收机，借助物联网、互联网技术，研发涉及前端收集、中端清运及后端分选的全环节垃圾分类智能软硬件平台。盈创回收"互联网+回收"模式如图 8-6 所示。

整个智能回收环节强化了网络运营监控和管理功能，使可再生资源从源头到末端实现分类投放、分类收集、分类运输、分类处理，确保全流程可查可控可管。该模式使得

第八章 综合案例

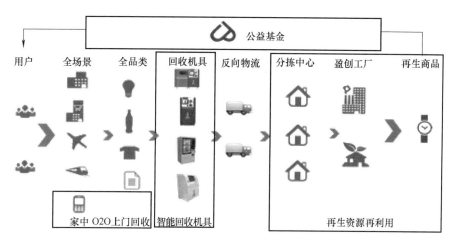

图 8-6　盈创回收"互联网+回收"模式

信息流、物资流、资金流全程闭环流转,实现物资的全程分类管理,是推动再生资源回收与垃圾回收分类相结合的"互联网+回收"的重要载体。

2. 生活垃圾智能收运一体化模式内容

盈创回收的生活垃圾智能收运一体化运营模式是以生产者责任制为指导思想,结合我国实际国情,打造从垃圾产生源头到回收的整套解决方案。该方案适应我国垃圾分类的现实特点,在对用户分类习惯改变成本最低的前提下,高效实现垃圾分类。

生活垃圾智能收运一体化运营模式包含智能垃圾分类设备及系统,分别为 iSmart 和 iPhoenix 两个系列,涉及前端收集、中端清运及后端分选的全环节。产品分为智能硬件、软件管理平台两个部分。iSmart 系列主要借鉴国外先进经验,结合我国垃圾分类工作实际,在现有硬件设施上加入智能化感应模块,依托综合管理平台,对垃圾分类收集、清运环节的分散式工作模式实施集中式统一管理。iSmart 系列包含智能垃圾桶产品线、智能回收站产品线、互联网上门回收服务系统、逆向物流管理系统及综合管理平台五大部分,涵盖前端收集、清运及智能化物流管理全流程,可覆盖社区、公共场所、学校、餐厅、购物中心等不同使用场景。iPhoenix 系列利用"互联网+"技术,重构安全、高效、便捷的再生资源回收渠道。利用先进的传感技术,实现对混合垃圾的精准识别和高效分选,以解决再生资源回收体系难以融合、后端分类处理手段缺失的难点。

(三) 主营业务

盈创回收作为我国领先的智能固废回收机及物联网回收系统整体解决方案运营商和提供商,最早提出通过物联网技术和互联网方式革新传统城市废物回收系统,一直致力于再生资源的智能化安全回收,旨在建立一个以饮料瓶回收为主,涵盖多品类废品回收、再利用、再生产品开发及销售,具备安全、高效、和谐、绿色节能、智慧等特点的新型城市固废回收体系。

1. 智能回收机业务

智能回收机是对回收行为予以奖励的人性化、智能化的新型绿色互动平台,确保再生资源的流向可控和城市固废资源得到最大程度的循环利用。最新款饮料瓶智能回收机

逆向物流管理

H30 如图 8-7 所示。

图 8-7　饮料瓶智能回收机 H30

以饮料瓶回收机为例，使用者将饮用后的空饮料瓶投入智能回收机，设备将对投入物进行现场智能化识别，若符合回收要求，设备将在回收的同时可实现为手机充值、一卡通充值、微信返利等多种返利，并可通过平台获取绿纽扣积分，参与平台多元化、有趣的环保活动。

首批饮料瓶智能回收机业务自 2012 年 12 月开始在北京部分地铁站上线运营，目前累计在北京的公交、地铁、机场、学校、社区、商场等人口较为集中的场所铺设饮料瓶智能回收机 5000 余台，回收饮料瓶 5500 余万个，相当于节约石油 8250t、减排二氧化碳 4125t、植树 56 375 棵。除北京外，盈创回收在深圳、上海、西宁等 20 多个城市推进饮料瓶回收机业务，取得了一定的社会和环境效益。

除饮料瓶回收机外，2015 年起，盈创回收自主研发的手机回收机、旧衣物回收机等多品类回收机在北京分批铺设，通过实践饮料瓶回收机不断换代升级，同时研制出押金制回收机、集装箱大型回收机。盈创回收希望通过智能回收机，用户可以便捷地将可再生资源废品交投并获得返利，改变过去简单的人机之间的互动，实现消费者与政府、生产企业、销售者、回收者之间真实的信息分享和互动体验，搭建公众方便践行环保的平台，同时在支持政策制定、企业产品生产与销售、环保意识培养、安全回收模式建设等方面发挥积极作用，为城市构建智能化回收体系，从根本上解决城市垃圾围城、垃圾流向不确定、再生资源回收困难的窘境。

2. 垃圾分类智能解决方案

针对垃圾分类问题，盈创回收机基于多年的再生资源智慧回收运营经验，通过智能化的手段有效提升垃圾分类与再生资源回收水平。

盈创回收垃圾分类一体化解决方案，按照垃圾分类四分法，遵循"前段收集智能化、中端清运专业化、全程监控可视化"原则，充分通过对现有环卫设备进行智能化改造，打造适应国情的垃圾分类方式。盈创通过互联网、物联网技术的导入及平台的搭建，对现有回收设备进行智能化改造，使得垃圾分类更加便捷、可操作性更强；通过积分兑换、环保课堂、环保商品等多种立体的宣传方式,激发更多人参与垃圾分类,更有传播渗透力。落地中山市的盈创垃圾分类智能回收站如图8-8所示,智能垃圾分类运营图如图8-9所示。

图8-8 落地中山市的盈创垃圾分类智能回收站

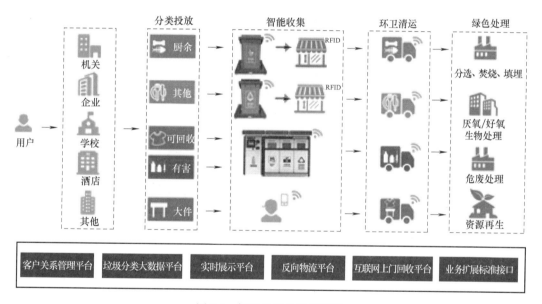

图8-9 智能垃圾分类运营图

3. 饮料标准包装物押金制度

押金制度在发达国家作为一种固体废物污染控制的手段,应用极为广泛,长期以来,许多国家都先后实行了啤酒瓶和软饮料瓶的押金回收制度,目前为止,全球已有40多个国家和地区通过立法确立了环境押金制度的法律地位。

PET饮料包装物用途广泛、消费频率高、使用量大且易于随意丢弃,在包装产品中占有较大比重,其原材料一般由高纯度石油提取,回收利用价值高,适合实行押金回收制度。盈创回收在北京物美超市联想桥旗舰店设立了智能便民安全回收示范站,在超市售卖的饮料瓶上贴上虚拟押金制标识,消费者购买饮料并饮用后,将空瓶子投入回收示范站的自动回收机里,就可以获得"押金"。印有虚拟押金制标识的饮料瓶回收价格为0.2元一个,高于普通的饮料瓶回收价格。试点期间,共回收了带押金标

逆向物流管理

识的饮料瓶 30 多万个，饮料瓶安全回收率达 70% 以上。参考国外先进经验及综合国内实际情况，盈创回收创新性地提出适应我国国情的一次性包装物押金回收体系方案。

一次性包装物押金制度实施模拟图如图 8-10 所示。政府层面须建立起宏观监督机制，对环境押金制度的实施进行总体指引和监督，规范行业制度；在企业层面，须强化企业从产品设计到回收本企业废旧产品的全程义务，考虑建立生产者与消费者的责任延伸制度，明确生产商、销售商、消费者对废弃物回收、处理和再利用的权利与义务；在个人层面，推行绿色消费理念并使其逐步变成全体公民的自觉行为，建立善待环境的社会公共道德准则。

毫无疑问，提高全社会对押金制度重大意义的认识、增强资源忧患意识、减少源头垃圾（再生资源）产生量，是"互联网+回收"制度建设的重要内容。

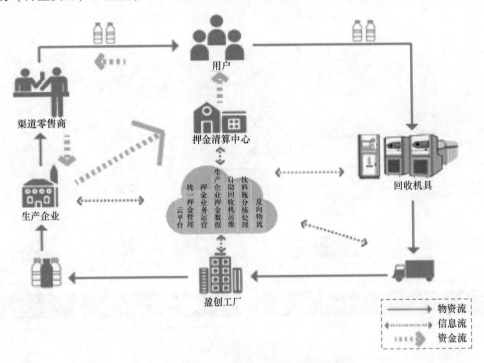

图 8-10　一次性包装物押金制度实施模拟图

（四）评价

智能回收机通过识别系统将固废的品种、生产厂家进行识别登记并积累信息，这将为国家对有关方面的统计提供可靠的信息资料，也为今后出台垃圾减排相关政策提供了数据，推动形成"谁生产谁负责，谁使用谁交费"的垃圾回收新理念。

盈创回收的每一台回收机都是城市生活垃圾分类的"环保卫士"，通过"互联网+回收"对再生资源流向进行管控，逐步改变传统回收"小、散、差"状况，避免居民交投废品时陷入找不到回收点、不知道回收价格的尴尬境地，减少交易中间环节，使资源使用效率更高、信息更加透明、流向更加可控，长短互补共建绿色经济，推进"互联网+回收"体系建设。

第八章 综合案例

二、当垃圾分类遇上大数据——小黄狗让智能回收看得见

小黄狗环保科技有限公司（以下简称"小黄狗公司"）成立于2017年8月9日，注册资本1亿元人民币。

（一）小黄狗项目简介

小黄狗智能垃圾分类回收环保公益项目（以下简称"小黄狗"）是小黄狗公司的主营业务，通过进驻城市居民社区、写字楼、酒店、闹市区及其他公共区域，以有偿回收方式接收市民投放的旧衣物、金属、废纸等垃圾，提高再生资源利用。小黄狗通过大数据、人工智能和物联网等先进科技，实现对生活垃圾前端分类回收、中端统一运输、末端集中处理的"物联网＋智能回收"新模式。小黄狗打通线上线下回收行业生态圈，有效地将广大群众、废品回收商、再生资源产业、垃圾处理单位等有机整合，打造一套完整的废品回收生态链，极大地减少填埋焚烧垃圾量，解决垃圾回收"最后一公里"的难题。

小黄狗采用的是"智能回收终端＋大数据运营平台"的模式，引导大家积极分类投放垃圾。用户可以通过小黄狗APP扫码打开小黄狗终端回收箱的箱门并投递可回收物品，回收机会对投入的垃圾进行智能识别和称重，最后根据不同废品的市场价格计算返现金额。

回收商则通过小黄狗商户端APP支付购买箱内的可回收物品。单次大额的投放行为可以抓取录像识别，一旦发现异常，提现审核将不能通过，如果欺诈获取废品回收款比较严重，还将自动报警。

（二）大数据部是小黄狗的"眼睛"

小黄狗互联网中心以技术驱动，通过产品设计与研发、大数据分析与智能监管、用户运营与活动推广等方式，打通小黄狗"物联网＋智能回收"新模式的闭环。目前整个中心有超过200名成员，设产品、研发、运营等七个部门，其中大数据部是核心部门之一，被誉为小黄狗的"眼睛"。

对小黄狗来说，通过大数据可以将垃圾回收的业务智能化、高效化，减少更多人力和成本的浪费；对用户来说，通过大数据可以回顾自己点点滴滴的环保贡献；对政府来说，通过大数据可以全面、迅速地监控、分析城市的垃圾回收情况，推进城市垃圾减量。

小黄狗的大数据墙通过图形化实时展示了投递、回收、铺设、节能减排、用户特征、用户偏好等数据。在这背后是海量数据自动化采集管理、高速运算能力、数据可视化的实力展示，如累计回收垃圾量、用户参与情况、垃圾减量效果等数据。

在后端的清运、分拣环节，提高清运、分拣效率，同时减少清运、分拣成本是重点。大数据为该环节打造了调度模型，通过实时存货信息、满箱速度、人员及车辆的地理位置、车辆运载信息等数据，结合快速运算，实现智能调度，使得业务运转得更快，让用户投递时更顺利、体验更好。

利用大数据实现智能决策，将数据的价值最大化是小黄狗大数据的目标。未来小黄狗将在数据监控、数据可视化、智能调度、智能运营、信用体系、智能反欺诈等方面深耕，力求将业务链条打造得更加智能化，为用户提供更好的服务。

逆向物流管理

(三) 发展中的曲折

垃圾强制分类，似乎让垃圾回收产业一夜间成为蓝海，然而事实并非如此。事实上，垃圾中可再生资源的回收早已存在于生活垃圾的处理之中，未分类时通常以两种形式存在：一类是走街串巷的"破烂王"；另一类则是翻垃圾桶（堆）的捡拾垃圾者。他们作为垃圾回收链条终端存在，靠的是内在利益，这早已给垃圾分类、回收烙上了清晰的"经济性"烙印。

垃圾强制分类的确让分类投放服务变成一种刚性需求，这也为回收对接服务提供了机遇，诸如"小黄狗"之类的智能垃圾回收设备在小区的布局应运而生。然而，这并不能改垃圾回收的经济属性。与传统的走街串巷相比，其成本的劣势是显而易见的，不但设备的购置需要不菲的成本，设备的运营维护、垃圾的清运整理同样需要支付费用，而试图通过低于市场的回收价格来回收居民手中的垃圾显然没有竞争力。"小黄狗"回收价格只有"破烂王"的30%，明显没有吸引力，由此缺乏盈利预期，服务跟不上、承诺兑现不了，又会遭到居民用脚投票。

应当看到，垃圾回收虽然是产业，但也是微利产业，对运营成本的把控不容忽视，这也决定了回收环节不能片面地追求"高大上"，特别是不计成本盲目的"设备化"。如果只是单纯市场的竞争行为，可能会带来投资的巨大风险；如果是政府推进垃圾分类的配套措施，则可能带来不必要的浪费。

推进垃圾分类，也要顺应市场客观规律，有序引导垃圾市场回收对接居民的分类服务。因为市场是理性的，谁能给予居民收益与便利的最大化，谁就可能成为可回收垃圾回收的稳定渠道。某种程度来说，"破烂王"比"小黄狗"更值得居民选择。这对市场来说是一种警示，而对政府推进垃圾分类来说则是一种启示。垃圾回收服务，改造和扶持"破烂王"链条向终端延伸，或许才是务实管用之策。

三、人工智能把关垃圾分类程度——上海生活垃圾全程分类保障体系投入运营 ⊖

垃圾分类首先要从家庭做起。那么，居民垃圾分类投放的准确率如何？上海城投环境集团运营的上海生活垃圾全程分类信息平台，能运用人工智能（AI）技术对垃圾分类程度进行品质识别。这一平台已在徐汇区试点运行了五个月。

通常，清运车固定收运几个小区的垃圾，在中转站的倾倒过程持续一分钟左右，这时摄像头会高速连拍两三千张照片加以对比分析。如果发现湿垃圾内混入瓶子、饭盒、塑料等，则说明分类不达标。清运部门会把这些数据反馈给街道，倒逼前端投放环节严格执行分类操作。

据上海城投环境集团相关负责人介绍，从试点情况看，一开始大多数居民不懂如何分类，常常会把各种垃圾混为一谈，现在通过街道、居委会的宣传，居民分类意识提高，准确率稳步上升。

依托这一平台，上海城投环境集团再放大招——一个涵盖前、中、末端三大功能的生活垃圾全程分类保障体系于2019年3月20日正式运营，推动申城生活垃圾分类向前

⊖ 原始资料来源：http://www.sohu.com/a/303810246_465250。作者：史博臻。

第八章 综合案例

跨出坚实一步。

（一）哪个区清运量最高？信息平台一览无余

清晨5时25分，一辆"沪E"牌照湿垃圾专用收运车从徐汇区福源汇居小区出发，47分钟后，在徐浦压缩站卸货。与此同时，另一辆"沪D"牌照清运车驶出压缩站，马不停蹄地赶往浦东新区唐镇中转站，上午11时04分抵达，卸下4.4t重的垃圾。截至11时13分，5742车次持证清运车辆在全市范围内穿梭作业，清运生活垃圾20 614t。

这些实时更新的数据，在上海生活垃圾全程分类信息平台上一览无余。从每个辖区的生活垃圾压缩站，到市级码头中转、集装箱运输，最终到老港生态环保基地进行焚烧、填埋处置，这套系统已覆盖全市16个区，提供"一站式"动态管理，赋予生活垃圾"数字生命"。相关负责人如此总结，"垃圾产生的时间，从哪个辖区来的，哪辆车清运的，装进了哪个集装箱，运到哪里处置，全部一清二楚。"

2019年3月以来，上海各类生活垃圾总清运量为57万t。3月20日上午，上海共清运生活垃圾20 614t；其中干垃圾最多，达19 426t；湿垃圾1184t；值得注意的是，可回收物仅有4t。技术人员解释，拾荒者挑走大部分可回收物是主因，导致最终进入分类流程的可回收物很少。

从区域看，浦东新区清运量最多，其次是闵行区，第三位宝山区的清运总量与闵行区相差千吨量级，这与地域面积和人口密度有关。截至20日上午，上述三区日清运量分别为4433t、3271t、1698t。最后两位是虹口区和崇明区，清运量分别为378t和346t。

上海干、湿垃圾处置能力是否匹配源头的产生量？平台同样可以给出即时答案：20日上午垃圾处置量为18 239t，基本匹配产生量。技术人员表示，未来各类生活垃圾的变量还存在不确定性，所以末端处置能力要与时俱进。从处置方式看，上海以焚烧为主，其次是填埋。

（二）前中末端全覆盖，保障垃圾全程分类

上海城投环境集团承担着全市70%以上的生活垃圾中转运输和末端处置工作，正在从功能规划、场地建设、设备升级、工艺改造、标准编制、智慧环卫等方面全面发力，一个覆盖前、中、末端三大功能的生活垃圾全程分类保障体系于2019年3月20日开始运转起来。

前端整合功能，即城市环卫系统与再生资源系统的"两网融合"，牢牢锚固400余万绿色账户，线上线下回收平台相辅相成，在各区建设回收服务点，实现可回收物前端收集的资源整合。目前，"两网融合"已在嘉定区成功试点，建成159个回收服务点，马陆镇"两网融合"集散场即将投入运营，初步形成"线上线下交易平台+物流收运+集散中心"运营模式。

中端管控功能，即确保生活垃圾物流收运体系规范有序运行，依托虹口、黄浦、长宁、杨浦、青浦等区级中转站和徐浦、虎林两大集装转运基地，实现生活垃圾分类压缩、分类运输、分类中转。19个竖式压缩设备在两大基地升级完成，垃圾泊位自动分配，启动干、湿垃圾的品质识别。

末端托底功能，即坚持上海固废处置托底保障的战略定位，按照"一主多点"

逆向物流管理

功能规划,为多品种固废提供利用与处置方案。"一主"即规划建设老港生态环保基地,"多点"即在松江、青浦、嘉定、金山、奉贤、崇明等区建设湿垃圾、建筑垃圾等分类处置设施。目前,以干垃圾处置为主的老港再生能源利用中心已投入使用,分类处置飞灰、污泥等多品种固废,湿垃圾和建筑装潢垃圾资源化利用两个新项目正在建设中。

案例思考题:

1. 智能技术在垃圾回收中有哪些应用?试查找更多资料进行总结。
2. 现阶段智能回收系统的应用在我国有哪些难点?
3. 借鉴垃圾回收中的智能化手段,如何在一般逆向物流系统中应用智能化手段?

参 考 文 献

[1] DAVID B GRANT, ALEXANDER TRAUTRIMS, CHEE YEW WONG. Sustainable logistics and supply chain management: principles and practices for sustainable operations and management [M]. 2nd ed. London: Kogan Page Limited, 2017.

[2] ROMMERT DEKKER, MORITZ FLEISCHMANN, et al. Reverse logistics: quantitative models for closed-loop supply chains [M]. Berlin: Springer, 2004.

[3] KANNAN GOVINDAN, HAMED SOLEIMANI, DEVIKA KANNAN. Reverse logistics and closed-loop supply chain: a comprehensive review to explore the future [J]. European Journal of Operational Research, 2015, 240 (3): 603-626.

[4] SURENDRA GUPTA M. Reverse supply chains: issues and analysis [M]. New York: Taylor & Francis Group, LLC, 2013.

[5] CHARISIOS ACHILLAS, et al. Green supply chain management [M]. New York: Routledge, 2019.

[6] MORITZ FLEISCHMANN. Quantitative models for reverse logistics [M]. Berlin: Springer, 2001.

[7] ROGERS D S, TIBBEN-LEMBKE R S. Going backwards: reverse logistics trends and practices [R]. Reverse Logistics Executive Council, 1998 (12): 21-32.

[8] DAOUD AÏT-KADI, et al. Sustainable reverse logistics network: engineering and management [M]. London: ISTE Ltd and John Wiley & Sons, 2012.

[9] DAVID DIENER, et al. Value recovery from the reverse logistics pipeline [M]. Santa Monica: RAND Corporation, 2004.

[10] HARALD DYCKHOFF, et al. Supply chain management and reverse logistics [M]. Berlin: Springer-Verlag, 2004.

[11] YIANNIS NIKOLAIDIS. Quality management in reverse logistics [M]. London: Springer-Verlag, 2013.

[12] TIBBEN-LEMBKE R S, ROGERS D S. Differences between forward and reverse logistics in a retail environment [J]. Supply Chain Management: An International Journal, 2002, 7 (5): 271-282.

[13] ÖZCEYLAN E, et al. A closed-loop supply chain network design for automotive industry in Turkey [J]. Computers & Industrial Engineering, 2017 (113): 727-745.

[14] SENTHIL S, MURUGANANTHAN K, RAMESH A. Analysis and prioritisation of risks in a reverse logistics network using hybrid multi-criteria decision making methods [J]. Journal of Cleaner Production, 2018 (179): 716-730.

[15] GAUR J, MANI V. Antecedents of closed-loop supply chain in emerging economies: a conceptual framework using stakeholder's perspective [J]. Resources, Conservation and Recycling, 2018 (139): 219-227.

[16] AKDOĞAN M Ş, COŞKUN A. Drivers of reverse logistics activities: an empirical investigation [J]. Procedia-Social and Behavioral Sciences, 2012 (58): 1640-1649.

[17] HASANOV P, JABER M Y, TAHIROV N. Four-level closed loop supply chain with remanufacturing [J]. Applied Mathematical Modelling, 2019 (66): 141-155.

[18] GOVINDAN K, BOUZON M. From a literature review to a multi-perspective framework for reverse logistics barriers and drivers [J]. Journal of Cleaner Production, 2018 (187): 318-337.

[19] CHRISTIAN LEHR B, JÖRN-HENRIK THUN, PETER MILLING M, et al. From waste to value: a system dynamics model for strategic decision-making in closed-loop supply chains [J]. International

Journal of Production Research, 2013, 51 (13): 4105-4116.

[20] ANASS CHERRAFI, et al. Lean, green practices and process innovation: a model for green supply chain performance [J]. International Journal of Production Economics, 2018 (206): 79-92.

[21] SEVAL ENE, NURSEL ÖZTÜRK. Network modeling for reverse flows of end-of-life vehicles [J]. Waste Management, 2015 (38): 284-296.

[22] PHAN NGUYEN KY PHUC, VINCENT YU F, TSAO YU-CHUNG. Optimizing fuzzy reverse supply chain for end-of-life vehicles [J]. Computers & Industrial Engineering, 2017 (113): 757-765.

[23] ROBERT CASPER, ERIK SUNDIN. Reverse logistic transportation and packaging concepts in automotive remanufacturing [J]. Procedia Manufacturing, 2018 (25): 154-160.

[24] TERRANCE POHLEN L, THEODORE FARRIS M. Reverse logistics in plastics recycling [J]. International Journal of Physical Distribution & Logistics Management, 1992, 22 (7): 35-47.

[25] MOHD RIZAIMY SHAHARUDIN, et al. Product return management: linking product returns, closed-loop supply chain activities and the effectiveness of the reverse supply chains [J]. Journal of Cleaner Production, 2017, 149: 1144-1156.

[26] HIMANSHU PRAJAPATI, et al. Bequeath life to death: state-of-art review on reverse logistics [J]. Journal of Cleaner Production, 2019, 211: 503-520.

[27] ROBERT COSTANZA, et al. Influential publications in ecological economics revisited [J]. Ecological Economics, 2016, 123: 68-76.

[28] BRAZ A C, DE MELLO A M, DE VASCONCELOS GOMES L A, et al. The bullwhip effect in closed-loop supply chains: a systematic literature review [J]. J CLEAN PROD, 2018, 202: 376-389.

[29] MUHAMMAD D ABDULRAHMAN, et al. Critical barriers in implementing reverse logistics in the Chinese manufacturing sectors [J]. International Journal of Production Economics, 2012, 147 (B): 460-471.

[30] CHRISTOPH WESKAMP, et al. A two-stage stochastic programming approach for identifying optimal postponement strategies in supply chains with uncertain demand [J]. Omega, 2019, 83 (3): 123-138.

[31] KLAS HJORT, BJÖRN LANTZ. The impact of returns policies on profitability: a fashion e-commerce case [J]. Journal of Business Research, 2016, 69 (11): 4980-4985.

[32] HU ZHI-HUA, SHEU JIUH-BIING. Post-disaster debris reverse logistics management under psychological cost minimization [J]. Transportation Research Part B Methodological, 2013, 55 (9): 118-141.

[33] MORITZ FLEISCHMANN, et al. Quantitative models for reverse logistics: a review [J]. European Journal of Operational Research, 1997, 103 (1): 1-17.

[34] AICHA AGUEZZOUL. Third-party logistics selection problem: a literature review on criteria and methods [J]. Omega, 2014, 49: 69-78.

[35] MOHAMMED SHAIK, WALID ABDUL-KADER. Performance measurement of reverse logistics enterprise: a comprehensive and integrated approach [J]. Measuring Business Excellence, 2012, 16 (2): 23-34.

[36] MORITZ FLEISCHMANN, etc. The impact of product recovery on logistics network design [J]. Production and Operations Management, 2001, 10 (2): 156-173.

[37] MOHAMMAD FATTAHI, KANNAN GOVINDAN. Integrated forward/reverse logistics network design under uncertainty with pricing for collection of used products [J]. Annals of Operations Research, 2017, 253 (1): 193-225.

[38] KRIS LIECKENS, NICO VANDAELE. Reverse logistics network design with stochastic lead times [J]. Computers and Operations Research, 2007, 34 (2): 395-416.

[39] REYNALDO CRUZ-RIVERA, JÜRGEN ERTEL. Reverse logistics network design for the collection of end-of-life vehicles in Mexico [J]. European Journal of Operational Research, 2009, 196 (3): 930-939.

[40] LEE DER-HORNG, MENG DONG. Dynamic network design for reverse logistics operations under uncertainty [J]. Transportation Research Part E, 2009, 45 (1): 61-71.

[41] SASIKUMAR P, GOVINDAN KANNAN, NOORULHAQ A. A multi-echelon reverse logistics network design for product recovery: a case of truck tire remanufacturing [J]. The International Journal of Advanced Manufacturing Technology, 2010, 49 (9-12): 1223-1234.

[42] LEE C K M, CHAN T M. Development of RFID-based reverse logistics system [J]. Expert Systems with Applications, 2009, 36 (5): 9299-9307.

[43] REZAHOSSEINI M, et al. Reverse logistics in the construction industry [J]. Waste Management & Research, 2015, 33 (6): 499-514.

[44] ERIK SUNDIN, OTTO DUNBÄCK. Reverse logistics challenges in remanufacturing of automotive mechatronic devices [J]. Journal of Remanufacturing, 2013, 3 (1): 1-8.

[45] ZHANG YIQIANG, HUSSAM ALSHRAIDEH, ALI DIABAT. A stochastic reverse logistics production routing model with environmental considerations [J]. Annals of Operations Research, 2018, 271 (2): 1023-1044.

[46] ALENA KLAPALOVÁ. Reverse logistics policy: differences between conservative and innovative reverse logistics management [J]. Acta Universitatis Agriculturae et Silviculturae Mendelianae Brunensis, 2013, 61 (7): 2285-2294.

[47] JOSEPH HUSCROFT R. et al. Reverse logistics: past research, current management issues, and future directions [J]. The International Journal of Logistics Management, 2013, 24 (3): 304-327.

[48] NIMA KAZEMI, NIKUNJA MOHAN MODAK, KANNAN GOVINDAN. A review of reverse logistics and closed loop supply chain management studies published in IJPR: a bibliometric and content analysis [J]. International Journal of Production Research, 2019, 57 (15-17), 4937-4960.

[49] 郑秋丽. 我国正逆向物流融合发展问题研究 [J]. 企业科技与发展, 2018 (10): 24-26.

[50] 崔建. 生态伦理学的发展困境与出路 [J]. 文化学刊, 2018 (7): 99-101.

[51] 陈琛. 浅谈生态伦理学的困境与出路 [J]. 黑龙江教育学院学报, 2014, 33 (8): 12-13.

[52] 潘锋权. 逆向物流与正向物流关系剖析 [J]. 经济论坛, 2008 (21): 86-87.

[53] 刘彦平. 逆向物流与闭环供应链管理问题研究 [J]. 南京社会科学, 2006 (5): 28-32.

[54] 周志华. 逆向物流与闭环供应链的国内外研究对比与分析 [J]. 物流工程与管理, 2018 (4): 88-90, 37.

[55] 曹俊, 熊中楷. 闭环供应链的研究进展综述及评价 [J]. 物流技术, 2010 (7): 126-129.

[56] 王文宾, 等. 闭环供应链管理研究综述 [J]. 中国矿业大学学报 (社会科学版), 2015 (5): 75-78.

[57] 贾小龙, 等. 闭环供应链下汽车逆向物流网络设施选址 [J]. 科技导报, 2009, 27 (12): 79-84.

[58] 常香云, 霍佳震, 陈士昂. 面向产品生命周期的逆向物流管理 [J]. 统计与决策, 2006 (13): 166-167.

[59] 郭向阳, 孙会喜. 基于可持续发展的逆向物流及其管理 [J]. 物流科技, 2010, 33 (1): 121-123.

[60] 朱丹. 基于供应链管理思想的逆向物流系统构建 [J]. 山东工商学院学报, 2008, 22 (5): 56-61.

逆向物流管理

[61] 夏文汇. 基于供应链管理流程的退货逆向物流管理 [J]. 中国流通经济, 2010, 24 (8): 21-24.
[62] 韩江. 基于供应链的企业逆向物流管理 [J]. 科技与管理, 2006, 8 (5): 57-59.
[63] 朱振东, 刘钦. 基于供应链的逆向物流管理分析 [J]. 大众科技, 2008 (11): 228-229.
[64] 王吉寅. 基于供应链的逆向物流管理 [J]. 现代工业经济和信息化, 2017, 7 (22): 79-80, 88.
[65] 张萌, 任杰, 周峰. 基于产品生命周期理论背景下的逆向物流研究 [J]. 物流科技, 2013, 36 (12): 106-108.
[66] 解振华. 对生态经济学的深入研究、全面总结和发展 [J]. 鄱阳湖学刊, 2014 (3): 3.
[67] 詹玉华, 金小方. 当代中国生态经济理论的思想来源与构建 [J]. 华东经济管理, 2017, 31 (7): 62-67.
[68] 朱博, 江元. 闭环供应链及逆向物流的理论结构分析 [J]. 中国商贸, 2010 (26): 129-130.
[69] 唐纳德. 逆向物流与闭环供应链流程管理 [M]. 天津: 南开大学出版社, 2009.
[70] 周永圣, 刘淑芹. 企业逆向物流管理 [M]. 北京: 知识产权出版社, 2010.
[71] 黄祖庆. 逆向物流管理 [M]. 杭州: 浙江大学出版社, 2010.
[72] 王晓明. 浅析逆向物流与逆向供应链的关系 [J]. 生产力研究, 2010 (8): 207-209.
[73] 张玲. 不确定环境下逆向物流系统的构建与优化 [D]. 杭州: 浙江大学, 2014.
[74] 达庆利, 黄祖庆, 张钦. 逆向物流系统结构研究的现状及展望 [J]. 中国管理科学, 2004, 12 (1): 131-138.
[75] 郭燕. 旧衣物回收渠道逆向物流构建及模式创新 [J]. 纺织导报, 2019 (3): 26-29.
[76] 冯晶晶, 孟利清. 逆向物流网络设计研究现状与展望 [J]. 物流工程与管理, 2018 (11): 13-16.
[77] 张群, 卫李蓉. 逆向物流网络设计研究进展 [J]. 中国管理科学, 2016, 24 (9): 165-176.
[78] 詹蓉, 陈荣秋. 逆向物流运作管理模型研究 [J]. 华中科技大学学报 (自然科学版), 2005, 33 (10): 115-117.
[79] 周占峰. 面向再制造的逆向物流产品回收预测研究 [J]. 计算机与现代化, 2012 (09): 151-153.
[80] 赵宜, 蒲云, 尹传忠. 回收物流库存控制研究 [J]. 中国管理科学, 2005 (5): 51-55.
[81] 刘倩. 不同模式下逆向物流库存控制的分析与研究 [D]. 北京: 北京交通大学, 2018.
[82] 王玉燕, 李帮义, 申亮. 供应链、逆向供应链系统的定价策略模型 [J]. 中国管理科学, 2006 (4): 40-45.
[83] 谢家平, 陈荣秋. 产品回收处理逆向物流的成本——效益分析模型 [J]. 中国流通经济, 2003 (1): 29-32.
[84] 丁杨科, 等. 基于博弈论的再制造逆向物流定价决策 [J]. 控制与决策, 2018, 33 (4): 749-758.
[85] 肖敏. 基于二次利用的逆向物流回收模式选择分析 [J]. 物流科技, 2017, 40 (6): 88-91.
[86] 吕君, 谢家平. 基于空间相关性的 WEEE 逆向物流回收预测研究 [J]. 管理工程学报, 2015, 29 (4): 152-161.
[87] 段晓茹. 基于博弈论的再制造逆向物流定价决策分析 [D]. 杭州: 浙江工业大学, 2014.
[88] 邬鹏. 基于循环经济的造纸企业逆向物流研究 [D]. 西安: 陕西科技大学, 2012.
[89] 钟峻青. 企业逆向物流的模式与对策探讨 [J]. 科技管理研究, 2011, 31 (13): 102-105.
[90] 刘敬, 江宏. 高教物流——中国出版物流的里程碑 [J]. 物流技术与应用, 2010 (9): 46-55.
[91] 赵道致, 詹燕, 霍艳芳. 基于累积批量处理的逆向物流最优库存控制研究 [J]. 系统工程理论与实践, 2007 (4): 67-71.
[92] 王海燕. 我国逆向物流发展研究 [D]. 武汉: 武汉理工大学, 2007.

参考文献

[93] 陈静波. 制造型企业逆向物流管理研究 [D]. 兰州：兰州大学, 2007.

[94] 潘忠宝, 魏明侠. 基于循环经济的企业逆向物流分析 [J]. 物流科技, 2007 (2)：9-11.

[95] 王发鸿, 达庆利. 电子行业再制造逆向物流模式选择决策分析 [J]. 中国管理科学, 2006 (6)：44-49.

[96] 赵凯. 连锁零售企业逆向物流框架分析及体系构建——从循环经济技术范式角度 [J]. 商讯商业经济文荟, 2006 (4)：73-75.

[97] 黄祖庆, 达庆利. 基于逆向物流定期和定量处理的最优库存控制策略研究 [J]. 东南大学学报（自然科学版）, 2005 (2)：302-307.

[98] 吴幸妮. 基于生产者责任延伸制的废弃木材逆向物流回收模式选择建议 [J]. 物流科技, 2018, 41 (12)：59-60.

[99] 叶成龙, 等. "互联网+" 时代我国共享单车发展及运营策略研究 [J]. 物流科技, 2018, 41 (12)：68-71, 87.

[100] 吕君. 面向案例分析的闭环供应链库存管理研究 [J]. 财贸研究, 2007 (3)：105-110.

[101] 孙明海. 通信终端设备的再利用——一个意义深远的逆向供应链案例 [J]. 通信管理与技术, 2006 (4)：22-25.

[102] 张先腾. 浅谈基于企业生产的逆向供应链设置 [J]. 市场论坛, 2018 (11)：24-27.

[103] 刘庭玮, 侯新. B2C电商企业逆向物流成本优化分析 [J]. 物流科技, 2018, 41 (11)：50-52.

[104] 周海明. 共享单车逆向物流问题分析 [J]. 物流工程与管理, 2018, 40 (7)：57-58.

[105] 徐汝亮. 逆向物流成本管理研究 [D]. 南京：南京大学, 2018.

[106] 王兆华. 逆向物流管理理论与实践——以电子废弃物回收为研究对象 [M]. 北京：科学出版社, 2013.

[107] 魏洁. 企业逆向物流制度与模式 [M]. 北京：人民邮电出版社, 2009.

[108] 李宁. JST公司逆向物流业务发展战略研究 [D]. 广州：华南理工大学, 2018.

[109] 葛婷. 建筑施工企业逆向物流运作模式构建与选择研究 [D]. 西安：西安建筑科技大学, 2016.

[110] 曾磊. 电子商务环境下逆向物流运作模式的选择研究 [D]. 长沙：中南大学, 2011.

[111] 赵文箫. 逆向物流预测、库存控制与评价相关问题的理论分析 [D]. 北京：清华大学, 2008.

[112] 施杨. 爱回收："二手"的春天 [J]. 中欧商业评论. 2019 (1), 86-93.

[113] 刘永清. "互联网+" 战略下家电逆向物流营销模式的变革 [J]. 中国流通经济, 2015, 29 (6)：30-35.

[114] 黄桂红. 零售业逆向物流管理策略探讨 [J]. 商业时代, 2009 (21)：14-15, 86.

[115] 轩慧慧. "互联网+" 背景下逆向物流对家电企业竞争优势的强化 [J]. 物流科技, 2016, 39 (4)：63-65.

[116] 任方旭. 美国零售业逆向物流专业化管理及启示 [J]. 商业时代, 2006 (21)：14, 43.

[117] 蒙玉玲, 杨炜红, 刘兴泉. 零售业的逆向物流 [J]. 经营与管理, 2006 (4)：48-49.

[118] 宋玲. 我国连锁零售业的逆向物流管理现状分析 [J]. 金融经济, 2012 (6)：16-17.

[119] 谢志红. 零售业逆向物流原因分析及管理方法探讨 [J]. 中小企业管理与科技（中旬刊）, 2015 (2)：41-42.

[120] 崔秀梅, 庞志明, 于倩倩. 苏宁电子商务逆向物流模式研究 [J]. 中国市场, 2018 (12)：156-158.

[121] 罗小芳. 基于电子商务的退货逆向物流模式探讨——以京东商城为例 [J]. 物流科技, 2014, 37 (7)：120-123.

[122] 管晓东等. 国外过期药品回收制度介绍及对我国的启示 [J]. 中国药房, 2015, 26 (22)：

逆向物流管理

3036-3039.
- [123] 沈宇波. 基于逆向物流理论的西安市医疗废弃物回收网络规划 [D]. 西安: 西安电子科技大学, 2014.
- [124] 齐玉梅, 宋传平. 美国药品批发商麦克森的逆向物流 [J]. 物流技术与应用, 2009 (11): 56-59.
- [125] 李海婴, 蔡长术, 翟运开. 浅议逆向物流网络结构及其设计——以汽车业为例 [J]. 物流技术, 2004, 11: 69-71.
- [126] 王钰雷. 汽车再制造逆向物流网络优化研究 [D]. 长春: 吉林大学, 2014.
- [127] 马祖军, 代颖. 产品回收逆向物流网络优化设计模型 [J]. 管理工程学报, 2005 (4): 117-120.
- [128] 赵立军. 带有逆向物流的城市连锁店运输线路优化 [J]. 交通科技与经济, 2010, 12 (1): 40-42.
- [129] 吴仲伟, 薛浩, 刘志峰, 等. 基于 Voronoi 图的家电回收逆向物流系统的研究 [J]. 物流技术, 2009, 28 (3): 130-132.
- [130] 彭玻, 曾志坚. 遗传和模拟退火混合算法的出版业逆向物流网络规划 [J]. 求索, 2008 (12): 82-83.
- [131] 戴更新, 侯云章. 基于模拟退火算法的逆向物流网络设计研究 [J]. 青岛大学学报 (工程技术版), 2005 (3): 27-31.
- [132] 孙浩. 基于遗传算法的再制造逆向物流网络随机选址模型 [J]. 信息与控制, 2009, 38 (2): 223-228, 233.
- [133] 张铁宝. 二次分类上架策略在提升图书逆向物流入库作业效率中的应用 [J]. 物流技术, 2014 (8): 52-55.
- [134] 王红艳. 图书逆向物流优化策略研究 [J]. 中国商贸, 2012 (8): 136-137.
- [135] 丁伟妃. 基于供应链管理的图书逆向物流对策 [J]. 中国出版, 2009 (2): 47-49.
- [136] 易默涵, 王杨. 图书逆向物流研究 [J]. 中国出版, 2006 (10): 45-46.
- [137] 张大勇. 解决图书业逆向物流之对策 [J]. 中国物流与采购, 2006 (4): 54-55.
- [138] 张伟. 再制造逆向物流回收及网络优化设计 [D]. 天津: 天津科技大学, 2016.
- [139] 代颖, 马祖军, 刘飞. 再制造闭环物流网络优化设计模型 [J]. 中国机械工程, 2006 (8): 809-814.
- [140] 马祖军, 张殿业, 代颖. 再制造逆向物流网络优化设计模型研究 [J]. 交通运输工程与信息学报, 2004 (2): 53-58.
- [141] 黄玉兰, 刘诚, 付小勇. 医药逆向物流网络优化的设计 [J]. 统计与决策, 2008 (19): 171-173.
- [142] 左泽平, 谭观音, 徐波. 逆向物流网络研究综述与展望 [J]. 科技管理研究, 2012, 32 (6): 75-78.
- [143] 王琳琳, 赵凌敏, 胡天军. 逆向物流定位——运输路线安排问题研究 [J]. 物流技术, 2011, 30 (1): 49-52.
- [144] 张耀川. 基于逆向物流的智能电表回收规划 [J]. 现代商贸工业, 2017 (33): 34-36.
- [145] 王瑞明, 祝锡永, 方东. 纺织服装业逆向物流运营模式研究 [J]. 经济论坛, 2011 (9): 167-169.
- [146] 彭玻. 出版业逆向物流网络规划模型与算法 [D]. 长沙: 湖南大学, 2009.
- [147] 阎芳, 杨玺, 陈蕾. 基于 OpenMP 的并行蚁群物流调度算法研究 [J]. 物流技术, 2010, 29 (13): 91-93.

[148] 梁冰. 闭环供应链视角下图书逆向物流模式研究 [J]. 出版广角, 2014 (6): 78-79.

[149] 张岩, 贺超. 基于闭环供应链的图书逆向物流研究 [J]. 中国出版, 2010 (20): 56-58.

[150] 丁艳, 梁宝平. 基于第三方企业回收的再制造品逆向物流网络设计 [J]. 物流科技, 2018, 41 (1): 98-100.

[151] 曾佑新, 李强. 基于物联网的电子废弃物逆向物流系统优化 [J]. 生态经济, 2015, 31 (3): 112-117.

[152] 马维娜. 基于逆向物流的图书集中库存优化探讨 [J]. 物流技术, 2014, 33 (13): 303-305.

[153] 姬淑珍, 高更君. 逆向物流订单分配排序优化研究 [J]. 重庆师范大学学报 (自然科学版), 2017, 34 (6): 21-24.

[154] 陈丽. 网络信息技术对图书市场逆向物流模式的改进 [J]. 图书与情报, 2006 (5): 24-27.

[155] 李向兰, 崔晔, 李春花. 中日出版业逆向物流之比较 [J]. 中国物流与采购, 2005 (4): 66-68.

[156] 黄玉兰. 主动式风险管理下的医药逆向物流运作模式研究 [J]. 湖南工业职业技术学院学报, 2018, 18 (2): 47-49, 72.

[157] 何波, 杨超, 张华. 废弃物回收的多层逆向物流网络优化设计问题研究 [J]. 中国管理科学, 2007 (3): 61-67.

[158] 何波, 杨超, 张华, 等. 固体废弃物逆向物流网络优化设计 [J]. 系统工程, 2006 (8): 38-41.

[159] 马佳. 中国报废汽车回收的逆向物流网络设计研究 [D]. 太原: 山西大学, 2011.

[160] 温平川, 万千惠, 包旅游. B2C 电子商务退货逆向物流运输成本优化研究 [J]. 物流科技, 2018, 41 (1): 85-89.

[161] 沈雁飞, 等. 城市生活垃圾逆向物流网络优化设计 [J]. 经济论坛, 2007 (12): 68-70.

[162] 郝皓, 王治国, 林慧丹, 等. 第五利润源: 我国逆向物流的商业价值及模式 [J]. 物流技术, 2017 (8): 47-50.

[163] 郝皓, 等. 基于产品风险控制的主动式逆向物流运作模型 RLOM [J]. 物流技术, 2015, 34 (5): 9-11, 23.

[164] 黄新谋. 电子商务环境下的电子产品逆向物流模式分析 [J]. 物流工程与管理, 2014 (12): 83-84.

[165] 张童, 于晓梅. 国外逆向物流发展的经验分析与借鉴 [J]. 对外经贸实务, 2015 (9): 86-88.

[166] 程敏娇, 曹翠珍. 绿色物流导向下快递包装逆向回收模式的创新 [J]. 江苏商论, 2018 (10): 46-49.

[167] 朱锋, 黄红星. 逆向物流网络结构研究 [J]. 山西科技, 2007 (1): 34-35.

[168] 程广平, 刘威. 企业逆向物流模式的综合评价研究 [J]. 统计与决策, 2007 (12): 150-152.

[169] 毕作枝, 张瑞. 我国企业发展逆向物流的问题和途径 [J]. 煤炭经济研究, 2007 (2): 34-35.

[170] 黄玉兰, 王琳茹. 基于问题药品召回的医药逆向物流网络设计 [J]. 价值工程, 2017 (14): 71-72.

[171] 李红霞. 药品逆向物流及其价值分析研究 [J]. 企业导报, 2015 (10): 174-196.

[172] 车晶. 医药行业逆向物流发展的探讨 [J]. 甘肃农业, 2014 (17): 28-29.

[173] 刘淑琴, 于天一. 中外药品回收模式对比 [J]. 物流工程与管理, 2009 (2): 99-101.

[174] 张锌雨, 邢可欣. 电子产品逆向物流管理模式研究 [J]. 河北企业, 2018 (10): 7-8.

[175] 储洪胜, 宋士吉. 反向物流及再制造技术的研究现状和发展趋势 [J]. 计算机集成制造系统, 2004 (1): 10-14.

[176] 卢海清, 邓娟娟. 资源再生利用逆向物流管理 [J]. 物流工程与管理, 2016 (5): 91-92.

逆向物流管理

［177］汪苗苗．低碳经济下快递包装逆向物流回收模式建立与思考［J］．商场现代化，2017（7）：38-39．

［178］方智勇．基于循环经济的我国汽车行业逆向物流发展分析——以武汉汽车行业逆向物流为例［J］．中国商论，2016（36）：43-44．

［179］胡从旭．我国报废汽车逆向物流浅析［J］．物流科技，2016．39（12）：58-59，72．

［180］王振锋，等．不确定环境下的再制造闭环物流网络优化［J］．计算机工程与应用，2012，48（36）：221-226．

［181］李彩凤，邹龙．浅析逆向物流系统的构建［J］．物流工程，2007（11）：74-75．

［182］张斐．逆向物流场景下再制造库存控制理论及应用研究［D］．武汉：华中科技大学，2017．

［183］朱皓洁．大型集会生活固体废弃物物流系统构建研究［D］．北京：北京交通大学，2009．

［184］彭良浩．制造型企业的生态物流网络收益评价研究［D］．北京：北京交通大学，2011．

［185］王鹏．C工程机械制造企业的售后备件物流运作优化研究［D］．北京：北京交通大学，2012．

［186］罗娟．回收逆向物流环境外部性研究［D］．北京：北京交通大学，2012．

［187］郝明月．电子电气设备企业退货物流网络优化［D］．北京：北京交通大学，2014．

［188］张荣．A零售企业退货物流优化研究［D］．北京：北京交通大学，2015．

［189］程长．报废汽车逆向物流网络构建研究［D］．西安：长安大学，2012．

［190］郝皓．全球逆向物流发展趋势与中国创新模式及机遇［EB/OL］．（2018-12-12）［2019-05-06］．http：//www.sohu.com/a/281462810_168370．

［191］唐隆基．数字化逆向物流发展趋势［R/OL］．（2019-06-04）［2019-07-08］．https：//www.useit.com.cn/thread-23594-1-1.html．

［192］唐隆基．八大角度，对比解析逆向物流与正向物流的差异［EB/OL］．（2017-05-31）［2019-02-26］．https：//www.sohu.com/a/144979077_168370．

［193］Adam Robinson. What is Reverse Logistics and How Is It Different than Traditional Logistics［EB/OL］．（2014）［2019-04-16］．https：//cerasis.com/2014/02/19/what-is-reverse-logistics/．

［194］物联云仓．哪些驱动因素在影响着逆向物流供应链系统［EB/OL］．（2016-04-27）［2019-03-19］．https：//www.50yc.com/information/hangye-cangchu/4520．

［195］商务部流通业发展司，中国物资再生协会．中国再生资源回收行业发展报告2017［R/OL］．（2017-05-02）［2019-07-16］．http：//ltfzs.mofcom.gov.cn/article/ztzzn/an/201705/20170502568040.shtml．

［196］商务部流通业发展司，中国物资再生协会．中国再生资源回收行业发展报告2018［R/OL］．（2018-06-20）［2019-07-16］．http：//ltfzs.mofcom.gov.cn/article/ztzzn/an/201806/20180602757116.shtml．

［197］商务部流通业发展司，中国物资再生协会．中国再生资源回收行业发展报告2019［R/OL］．（2019-10-21）［2019-12-30］．http：//images.mofcom.gov.cn/ltfzs/201911/20191111161709299.pdf．